Claus Zittel

FILOSOFIA DA FORMA

ESTUDOS SOBRE ESTÉTICA E POÉTICA EM NIETZSCHE

ORGANIZAÇÃO
ANTONIO EDMILSON PASCHOAL
ROMANO SCROCCARO ZATTONI

KOTTER EDITORIAL

Claus Zittel

FILOSOFIA DA FORMA

ESTUDOS SOBRE ESTÉTICA E POÉTICA EM NIETZSCHE

ORGANIZAÇÃO
ANTONIO EDMILSON PASCHOAL
ROMANO SCROCCARO ZATTONI

Coordenação Editorial:
Sálvio Nienkötter

Editor-Executivo:
Claudecir de Oliveira Rocha

Capa:
Jussara Salazar

Ilustração da capa:
Portrait of Friedrich Nietzsche
por Siham Issami, 2023
Pastel sobre papel de algodão,
53 x 78 cm

Design editorial:
Carlos Garcia Fernandes

Produção:
Cristiane Nienkötter

Organização:
Antonio Edmilson Paschoal
Romano Scroccaro Zattoni

Revisão de tradução:
Romano Scroccaro Zattoni

Revisão de texto:
Romano Scroccaro Zattoni
Pedro Dallacosta Chiarani

Tradutores:
Romano Scroccaro Zattoni
André Luís Mota Itaparica
Marcelo Hanser Saraiva
André Luis Muniz Garcia
João Paulo Simões Vilas Bôas
José Fernandes Weber
Jorge Luiz Viesenteiner
Antonio Edmilson Paschoal
Eduardo Nasser
Clademir Luis Araldi
Benjamin Brum Neto
José Nicolau Julião

Dados Internacionais de Catalogação na Publicação (CIP)
Angelica Ilacqua CRB-8/7057

F524
Zittel, Claus
Filosofia da forma : estudos sobre estética e poética em Nietzsche / Claus Zittel / organizado por Antonio Edmilson Paschoal, Romano Scroccaro Zattoni. – 1 ed. – Curitiba : Kotter editorial, 2024.
376 p.

Bibliografia
ISBN 978-65-5361-332-4

1. Filosofia alemã 2. Nietzsche, Friedrich Wilhelm, 1844-1900 I. Paschoal, Antonio Edmilson II. Zattoni, Romano Scroccaro

CDD 193

24-3053

KOTTER EDITORIAL

Kotter Editorial Ltda.
Rua das Cerejeiras, 194
CEP: 82700-510 - Curitiba - PR
Tel. + 55(41) 3585-5161
www.kotter.com.br | contato@kotter.com.br

Feito o depósito legal
1ª Edição
2024

Sumário

Lista de abreviaturas e siglas

Escritos finalizados

Para a citação dos escritos finalizados de Nietzsche optaremos pela convenção estabelecida pela revista Estudos Nietzsche, publicada pelo Grupo de Trabalho Nietzsche (GT – Nietzsche) da Associação Nacional de Pós-graduação em Filosofia (ANPOF).

Obras publicadas[1]

NTO	nascimento da tragédia
DS	David Strauss: o confessor e o escritor
HV	Da utilidade e desvantagem da história para a vida
SE	Schopenhauer como educador
WB	Richard Wagner em Bayreuth
NA	Uma palavra de ano novo ao editor do semanário "no novo Reich"
HH I	Humano, demasiado humano I
HH II	Humano, demasiado humano II
OS	Miscelânea de opiniões e sentenças
AS	O andarilho e sua sombra
A	Aurora
IM	Idílios de Messina
GC	A gaia ciência
Za	Assim falou Zaratustra

[1] Para a citação em português dos escritos finalizados de Nietzsche será utilizada, via de regra, a tradução de Paulo César de Souza para a editora Companhia das Letras, estando a referência específica de cada obra citada presente nas referências ao final de cada capítulo. Em casos de citação de traduções alternativas, seja de outras edições ou de nossa própria autoria, haverá indicação em forma de nota.

ABM	Além de bem e mal
GM	Genealogia da moral
CW	Ocaso Wagner
CI	Crepúsculo dos ídolos

Publicações privadas

SG	Sócrates e a tragédia grega
NW	Nietzsche contra Wagner

Manuscritos autorizados

ACO	anticristo
EH	Ecce homo
DD	Ditirambos de Dioniso

Escritos póstumos

DM	O drama musical grego
ST	Sócrates e a tragédia
VD	A visão dionisíaca de mundo
NP	O nascimento do pensamento trágico
IE	Sobre o futuro de nossas instituições de ensino
CP	Cinco prefácios para cinco livros não escritos
FT	A filosofia na era trágica dos gregos
VM	Sobre verdade e mentira no sentido extramoral
EA	Exortação aos alemães

Após as siglas segue o nome da parte da obra, quando for o caso, ou o seu número em algarismos romanos e o número do aforismo, seção ou parágrafo em algarismos arábicos, como nos exemplos:

ABM 36.
GM II 12.
CI, O problema de Sócrates, 2.

Anotações póstumas

Para as citações das anotações póstumas tal como editadas por Giorgio Colli e Mazzino Montinari nas *Kritische Gesamte Werke* será utilizada a abreviatura NF, seguida da indicação do ano, grupo e número do fragmento. Exemplo:

NF-1888,14[79].

Por vezes, a referência será complementada com o a localização da anotação na Edição Crítica (*Kritische Studienausgabe*) também editada por Giorgio Colli e Mazzino Montinari, mencionado o volume, a página e, por vezes, o parágrafo.

Cartas

Para a citação de cartas enviadas por Nietzsche será feita menção ao(à) destinatário(a), seguida da abreviatura BVN e da indicação do ano e número da carta. Exemplo:

Carta a Malwida von Meysenbug, BVN-1888,1135.

É possível realizar a consulta o texto original de anotações e cartas acessando o site *Nietzsche Source* e utilizando-se das referências acima mencionadas de acordo com os exemplos:

http://www.nietzschesource.org/#eKGWB/NF-1888,14[79]
http://www.nietzschesource.org/#eKGWB/BVN-1888,1135

Outros materiais

A forma de citação de outros materiais não mencionados acima será explicitada como nota em cada capítulo quando necessário.

Apresentação

Se confrontada com outras línguas contemporâneas, tais como o inglês, alemão, francês ou italiano, observa-se que a língua portuguesa apresenta uma notável escassez de materiais filosóficos. Essa carência abrange desde textos clássicos, incluídos os manuscritos e correspondências, até produções que emanam desses documentos originais com comentários críticos que, com o passar do tempo, superpõem e assim agregam camadas de interpretação. Tais camadas não apenas são fundamentais para o entendimento profundo da obra, como também revelam a efervescência e a evolução do pensamento que ela encapsula.

Tendo em vista essa carência, pesquisadores têm dedicado boa parte do seu tempo à tradução de textos das mais diferentes línguas, num esforço de estabelecer as bases para o que poderia ser chamado de uma cultura filosófica no mundo lusófono e, em especial, nas terras tupiniquins. Como parte desse esforço, a coletânea que vem a público neste momento, tem o propósito de colocar à disposição do público brasileiro um conjunto de publicações sobre o pensamento de Friedrich Nietzsche que são significativos em função dos seus resultados, ao certo, mas de modo especial pela metodologia utilizada, com formas muito peculiares de abordagem sobre os escritos do filósofo, o que deve contribuir significativamente para os estudos de textos clássicos entre nós.

Autor das publicações, o Professor Claus Zittel tem seu trabalho ligado ao *Stuttgart Research Centre for Text Studies* da Universidade de Stuttgart e ao *Dipartimento di Studi Linguistici e Culturali Comparati* da Universidade Ca' Foscari Venezia, onde é professor associado para a cadeira de literatura alemã. Com o foco de pesquisa em estética e filosofia da arte, e com ênfase especial na correlação entre a literatura, a arte da escrita, a tessitura textual e a filosofia, na forma de artigos e livros o professor já trouxe a público inúmeros estudos sobre escritores de língua alemã. Entre esses estudos, destacam-se aqueles realizados sobre o pensamento de Friedrich Nietzsche, como é o caso, por exemplo, do conhecido livro intitulado "*Das* ästhetische *Kalkül von Friedrich Nietzsches* Also sprach Zarathustra", de 2011 em que explora vários elementos da intertextualidade da obra capital do filósofo de Weimar.

Os onze textos de Claus Zittel, disponibilizados ao público brasileiro neste momento, inicialmente publicados em diversos veículos em língua alemã, permitem uma primeira compreensão daquela metodologia adotada pelo pesquisador em seus estudos sobre o filósofo de Weimar, além de alguns dos principais resultados de suas pesquisas.

O primeiro texto, intitulado aqui como "'Como a inquietante imagem do conto de fadas': Reflexões sobre uma passagem central de *O nascimento da tragédia*", é uma tradução feita por André Luiz Itaparica e revisada por Romano Zattoni do artigo intitulado "'Dem unheimlichen Bilde des Mährchens gleich' Überlegungen zu einer poetologischen Schlüsselstelle in Nietzsches *Geburt der Tragödie*", um artigo de 2014, publicado na Orbis Litterarum, de Amsterdam. No artigo, o autor explora diferentes significados da expressão que se encontra no final da seção cinco de *O nascimento da tragédia*, onde Nietzsche faz uma referência à imagem do conto de fadas, que "é capaz de virar os olhos e contemplar a si mesma". Uma proposição extremamente produtiva, mas pouco observada pelos comentadores do texto e que Zittel associa a uma possível leitura feita por Nietzsche da obra de Hans Christian Andersen, um fato que lança novas luzes ao texto de Nietzsche, na medida em que a personagem, no caso uma menina, ao virar os olhos tem uma terrível imagem de si mesma, como o leitor poderá observar no artigo.

O segundo texto, intitulado aqui como "'Sonâmbulo diurno'. Poética do sonho e paródia em *Assim Falou Zaratustra* de Nietzsche", corresponde ao capítulo publicado originalmente com o título "'Nachtwandler des Tages'. Traumpoetik und Parodie in Nietzsches *Also sprach Zarathustra*" e publicado em 2015 no livro *Pathos, Parodie, Kryptomnesie: das Gedächtnis der Literatur in Nietzsches Also sprach Zarathustra*, organizado por Gabriella Pelloni e Isolde Schiffermüller. A tradução foi feita por Marcelo Hanser-Saraiva e a revisão por Romano Zattoni. No capítulo, Claus Zittel analisa os sonhos de Zaratustra e o papel deles na economia geral da obra, como um meio de autorreflexão poética do profeta, ou ainda como uma camada pré-textual de *Zaratustra*, ao modelo, segundo Claus Zittel, de

Grünen Heinrich, que teria fascinado Nietzsche justamente pela "estreita ligação entre a paródia e a seriedade".

O terceiro, intitulado "Éticas Esteticamente Fundadas e a Filosofia de Nietzsche", consiste na tradução feita por André Muniz Garcia do artigo intitulado "Ästhetisch fundierte Ethiken und Nietzsches Philosophie", publicado na *Nietzsche Studien* 32, em 2003, e em português, na Revista de *Filosofia Moderna e Contemporânea*, da UNB, em 2019. O artigo coloca em debate a clássica ideia de um "dar-se-a-si-mesmo--uma-forma", com o propósito elucidar algumas dificuldades presentes em certas tentativas de associar ética e estética, tendo em vista a filosofia de Nietzsche. Desse modo, partindo do conceito de consciência em Nietzsche, avalia de um modo crítico certas possibilidades vinculadas ao seu perspectivismo e à ideia de uma identidade narrativa em seus escritos. O que permite apontar a impossibilidade de associar um ideal cognitivo de unidade à ideia de dar forma a si mesmo, em especial em se tratando da filosofia de Nietzsche.

O quarto, intitulado "'Uma máquina em movimento incessante na cabeça': O 'primeiro livro' desalegre d'*A Gaia Ciência*" é uma tradução do texto intitulado "'Eine unaufhaltsam rollende Maschine im Kopfe'. Das unfröhliche 'erste Buch' der *Fröhlichen Wissenschaft*", que foi publicado na coletânea sobre a *Gaia Ciência* de Nietzsche, organizada por Jutta Georg e Christian Benne em 2015. A versão em português consiste na tradução feita por João Paulo Simões Villas Bôas e revisada por Romano Zattoni. O capítulo propõe uma análise do significado da expressão "Gaia Ciência" considerando o livro em sua individualidade e partindo daquilo que é oferecido pelo texto, em especial pela primeira parte do livro. Numa forma de leitura pouco usual da obra de Nietzsche, o texto coloca em destaque a ideia de que a ciência alegre, que caracterizaria o livro, tem como ponto de partida o seu oposto, vale dizer, diagnósticos esmagadores e com pouquíssimas possibilidades de saída para aquilo que eles indicam.

O quinto, cujo título é apresentado aqui como "Quem narra o Zaratustra de Nietzsche?", consiste na tradução feita por José Fernandes Weber, com revisão de Anna Luiza Coli, Giovanni Jan Giubilato e Romano Zattoni, do material publicado em 2021, no volume 95 do *Deutsche Vierteljahrsschrift fur Literaturwissenschaft und Geistesgeschichte*, com o título "Wer also erzählt Nietzsches *Zarathustra*?". Como diz o título de forma muito objetiva, o texto se ocupa de uma questão pouco trabalhada pelos estudiosos de *Assim falou Zaratustra*, que é o seu narrador. Num estudo que considera as diversas variações e mudanças de perspectivas da obra, o autor afirma que tal figura, a do narrador, não seria palpável como os personagens, nem se assemelharia a um diretor que conduziria a narrativa ligando os fios das histórias que se tem no texto, mas, antes, se apresenta como uma figura inconsistente e multifacetada que parece cumprir o propósito de colocar o leitor em aporia, ao conduzi-lo por labirintos sem saída.

O sexto, publicado aqui com o título "O diálogo como forma filosófica em Nietzsche", consiste numa tradução feita por Jorge Luiz Viesenteiner a partir do original alemão "Der Dialog als philosophische Form bei Nietzsche", publicado originalmente nos *Nietzsche-Studiem* de 2016. Como evidencia o título, o texto se concentra no diálogo como forma artística da escrita em Nietzsche. Na contramão dos intérpretes que no geral desconsideram Nietzsche como um autor de diálogos, ou consideram os diálogos como exceção em seus escritos. Zittel demonstra que tal forma de escrita é bem comum nos escritos de Nietzsche e que, como tal, precisa ser considerada mantendo em vista suas particularidades, funções e o modo como interage com outras formas artístico-literárias utilizadas pelo filósofo para expor seu pensamento.

O sétimo intitulado "'Conversas com Dioniso'. Jogos lúdicos de Nietzsche" corresponde à tradução feita por mim, revisada por Romano Zattoni e publicada previamente na *Estudos Nietzsche* de 2019, do artigo publicado na *Nietzsche-Studien* de 2018, com o título original: "'Gespräche mit Dionysos'. Nietzsches Rätselspiele". O artigo explora a forma do diálogo nos textos de Nietzsche, com especial atenção, neste momento, para os diálogos pouco estudados de Dioniso, cuja estrutura enigmática ofereceria um modelo de interpretação para o pensamento labiríntico de Nietzsche, mas não formas de saída para esse pensamento e seu caráter labiríntico.

O oitavo texto, intitulado "Adeus ao romantismo no poema *Es geht ein Wandrer durch die Nacht* [um andarilho caminha pela noite] de Friedrich Nietzsche", consiste na tradução para o português feita por Eduardo Nasser e revisada por mim do artigo publicado na *Nietzscheforschung* de

1996 com o título "Abschied von der Romantik im Gedicht Friedrich Nietzsches *Es geht ein Wandrer durch die Nacht*". O texto consiste na análise do poema já mencionado, tendo em vista suas variantes, peculiaridades e o modo como ele se relaciona com temas centrais do pensamento de Nietzsche da época, com destaque para o seu afastamento de Wagner e da filosofia chamada de "dionisíaca", marcante na fase de juventude do filósofo.

O nono texto, intitulado "'Em inóspitas zonas de ursos polares'. Os versos finais de '*Das altas montanhas. Canto-epílogo*'", é uma tradução feita por Clademir Araldi e revisada por mim do capítulo intitulado "'In öden Eisbär-Zonen'. Die Schlussverse Aus hohen Bergen. Nachgesang", e publicado em 2014 no livro sobre *Além de Bem e Mal*, de Friedrich Nietzsche [Friedrich Nietzsche: *Jenseits von Gut und Böse*], organizado por Marcus Andreas Born. O texto apresenta um estudo sobre o poema que se apresenta como uma espécie de epílogo a *Além de Bem e Mal*, considerando as suas várias versões, encontradas nos diferentes momentos que vem a público e nos cadernos de anotações pessoais do filósofo, bem como a teia de relações desse poema com outros textos e poemas de Nietzsche. O capítulo fornece ainda um estudo detalhado das partes do poema, com destaque para o seu caráter ficcional e para as condições subjacentes à ficção implícita nele.

O décimo texto, intitulado "A superação da intuição no jogo da metáfora: a semântica relacional de Nietzsche", corresponde à versão para o português, feita por Benjamim Brum Neto e revisada por Romano Zattoni, do artigo publicado na *Nietzscheforschung* de 2000 com o título "Die Aufhebung der Anschauung im Spiel der Metapher: Nietzsches relationale Semantik". Artigo que foi baseado num capítulo da dissertação de Claus Zittel, concluída em 2000 com o título "*Das ästhetische Kalkül von Friedrich Nietzsches 'Also sprach Zarathustra'*". Dialogando com a literatura acerca do tema da metáfora em Nietzsche, e colocando-se para além dela, Zittel considera o modo como a metáfora se apresenta em textos da juventude de Nietzsche, com atenção à gênese da metáfora e do conceito sob a égide da metafísica de artista, no âmbito da qual haveria a suposição de uma similaridade da metáfora com uma realidade possível. Uma acepção que não poderia ser encontrada em *Assim falou Zaratustra*, isto porque nela o filósofo não se ocupa mais com qualquer "verdade" ou "realidade", o que faz com que as metáforas que aparecem nela não indicariam mais uma relação entre enunciado e verdade, mas entre um enunciado e outro ou entre um enunciado e uma imagem, numa rede de aparências.

O décimo primeiro texto, intitulado "O Heine como poeta lírico de Gustav Theodor Fechner e a imagem de Heine de Nietzsche: '*um fio elétrico*'", corresponde à versão para o português, feita por por Nicolao Julião e revisada por Romano Zattoni, da conferência proferida no evento intitulado "Ästhetische Korrespondenzen zwischen Heine und Nietzsche" [Correspondência estética entre Heine e Nietzsche], em 2018, e levada a público em 2020. O texto explora a clara correlação entre Nietzsche e Fechner, em especial no que se refere às imagens de Heine, cuja recepção por Nietzsche foi, em grande parte, preparada por Fechner. O que permite, para além de um estudo de fontes, o estabelecimento de conexões plausíveis entre os dois autores.

A tarefa de levar a público em língua portuguesa esse conjunto de textos de Claus Zittel realizou-se com a colaboração de vários tradutores, cada um interessado, à sua maneira, nos temas e nos modos como eles foram abordados. Se a opção por vários colaboradores estabelece uma ampla gama de opções de tradução para um trabalho em grande parte inédito em terras pátrias, ele também tem seu preço, na medida em que não se confere uma feição única, um ritmo ou uma forma única de escrita para os textos, o que daria ao leitor a impressão de que aquela fala seria a do autor. Antes, evidencia o lugar do tradutor, na medida em que os textos apresentam diferenças sutis de ritmo e de tempo que o leitor por certo notará. Nesse sentido, embora a revisão final buscou estabelecer uma padronização de termos-chaves e de conceitos, ela manteve as peculiaridades de cada tradução, em especial em termos estilísticos. Tais peculiaridades correspondem, assim acredito, à própria recepção do texto, num primeiro diálogo do autor com seus primeiros intérpretes, com suas vivências próprias e peculiaridades que, se não entram em cena, de certo modo, emolduram-na.

A consequente fase deste processo de apropriação deve ser caracterizada pela interação do texto com seus leitores. Afinal, é apenas na presença destes que qualquer texto adquire significado. Cada leitor, ao trazer sua perspectiva única, ao imergir na obra, examiná-la sob suas próprias lentes e intenções, a enriquecerá com novas interpretações e significados. Por conseguinte, é essa dinâmica que confere à obra a capacidade de se comunicar, de estabelecer um diálogo produtivo com a comunidade filosófica do Brasil e, quiçá, de além-mar.

Antonio Edmilson Paschoal

Introdução: Nietzsche e a vontade de forma[1]

Dentre os tradicionais portos seguros que quase todo pesquisador Nietzsche não hesita em repetir, está o de que não se poderia diferenciar entre o filósofo e o poeta em Nietzsche, pois ele seria sempre ambos ao mesmo tempo. Contudo, essa ideia se atrofia em um mero jargão quando dela não se retiram consequências para o próprio interpretar. De nada adianta situar Nietzsche em um reino intermediário entre filosofia e literatura, entre pensar e poetar, para logo em seguida interpretar seus escritos e anotações póstumas como se fossem tratados filosóficos tradicionais. Se seus textos são em sua maioria também poemas, isso não significa simplesmente que a pergunta pelo teor de verdade de seus filosofemas seja de início precária. Se trata antes de estabelecer para cada interpretação a tarefa de, em primeiro lugar, descrever a fatura estética do texto, para então determinar a relação dessa com o suposto conteúdo em questão.

À época da virada no milênio, à data primeira edição de meu livro *O cálculo estético do Zaratustra de Nietzsche*[2] (2000), ainda se discutia calorosamente na pesquisa Nietzsche sobre os grandes temas como o *eterno retorno*, o *além do homem* e a *vontade de poder*. Todo aquele que quisesse tomar a palavra tinha primeiro de prestar confissões sobre sua posição frente a eles. Do outro lado do Reno, intérpretes pós-modernos davam a partida em suas máquinas de ironia e declaravam Nietzsche como produtor de alegres absurdos. A longa penumbra heideggeriana se fazia deveras presente, e obscurecia sobretudo a composição estética dos textos publicados de Nietzsche, uma vez que seu espólio havia sido declarado o verdadeiro centro de sua obra. O espólio de Nietzsche é, no entanto, uma mixórdia indiscriminada de diferentes anotações,

[1] Capítulo traduzido por Romano Scroccaro Zattoni.

[2] Título original: *Das ästhetische Kalkül von Nietzsches Zarathustra* (N.T.).

onde se encontra excertos, esboços, planos, poesias, listas, rascunhos de pensamentos, nos quais falta geralmente uma forma literária. Essa relegação da diferença qualitativa entre textos esteticamente elaborados e meros rascunhos era, não obstante, a precondição para as grandes intepretações metafísicas de Nietzsche, que tomavam do espólio aquilo que lhes convinha e reificavam o pensamento de Nietzsche em dogmas. O tempo era próprio para uma empreitada contrária, que privilegiava decididamente os escritos publicados de Nietzsche, que o levava a sério tanto como filósofo como quanto poeta, com o objetivo de destituir as fundamentações de leituras pós-modernas e metafísico-reacionárias. Adveio então, como primeiro esforço, uma resoluta interpretação anti-mítica de *Zaratustra*, que preservava simultaneamente a dimensão trágica do filosofar de Nietzsche. A nova abordagem, que congregava filologia e interpretação filosófica, foi logo adotada e aprimorada pela nova geração de intérpretes como Christian Benne, Jakob Dellinger, Marcus Born, Annamaria Lossi, Gabriella Pelloni, Axel Pichler, Marie Wokalek e Susanna Zellini, Uwe Rauschelbach e Romano Zattoni. Assim cultivou-se nas duas últimas décadas um ramo singular dos estudos nietzschianos chamado de interpretação "próxima ao texto" (*textnahes Interpretieren*), que veio então a florescer vividamente. Uma vez que essa abordagem se baseia na leitura precisa dos textos de Nietzsche, ela permaneceu acessível somente para aqueles que dominam o alemão – pois propriedades linguísticas e estilísticas e referências intertextuais, por exemplo, são sempre de difícil tradução. A maestria de Nietzsche no domínio da língua alemã é uma verdadeira barreira. Toda tradução de textos filosóficos em outras línguas trás consigo perdas, no caso de Nietzsche, porém, o que ocorre é quase sempre um assassinato. Em adição a isso, muitos intérpretes da pesquisa Nietzsche continuam a citar de forma leviana a falsificação que é o livro "*A vontade de poder*". Tal ignorância frente à crítica textual torna suas pesquisas não só de todo imprestáveis, mas também prejudiciais, pois sedimentam consigo velhos equívocos. Da mesma forma, interpretações com base na teoria do discurso de Foucault sobrelevam estruturas discursivas gerais, e para isso esfarrapam a fina tessitura de pensamentos de Nietzsche. Tais interpretações são dramaticamente simplórias. A difundida preferência de muitas interpretações pela oposição entre forma apolínica restritiva e violência vital do dionisíaco leva à noções unilaterais e polarizadas de espírito e vida, como se a epifania do vivente tivesse de se manifestar conforme Dioniso, seja na arte como libertação de imposições formais, ou no ser humano como excarceramento do corpo.[3] Essa concentração de pesquisa sobre aspectos semânticos, sobre o expressivo e o profético, sobre doutrinas e discursos, que perderam de vista perguntas como: até que ponto Nietzsche, como teórico e artista da forma, teve influência sobre os debates filosóficos e estéticos da contemporaneidade e qual o potencial crítico e subversivo ele possui como filósofo artista em relação às discussões da atualidade.[4]

O que pode ser feito? É preciso dar a cada leitor de Nietzsche que não domina o alemão ao menos uma impressão das possibilidades artísticas e literárias, as quais Nietzsche desenvolveu para o desdobramento de seu estilo de pensar nessa língua. Somente assim pode-se fomentar também na pesquisa em língua estrangeira uma sensibilidade frente ao caráter decisivo das formas de apresentação da filosofia de Nietzsche.[5] O estudo das formas de apresentação, e do conteúdo filosófico por elas integrado, possibilita à pesquisa inaugurar novos campos, na medida em que se demanda uma leitura precisa de seus trabalhos, que culmina na deposição de muitos dos clichês de interpretação que foram exaustivamente repetidos até então. Pode ser também uma chance para que, por meio da *close reading* de Nietzsche, a recepção de Nietzsche no Brasil possa descobrir novos e outros caminhos para si, não somente no campo da estética, mas também no da filosofia da cultura, da moral e da linguagem, na teoria do conhecimento e na crítica do sujeito.

Os estudos reunidos nessa coletânea devem contribuir para isso. Unidos por um interesse metodológico em comum, eles procuram demonstrar, a partir de diferentes perspectivas, como um olhar filosófico treinado filológica e linguisticamente pode chegar a resultados inteiramente distintos em comparação com uma interpretação puramente orientada pelo conteúdo ou uma mera leitura histórico-filológica. Estudos que se dedicam à poética implícita dos escritos de Nietzsche – como, por exemplo, sua poética do sonho – se põe ao lado daqueles

[3] Cf. sobre isso Amato e Miglino (2012), Foster (1982) e Emmerich (2007).

[4] Para uma história do impacto do pensamento de Nietzsche cf. Sommer, Andreas Urs. Nietzsche und die Folgen. Stuttgart: J. B. Metzler, 2017.

[5] Para uma discussão pormenorizada sobre o conceito de forma em Nietzsche, cf. Zittel (2017).

que ressaltam a relevância interpretativa das respectivas formas de apresentação: Nietzsche como escritor épico, lírico, aforístico e autor de diálogos. A tese central é a de que a filosofia de Nietzsche é uma filosofia da forma. E vice-versa: a forma de sua filosofia é simultaneamente seu conteúdo.

1. Forma e fórmula

Será de utilidade esboçar em primeiro lugar os traços fundamentais da concepção nietzschiana de forma, e com isso traçar os moldes para o capítulo seguinte. Uma conhecida anotação tardia de Nietzsche nos guia para o coração da problemática da forma:

> Se é artista pelo preço de sentir como conteúdo, como "a coisa mesma" aquilo que todos os não artistas chamam de "forma". Com isso, de fato, pertence-se a um mundo às avessas: pois agora o conteúdo se torna algo meramente formal, – inclusive nossa vida (NF-1887/88,11[3]).

A forma pode então ser encarada sob uma dupla ótica, na qual ela é vista na perspectiva do artista como o que realmente importa, e nesse sentido como conteúdo, e como o que inverte as valorações alheias à arte. Aqui se percebe uma recusa da filosofia da vida por parte dos artistas, uma vez que em seu 'mundo às avessas' a vida é subordinada à forma, sendo tratada como mero problema formal. Além disso, formas são ficções, sejam elas formas de arte, conhecimento, lógica ou cultura. Também nossa vida concebemos apenas em tais categorias. Uma perspectiva da filosofia da vida, no entanto, que estabelece a vida como princípio mais vital e abrangente, como última instância, assumiria uma posição antiestética. Por isso Nietzsche não foi, em nenhuma das fases de seu pensamento, um filósofo da vida, pelo menos não no sentido de ter entusiasmadamente posto 'a vida', em cunho metafísico, místico ou biológico, como princípio vital e abrangente em oposição à até então dominante 'filosofia do entendimento'. Na perspectiva do artista, parece ser primariamente relevante, que formas emprega Nietzsche como filósofo-artista e até que ponto elas marcam sua filosofia, uma vez que são elevadas ao verdadeiro conteúdo. Devido o fato de todos os escritos de Nietzsche serem formados esteticamente, há claramente uma primazia da forma em Nietzsche.

Contudo, entre a proclamação de um ideal formal e a prática estética, há para Nietzsche geralmente um profundo abismo, para o qual não se deve ter medo de olhar. Esse abismo mostra-se especialmente amplo na descrição de Nietzsche do declínio da forma em O *caso Wagner*:

> — Como se caracteriza toda décadence literária? Pelo fato de a vida não mais habitar o todo. A palavra se torna soberana e pula fora da frase, a frase transborda e obscurece o sentido da página, a página ganha vida em detrimento do todo; o todo já não é um todo. Mas isto é uma imagem para todo estilo da décadence: a cada vez, anarquia dos átomos, desagregação da vontade, "liberdade individual" [...]. A vida, a vivacidade mesma, a vibração e exuberância da vida comprimida nas menores formações, o resto pobre de vida. Em toda parte paralisia, cansaço, entorpecimento ou inimizade e caos: uns e outros saltando aos olhos, tanto mais ascendemos nas formas de organização. O todo já não vive absolutamente: é justaposto calculado, postiço, um artefato. — (CW 7)

Nietzsche compreende a dissolução da forma no drama musical de Wagner como sintoma de declínio de culturas decadentes – ao mesmo tempo, porém, toma essa análise como diagnose de seu tempo, ao qual ele próprio também pertence, mesmo que o considere extemporâneo. Portanto, é coerente afirmar que o próprio Nietzsche, embora valorize positivamente todos aqueles ideais de forma que viu realizados em épocas anteriores, como a integridade orgânica, o purismo dos gêneros e o domínio da massa através de um estilo grandioso uniforme, não procura restituí-los através de suas próprias criações, mas os caracteriza como irremediavelmente perdidos. A descrição de Nietzsche da arte decadente encontra sua correspondência forma em seus próprios experimentos, ao exemplo do conglomerado híbrido de géneros em seu *Zaratustra*, que desarranja e desintegra os padrões tradicionais de ordem. Em *Assim falou Zaratustra*, a forma e a quebra de forma são refletidas e, ao mesmo tempo, formalmente implementadas. Mas a autotematização do problema da forma é também evidente na violação de regras nos

Ditirambos de Dioniso, ou na heterogeneidade formal dos chamados livros aforismáticos, que representam na verdade um conjunto das mais diversas formas: de máximas, aforismos e poesias à contos, ensaios, diálogos e minidramas.

Em uma inspeção mais detalhada, os princípios formais de Nietzsche provam ser processos de dissolução de forma, cuja execução se manifesta, por exemplo, na fragmentada narrativa antiorgânica de *Assim falou Zaratustra*, na autoreflexividade da sua poesia levada ao ponto de uma autoparódia desintegradora, ou no boicote do suposto *pathos* por meio da formação de ilusões e colagens de citações. Mas o que se apresenta como desintegração a partir da perspectiva tradicional da forma, revela-se, sob um olhar contemporâneo, como uma tessitura móvel das mais diversas formas, composta por elementos individuais que organizam o texto.

Mais decisivo do que o que Nietzsche diz sobre a forma, é o modo como ele trabalha com formas. Seus textos tornam visível e tangível em si mesmos a perda sofrida pela metafísica que antes podia garantir certa unidade. A variedade de formas utilizadas testemunha a abordagem poliperspectiva, antiorgânica e anti-essencialista do artista e do filósofo experimental. Isto também se aplica, com reservas, ao seu trabalho inicial. No jovem Nietzsche, Sócrates (ou o socratismo) ainda é tido como responsável pela desintegração das formas. Sócrates conduziria à "destruição da forma pelo conteúdo: mais corretamente, do arabesco artístico pela linha reta. O socratismo já destruiu a forma em Platão, e ainda mais os gêneros estilísticos nos cínicos".[6]

As antigas formas de arte perceptíveis pelos sentidos são substituídas pelas formas não descritivas da lógica e da argumentação dialética, e com o variegado diálogo platônico cria-se "pela mistura de todos os estilos e formas existentes" uma forma completamente nova, que "paira entre narrativa, lirismo e drama, entre prosa e poesia, e assim também quebrou a rígida e antiga lei da *forma* linguística uniforme".[7] A forma e a ruptura da forma estabelecem em conjunto uma nova forma.[8] As novas formas impostas por Sócrates, paradoxalmente invisíveis, as formas

[6] NF-1869,1[25], KSA 7, p. 17.

[7] ST 1, KSA 3, p. 5/1, p. 191, grifo nosso.

[8] Dieter Henrich define a arte do modernismo como uma unidade de forma e quebra de forma. Cf. Henrich (1966), aqui p. 29 e seguintes.

abstratas da lógica e da dialética teriam sido fanaticamente levadas à autocontradição, de modo que, por sua vez, precisariam também da ilusão estética.

Por sua vez, o conceito de dionisíaco é empregado de forma dicotômica no *Nascimento da Tragédia*, por um lado, ele designa o substrato primordial e irracional de todo ser, o "uno primordial", por outro, a força gêmea artística da natureza, que em conjunto com o apolíneo faz surgir o mundo da aparência: o dionisíaco é, assim como o apolíneo, o um princípio para o formar (*Gestaltungsprinzip*)!

Portanto, o dionisíaco não surge a princípio em contrariedade com a forma, *mas sim como princípio gerador de formas*, que em interação com o apolíneo, deu origem ao mundo da arte grega.[9] No entanto, com a tragédia ática, ambas as forças alcançaram um equilíbrio precário e ilusório apenas por um curto período de tempo, uma vez que mesmo neste período o efeito global da tragédia é compreendido como a desilusão.[10] Mais tarde, sob a forma de Socratismo, o princípio da forma apolínea pôde ascender ao domínio unilateral, com a consequência de que a partir de agora as forças dionisíacas já não eram integradas e canalizadas, mas negadas e suprimidas.[11] A forma torna-se tirânica, torna-se servidão, em fases posteriores vira uma rígida convenção. As consequências são devastadoras, uma cultura do conhecimento alexandrino torna-se independente, na qual o dionisíaco ocasionalmente invade como elemento irracional. Assim, é apenas nestes tempos, quando as formas são congeladas, que o dionisíaco invade o mundo artístico apolíneo, de forma

[9] Cf. sobre isso Köster (1972).

[10] Cf. NT 21: "No efeito conjunto da tragédia, o dionisíaco recupera a preponderância; ela se encerra com um tom que jamais poderia soar a partir do reino da arte apolínea. E com isso o engano apolíneo se mostra como o que ele é, como o véu que, enquanto dura a tragédia, envolve o autêntico efeito dionisíaco, o qual, todavia, é tão poderoso que, ao final, impele o próprio drama apolínea a uma esfera onde ele começa a falar com sabedoria dionisíaca e onde nega a si mesmo e à sua visibilidade apolínea". Contra a interpretação de Wellbery, que em última análise quer reconhecer a função da forma da tragédia na obra de Nietzsche como servindo a afirmação e a salvação paradoxal da vida, deve ser salientado que Nietzsche distingue entre dois significados do dionisíaco. Por um lado, descreve Dioniso como substrato primordial (*Urgrund*) e, por outro, como uma força que co-constitui o mundo das aparências. Embora o substrato primordial seja estabelecido como a base metafísica da vida, a vida humana só é capaz de manter-se no engano por sobre este substrato primordial. A afirmação da origem é equivalente à destruição da existência humana; este é o núcleo trágico da concepção de Nietzsche. O primeiro Nietzsche não era assim um filósofo da vida, mas da morte. Cf. contra isso cf. Wellbery (1997) e (2007).

[11] Cf. sobre isso Zittel (1995).

análoga a uma epifania dos deuses. Este regresso do que foi reprimido tem apenas efeito destrutivo, não possuindo mais o efeito criador de outrora. Deste ponto de vista, não só a restauração do antigo equilíbrio se tornou definitivamente impossível, como as antigas formas estéticas também perdem a sua validade e são apenas citadas como fórmulas congeladas que podem então ser combinadas como se deseja. Todavia, não restam alternativas a isso. Já no *Nascimento da tragédia* está exposto esse cenário de decadência da forma, que Nietzsche intransigentemente desdobra mais tarde ao rejeitar, baseado na história da filosofia, todas as esperanças de uma nova unidade cultural de um país. Em *Sobre a utilidade e a desvantagem da história para a vida*[12], Nietzsche afirma que o declínio da cultura alemã se deveu, sobretudo, a sua separação bárbara entre forma e conteúdo, o que impossibilitou uma modelação estilística uniforme de todas as expressões da vida. O sobrevivente – mas ainda prevalecente – ideal formal entra em conflito com novas formas de expressão. Começa uma "experimentação" selvagem.[13]

Nietzsche retoma estas considerações sobre a forma no seu texto poético chave *Do estilo barroco*, com o objetivo de valorizar as novas formas de expressão, mesmo que elas sejam formas de declínio. Importando as características formais do barroco para a literatura, ele efetua a transvaloração de todas as formas! O estilo barroco surgiria

> No desflorescer de toda grande arte, quando as exigências se tornam grandes demais na arte da expressão clássica, como um evento

[12] "Eu gostaria de falar agora diretamente a nós alemães do presente, uma vez que mais do que qualquer outro povo temos de sofrer daquela fraqueza de personalidade e da contradição entre conteúdo e forma. A forma e valida para nós, pura e simplesmente, como uma convenção, como disfarce e camuflagem, e por isto torna-se, se não odiada, em todo caso não amada; seria ainda mais correto dizer que temos um medo extraordinário da palavra convenção e sem dúvida também da convenção como tal. [...] alarga-se o grave fosso entre conteúdo e forma ate o ponto da completa insensibilidade para a barbárie [...] A cultura de um povo enquanto a antítese da barbárie foi designada certa vez, e, segundo minha opinião, com algum direito, como a unidade do estilo artístico em todas as expressões da vida de um povo; esta designação não deve ser por isso mal compreendida, como se se tratasse da oposição entre barbárie e estilo *belo*; o povo ao qual se atribui uma cultura só deve ser em toda realidade uma única unidade vivente e não esfacelar-se tão miseravelmente em um interior e um exterior, em conteúdo e forma [...] O sentido formal é diretamente recusado por eles com ironia – pois já se tem, sim, o sentido do conteúdo: pois eles são o célebre povo da interioridade" (HV, pp. 35–6. Versão brasileira por Marco Antônio Casanova).

[13] KSA 1, p. 168.

> natural que se presencia com tristeza – porque prenuncia a noite –, mas também com admiração pelos sucedâneos artísticos que lhe são próprios, na expressão e na narrativa. [...] as luzes de crepúsculo, de transfiguração ou de incêndio em formas tão acentuadas; e sempre novas ousadias nos meios e intenções.[14]

Todas estas "artes substitutas" são, ainda segundo Nietzsche, facilmente reconhecíveis por aqueles que estão familiarizados com os procedimentos estéticos, vigorosamente defendidos "pelo artista para o artista, enquanto que o leigo deve sempre ter a suspeita que, o que vê, é o transbordamento involuntário de todas as cornucópias de uma arte natural originária."[15] Apenas na perspectiva exotérica do leigo as "formas fortes" desta arte aparecem como vivas; para o conhecedor da arte esotérica, no entanto, se apresenta uma refinada encenação retórica da vida, indicando que a arte já entrou na fase de decadência.

Nietzsche atesta que mesmo as tentativas de Goethe para recuperar as antigas tradições só conseguiram, no meio dos escombros ultrapassados da tradição, "pelo menos sacramentar a velha perfeição e plenitude por meio da fantasia do olho, [...] sua poesia tinha-se tornado auxílio para a lembrança". "Suas reivindicações eram insatisfatórias no que diz respeito ao poder da nova era".[16] Hoje, mesmo "os mais talentosos [...] só seriam capazes de continuar experimentando se o fio do desenvolvimento tiver sido rompido".[17]

Esta legitimação teórico-cultural das experiências artísticas da forma merece um olhar mais atento, pois abre caminho o conceito de experiência que Nietzsche utiliza para justificar a sua própria compreensão da forma e que também lança luz sobre os seus próprios modos de representação:

> A maré transbordante de poesias de todos os estilos e de todos os povos *deverá*, pouco a pouco, atingir as partes do globo onde ainda seria possível um crescimento calmo e recolhido; todos os poetas *deverão* se tornar imitadores experimentais, copistas ousados, por

[14] HH II 144, KSA 2, p. 438.
[15] Idem.
[16] KSA 2, p. 184.
[17] Idem.

> maior que seja a sua força no início; e o público, enfim, que desaprendeu de ver no *sujeitamento* da força de expressão, no domínio e organização dos meios artísticos, o ato propriamente artístico, *deverá* cada vez mais apreciar a energia pela energia, e mesmo a cor pela cor, a ideia pela ideia, mesmo a inspiração pela inspiração[18]

As "avantagens bárbaras"[19] tornam possível a era das vanguardas estéticas. Os artistas tornam-se imitadores que experimentam. A filosofia experimental de Nietzsche é, ao mesmo tempo, uma poética experimental; modos de escrever e modos de conhecer estão inseparavelmente relacionados.

É evidente que Nietzsche mudou o seu entendimento sobre a forma após o *Nascimento da tragédia*. O antagonismo das forças da forma dionisíaca e apolínea proclamado naquela obra é então abolido e combatido de modo semelhante como se combateu Apolo: a forma já não doma simplesmente as energias centrífugas caóticas, nem é o cenário de epifanias do dionisíaco sob a forma de irrupções do irracional. Agora as forças centrífugas produzem novas possibilidades artísticas ao nível da própria forma: se trata agora de experimentos a nível da forma. O conflito entre as forças dissolutivas e unificadoras é combatido ao nível da forma; aquilo que carece vínculo já não é definido como algo imediato ou anterior, mas tornou-se um elemento de forma e estilo. A forma apolínea, que outrora representou clareza e compreensibilidade na arte, passa a escapar a simples compreensão ao ser integrada aos efeitos dionisíacos. Forma e quebra de forma agem em conjunto, a forma mesma não se decompõe, mas designa a autodecomposição, torna-se incoerente, autorreflexiva, opaca, enigmática, torna-se o "verdadeiro conteúdo".

Da perspectiva do artista, no entanto, torna-se claro que o colorido variegado que Nietzsche tinha anteriormente criticado é agora elevado a um ideal artístico, abandonando a anterior oposição entre formas estéticas e lógicas. Pode-se brincar mesmo com fórmulas abstratas. Nietzsche proclama a arte reflexiva e ambígua de Sterne como a forma mais livre de escrita,[20] a "*falta de medida* como meio para a arte" é aceita

---

[18] Idem.

[19] Idem.

[20] KSA 2, p. 425.

como um ardil para "fingir"[21] riqueza, chama ao ditirambo o "estilo barroco da arte poética",[22] e afirma para si próprio estar no comando da "a mais multifária arte do estilo de que um homem já dispôs".[23]

Ao mesmo tempo, a decadência que experimenta com fórmulas estaria a afastar de si, como uma contratendência, o anseio pelas formas antigas, e esta fraqueza deveria ser combatida:

> Já não se está em casa em lugar nenhum, por fim se busca obter de volta onde de algum modo se possa estar em casa, porque somente lá se gostaria de estar em casa: esse é o mundo grego! Mas justamente nessa direção estão rompidas todas as pontes – *exceto* os arco-íris dos conceitos! [...] Quer-se ir de volta até os gregos por meio de patriarcas eclesiais, do norte para o sul, das fórmulas para as formas; frui-se ainda a saída da antiguidade, o cristianismo, como se fosse um acesso a ele, como um bom pedaço do próprio mundo antigo, como um mosaico cintilante de conceitos clássicos e de critérios axiológicos clássicos antigos. Arabescos, volutas, rococós de abstrações escolásticas – sempre algo ainda melhor, ou seja, algo mais fino e refinado que a realidade dos camponeses e da plebe do norte europeu:[24]

Assim, quando Nietzsche define habilmente: "Crença na forma, descrença no conteúdo – nisso consiste o encanto da frase – portanto um paradoxo moral",[25] está antes a criar um paradoxo estético, pois sabendo que na modernidade só existem formas falsas, a fé na forma é então sempre ilusória. Nenhuma forma nova é capaz de substituir as formas antigas como mais verdadeira; mesmo Nietzsche como poeta permanece sempre no reino da aparência e só é capaz de fingir vivacidade mesmo nos ditirambos dedicados a Dioniso, "falando coloridamente, falando coloridamente de larvas tolas", na tentativa inevitavelmente fútil de encontrar uma expressão verdadeira. Aqui encontramos a razão para as próprias experiências formais radicais de Nietzsche, que ele ensaia

[21] Cf. HH II 154: Os artistas sabem o que quer dizer isto: empregar a desmesura como meio artístico, para produzir a impressão de riqueza. É um dos inocentes ardis usados na sedução das almas, de que os artistas devem entender: pois no seu mundo, em que se visa a aparência, também os meios da aparência não precisam ser genuínos.

[22] Cf. KSA 5, p. 526.

[23] EH Porque escrevo tão bons livros 4, KSA 6, p. 304.

[24] NF-1885 41[4], tradução de Flávio R. Kothe.

[25] NF-1882 3[1], KSA 10, p. 68.

em todos os seus escritos. Mesmo a intensificação quase que destrutiva da forma da autoreflexão para a de autoparódia é uma consequência radical da qual Nietzsche não tem receio. A estética da forma conduz ao cerne de seu filosofar.

Referências

AMATO, Pierandrea; MIGLINO, Gianluca (org.). *Lo stile di Dionisio*: la filosofia di Nietzsche nella letteratura tedesca del Novecento. Milano/Udine: Mimesis Edizioni, 2012.

EMMERICH, Wolfgang. Benns bachische Epiphanien und ihr Dementi. In: REENTS, Friederike (org.). *Gottfried Benns Modernität*. Göttingen: Wallstein Verlag, 2007, pp. 89–106.

FOSTER, John Burt. *Heirs to Dionysus*. A Nietzschean Current in Literary Modernism. Princeton: Princeton University Press, 1982.

HENRICH, Dieter. Kunst und Kunstphilosophie der Gegenwart. Überlegungen mit Rücksicht auf Hegel. In: ISER, Wolfgang (org.). *Immanente Ästhetik*. Ästhetische Reflexion. München: Wilhelm Fink Verlag, 1966.

KÖSTER, Peter. Die Renaissance des Tragischen. *Nietzsche-Studien*, v. 1, pp. 185–209, 1972.

NIETZSCHE, Friedrich. *Fragmentos do espólio*: primavera de 1884 a outono de 1885. Tradução de Flávio Kothe. Brasília: Editora Universidade de Brasília, 2008.

______. *Segunda consideração intempestiva*: da utilidade e desvantagem da história para a vida. Tradução de M. A. Casanova. Rio de Janeiro: Relume Dumará, 2003.

SOMMER, Andreas Urs. *Nietzsche und die Folgen*. Stuttgart: J. B. Metzler, 2017.

WELLBERY, David. Die Strategie des Paradoxons. Nietzsches Auseinandersetzung mit der Aufklärung. In: SCHNEIDER, Helmut J. (org.). *Aufklärung Als Form*. Würzburg: Königshausen & Neumann, 1997. pp. 161–172.

______. Form und Funktion der Tragödie nach Nietzsche. In: MENKE, Bettine; MENKE, Christoph (org.). *Tragödie – Trauerspiel – Spektakel.* Berlin: Akademie Verlag, 2007. pp. 199–212.

ZITTEL, Claus. *Selbstaufhebungsfiguren bei Nietzsche.* Würzburg: Königshausen & Neumann, 1995.

______. Zum Paradox der dionysischen Form: Nietzsche – Borchardt – Adorno. In: BENNE, Christian; BURDORF, Dieter (org.). *Rudolf Borchardt und Friedrich Nietzsche.* Schreiben und Denken im Zeichen der Philologie. Berlin: De Gruyter, 2017. pp. 153–190.

I. "Como a inquietante imagem do conto de fadas": Reflexões sobre uma passagem central de O nascimento da tragédia[1]

1. Introdução

No final do célebre quinto capítulo de *O nascimento da tragédia a partir do espírito da música*, o leitor esbarra numa passagem provocante. Depois de uma longa reflexão, ele define o lírico como gênio apolíneo: o lírico, quando é ativo e criador, mistura-se ao ominoso artista originário que age por trás dos fenômenos como o verdadeiro criador. É quando Nietzsche lança, de forma surpreendente, uma alegoria bizarra, que parece nada ter a ver com a metafísica de artista dos deuses gregos evocada anteriormente, e por isso soa como se fosse uma obra do capricho ou uma repentina inspiração. O lírico, como criador, encontra-se num estado particular em que ele se perde e ao mesmo tempo tem uma nova imagem de si mesmo, uma imagem que o mostra também como imagem e lhe torna claro que ele mesmo é um fenômeno estético. Para esclarecer esse estado dificilmente compreensível do lírico, Nietzsche traz essa alegoria enigmática: "nesse estado ele semelha, milagrosamente, a inquietante[2] imagem do conto de fadas, que é capaz de virar totalmente os olhos e contemplar a si mesma".[3]

---

[1] Capítulo traduzido por André Luís Mota Itaparica.

[2] Inquietante é aqui a tradução escolhida para o termo *unheimlich*, que no idioma de origem é composto pelas partículas *un-*, que representa negação, e *heimlich* que atualmente significa 'às escondidas' ou 'furtivamente', mas que devido à origem na palavra *Heim* (lar), pode ganhar o sentido do que é 'familiar' ou 'conhecido'. Conhecido por sua polissemia, o termo *unheimlich* recebeu especial notoriedade ao ganhar o estatuto de conceito na psicanálise freudiana, nesse contexto, tendo sido já traduzido como 'estranho', 'inquietante' e até pelo neologismo 'infamiliar' (N.T.).

[3] NT, *Prefácio para Richard Wagner*, 5, KSA 1, p. 48.

Um esclarecimento que confunde: por que Nietzsche se refere aqui subitamente a um gênero literário de outra esfera cultural para explicar a criação lírica na Antiguidade? O que há de comum entre os contos de fadas e o poeta lírico, ainda mais quando a comparação é introduzida expressamente como "milagrosa"? Além disso, Nietzsche parece pressupor que o leitor sabe de que conto de fadas se trata. Mas que conto ele tem em mente? De onde vem e o que que significa o estranho tema dos olhos que se viram? Por que é uma imagem inquietante? O pronome relativo "que" se refere, na comparação, em termos gramaticais, ao conto, à imagem do conto ou talvez a uma natureza ou imagem no interior do conto? A frase não torna clara tais relações, mas também não dá suporte à versão mais evidente, segundo a qual é uma personagem de contos de fadas quem vira os olhos. Mas em que medida poderiam um gênero literário como o conto de fadas ou uma imagem ter "olhos"?

As últimas questões indicam, evidentemente, que nos deparamos aqui com uma passagem poetológica central, pois ou atesta-se a capacidade de um gênero, o conto de fadas, de ver-se a si mesmo, portanto de tornar-se autorreflexivo, ou – numa ordem reflexiva superior – atribui-se a auto-observação à imagem que criamos a partir do conto de fadas. Essa autorreflexão deve ser, de alguma forma, comparável a dupla concepção do gênio lírico que, de um lado, unifica-se como criador ao artista originário, e por outro, é ao mesmo tempo produto de um ato artístico. No entanto, sabe-se que a reflexão sobre as próprias condições da representação é inerente a *O nascimento da tragédia* do ponto de vista formal. Por conta disso, identifica-se corretamente nessa obra a tentativa, a nível estilístico, de cada vez mais rasgar a camisa de força da linguagem filológica, a fim de encontrar uma nova linguagem, que possibilite, ao mesmo tempo, uma outra forma de cultura e educação, em cujo espelho a cultura de até então deve reconhecer sua deficiência. Sem sombra de dúvida trata-se de uma passagem importante, e por isso é de se estranhar que permaneça, via de regra, sem comentário ou seja grosseiramente mal compreendida.

2. Notas sobre a imagem do conto de fadas

Trago aqui um breve resumo do que até agora foi e não foi dito sobre essa passagem por parte da pesquisa Nietzsche, para além de menções passageiras: nem o comentário a *O nascimento da tragédia* na *Edição crítica de estudos* (KSA 14) nem nos acréscimos posteriores na *Obra completa crítica* (KGW) fazem referência à passagem do conto de fadas. O novíssimo e abrangente comentário a *O nascimento da tragédia* de Jochen Schmidt, pela Heidelberger Akademie der Wissenschaften (2012), silencia inteiramente sobre o assunto.

Em seu exemplar comentário ao escrito de Nietzsche sobre a tragédia, Barbara von Reibnitz reconhece ao menos a necessidade de esclarecimento acerca dessa passagem, embora admita ela mesma aí sua falta de êxito: "Relação não encontrada em: *Enciclopédia de contos de fadas. Dicionário de pesquisa histórica e comparada da narrativa* (org. V. K. Ranke und H. Bausinger, verbete "Olho"; Índice de temas da literatura popular (Stith Thompson), verbetes "olho/olhos"; "visão"; "ver"; *Dicionário da superstição alemã*, verbetes 'Mahr' und 'Alb', Schopenhauer (segundo o índice remissivo da edição de Hübscher)" (von Reibnitz 1992, p. 172).

Numa mistura de comentário e interpretação típica do autor, Wolfram Groddeck aborda essa passagem lendo-a como autorreflexiva e fundamenta sua leitura ao estabelecer a correlação com passagens posteriores que, supostamente, apresentam figuras de reflexão similares:

> Ou como a águia, que, longamente,
> Longamente olha, hirta, nos abismos,
> em seus abismos – –
>
> Oh, como eles se encaracolam
> Para baixo para dentro,
> Em cada vez mais fundas profundezas! –[4]

Em nota a respeito desses versos da "Canção melancólica" de Zaratustra (também do ditirambo de Dioniso "Somente louco! Somente Poeta!"),

[4] Za 4, *O canto da melancolia,* 3, KSA 4, p. 372.

Groddeck cita nossa passagem do conto de fadas como evidência de uma "determinação reflexiva do 'poeta lírico'", que também permanece constitutiva para "a poetologia em *Assim falou Zaratustra*" (Groddeck, 1991, p. 25; 2006, p. 182). Groddeck aponta como evidência o discurso de Zaratustra *Sobre os poetas*, que versa sobre o poeta mentiroso: "seus olhos se tinham voltado para dentro, como se olhassem na distância (...) Transformados já vi os poetas, e com o olhar voltados para si mesmos" (Za 2, *Dos Poetas*, KSA 4, pp. 165–166).

Na busca e utilização de tais passagens comparativas é aconselhável cuidado. Um olhar que se volta para dentro, o olho que se torna vazio, como se olhasse para o longínquo: essas não seriam de modo algum imagens inquietantes, mas sim típicas da tradição mística para a designação do olhar visionário (Benz 1969).

Em Nietzsche lemos, porém: "Ele semelha, milagrosamente, a inquietante imagem do conto de fadas, que é capaz de virar totalmente os olhos e contemplar a si mesma". O olho é literalmente revirado; portanto, ou é virado ao contrário ou, como o olho da Parca, extraído e – o que não ocorre com o olho da Parca – redirecionado para ver-se a si mesmo, e assim sujeitar-se ao próprio olhar aterrador. O olho virado assume a função própria de um espelho,[5] o que é inquietante e claramente não corresponde ao olhar voltado para dentro do poeta ou do visionário.

Esse tema monstruoso do olho virado para si mesmo deve, portanto, continuar a ser investigado. Antes de fazê-lo ao sugerir uma fonte possível, irei primeiramente lançar um olhar mais preciso sobre contexto da passagem, de modo a obter melhores indicações do que realmente se trata aqui.

3. Comédia da arte e justificação estética do mundo

O capítulo de *O nascimento da tragédia* em questão gira por diversas ocasiões em torno do ponto de inflexão entre projeção e reflexão:

[5] Como, por exemplo, no discurso de Zaratustra "O menino com o espelho", quando Zaratustra lembra-se de ter sonhado com uma criança que lhe segurava um espelho, no qual, para seu terror, vê "a careta e riso galhofeiro de um demônio" (Za 2, *O menino com o espelho*, KSA 4, p. 105).

> Mas, na medida em que o sujeito é artista, já se encontra redimido de sua vontade individual e se tornou como que um médium, através do qual o único sujeito verdadeiramente existente celebra sua redenção na aparência. Pois isto deve se tornar claro para nós principalmente, para nossa humilhação e exaltação: que toda a comédia da arte não é absolutamente representada para nós, para nossa melhoria e educação, digamos, e que tampouco somos os efetivos criadores desse mundo de arte; mas que podemos supor que somos, para o verdadeiro criador, apenas imagens e projeções artísticas, e nossa mais alta dignidade está em nosso significado como obras de arte — pois somente como fenômeno estético a existência e o mundo se acham eternamente justificados —; enquanto nossa consciência sobre esse nosso significado mal difere da que possuem guerreiros pintados numa tela sobre a batalha nela representada. Assim, todo o nosso saber artístico é, no fundo, completamente ilusório, pois como seres sabedores não somos unidos e idênticos àquele ser que, como criador e espectador único dessa comédia da arte, proporciona a si mesmo uma eterna fruição. Apenas na medida em que o gênio, no ato da procriação artística, se funde com aquele artista primordial do mundo, é que sabe algo sobre a eterna essência da arte; pois nesse estado ele semelha, milagrosamente, a inquietante imagem do conto de fadas, que é capaz de virar totalmente os olhos e contemplar a si mesma; ele se torna, ao mesmo tempo, sujeito e objeto, simultaneamente poeta, ator e espectador (NT, *Prefácio para Richard Wagner*, 5, KSA 1, p. 47–48).[6]

A teatralidade de todo o mundo empírico torna-se visível aos indivíduos que nele agem somente em momentos particulares, "como se o véu de maya estivesse rasgado e apenas seus farrapos tremulassem ante o misterioso Um primordial" (NT, *Prefácio para Richard Wagner*, 1, KSA 1, p. 29).

Nietzsche descreve duas variantes principais de como o olhar ao interior do terrível substrato primordial pode abrir-se subitamente. A primeira consiste na desorientação descrita por Schopenhauer "nas formas de conhecimento do fenômeno", quando o "princípio de razão suficiente, em alguma de suas manifestações, parece sofrer uma exceção" e o homem, por um lado, sente um "*terror* descomunal", e, por outro lado, no "rompimento do principii individuationis", sente um prazeroso

[6] Cf. a primeira edição de 1872, onde lê-se: "ao mesmo tempo poeta, ator (*Acteur*) e espectador" (Nietzsche 1872, p. 25).

êxtase, vislumbrando "a essência do dionisíaco" e, como na embriaguez, "leva a subjetividade ao completo esquecimento de si" (NT, *Prefácio para Richard Wagner*, 1, KSA 1, p. 28).

À diferença desse olhar direto no substrato primordial, a outra variante se realiza por meio da imagem. A seguinte passagem, de *O nascimento da tragédia* expõe esse fato com clareza, em remissão direta aos símiles líricos anteriores:

> A excitação dionisíaca é capaz de transmitir a uma multidão inteira essa faculdade artística de ver-se rodeado de semelhante bando de espíritos, com o qual sabe estar intimamente unida. Esse processo do coro trágico é o fenômeno *dramático* primordial: ver-se transformado diante de si mesmo e agir como se realmente houvesse entrado em outro corpo, em outro caráter. Esse processo está no começo do desenvolvimento do drama. Trata-se de algo diferente do rapsodo, que não se funde com suas imagens, mas as vê fora de si mesmo com olhar contemplativo, de modo semelhante ao pintor; já se trata de um abandono do individuo mediante o ingresso numa natureza alheia. (NT, *Prefácio para Richard Wagner*, 8, KSA 1, p. 61).

Acrescentando essa explicação, pode-se decifrar o símile do "guerreiro sobre a tela": existe a música que se ouve e a música que se acompanha cantando; no último caso, o músico se torna um meio através do qual, contudo, ele se torna inteiramente um, nesse "autoespelhamento dionisíaco do homem no coro".[7] Traduzido visualmente: o guerreiro sobre a tela vê a si mesmo, ou num nível inferior da aparência, o pintor se

[7] Cf. "Com essa percepção podemos designar o coro, em seu estágio primitivo na tragédia original, como um autoespelhamento do homem dionisíaco; fenômeno que fica muito claro no processo em que um ator, quando é verdadeiramente talentoso, vê pairando tangivelmente à sua frente o papel que vai representar. O coro de sátiros é, antes de tudo, uma visão da massa dionisíaca, assim como o mundo do palco é, por sua vez, uma visão desse coro de sátiros: a força dessa visão é grande o suficiente para tornar o olho indiferente e insensível à impressão da "realidade", às criaturas civilizadas que ocupam as fileiras de assentos ao redor" (NT, *Prefácio para Richard Wagner*, 8, KSA 1, p. 59–60).
Em oposição a isso, o autoespelhamento apolíneo:
"Quando, após uma vigorosa tentativa de fixar o olhar no sol, desviamos a vista ofuscada, temos escuras manchas coloridas ante os olhos, como que meios de cura para eles. Inversamente, aquelas projeções luminosas do herói de Sófocles — em suma, o elemento apolíneo da máscara — são o produto necessário da olhada para o horrível interior da natureza, como que manchas luminosas para curar um olhar ferido pela noite atroz" (NT, *Prefácio para Richard Wagner*, 9, KSA 1, p. 65.).

vê como tendo sido pintado por outro. Em analogia a isso, o rapsodo não se dissolve em suas imagens linguísticas, mas se funde com o uno primordial criador ao gerar imagens durante o ato produtivo. De forma correspondente, o pintor não se dissolve no guerreiro que ele pinta, mas, no processo de pintar, pinta por meio dele um gênio primordial. O pintor se torna puro meio. Como conhecedores, somos por princípio separados do verdadeiro substrato originário; apenas no ato criador o artista "sabe" intuitivamente algo da natureza dionisíaca. Então, em segundos terríveis de conhecimento, se torna visível ao artista a analogia de que, assim como o guerreiro pintado se relaciona com ele, ele se relaciona com o substrato originário, isto é, ele tem de se ver, *simultaneamente*, como imagem que outro *literalmente* pintou, e assim apenas no símile ele conhece a verdade sobre sua natureza de símile, e isso apenas num instante bastante determinado, justamente durante o ato criador, no qual ele mesmo se torna símile que interpreta a si mesmo, portanto de uma forma milagrosa e fabulosa. Esse não é um ato de autoesclarecimento que possa ser descrito racionalmente.

O nascimento da tragédia é atravessado pelo *leitmotiv* da visão terrível do caráter aparente da própria existência, do conhecimento trágico e da letalidade da verdade. A imagem que o sujeito esboçara de si mesmo transforma-se no seu terror, para seu terror. Ela se torna visível. Nietzsche encena o cenário da transformação, na medida em que descreve continua e explicitamente as assim chamadas trocas de olhar, que conduzem a uma reviravolta súbita do conhecer (Cf. Gebhard, 1983, cap. 4).[8] Com o motivo associado ao olhar, liga-se um denso sistema de remissões presente em todo o escrito, como com auxílio da caracterização do poeta lírico que interpreta "a música em imagens", ele que antes de tudo repousa "no mar sereno da consideração apolínea". Contudo,

> quando ele enxerga a si próprio pelo mesmo *medium*, sua própria imagem se mostra para ele num estado de descontentamento: seu próprio querer, ansiar, gemer, exultar é para ele um símile com que interpreta a música para si. Este é o fenômeno do poeta lírico:

[8] Cf. também em Gebhard 1983, nota 40, um comentário contrário à minha interpretação dessa passagem do conto de fadas: "Quando, no fim do século, a fuga da realidade e a transfiguração do mundo alcançou seu cume trivial em Bölsche, Wille, etc., justamente o papel negador de contradições do conto de fadas foi explorado e examinado".

como gênio apolíneo, interpreta a música pela imagem da vontade, enquanto ele mesmo, completamente desprendido da cobiça da vontade, é um puro e desanuviado "olho solar" (NT, *Prefácio para Richard Wagner*, 6 KSA 1, p. 51).

Ele tem de tomar sua própria vida como símile, a fim de significar a música e todo o mundo. Desse modo, há o autoconhecimento por meio da imagem e do símile, e o conhecimento do mundo que se instaura quando a própria vida é compreendida como símile. Mas o que acontece quando o olho solar se vira e enxerga a si mesmo? Nietzsche vincula o autoconhecimento, possível somente através da imagem e do símile, ao símile do sábio Sileno, atribuindo-lhe desse modo uma tonalidade pessimista:

> Segundo uma antiga lenda, o rei Midas perseguiu longamente o sábio *Sileno*, acompanhante de Dionísio, sem conseguir apanhá-lo. Quando ele finalmente lhe caiu nas mãos, o rei perguntou qual seria a melhor e mais desejável coisa para o ser humano. O demônio silenciou, quieto e inflexível; até que, pressionado pelo rei, soltou estas palavras, com um riso estridente: "raça miserável e efêmera, filhos do acaso e da fadiga, por que me obrigas a te dizer o que em nada te ajudará ouvir? A melhor coisa é inalcançável para ti: não haver nascido, não *ser*, *nada ser*. E a segunda melhor coisa, para ti, é — brevemente morrer" (NT, *Prefácio para Richard Wagner*, 3, KSA 1, p. 35).[9]

A vontade de saber conduz ao ponto em que a falta de sentido de sua própria ação se revela. No passo seguinte, Nietzsche deixa então claro que a dinâmica de um impulso para o conhecimento, tornado absoluto, selou inclusive a autodestruição da cultura grega, a saber, na forma da autossupressão do socratismo e da ciência. A vontade de saber incondicionada se volta aqui contra si mesma para ao fim reconhecer que a racionalidade não se mostra como oposta ao mito, mas como última poetização que leva a cabo a autoaniquilação mítica.[10]

[9] Cf. "O desejo extraordinário de Midas por uma resposta, sua pergunta e uso de todos os meios tornam compreensível essa formulação superlativa. Portanto, onde essa formulação é citada pelos autores antigos paira, sobre a alma daquele que cita, a lembrança de uma escuta penosa" (Nietzsche 1873, p. 214).

[10] O socratismo enfrenta dificuldades justamente por conta de seu ideal unilateral de conhecimento. Nietzsche aponta nele uma "alucinação profunda": – "a inabalável crença de que o pensamento, seguindo o fio da causalidade, atinge os mais fundos abismos do ser, e

O conhecimento trágico de Édipo – a sabedoria de Sileno – a mortalidade da verdade – a autodestruição do helenismo no ato socrático de autoconhecimento: *O nascimento da tragédia* não encena apenas um jogo artístico de autorreferências, mas a autossupressão (*Selbsaufhebung*) é aqui apresentada como processo trágico em sua dimensão metafísica e filosófico-cultural.

É certamente uma razão central do enorme efeito de *O nascimento da tragédia* o fato de que a relação entre essência e aparência é tomada de forma completamente diferente daquela da tradição, na medida em que a visão da aparência não conduz a sua certificação, mas a uma compreensão trágica do insuperável caráter ilusório da própria existência e do conjunto da cultura. Konrad Fiedler, importante teórico da arte, explica em seu escrito "Naturalismo moderno e verdade artística" de 1881 sobre a crise da concepção de realidade e de verdade desencadeada por tais figuras autorreflexivas, tornada por fim signo da modernidade:

> O ponto de inflexão para o espírito que aspira ao conhecimento surge no momento em que a suposta realidade, assumida como realidade absoluta, é desvelada ao pensamento profundo como aparência enganosa, quando se tem a compreensão de que as faculdades cognitivas humanas não estão diante de um mundo exterior independente, como um espelho diante de um objeto, mas que o que se chama mundo exterior é um resultado de uma autocriação, eternamente cambiante e ininterrupta, realizada por um processo mental (Fiedler 1991, p. 170).

---

de que é capaz não apenas de conhecer, mas de *corrigir* o ser" (NT, *Prefácio para Richard Wagner*, 15, KSA 1, p. 99). Mas acreditar que se pode fazê-lo, nisso consiste a exitosa ilusão metafísica da ciência que a conduz aos limites onde "sua reivindicação de validade universal for negada pela comprovação desses limites" (NT, *Prefácio para Richard Wagner*, 15, KSA 1, p. 111). Aqui, o socrático tem de reconhecer "para seu horror", "como nesses limites a lógica se enrosca em si mesma e termina por morder a própria cauda" (NT, *Prefácio para Richard Wagner*, 15, KSA 1, p. 101). A lógica se mostra como uma disposição artística, "ela morde a própria causa e deixa aberto o mundo do mito" (NF-1870,8[13], KSA 7, p. 224). Ver, sobre isso: Zittel 1995.

4. Piscares de olhos (*Augen-Blicke*)

Voltemos ao problema de partida: o gênero contos de fadas torna-se símile do caráter fabuloso de toda a comédia humana. Ao reconhecer seu caráter fabuloso, assume-se como ficcional. Essa compreensão, por sua vez, não pode se estabelecer como verdade superior, mas sim como intensificação desse caráter fabuloso. O que isso tem a ver com o tema dos olhos virados?

O motivo dos olhos virados é encontrado apenas em algumas poucas passagens na história da literatura, dentre elas uma igualmente inquietante na novela *A morte de Georg* de Richard Beer-Hofmann, obra revolucionária para a estética da modernidade e que não pode ser suficientemente elogiada. O tema principal surge aqui inserido em um jogo habilidoso de ilusões entre o mundo onírico apolíneo e o terrível substrato originário dionisíaco, no entanto, o ato do entendimento que vem a transformar a protagonista é protelado, atenuado por um "como se", interceptado em seu terror, sem com isso deixar de ser inquietante:

> Ela sentia falta de conteúdo e plenitude (...). Nem sempre ela o entendia; e frequentemente, apenas depois de vários dias, quando ele a beijava ou em silêncio acariciava seu cabelo macio, ela captava de uma só vez o sentido de palavras há muito ditas. Mas todo o entendimento nela submergia e se transformava, até ser apenas algo mais que a fazia andar diferente ou alterava o tom de sua voz e emprestava aos olhos uma escuridão, como se eles olhassem para dentro (Beer-Hofmann, 1980, p. 35).

É possível, contudo, encontrar esse motivo antes da composição de *O nascimento da tragédia*? De início, pode-se pensar nos contos artísticos de Tieck ou Brentano. Aqui minha pesquisa permaneceu sem resultados. Procurei igualmente em vão tanto nos contos das *Mil e uma noites* – significativos para *Assim falou Zaratustra* (Nietzsche 1991, p. 898, p. 920) – como nas histórias de Heródoto.[11]

[11] É inevitável pensar em *Sandmann* de E. T. A. Hoffmann e imaginar o que aconteceria se se o lêssemos paralelamente à passagem sobre o conto de fadas em *O nascimento da tragédia*.

Meu achado ocorreu lá onde eu não esperava, não em um conto de fadas, mas sim em uma história. Ela se chama "A menina que pisou no pão", publicada pela primeira vez em alemão no livro *Do coração e do mundo*, de Hans Christian Andersen (edição original: Andersen 1860, 166–179).

Do coração e do mundo compila diversos textos de Andersen, histórias e relatos de viagem, sem indicação de gênero. Sabe-se que o próprio Andersen designava muitos de seus textos como "histórias", mesmo aqueles que hoje são conhecidos como contos de fadas. "A menina que pisou no pão" também foi rapidamente incluída em coletâneas de contos de fadas, por exemplo, na edição alemã de 1862 dos contos de fadas de Andersen.[12] Por isso, a pergunta pelo gênero literário coloca-se com frequência em relação aos textos de Andersen, por vezes até no interior dos textos mesmos.[13] Em especial no que se refere a "A menina que pisou no pão", a alternância entre conto de fadas e história[14] é, em termos poetológicos, de significação central.

Pois o interessantíssimo e – até onde sei – pouco interpretado texto inicia com certa graça autorreflexiva. Em sua primeira frase, ele se tematiza a si mesmo como texto impresso, em primeiro lugar inclusive como "história": "A história da menina que pisou sobre o pão para não sujar os sapatos, e como ela sofreu as consequências, é bem conhecida e até impressa" (Andersen 1860, p. 166).[15] De fato – como Johan de Mylius pôde comprovar – ao menos o cerne dessa história havia sido publicado anteriormente, a saber, em *Lendas populares dinamarquesas* e em *Lendas germânicas*, dos Irmãos Grimm.[16]

Embora seja uma história inquietante, não se trata de um conto de fadas, e a ameaça de perder os olhos para outra pessoa é, em claramente diferente de revirar os próprios olhos que, neste caso, se conservam.

[12] Andersen 1862, pp. 782-795; 1995, 228-239.

[13] Em outros textos de Andersen, a questão se se trata de uma história ou de um conto de fadas é inclusive explicitamente tematizada, como comprova Anz 2005.

[14] Uma resenha da época constatava que, com *Do coração e do mundo*, Andersen ofereceria, "em sua forma de expressão reconhecidamente inofensiva e jovial [...], novamente um apanhado de contos de fadas, sagas, parábolas, relatos de viagem, paisagens e vida". O "conto de fadas" de "A menina que pisou no pão" teria apresentado significativas dificuldades ao resenhista, "já que traz à tona uma tendência moral e religiosa que é prejudicial ao legítimo tipo dos contos de fadas" (Gutzkow 1860, p. 1023).

[15] Em outras traduções ou versões a história se inicia com uma locução direcionada ao leitor: "tu certamente já ouviste da menina que pisou no pão para não sujar os sapatos e quanto problema daí surgiu. Foi escrito e também publicado" (Andersen 1975, p. 228).

[16] *Danmarks Volksagn* [folclore dinamarquês] (1843-1860); Grimm 1816-1818,1.315–319; mas também Müllenhoff (1845, pp. 145-146, "O querido pão"). Ver: Mylius 2010, pp.

A menina se chama Inge (em dinamarquês: Inger), é apegada às boas aparências e gosta de se enfeitar, mas possui ao mesmo tempo uma disposição à crueldade, e isso será caracterizado – o que já é totalmente uma adição de Andersen – com expressões autorreferentes. Inge espeta besouros com uma agulha e os coloca numa folha, sobre a qual eles giram; ela diz então: "O besouro está lendo, veja só como ele vira a folha" (Andersen 1860, p. 166). Com o folhear se virará não só a folha de Inge, mas também o sentido de nossa leitura. O motivo da virada e da transformação se torna o *leitmotiv* do texto.

Inge vai a um senhorio estrangeiro onde é mimada, e isso lhe sobe à cabeça. Quando, depois de um ano, é enviada de volta para casa, ela se arruma toda, mas envergonha-se ao ver sua mãe cansada sentada na beira do caminho com roupas simples e um feixe de gravetos na mão, então volta atrás sem ter dado as caras. Na segunda vez, deve levar consigo um pão e de novo se veste com belas roupas. Mas quando em seu caminho se depara com um trecho enlameado, coloca o pão no chão para proteger seus sapatos. Quando ela pisa em cima do pão, ele começa a afundar com ela cada vez mais fundo no lamaçal, até que ambos desaparecem. – "Esta é a história" (Andersen 1860, p. 168) – com esse comentário, o narrador de repente retoma a palavra. Quando se sabe que Andersen se baseou numa lenda já anteriormente publicada, pode-se então ler essa intromissão como demarcação da fronteira entre texto tradicional e acréscimo poético. Contudo, já a primeira parte da história é expandida e poetizada por Andersen.[17] É sobretudo para o leitor desinformado, que não conhece outra versão da lenda, que essa cesura deve ter certo efeito perturbador. Mesmo tal leitor pode interpretar o curioso

306-307. Na tradução de Johann de Mylius, lê-se a saga da seguinte forma:

"A profanação do pão. Uma menina servia como criada numa casa entre Gyrstinge e Flinterup. Num feriado, ela quis visitar sua mãe e solicitou para isso um dia de folga. A sua patroa lhe deu cinco pães, que ela deveria dar a sua mãe, que era muito pobre. Então, trajando suas roupas de domingo, a menina tomou seu caminho até chegar a um lugar lamacento, e como ela não podia atravessá-lo sem sujar seus sapatos novos, colocou um pão depois do outro, até que tinha colocado todos os cinco pães sobre o lodo e pisado sobre eles, conseguindo assim atravessar com os pés secos. Porém, por causa dessa profanação ela afundou na terra daquele lugar e desapareceu na lama, e as meninas da região ainda cantam uma canção sobre sua vaidade, que foi punida" (pp. 306-307).

Na edição das obras coligidas de Andersen (Andersen 1840, p. 845), a história é citada no interior de um conto de fadas.

[17] Agradeço ao parecerista anônimo pela indicação precisa.

comentário do narrador no meio do texto como um sinal de uma mudança de gênero literário:[18] a "história" chegou ao fim, agora começa o conto de fadas. Nesse mote, o próximo trecho inicia-se com uma pergunta, com a qual o narrador se dirige ao leitor: "Mas onde Inge foi parar?". Inge chegou ao fundo frio e fedorento do pântano, onde uma estranha mulher do pântano produz cerveja e bichos asquerosos se remexem. Sempre com o pão grudado no sapato, ela afunda ainda mais em direção ao limbo. Ali todos os olhares se voltam para ela, e ela pensa que isso se deve ao fato de ser tão bela. "E então ela virou os olhos, o pescoço ela não conseguia virar, ele estava muito enrijecido para tal" (p. 171). Ela vê que está coberta de muco, com uma cobra pendurada nos cabelos, porém não consegue se mexer. "Braços e mãos estavam paralisados, seu corpo era como uma coluna de pedra, ela ainda conseguia mover apenas os olhos, que se viravam na cabeça, girando de tal modo que ela podia ver atrás, e esta foi uma visão horrível" (p. 171). Essa situação é enfeitada ainda por mais um tempo, Inge é – espelhando o destino do besouro espetado por ela – presa e condenada até a eternidade, enquanto ouve o que se fala lá de cima e dá-se conta de como lá o tempo passa. Quando então nada mais consegue suportar, ela grita de fato: "Se eu não tivesse nascido (...), teria sido muito melhor para mim" (p. 173). A sabedoria de Sileno! Quanto ao resto do conto de fadas, recomendo sua leitura, embora ele não acrescente mais nada ao tema aqui discutido.

5. Nietzsche leitor de Andersen?

Ensaiemos o que aconteceria se aceitássemos o conto de fadas de Andersen como fonte. Antes de tudo, deve se perguntar se Nietzsche poderia ter conhecimento de Andersen tão cedo. De fato, encontra-se na biblioteca de Nietzsche o livro de Hans Christian Andersen *Bilderbuch ohne Bilder* (*Livro de imagens sem imagens*) (Berlin: A. Hofmann & Comp, 1856). Nietzsche tinha doze anos de idade quando o livro foi publicado. Posteriormente, os contos de fadas de Andersen são mencionados de forma elogiosa por Irma Regner von Bleyleben, correspondente de

[18] Também em *Assim falou Zaratustra*, Nietzsche utiliza procedimentos semelhantes.

Nietzsche.[19] Georg Brandes dedica um perfil a Andersen.[20] Contudo, não existe nenhuma referência direta de Nietzsche a Andersen, exceto uma anotação de 1858, provavelmente uma lista de desejos de presentes de aniversário e Natal, baseada na lista de livros e preços da Hofmann & Comp.:

> Aniversário:
> Münchhausen. 1 táler / III.
> Andersen, Herz. 5 vinténs /
>
> Natal.
> Dom Quixote. 25 vinténs / IV V.
> Novelas de Töpfer. 9 vinténs/ (Nietzsche, 1995, I, 1.213).[21]

À primeira vista, parece que que jovem Nietzsche teria de fato desejado o livro *Do coração e do mundo* de Andersen, mas esta edição saiu apenas em 1860 e o original em dinamarquês de "A menina que pisou no pão" só havia sido publicado um ano antes disso. O equívoco ocorre porque Nietzsche deseja uma edição de cinco vinténs de *Livro de imagens sem imagens* que no mesmo volume também continha o drama lírico "A filha do Rei René", de Hedrik Hertz (!).[22] O desejo foi certamente realizado e ele documenta, sem dúvida, um interesse precoce de Nietzsche por Andersen. Uma vez ciente da obra de Andersen, não é improvável que Nietzsche tenha entrado em contato com a edição de Leipzig, de 1860, ou com os contos de fadas reunidos, de 1862.

---

[19] A Nietzsche, na Basileia, Viena, segunda-feira, 28 de janeiro de1878:

> – é uma vida meio sonhada, que tem seu próprio encanto. Meu intelecto não é adequado para empenhar-se em acompanhar algo cientificamente, então nessas horas deixo me ler em voz alta uma de minhas obras preferidas: o livro de contos de fadas de Andersen. Conhece a história "O anjo"? Esses contos de fadas me causaram uma impressão tão forte em minha infância que ainda hoje os leio com prazer (Nietzsche 1975–2004, II, 7/3,2.898).

[20] Georg Brandes (1887[!]) sobre Andersen, cf. Nietzsche 1975-2004, III, 5.268; II, 7/ 2,3.898 remete a: Andersen 1848.

[21] Cf. também a página seguinte com uma lista mais longa, na qual é introduzido o mesmo título de Andersen. As novelas de Töpffer que aparecem nessa lista são: Töpffer, R. 1853, *Genfer Novellen*, edição alemã completa em 3 volumes, Berlin: Hofman & Comp.

[22] Herz 1856. Cf. Brobjer 1997, pp. 663-693: "provavelmente a lista de livros que Nietzsche desejava em 1858. Listado como 'Andersen, Hertz'. Andersen e Hertz estão juntos na biblioteca de Nietzsche. BAW 1, 400 + KGW I 1,4[4 + 5]. Andersen, H. C., *Livro de imagens sem imagens* (Berlin, 1856)".

Além disso, pode ser entendida como uma alusão ao fundo do pântano, também presente em outros contos de fadas de Andersen como submundo, aquela característica dos prazeres ingênuos de David Friedrich Strauss, na *Primeira extemporânea*, "que, na mais miserável profundeza da existência inculta e igualmente no fundo do pântano da existência filisteia, brotam, como flores modestas" (DS, 2, KSA 1, p. 169),[23] pois em nenhum outro lugar se encontra esse uso linguístico em Nietzsche.

Também o narrado de *Assim falou Zaratustra* se utiliza de artifícios que se assemelham supreendentemente às técnicas de Andersen, como quando comentários do narrador interrompem a trama para tematizar a própria forma de representação, questionar o gênero literário, apresentar a história como verídica e de repente declará-la como finalizada. Desse modo, o leitor de *Assim falou Zaratustra* é provocado já no fim do quinto capítulo do prólogo por um comentário do narrador: "E aqui findou o primeiro discurso de Zaratustra, que é também chamado de 'o prólogo'" (Za *Prólogo de Zaratustra*, 5, KSA 4, p. 20.). O prólogo, contudo, não chegou ainda no fim, encontramo-nos exatamente no seu meio, e isso provoca um jogo de enganos, no qual o discurso do protagonista e o título do capítulo do livro de Nietzsche se confundem. No que se segue, alguns discursos serão explicitamente denominados de narrativas, crônicas e histórias, a fim de logo acabar com as expectativas que surgem com essas designações de gênero, por meio dos comentários desse narrador que aparece tão subitamente quanto some (Cf. Zittel 2011, pp. 223–227).[24]

Essa coincidência de práticas narrativas, que ao serem introduzidas levam a uma quebra de ilusão, é mais conclusiva que a mera indicação de uma descoberta no âmbito das fontes.[25] Agora parece bastante promis-

---

[23] Cf., por exemplo, o conto de fadas de Andersen "A filha do rei do pântano", no qual a filha monstruosa criada pelo rei do pântano emerge do fundo do pântano em uma flor.

[24] A caracterização dos contos de Andersen por Anz coincide também inteiramente com o funcionamento da história de Zaratustra como eventos retirados de livros de história: "A narrativa não é somente situacional e oral, mas é simultaneamente mitificada como conto narrado e ampliado ao longo de séculos" (Anz 2005, 41). Cf., por exemplo, "este foi o início daquela longa refeição que nos livros de história é chamada 'última ceia'. Mas nela não se falou de outra coisa a não ser *o homem superior*" (KSA 4, p. 355).

[25] A prática corrente de procurar nos livros da biblioteca de Nietzsche marcas de leitura e então percorrer a obra digitalizada de Nietzsche com a ajuda de uma função de busca é para mim tão suspeita quanto a simples comunicação das chamadas "contribuições

sor averiguar se uma leitura paralela do "conto de fadas" de Andersen e de *O nascimento da tragédia* pode lançar uma nova luz a ambos os textos.

Com frequência, os contos de fadas de Andersen são recebidos na Alemanha apenas por seu conteúdo sentimental, o que se deve também à escassez de traduções (Cf. Detering, 2011). A pesquisa mais recente sobre a obra de Andersen não se cansa de salientar a modernidade de sua escrita, colocando-o ao lado de Baudelaire e investigando seu significado como precursor da modernidade literária (Cf. Müller-Wille 2009), sem contudo considerar uma possível influência sobre Nietzsche. Heinrich Anz, por exemplo, aponta que há contos de fadas que "realizam o ideal estilístico de Andersen e em sua por vezes bizarra estrutura autorreflexiva lembram textos de Kafka, ao exemplo do último conto de fadas de Andersen *Tia Dor-de-dente*.[26] Não por acaso, Kafka, já moribundo, lia contos de fadas de Andersen para sua amiga Dora Diamant." Anz cita P. O. Enquist, que caracteriza a escrita de Andersen da seguinte maneira: "ele mudou, com as próprias mãos, toda arte da prosa nórdica. (...) Ele fez isso em seus contos de fadas. Esse estilo de prosa rápido, rítmico, lógico de modo irracional, arriscado e incrivelmente vivo nasceu da língua falada e rompeu com toda uma tradição de prosa" (Anz 2005, p. 39). Para Anz, o sucesso dos contos de fadas de Andersen se deve "à sua poética quase modernista. Modernista é (...), na mesma medida, a estrutura autorreflexiva dos seus contos de fadas, que remete a si mesma e à automitificação da narrativa" (p. 36–37). Também Johan de Mylius (2010), especialista na obra Andersen, interpreta suas histórias e contos de fadas como textos experimentais e salienta como especial característica deles justamente a coincidência (também central para o *Nascimento da tragédia* de Nietzsche) de momentos transformação e morte.

É altamente interessante que, num conto de fadas que se poderia bem designar de meta-conto-de-fadas, chamado "Os fogos-fátuos estão na cidade, disse a mulher do pântano" (1865), entre em cena de

---

para a pesquisa de fontes" (como na revista *Nietzsche-Studien* – NT). Como Montinari já ressaltou, a leitura deveria caminhar em sentido oposto, logo questionando acerca de textos preliminares a partir de inquietações advindas do próprio texto, ao invés de sugerir, inversamente, relações causais de influência, sem indicar como e com que consequência interpretativa a suposta fonte foi incorporada ao texto de Nietzsche.

[26] "A tia dor de dente", em Andersen 1975, pp. 354-364.

novo justamente a mulher do pântano de "A menina que pisou no pão". Quando interrogada por um escritor de contos de fadas em crise literária sobre o paradeiro dos contos de fadas desaparecidos, ela responde:

> "Contos de fadas e poesia, sim – são duas faces da mesma moeda (...). Devereis recebê-la de graça. Tenho um armário inteiro de poesias engarrafadas" (...). "possuís poesia engarrafada?". "Mais do que poderias suportar", disse a mulher. "Deveis por certo conhecer a história da menina que pisou no pão para não sujar seus sapatos? Ela foi escrita e publicada". "Essa eu mesmo contei", disse o homem (Andersen 1982, p. 267).[27]

As histórias engarrafadas, também as do próprio escritor, e como a mulher do pântano então conta, foram presentes da avó do diabo como retribuição pela entrega da menina petrificada como uma coluna. O declínio da poesia à forma de conserva é retratado justamente por meio da referência à menina que afundou no pântano, e portanto não é apenas a menina que ao se ver a si mesma se reconhece horrivelmente como desfigurada, mas também o próprio gênero do conto de fadas.

Portanto, os textos de Andersen devem ser levados a sério em seu caráter artístico, mas também em seu conteúdo são por vezes tão cruéis e inquietantes que já foram chamados de "Lars von Trier para crianças".[28] Os textos de Andersen se endereçam, por conseguinte, tanto a crianças quanto a adultos, e correspondem assim à conhecida definição que Nietzsche dá aos contos de fadas em *Miscelânea de opiniões e sentenças*:

> *A eterna criança.* – Nós julgamos que contos de fadas e brincadeiras são coisas da infância: míopes que somos! Como se em alguma idade da vida pudéssemos viver sem brincadeiras e contos de fadas! É certo que as concebemos e as sentimos de outro modo, mas justamente isso mostra que são a mesma coisa – pois também a criança concebe a brincadeira como sua ocupação e os contos de fadas como sua verdade. A brevidade da vida deveria nos guardar

[27] A história é aqui contada assim: "Sim, então vós conheceis a história e sabeis que a menina afundou na terra em direção à mulher do pântano, justamente durante a visita da avó do diabo para olhar a cervejaria. A avó do diabo viu a menina e a pediu como pedestal, a fim de lembrar-se da visita, assim recebendo-a; e eu recebi um presente para o qual não tenho nenhum uso, uma farmácia portátil, um armário inteiro cheio de poesia engarrafada."

[28] Assim formulou Carlos Spoerhase de forma pertinente em uma recente conversa sobre uma palestra preliminar a este estudo.

da pedante separação das idades da vida – como se cada uma trouxesse algo novo –, e um poeta poderia nos apresentar um homem de duzentos anos, um que vivesse realmente sem brincadeiras e contos de fadas" (Nietzsche 1980, KSA 2, p. 493).[29]

6. Contos de fadas, demônios e meninas (*Märchen, Mährchen, Mädchen*)

Se esse conto de fadas é modelo para a passagem em questão em *O nascimento da tragédia* de Nietzsche, sendo então uma menina que vira os olhos, então a frase talvez devesse contar no manuscrito como: "a inquietante imagem da menina (*Mädchen*) que é capaz de virar totalmente os olhos e contemplar a si mesma". Nietzsche escreve "*Märchen*", mas sem o agá de prolongamento. – Um erro de impressão? Seria interessante verificar se Nietzsche, que corrigia seus manuscritos meticulosamente, teria ficado satisfeito com esse erro e o tivesse deixado como estava.[30] Talvez, de início, não houvesse referência a gênero literário algum. A própria palavra também começa a se dissolver num olhar mais próximo: "*Mährchen*" poderia significar aqui "menina" (*Mädchen*), eventualmente até se remeter a *Mahr* (= *Mar*) (Demônio noturno),[31] por meio do qual o elemento inquietante entraria novamente em cena. O sentido da palavra se inverteria, mas ambas as variantes resultam num sentido análogo.

---

[29] Cf. o caderno de anotações de Andersen de julho de 1875: "meus contos de fadas são tanto para adultos quanto para crianças; estas entendem apenas o cenário, e apenas quando pessoas maduras veem e entendem o conjunto. É fato que o inocente só compõe uma parte de meus contos; é fato que o humor é seu verdadeiro sal" (citado segundo Anz, 2005, p. 39).

[30] É possível que aqui se trate também – Martin Endres me atentou para isso – de um diminutivo de *Mähre*. Segundo Adelung, "*Mähre*" não designa apenas, como ainda hoje é conhecido, um velho cavalo desgastado, mas também:

* *Die Mähre, plur.* die -n, uma palavra completamente em desuso, que era comum nas línguas nórdicas de então, nas quais significava uma jovem, uma garota, uma menina. No sentido estrito, "Meri" é, no *Monseeischen Glossen*, uma prostituta, significado de *Mähre* ainda presente no dizer comum de algumas regiões, de onde parece possuir parentesco com a palavra latina "*Meretrix*" (Adelung 1798, 34).

Cf. o primeiro significado:

1. Die Mähre, *plur.* die -n, diminutivo: *das Mährchen* (O conto de fadas), Alto-alemão *Mährlein*, uma palavra muito antiga, que 1. Designa um cavalo em geral, qualquer cavalo, em particular um cavalo nobre, um cavalo de torneio [...] 2. Em sentido mais estrito 1) Um cavalo velho e ruim; nesse sentido, ainda possui frequentemente uma conotação pejorativa. (...) (p. 33).

[31] Em alemão, o sufixo *-chen* transforma o substantivo em seu diminutivo, portanto, a palavra "*Mährchen*" (com agá) poderia ser traduzida como "demonhinho" (N.T.).

Surpreendentemente, tanto faz aqui se, em termos filológicos, haja ou não um erro de impressão.

Contudo, se nesse conto de fadas não apenas a menina, mas também o conto de fadas, enquanto gênero, faz referência a si mesmo de maneira autorreflexiva, então não teríamos diante de nós somente uma possível referência de Nietzsche a uma fonte, mas mais ainda, uma referência a um modelo poetológico, no qual o modelo do *O nascimento da tragédia* se espelha. Também daqui viria o *leitmotiv* da cabeça de Medusa da época de Zaratustra, no qual, igualmente, o instante de reconhecimento terrível, a visão da própria cabeça de serpente na imagem do espelho, vem acompanhada de morte e petrificação: "No quarto livro do *Zaratustra*: o grande pensamento como a cabeça de Medusa: todos os aspectos do mundo se tornam petrificados, uma gélida guerra mortal" (NF-1884,31[4], KSA 11, p. 360).[32] Segundo o mito, da cabeça retirada de Medusa, a mais jovem das Górgonas, cujo nome significa sabedoria, surge conhecidamente Pégaso. O autoconhecimento paralisante da jovem Górgona no instante da morte, possibilita o nascimento da poesia. A rede de figuras autorreflexivas se entrelaça de forma cada vez mais justa, conectando a forma de apresentação com a letalidade do autoconhecimento.

No conto de fadas de Andersen também há a duplicidade de um mundo de superfície, no qual rege tanto a bela aparência, que a protagonista prescreve exageradamente a si mesma, quanto o submundo amedrontador do pântano. Caem lágrimas que não redimem, mas que queimam. Acima reina a ordem do tempo e da causalidade, em baixo, eternidade e petrificação. A própria história não é inofensivamente bela e maravilhosa (*märchenhaft*), mas se transforma *em e por causa de* um piscar de olhos (*Augen-Blick*) numa história de terror, num conto de horror e, portanto, na mudança da história para o conto de fadas reedita-se a transformação formal da personagem. Em *O Nascimento da tragédia*, como já observou Joachim Latacz (1994, p. 30–45), há a nível formal, paralelamente à separação do subterrâneo dionisíaco e do mundo da aparência e da imagem ambígua do lírico apolíneo, uma libertação

[32] Ver também: "falava tudo mais uma vez (recorrente como a cabeça de Medusa)" (NF-1884,29[31], KSA 11, p. 344) e os esboços de Nietzsche para um ciclo de hinos à Medusa, em KSA 14, p. 711. Sobre o conjunto de motivos antigos acerca do mau-olhado, ver: Rakoczy 1999.

autorreflexiva que se aproxima do movimento de inversão do conto de fadas de Andersen: o nascimento da linguagem dionisíaca a partir da prosa acadêmica da filologia da época. Um descasular ou desmascarar, – em todo o caso, o texto vira aqui os olhos milagrosamente para o espanto da companhia dos filólogos, e olha não apenas para si, mas também para os filólogos – e para nós.

7. Visão geral: Assim leu Zaratustra

Resta ainda lançar um último olhar ao *Livro de imagens sem imagens*[33] de Andersen, que Nietzsche comprovadamente possuía. Embora não se possam reconhecer nesses engenhosos experimentos formais de Andersen relações com *O nascimento da tragédia*, encontramos em *Assim falou Zaratustra* técnicas narrativas modernistas e jogos formais surpreendentemente parecidos. Mais acima já indiquei o uso análogo de falsas cesuras em "A menina que pisou no pão". Em relação ao *Livro de imagens sem imagens*, posso, a título de encerramento, esboçar apenas alguns paralelos mais evidentes: já o título paradoxal antecipa figuras de reflexão semelhantes às de Nietzsche. O *Livro de imagens sem imagens* é uma prosa poética que atravessa ostensivamente as fronteiras entre lirismo e prosa. Nietzsche transpassa essas fronteiras de forma igualmente ofensiva na prosa poética de *Assim falou Zaratustra*. Quanto a isso, ele esclarece em *A gaia ciência*: "apenas *em vista da poesia* se escreve boa prosa! Pois esta é uma ininterrupta e amável guerra com a poesia: todo o seu charme consiste em que a poesia sempre é evitada e contrariada; toda abstração quer ser expressa com voz zombeteira, digamos, como esperteza em relação a esta" (GC 92, KSA 4, pp. 447–448). As possibilidades de ritmar a prosa foram utilizadas por Nietzsche e Andersen de forma consequente, particularmente por meio da particular utilização excessiva e gestual da pontuação, por exemplo, de travessões, dos variegados modos de destaque, como pelo uso de maiúsculas e minúsculas ou realces, e da sintaxe guiada pela linguagem oral. Desse modo, há em ambos uma forte intertextualidade e uma abundância de meios narrativos empregados para a quebra da ficcionalidade e para a autorreflexão da forma

[33] Sobre isso, ver: Detering 2005, 101-116; Höllen 2011, 1-14.

de apresentação.[34] Quebras estilísticas introduzidas conscientemente, a destituição calculada de ilusões através de comentários do narrador, a tematização da forma e gênero da narrativa (contos de fadas, história, historiografia?), a supressão das fronteiras entre épica e lírica, a pintura matizada e o rico jogo de cores. Além disso, poderiam ainda ser analisadas sob essa luz aquelas passagens de *Assim falou Zaratustra* nas quais o narrador se dirige aos leitores num tom de conto de fadas: "E o que pensais que sucedeu naquele instante?" (Za 4, *O canto ébrio,* 1, KSA 4, p. 396). Não por acaso, Andersen e Nietzsche partilham a veneração pela linguagem artística de Heine, igualmente orientada pelo discurso oral. *Pathos* se transforma em ironia e paródia, brincadeira em horror.

Referências

ADELUNG, C. *Grammatisch-kritisches Wörterbuch der Hochdeutschen Mundart*, v. 3. Leipzig: Breitkopf & Härtel, 1798.

ANDERSEN, H. C. *Sämmtliche Werke*. Leipzig: Wiedemann, 1840.

______. *Gesammelte Werke*, 2 Bde., 2. Aufl. Leipzig: Lorck, 1848.

______. *Aus Herz und Welt*. Leipzig: Wiedemann, 1860.

______. *Sämtliche Märchen*, 2. Aufl. Leipzig: Teubner, 1862.

______. *Die Märchen*, 3 Bde. Übers. v. E.-M. Blühm. Frankfurt am Main: Insel, 1975.

______. *Sämtliche Märchen und Geschichten*. Leipzig: Kiepenheuer, 1982.

______. *Die Märchen*. Traduzido por E.-M. Blühm, v. 2. Frankfurt am Main: Insel, 1995.

______. Livro de imagens sem imagens. In: HERTZ, H. *A filha do rei René. Drama Lírico*. Berlim: Hofmann & Comp., 1856.

ANZ, Heinrich: „Aber das ist ja gar kein Märchen!" Überlegungen zu Hans Christian Andersens Märchenpoetik. In: BLUME, Svenja/ KÜRSCHNER, Sebastian (org.). *Hans Christian Andersen zum 200. Geburtstag*: „Mein Leben ist ein schönes Märchen, so reich und glücklich!". Hamburg: Verlag Dr. Kovac, 2005, p.73-96.

BEER-HOFMANN, R. *Der Tod Georg*. Stuttgart: Reclam, 1980.

[34] Sobre a caracterização do procedimento narrativo e da quebra de ilusões em *Assim falou Zaratustra*, cf. Zittel 2011.

BENZ, E. *Die Vision.* Erfahrungsformen und Bilderwelt. Stuttgart: Kohlhammer, 1969.

BRANDES, G. *Moderne Geister.* Literarische Bildnisse aus dem 19. Jahrhundert. 2. Aufl. Widmungsexemplar an Nietzsche, Frankfurt am Main, 1887.

BROBJER, T. Nietzsche's reading and private library, 1885–1889. *Journal of the History of Ideas*, v. 58, n. 4, 1997, pp. 663–693.

DETERING, H. Die Blümchen des Bösen. H. C. Andersen, Baudelaire und das Poeme-en-prose. *Skandinavistik*, v. 35, n. 2, 2005, pp. 101–116.

______. *Hans Christian Andersen.* München: Deutscher Kunstverlag, 2011.

FIEDLER, K. *Schriften zur Kunst 1.* München: Fink, 1991.

GEBHARD, W. *Nietzsches Totalismus.* Philosophie der Natur zwischen Verklärung und Verhängnis. Berlin & New York: De Gruyter, 1983.

GRIMM, J. *Deutsche Sagen. org. v. den Brüdern Grimm.* Berlin: Nicolaische Buchhandlung, 1816-1818.

GRODDECK, W. *Friedrich Nietzsche – Die "Dionysos-Dithyramben".* Tlbd 2. Bedeutung und Entstehung von Nietzsches letztem Werk. Berlin & New York: De Gruyter, 1991.

GRODDECK, W. 'Aber auch Zarathustra ist ein Dichter'. Zum ambivalenten Sinn der Poetischen bei Nietzsche. In: HILMER, G.; LOHMANN, G.; WESCHE, T. (org.). *Anfang und Grenzen des Sinns.* Festschrift zum 60. Geburtstag von Emil Angehrn. Weilerswist: Velbrück, 2006, pp. 17–183.

GUTZKOW, K. *Unterhaltungen am häuslichen Herd*, v. 5. Leipzig: Brockhaus, 1860.

HÖLLEN, F. Zum historischen Konzept in Hans Christian Andersens Bilderbuch ohne Bilder. *European Journal of Scandinavian Studies*, v. 41, n. 1, 2011, pp. 1–14.

LATACZ, J. Furchtbares Ärgernis: Nietzsches Geburt der Tragödie und die gräzistische Tragödienforschung. BAERLOCHER, N.; BIRCHER, M. (org.). *Nietzsche und die Schweiz.* Zürich: Offizin Zürich Verlag, 1994, pp. 30–45.

MÜLLENHOFF, K. *Sagen, Märchen und Lieder der Herzogthümer.* Kiel: Schleswig, Holstein und Lauenburg Schwersche Buchhandlung, 1845.

MÜLLER-WILLE, K. (org.). *Hans Christian Andersen und die Heterogenität der Moderne*. Tübingen: Francke, 2009.

de MYLIUS, J. *Der Preis der Verwandlung. Hans Christian Andersen und seine Märchen*. Würzburg: Königshausen & Neumann, 2010.

NIETZSCHE, F. *Die Geburt der Tragödie aus dem Geiste der Musik*. Leipzig: Fritzsch, 1872.

______. Der Florentinische Tractat über Homer und Hesiod, ihr Geschlecht und ihren Wettkampf, 3-5. *Rheinisches Museum für Philologie*, v. 28, 1873, pp. 211–249.

______. *Briefe*. Kritische Gesamtausgabe. Ed. por G. Colli & M. Montinari. Berlin & New York: De Gruyter, 1975-2004.

______. *Sämtliche Werke*. Kritische Studienausgabe in 15 Bänden (KSA). Ed. by G. Colli & M. Montinari. München: dtv, 1980.

______. *Werke*. Kritische Gesamtausgabe v. III 5, Nachbericht zum ersten Band der sechsten Abteilung: "Also sprach Zarathustra". Ed. by M.-L. Haase & M. Montinari. Berlin & New York: De Gruyter, 1991.

______. *Werke*. Kritische Gesamtausgabe. Ed. J. Figl & H. G. Hödl. Berlin & New York: De Gruyter, 1995.

______. *Werke*. Kritische Gesamtausgabe v. IV 4, Nachbericht zum ersten Band der dritten Abteilung: "Die Geburt der Tragödie". Ed. G. Colli, M.-L. Haase & M. Montinari. Berlin & New York: De Gruyter, 1996.

______. *O nascimento da tragédia*. Tradução de Paulo César Souza. São Paulo: Companhia das Letras, 2020.

______. *Assim falou Zaratustra*. Tradução de Paulo César Souza. São Paulo: Companhia das Letras, 2011.

______. *Humano, demasiado humano II*. Tradução de Paulo César Souza. São Paulo: Companhia das Letras, 2008.

______. *A gaia ciência*. Tradução de Paulo César Souza. São Paulo: Companhia das Letras, 2001.

RAKOCZY, Th. *Böser Blick, Macht des Auges und Neid der Götter*. Tübingen: Gunter Narr, 1999.

REIBNITZ, B. von. *Ein Kommentar zu Friedrich Nietzsche, "Die Geburt der Tragödie aus dem Geiste der Musik"* (Kap. 1–12). Stuttgart: Metzler, 1992.

SCHMIDT, J. *Kommentar zu Nietzsches "Die Geburt der Tragödie aus dem Geiste der Musik"*. Berlin: De Gruyter, 2012.

TÖPFFER, R. *Genfer Novellen*. Vollständige deutsche Ausg. in 3 Bänden. Berlin: Hofman & Comp., 1853.

ZITTEL, C. *Selbstaufhebungsfiguren bei Nietzsche*. Würzburg: Königshausen & Neumann, 1995.

______. *Das ästhetische Kalkül von Friedrich Nietzsches "Also sprach Zarathustra"*. Würzburg: Königshausen & Neumann, 2011.

II. "Sonâmbulo diurno". Poética do sonho e paródia em *Assim Falou Zaratustra* de Nietzsche[1]

1. Observação prévia

Sabe-se que Nietzsche não possuía nenhuma poética do sonho explicitamente formulada, como se pode achar em autores do romantismo, tais quais Ludwig Tieck ou ainda, sobretudo, Jean Paul. É bem verdade que ele foi herdeiro da literatura romântica do sonho, e essas leituras são reconstituídas de maneira precisa na *Nietzsche-Forschung* por Hubert Treiber, Gerold Ungeheuer, Hendrik Birus e Anke Bennholdt-Thomsen,[2] destacadamente identificadas enquanto fontes para os sonhos que aparecem em *Zaratustra*. Ainda assim, permanece não interrogada a questão acerca da presença de uma poética imanente do sonho em obras específicas de Nietzsche e, em especial, em *Assim Falou Zaratustra* – e caso haja, se essa se limita a passagens oníricas particulares ou se ela deve ser considerada de sentido fundamental para a composição do seu texto e de sua filosofia. Esta contribuição visa mostrar a função poética dos sonhos urdidos no texto de *Zaratustra*, investigar suas formas e referências a modelos literários, bem como esclarecer sua relação com as reflexões de Nietzsche sobre o sonho.

2. Reflexões de Nietzsche sobre sonho e poesia

Zaratustra grita quatro vezes, em sonho, de medo e sobressalto, de modo que vem a acordar. O sono sem sonhos, o sono pacífico, que o sábio prega como ideal em *Das cátedras da virtude* – um tal sono nunca é

[1] Capítulo traduzido por Marcelo Hanser Saraiva.

[2] Birus 1996; Ungeheuer 1983; Treiber 1994; Schlimgen 1998, p. 194 e seguintes; Bennholdt-Thomsen 2001; Lissmann 1999; Dellinger 2011. Fazio 1999 procura fazer uma interpretação biográfica, lançando mão de Freud e C.J. Jung.

concedido a Zaratustra. Se durante o dia ele placidamente adormece sob uma figueira, logo uma víbora o morde (Za 1, *Da picada da víbora*, KSA 4, p. 87[3]), fazendo-o gritar de dor e acordar, ou então o perturba uma ovelha, se alimentando de sua coroa de hera (Za 2, *Dos eruditos*, KSA 4, p. 160). E quando Zaratustra dorme, o narrador endereça-lhe, na maioria das vezes, pesadelos horríveis, não lhe permitindo que exclame: "É um sonho! Quero continuar a sonhá-lo!" (NT, *Prefácio para Richard Wagner*, 1; KSA 1, p. 27[4]). Assim soava, como se sabe, a divisa de *O Nascimento da Tragédia*, que, de maneira alguma, dessa forma, encorajava prolongar-se no regalo de sonhos floridos cor-de-rosa. Tratava-se mais de dizer: "e talvez alguns, como eu, se lembrem de que, em meio aos perigos e sobressaltos dos sonhos, por vezes tomaram-se de coragem e conseguiram exclamar: 'É um sonho! Quero continuar a sonhá-lo!'" (ibid.).

Segundo as reflexões de Nietzsche em *O Nascimento da Tragédia*, os maiores sobressaltos do sonho não são provocados por imagens oníricas sinistras, senão produzidos indiretamente, através da experiência da irrealidade do sonho. Ele enfatiza que, em nossos sonhos, "aquela fugaz sensação da aparência (*Schein*)" (ibid.) está amedrontadoramente presente, mesmo quando vivenciamos as cenas como reais e somos afetivamente estimulados pelas mesmas. Quem ainda assim quer continuar a sonhar, torna-se também, porém, construtor dos sonhos, pois molda, prolonga e conecta com suas próprias forças as sequências oníricas e, assim, o sonhador se assemelha – o que só acontece raramente – ao poeta. Nietzsche assegura que lhe "contaram a respeito de pessoas que foram capazes de levar adiante a trama causal de um e mesmo sonho

---

[3] Via de regra, as citações a obras do Nietzsche seguirão o padrão seguinte: página da edição utilizada pelo autor (Claus Zittel), a saber, a KSA, seguida da página da edição brasileira, devidamente referenciada – entre as duas paginações, uma barra (KSA/BR). Nos casos para os quais não encontrei uma tradução prévia para o português, me encarreguei da tradução; modificações da tradução brasileira serão devidamente apontadas. A tradução dos demais autores (como comentadores da obra de Nietzsche, ou referências literárias de Nietzsche como Friedrich Hebbel, Jean Paul, Heinrich Heine ou Gottfried Keller) foram todas realizadas por mim, com exceção dos casos em que já se dispunha uma tradução no português, ocasião na qual esta será devidamente referenciada. Para as citações de Assim Falou Zaratustra, foi utilizada a edição: NIETZSCHE, F. *Assim Falou Zaratustra*. Tradução, notas e posfácio de Paulo César de Souza. São Paulo: Companhia das Letras, 2011. (N.T.)

[4] Exclusivamente no presente capítulo, para as citações de *O Nascimento da Tragédia*, foi utilizada a edição: NIETZSCHE, F. *O Nascimento da tragédia, ou Helenismo e pessimismo*. Tradução, notas e posfácio de J. Guinsburg. São Paulo: Companhia das Letras, 1992.

durante três ou mais noites consecutivas: são fatos que prestam testemunho preciso de que o nosso ser mais íntimo, o fundo comum a todos nós, colhe no sonho uma experiência de profundo prazer e jubilosa necessidade" (ibid.). No mundo artístico apolíneo do sonho, por meio da sensação de irrealidade do vivido, é conhecida a verdade acerca da "realidade da existência" (*Wirklichkeit des Daseins*):

> A bela aparência do mundo do sonho, em cuja produção cada ser humano é um artista consumado, constitui a precondição de toda arte plástica, mas também, como veremos, de uma importante metade da poesia. [...] O homem de propensão filosófica tem mesmo a premonição de que também sob essa realidade, na qual vivemos e somos, se encontra oculta uma outra, inteiramente diversa, que portanto também é uma aparência: e Schopenhauer assinalou sem rodeios, como característica da aptidão filosófica, o dom de em certas ocasiões considerar os homens e todas as coisas como puros fantasmas ou imagens oníricas. Assim como o filósofo procede para com a realidade da existência, do mesmo modo se comporta a pessoa suscetível ao artístico, em face da realidade do sonho; observa-o precisa e prazerosamente, pois a partir dessas imagens interpreta a vida e com base nessas ocorrências exercita-se para a vida. (ibid., 26s).

Sonho e poesia alimentam-se da mesma fonte[5] e a arte poética (*Dichtkunst*), na medida em que revela esse fato, nada é senão a "interpretação de sonhos verazes" (*Wahrtraum-Deuterei*) (ibid., 26).[6] Elucidativa

[5] "O sonho é uma arte poética involuntária" encontra-se em Jean Paul (1975, v. 4: *Flegeljahre*, p. 978). Este é reconhecidamente um motivo fundamental do romantismo, do qual também tratou a estética filosófica. Cf., p. ex. Vischer 1847, p. 334: "O enigma da criação da imaginação artística. É um sonhar desperto, a emergência de imagens diante do espírito que vê com clareza".

[6] Cf. Auflage: Hans Sachs, em *Meistersinger* (Os mestres cantores) II/2: "*Meu amigo, é isto precisamente a obra do poeta,/ Que seus sonhos ele interpreta e marca,/ Creia-me, a mais verdadeira ilusão do homem/ Se lhe abre no sonho:/ Toda a arte da poesia e todo o poetar/ Nada mais é que interpretação de sonhos verazes.*" Valeria a pena investigar mais de perto o poema de Friedrich Hebbels, na primeira edição de *O Nascimento da Tragédia*, que serve de ponto de partida dessas reflexões, bem como sua substituição e metamorfose na forma da "interpretação de sonhos verazes", através da citação do *Meistersinger*. Nietzsche apresenta na primeira edição de *O Nascimento da Tragédia* o "profundo epigrama de Hebbel", que apesar disso não é um epigrama, senão um poema de 10 linhas, cujo título ("Sonho e Poesia") e cujas primeiras quatro linhas ele pula, ao citar: "Sonhos e imagens poéticas estão intimamente relacionados,/ Ambos se destacam um do outro ou se complementam silenciosamente,/ Mas não estão apenas enraizados na necessidade mais profunda da alma,/ Não, estão enraizados

para essa ligação entre poética e sonho e, ao mesmo tempo, ponto de partida importante para minhas análises de sonho que seguem, é esta reflexão do jovem Nietzsche, datada do ano de 1870: "este domínio é o mundo transfigurado do olho que no sonho, com as pálpebras fechadas, cria artisticamente. A epopeia também quer nos transportar a este estado de sonho: não devemos ver nada com os olhos abertos e temos que nos apascentar com imagem interiores, para cuja produção o rapsodo procura nos estimular através de conceitos" (KSA 1, p. 563.)[7] No sonho um mundo é artisticamente criado, com as pálpebras fechadas, ao passo que o poeta épico fita com os olhos abertos o vazio, enquanto cria. Mais tarde, em *A Gaia Ciência*, Nietzsche entrelaça ambos os paradoxos em uma única parábola:

> Eu descobri que a velha humanidade e animalidade, e mesmo toda a pré-história e o passado de todo ser senciente, continua inventando, amando, odiando, raciocinando em mim – no meio deste sonho acordei repentinamente, mas apenas para a consciência de que sonho e tenho de prosseguir sonhando, para não sucumbir: tal como o sonâmbulo tem de prosseguir o sonho para não cair por terra. O que é agora, para mim, "aparência"? Verdadeiramente, não é o oposto de alguma essência – que posso eu enunciar de qualquer essência, que não os predicados de sua aparência? (GC 54; KSA 3, p. 416s)[8]

também no universo infinito". É a partir deste ponto que Nietzsche cita: "No mundo real estão envolvidos muitos outros possíveis/ O sono os desenrola novamente/ Seja o escuro da noite, que domina todos os homens,/ Seja o brilhante do dia, que só aflige o poeta / E assim também eles, para que o universo possa se esgotar,/ entram através do espírito humano em um ser agitado" (Nietzsche 1872, p. 2). Pode-se encontrar em Hebbel diversas passagens semelhantes. Para minha exegese é significativa aquela formulação presente em uma carta a Felix Bamberg de 13 de janeiro de 1856: "Em horas sóbrias, por exemplo agora, a minha própria pele arrepia, mas *a composição poética (*das Dichten*) é então uma coisa situada entre os sonhos e o sonambular* e temos de tomá-la tal como ela vem a nós" (Hebbel 1999, v. V, p. 298; grifo do autor). Cf. também o registro no diário de 22.08.1848: "Dever-se-ia ser cuidadoso. O estado de ânimo do poeta tem por demasiado algo de notívago. Tal estado é facilmente perturbado como no estado onírico em que isso acontece" (Hebbel 1984, v. 2, p. 48). Para mais informações sobre Hebbel, cf. Michelsen 1995, p. 77s. O estudo de Otto Behagel (1907) também é rico em material.

7 Exclusivamente neste capítulo, para as citações de *A visão dionisíaca do mundo*, foi utilizada a tradução de Marcos Sinésio de Souza (Nietzsche 2005) (N.T.).

8 Como se sabe, esta passagem é evocada por Sigmund Freud em sua *Interpretação dos sonhos* (1975, v. 2, p. 524). Não é fácil dizer como sonhos presentes na poesia devem ser, segundo Freud, interpretados. Em todo caso, ele afirma, eventualmente, a despeito de outras ressalvas, que "sonhos inventados admitem as mesmas interpretações que os sonhos reais, e que, portanto, na produção do autor literário atuam os mecanismos do inconsciente que nos são conhecidos do trabalho do sonho" (1991, v. XIV, 1925-1936, tradução

Quem percebe a função precisa atribuída nesta passagem à figura de pensamento do sonambular que sonha e do ver com olhos fechados, vai notar com interesse que, quando em *Assim Falou Zaratustra* ressoa ou é narrada uma "canção do sonâmbulo" (*Nachtwandler-Lied*),[9] Zaratustra tem uma visão com as pálpebras fechadas, dorme com os olhos abertos e desperta de sonhos pesados. Pois os sonhos em *Zaratustra* são sonhos na arte, aparência potencializada, – e para onde conduz o despertar? Ao mundo de aparência da ficção estética! Se este é rompido, os leitores não aterrissam entretanto no chão da realidade, pois esta já não se encontra mais por detrás da aparência; pelo contrário, essas refrações produzem em redemoinho uma sucção, pela qual a imaginação do leitor é levada e tragada. A arte poética não pode funcionar aqui, como ainda em *O Nascimento da Tragédia*, enquanto "interpretação de sonhos verazes", pois os sonhos não dão mais acesso ao verdadeiro fundamento originário da existência. Nós permanecemos sempre no reino da aparência, da arte, do sonho. Algumas páginas mais tarde, em *A gaia ciência*, Nietzsche condensa a imagem do sonâmbulo em uma fórmula pregnante:

> Basta-nos amar, odiar, desejar, basta, simplesmente sentir – imediatamente o espírito e a força do sonho vêm sobre nós, e de olhos abertos e indiferentes ao perigo escalamos os mais perigosos caminhos, rumo aos telhados e torres da fantasia, sem qualquer vertigem, como que nascidos para escalar – nós, sonâmbulos diurnos ! Nós, artistas ! Nós, ocultadores do que é natural ! Nós, maníacos da Lua e de Deus ! Nós, incansáveis e silenciosos andarilhos, em alturas que não vemos como alturas, mas como nossas planícies – nossas certezas " (GC 59; KSA 3, p. 423s.; itálico do autor)[10]

---

de Paulo César de Souza em Freud 2011). Na análise que se segue, vou insistir, porém, na diferença estética entre sonho inventado (*erdichteten*) e sonho real, procedendo sem o recurso ao autor enquanto o suposto sonhador.

[9] O tradutor brasileiro, Paulo César de Souza, não utiliza a edição Colli-Montinari como parâmetro, onde consta o título "Nachtwandler-Lied" (canção do sonâmbulo ou notívago). Devido à importância do primeiro título para o tema tratado pelo autor, mantivemos a versão Colli-Montinari (N.T.).

[10] Para informações complementares sobre esse texto, cf. Benne 2013. Vivetta Vivarelli nomeou as possíveis fontes em Schopenhauer e Wagner. Algumas formulações destes autores são tão chamativamente parecidas, que devem ser aqui citadas em detalhe, justamente pois elas mostram também a diferença decisiva. Wagner e Schopenhauer relacionam de modo imediato o sonambular com a música, e não com o poetar: "É certo que as pessoas afetadas por este vício dormem profundamente e *não conseguem ver com os olhos*: no entanto, nas suas imediações, percebem tudo, evitam todos os obstáculos, percorrem longas

Este paralelismo entre sonambular e poetar, que Nietzsche pudera encontrar, entre outros, já em Heine,[11] marca uma pista que chama à investigação: se o fazer artístico é um sonambular à luz do dia, então é perigoso o despertar do artista. Em todo caso, a regra segundo a qual não se deve despertar o sonâmbulo foi frequentemente mencionada por Nietzsche, e em uma nota do espólio, ela é dirigida a si mesmo: "Não me é permitido chamar a mim mesmo, como um sonâmbulo a andar sobre os telhados, o qual tem o direito sagrado de não ser chamado pelo nome" (NF-1880,7[126]; KSA 9, p. 344).[12]

Nos telhados e torres da fantasia, sobe-se corajosamente apenas enquanto, como um sonâmbulo que sonha, a mente permanece desligada. Só se desperta para a consciência do sonho, na qual o sonho desaparece, senão que se percebe que se sonha. Um despertar completo

distâncias, *escalam os abismos mais perigosos, nos caminhos mais estreitos*, e fazem saltos longos sem falhar o objectivo" (Schopenhauer 1908, v. V: *Parerga und Paralipomena* 1, p. 256, grifo nosso; "Nós reconhecemos o estado de sonho, em que os efeitos assinalados são deslocados pelo ouvido simpático e em que somos, portanto, absorvidos pelo outro mundo a partir do qual o músico nos fala, imediatamente a partir da experiência acessível a todos, que através do efeito da música sobre nós, sendo a visão assim despontencializada, *de tal forma que deixamos de ver intensamente com os olhos abertos*. Experimentamos isto em todas as salas de concertos durante a audição de uma música verdadeiramente comovente, onde o mais distraído e feio em si mesmo acontece diante dos nossos olhos. [...] Que esta visão, que é a única coisa que ocupa aquele que não é tocado pela música, não perturba aquele que é cativado por ela, mostra-nos claramente que já não estamos conscientes dela, mas que *com os olhos abertos estamos agora a entrar num estado que tem uma semelhança substancial com o da clarividência sonambulista*" (Wagner 1870, p. 22, grifo nosso.). Sobre o tema, cf. o texto de Vivarelli 2015. Acerca da relação entre sonambulismo, sonho e memória em Schopenhauer, cf. Nielsen 2012.

[11] Cf. Heine 1980, v. XII/I, p. 47: "Mas parece-me do mais alto valor quando os símbolos com que o artista expressa a sua ideia, para além do seu significado interior, deliciam também os sentidos em e para si próprios, como flores de um selam, as quais, para além do seu significado secreto, estão também em e para si próprias florescendo e encantadoras e combinadas para formar um belo bouquet. Mas será sempre possível uma tal harmonia? O artista é tão completamente livre de vontade na escolha e combinação das suas misteriosas flores? Ou será que ele escolhe e combina apenas o que precisa? Afirmo esta questão de uma falta de liberdade mística. *O artista assemelha-se à princesa sonâmbula* que, com profunda sabedoria de amor, colhia as flores mais estranhas nos jardins de Bagdá à noite e as combinava numa estranha flor, cujo significado ela própria já não sabia quando acordava. Aí sentou-se de manhã no seu harém, olhando para o ramo noturno e ponderando-o como se fosse um sonho esquecido, e finalmente enviou-o ao seu amado califa."

[12] Cf. também a carta à mãe de 2 de setembro de 1884: "Pelo menos, gostaria de deixar claro por que razão se deve tratar uma pessoa tão profundamente ocupada e tão profundamente recôndita como eu com a maior e mais cuidadosa precaução (de acordo com a regra de que não se deve dirigir a um sonâmbulo —)" (Carta a Franziska Nietzsche, BVN-1884,530, KSA 6, p. 527).

teria por consequência a queda rumo à morte, como no caso do sonâmbulo. Viver, portanto, só é possível enquanto se sonha.[13] "Aparência" é ainda assim "aquilo mesmo que atua e vive, que na zombaria de si mesmo chega ao ponto de me fazer sentir que tudo aqui é aparência, fogo-fátuo, dança de espíritos e nada mais" (GC 54; KSA 3, p. 417). Na medida em que o ser cognoscente não obtém mais que o conhecimento de que se sonha, ele se torna "um recurso para prolongar a dança terrestre" (ibd.). "A vida como um *sonho* desperto", escreve Nietzsche, ainda em 1885, em seu caderno de notas: "quanto mais fina e abrangente é uma pessoa, mais ela sente a aleatoriedade horripilante e sublime na sua vida, o desejo, o sucesso, a felicidade, a intenção; ela estremece, como o sonhador que sente 'eu sonho' por um momento" (NF-1885,34[246]; KSA 11, p. 502)

Com o adeus à metafísica do artista de *O Nascimento da Tragédia*, foi abandonada a opção de pastar sobre a visão temporária do terrível fundamento originário. A falta de sentido da existência já não é mais justificada esteticamente – é tão-somente sem sentido. O querer-continuar-a-sonhar torna-se um precisar-continuar-a-sonhar – compulsão esta tão necessária, que mesmo o despertar não significa fugir, senão que permite, enquanto derradeira liberdade, a zombaria de si mesmo.

Uma equivalência funcional dos conceitos de sonho, arte, arte cênica e aparência torna-se aqui visível. Temos a arte enquanto a aparência na aparência, o sonho no sonho; o sonho na arte enquanto sonho na aparência, como "espetáculo dentro do espetáculo" ("*Schauspiel im Schauspiel*").[14] No entanto, há também uma diferença decisiva entre sonho e poesia, pois Nietzsche explica que, em comparação com a arte, o sonho é "de ordinário (...) uma coisa malfeita". Quando, porém, nossos sonhos são "excepcionalmente bem logrados e inteiros," eles são então "simbólicas cadeias de cenas e imagens em vez de poética linguagem narrativa, eles parafraseiam nossas vivências, expectativas ou circunstâncias com ousadia e certeza poética, de modo que na manhã seguinte

[13] Cf. Ungeheuer 1983, p. 156.

[14] Assim caracteriza Nietzsche em sua Poética *in nuce*, o seu texto sobre o mais livre escritor, Laurence Sterne, cuja técnica de ilusão é descrita como um "espetáculo dentro de um espetáculo", em que "a forma determinada é continuamente quebrada, adiada, retraduzida de volta ao indeterminado, de modo a significar uma coisa e ao mesmo tempo outra" (VM 113; KSA 2, p. 424ss.).

nos espantamos conosco, ao recordarmos nossos sonhos" (AS, 194; KSA 2, p. 639)

Vistos sob esta luz, todos os sonhos de *Zaratustra* seriam sonhos de exceção – se eles são formalmente bem logrados, esta reflexão de 1879 não pode ser usada, ainda assim, como chave para o texto posterior de *Zaratustra*, pois aqui a linguagem poética narrativa não é de forma alguma substituída por uma cadeia simbólica de cenas e imagens – dessa vez, reina do começo ao fim uma linguagem poética narrativa, que engendra conexões entre cenas e motivos, preferencialmente através de cadeias de imagens. Daí se segue que não são "sonhos naturais" a serem narrados em *Zaratustra*, mas sonhos poeticamente concebidos, e a narração assume aqui, portanto, o caráter de sonhos logrados. O senso poético assume funções construtivas e cognitivas, sendo a instância corretiva dos "sonhos selvagens" e, segundo esta sua característica, ele seria condição primeira de possibilidade da potencialização de um sonhar mais elevado.

3. A loucura e os sonhos em Assim Falou Zaratustra

A natureza e função dos sonhos nos escritos de Nietzsche, e especialmente em *Assim Falou Zaratustra*, não constituem um acessório fortuito. A sua frequência por si mesma exige que os analisemos mais precisamente assim como as suas consequências formais no que se refere a linguagem. Em *Zaratustra* foram contados seis sonhos,[15] nunca considerados comparativamente todavia, senão sempre interpretados individualmente, segundo seu conteúdo simbólico imediato. Muito resta por interrogar: a posição dos sonhos na estrutura geral do escrito; se os sonhos estão ligados entre si; se há, por exemplo, uma intensificação ou variação no traço característico dos sonhos; se um sonho é, talvez, apenas interrompido ou, então, prolongado com o seguinte; quais semelhanças e diferenças os diversos sonhos comportam em sua estrutura composicional, dramaturgia e motivos e o que essas variações ou contrastes podem significar. Seria importante esclarecer por qual meio e como as transições do estado de vigília para o estado de sonho e

[15] Cf. Ungeheuer 1983, p. 159s.

vice-versa foram iniciadas e moldadas, e de que forma as mesmas são interpretadas no interior do texto, ou até que ponto elas mesmas, em um meta-nível, não refletem, comentam ou mesmo parodiam o evento.

Numa primeira visão geral, pode-se encontrar ao menos sete sonhos em *Assim Falou Zaratustra* – e mesmo nas visões ou alucinações de Zaratustra, onde não está claro se elas pertencem ao gênero dos sonhos, pode-se dar o valor de sonho pelo menos à última visão, que se passa de olhos fechados, com o que se contabiliza ao todo oito deles.[16] Estes oito sonhos são distribuídos no interior do texto de forma notável. Logo na primeira página da Segunda Parte de *Zaratustra*, um pequeno sonho é descrito, conforme o qual todo o capítulo é nomeado: *O menino* (*Kind*) *com o espelho*, o qual doravante denominarei "sonho do espelho". Ao final da Segunda Parte, sucedem-se os seguintes sonhos – o "sonho do túmulo" no capítulo *O Adivinho* e, no último discurso do capítulo em *A hora mais quieta*, um sonho que eu chamo de "sonho silencioso", para abreviar. Dentro do terceiro livro, no décimo de dezesseis discursos em *Dos três males*, é descrito um sonho matinal como o quinto sonho. Na Quarta Parte, no capítulo *No meio-dia*, tem lugar ainda outro sonho – e é certo que, também desta vez, à altura do décimo discurso, mas agora, tendo a Quarta Parte vinte capítulos, posicionado exatamente no meio e

[16] Dellinger 2011, p. 158s também menciona o capítulo *O convalescente* como uma sequência de sonhos. Aqui Zaratustra entra primeiro num estado cataléptico e, em seguida, num estado parecido com o sonho. Por volta do final do capítulo *Do grande anseio*, isso é interpretado retrospectivamente à sua alma: "já ardes e sonhas" (Za 3, *Do grande anseio*). Também a formulação do capítulo *Dos Sublimes* – "Pois este é o segredo da alma: apenas o herói a abandonou, aproxima-se dela, em sonhos — o super-herói" (Za 2, *Dos sublimes*) – pode ser referida a esta sequência. Isto teria por consequência que também o primeiro "Ó homem, presta atenção!" (Za 3, *O outro canto da dança*) no final da Terceira Parte, exatamente como aquele em *A canção do sonâmbulo*, faria parte de um sonho consolador-acalentador (*einlullend-tröstenden*), e o dobrar dos sinos assumiria função semelhante. No entanto, se observarmos a passagem mais de perto, resultam problemas para este modo de leitura. Assim se diz expressamente: "Permaneceu deitado, imóvel, de olhos fechados como alguém que dorme, embora não dormisse: pois conversava com sua alma" (Za 3, *O convalescente*). Portanto, ele não dorme. O que induz à pergunta: o que é a "alma" de Zaratustra e se ela pode ser terminantemente identificada com ele, Zaratustra, pois este diálogo efetua uma divisão do eu, entre o Zaratustra desperto e sua alma sonhadora que canta – divisão esta que marca também o capítulo *O convalescente*. Inversamente, há mais tarde a situação, na qual Zaratustra dorme, mas sua alma resiste a isso: "(Mas então ele adormeceu novamente, e sua alma o contradisse e resistiu, e deitou-se de novo) —"; (Za 4, *No meio-dia*). Essa passagem precisaria, além disso, ser interpretada diante do horizonte do conceito de "alma" já colocado anteriormente em questão ("[...] alma é apenas uma palavra para um algo no corpo"; Za, 1, *Dos desprezadores do corpo*).

conveniente a esta posição: trata-se de um "sonho do meio-dia", sonhado de olhos abertos. O sétimo sonho seguinte tem relação direta com este, porque é um "sonho da meia-noite". Este é descrito no penúltimo capítulo da última parte, em *O canto do sonâmbulo*, onde cita de novo a canção do sino da meia-noite, que havia fechado a Terceira Parte. Por fim, no último capítulo, tem lugar, novamente pela manhã, a visão de Zaratustra com os olhos fechados.

Esta primeira visão geral já mostra que os sonhos na Segunda e na Quarta Partes cumprem uma função de enquadramento e na quarta parte se ordenam segundo os horários do dia[17] e estruturam formalmente o livro, à medida em que marcam o meio e o fim do livro. Nota-se além disso, que são feitas indicações para todos os sonhos, as quais nunca deixam de comparecer e que – como numa doutrina dos sonhos – ajudam a classificar os sonhos, ao informar sobre a ocasião do sonho, o estado corporal do sonhador, os horários do dia, as "reminiscências do dia", o despertar e a subsequente situação da interpretação. Os sonhos são, ademais, conectados pela recorrência marcante de motivos tais como: aranha, borboleta, lua má, crepúsculo pálido, orvalho, cão uivante, túmulos e ataúdes, silêncio, risada escarninha, careta de demônio e criança. Tais motivos, porém, são encontrados também na realidade narrada de *Zaratustra*; é o caso de se perguntar, assim, se são as reminiscências do dia que no sonho são processadas, ou se não são estes motivos que aparecem pela primeira vez no sonho e, depois, se alastram pela realidade narrada, doando-lhe correspondente coloração. Além disso, teria de ser investigado como os sonhos se relacionam com as canções a eles intercaladas,[18] pois tanto os sonhos quanto as canções assumem

[17] Cf. o ensaio de Jean Paul *Sobre o sonhar* (*Über das Träumen*), no qual é apresentada a seguinte tipologia: "O sonho inaugural é selvagem, breve, e torna-se cada vez mais escuro; os pêndulos dos órgãos do pensamento, já não empurrados pelo espírito em repouso, faz vibrações cada vez menores, até que finalmente ele próprio já não consegue mover o pesado pêndulo. Mas, pela manhã, o cérebro, repousado e refrescado pelo orvalho dos nervos, expulsa as flores primaveris, os sonhos matinais, que se iluminam com a manhã exterior e que, por isso, foram talvez proféticos para os gregos. Portanto, o cérebro ainda energético e elástico torna o soneca do meio-dia mais parecido com um sonho do meio-dia ou um "sono de Homero" (Jean Paul 1975, v. IV, p. 975).

[18] Através da fórmula: "Assim cantou Zaratustra", quatro canções do texto em questão recortadas: *O canto noturno*, *O canto da dança*, *O canto dos sepulcros*, a canção de inverno em *No monte das oliveiras* – e sem fórmula: a *Canção do Sim e Amém*, o canto da alma em *Do grande anseio*. A estas, juntam-se as canções que outros cantam: a canção de realejo dos animais

função vicária em relação à fala no texto de *Zaratustra*. Fato este para o qual eu apenas aceno, tendo em conta que a abundância do material e a complexidade do jogo de composição tornam obrigatória a restrição à temática do sonho.[19]

O *primeiro sonho* é contado no início da Segunda Parte do capítulo *O menino com o espelho*. Zaratustra tinha se recolhido novamente para as montanhas e a longa solidão o fazia impaciente e cioso em relação àquilo que ele amava. No entanto, ele espera muitos anos, durante os quais a sua impaciência continua a crescer. Antes do amanhecer, isto é, ainda na escuridão, ele desperta, fica na cama por um longo tempo, tentando se lembrar do que ele havia sonhado antes, ocasião na qual curiosamente fala "a seu coração": "Com o que me assustei tanto, em meu sonho, que acordei? Não me apareceu um menino com um espelho?" (Za 2, *O menino com o espelho*). Zaratustra capta, evidentemente, uma ponta do sonho e agora pode contá-lo: "'Ó Zaratustra', disse-me ele, 'olha-te no espelho!' / Ao olhar no espelho, porém, soltei um grito e meu coração se abalou: pois não foi a mim que vi nele, e sim a careta e o riso galhofeiro de um demônio" (ibid.) O pequeno sonho matinal é imediatamente interpretado por Zaratustra: "Em verdade, compreendo bem demais o sinal e aviso do sonho: minha *doutrina* está em perigo, o joio quer ser chamado de trigo! / Meus inimigos tornaram-se poderosos e distorceram a imagem de minha doutrina (...)" (ibid.). O medo de Zaratustra desvanece-se, ele levanta-se rapidamente, "antes como um vidente e cantor que é tomado pelo espírito" (ibid.), tal como o narrador, de modo um pouco incerto, comenta.

Esta reviravolta de Zaratustra surpreende não só o narrador; aquilo que o sonho deve supostamente profetizar irrita também o leitor de muitas maneiras. A Primeira Parte, ou seja, justamente o discurso imediatamente anterior, terminou com a admoestação de Zaratustra aos seus discípulos para que eles, com a sua adoração, não o coloquem num pedestal, mas sim que o neguem, caso contrário eles ainda seriam esmagados por sua estátua (Za 1, *Da virtude dadivosa,* 3). Não se deve, portanto, fazer uma imagem fixa de seu ensinamento. Mas agora,

(*O convalescente*), *O outro canto da dança*, as canções do feiticeiro, a canção do andarilho ("*O deserto cresce*"), a canção do sonâmbulo do sino da meia-noite ("canção de roda").

[19] Uma investigação das referências e transições de sonhos, canções e falas na trama textual de *Assim Falou Zaratustra* só pode ser alcançada no âmbito de uma interpretação global. Neste sentido, Dellinger 2011 oferece uma importante abordagem.

Zaratustra, o amigo da máscara, se preocupa que "a imagem de seu ensinamento" seja distorcida. Qual seria, então, a verdadeira imagem? Alguma coisa parece não estar certa aqui. A imagem do espelho sonhada, no entanto, claramente não mostra sua doutrina, senão seu rosto distorcido, e a careta do diabo como a sua própria. Não somente "tão bem" como rapidamente Zaratustra "compreende" aqui o seu sonho: o mesmo recusa o autoconhecimento em favor de uma agradável fantasia do desejo, provocada pelos longos anos de solidão, jejum e castidade.[20] Ele não desperta para o autoconhecimento, mas desliza para um devaneio. O sonho anterior, deve, pois, ser compreendido como um sonho poetológico: o espelho no sonho objetiva o sonho como espelho, como autoconhecimento reflexivo – mas também, diante do pano-de-fundo do final da Primeira Parte, como autosugestão. O reflexo no espelho dos sonhos, portanto, não leva o espectador de Zaratustra ao autoconhecimento, mas à interpretação errônea. Quanto mais clara a imagem, mais fortemente repelida ela é por Zaratustra.

No segundo sonho, o "sonho do túmulo",[21] que é contado em detalhe no capítulo *O adivinho*, não é, portanto, coincidência que seja posta à frente de Zaratustra uma imagem de espelho ainda mais terrível e clara – interessante aqui que os elementos individuais do primeiro sonho se repitam. O capítulo começa abruptamente com o discurso niilista do adivinho, que tinha proclamado: "'Tudo é vazio, tudo é igual, Tudo foi' [...]. Em verdade, ficamos cansados demais para morrer; ainda estamos acordados e prosseguimos vivendo — em sepulcros!" (Za 1, *O adivinho*). Aqui ressoam o motivo do sepulcro e motivos da tradição literária niilista de Jean Paul e Bonaventura.[22] Tal é o núcleo do sonho seguinte, cujas condições são novamente descritas em detalhe: depois

[20] Tais longas fases de ascese e solidão levam facilmente, como Nietzsche posteriormente (1887) analisa, à auto-hipnose: "Lembremos, por exemplo, certas formas de dieta (abstenção de carne), o jejum, a continência sexual, a fuga "para o deserto" (o isolamento de Weir Mitchell, claro que sem a subsequente cura de engorda e superalimentação, na qual reside o mais eficaz antídoto contra toda histeria do ideal ascético): a isso junte-se a metafísica antissensualista dos sacerdotes, apta a fabricar indolentes e refinados, a sua auto-hipnose à maneira dos faquires e brâmanes — o Brahma usado como botão de vidro e ideia fixa —" (GM I 6; KSA 5, p. 265s). (N.T.).

[21] Sobre o sonho do túmulo: cf. Higgins 1988, p. 147s; Duhamel 1991 p. 44; Naumann 1899-1901, v. II, p. 132s; Lampert 1986; Rosen 1980 e 1995, p. 165s; Shapiro 1989, pp. 68–70; Bennholdt-Thomsen 2001.

[22] Em inconfundível alusão ao *Rede des toten Christus* de Jean Paul. Sobre isso, cf. as provas e instrutivas elucidações de Bennholdt-Thomsen (2001, p. 60).

de Zaratustra ter ouvido as palavras do adivinho, ele vagueia cansado e sem paz; ele está prestes a sufocar em meio a tristeza (ibid.), não come, bebe ou fala nada durante três dias, até que finalmente mergulhe em sono profundo; seus discípulos fazem longas vigílias, Zaratustra dorme pelo menos duas noites; quando ele acorda, pede aos seus discípulos para que o ajudem a adivinhar o significado do sonho enigmático, que lhe ocorreu em decorrência de seu estado de extrema aflição física e psicológica. Zaratustra não compreende "tão bem", portanto, este sonho noturno. Segundo uma versão preliminar deste trecho, ele: "poetou oniricamente seu mais obscuro enigma":[23] "Sonhei que havia renunciado a toda a vida. Tornara-me um noturno guardião de túmulos, na solitária cidadela da morte" (ibid.). Zaratustra zela pelos ataúdes de vidro, dos quais "a vida vencida" o mira, a saber, cadáveres em putrefação. A cena desenrola-se à meia-noite, a atmosfera é pavorosa, um cheiro horrível e um silêncio estertorante de morte (*röchelnde Totenstille*) o rodeiam. Com uma chave enferrujada Zaratustra abre o portão, que range alto; o tempo se esvai: "Mas finalmente sucedeu aquilo que me despertou./ Três vezes soaram pancadas no portão, iguais a trovões, e três vezes ecoaram e urraram as abóbadas: então andei para o portão./ Alpa!, gritei, quem está trazendo suas cinzas para o monte? Alpa! Alpa! Quem está trazendo suas cinzas para o monte?" (ibid)[24] Mas só aparentemente Zaratustra foi despertado pelos golpes, porque a trama dos sonhos prossegue sem interrupção. Na versão preliminar desta passagem, falou-se até de dois sonhos – um sonho de morte que

[23] Cf. "Assim me aconteceu uma vez: sonhei o meu sonho mais pesado, e compus sonhadoramente o meu enigma mais sombrio / Mas vejam, a minha própria vida interpretou este sonho. Vejam, o meu hoje me redimiu do meu contrário *(mein Sonst)* e do sentido que nele estava preso./ E assim aconteceu por fim: três vezes trovões retumbantes através da noite para mim, houve três vezes as abóbadas uivaram./ Alpa, eu chamei, Alpa, Alpa. Quem leva as suas cinzas para as montanhas? Qual vida superada vem a mim, o guardião da noite e das sepulturas/ Quando eu vos sonhei, sonhei o meu sonho mais pesado./ Por isso eu quero ser o vosso terror – vossa impotência e vosso despertar" (NF-1883,10[10]; KSA 10, p. 368s.)

[24] Cf. "Eu levei as minhas próprias cinzas para as montanhas, uma chama mais brilhante que inventei. E vejam! Então o fantasma afastou-se de mim!" Nietzsche já tinha anotado a estranha exclamação "Alpa, Alpa" no início (NF-1876/77,23[197]; KSA 8, p. 474) e mais tarde, em outras variações, cf: "Sonhai: Comer o sapo. – 'Alpa Alpa, quem leva as suas cinzas para as montanhas?' – a lua ensanguentada" (NF-1880/81,10 [B26]; KSA 9, p. 418); "Oh, vocês não os conhecem, o duplo silêncio, o arrebatamento do coração! / Alpa! eu gritei. Alpa! Alpa! O medo do duplo silêncio gritou de mim" (NF-1883,10[15]; KSA 10, p. 370)

fluidamente passa para um sonho de vida, ambos os quais porém situados no interior de um mesmo sonho de Zaratustra, no qual estariam presentes os guardiões noturnos e os guardiões de túmulo, aos quais Zaratustra chama: "Do primeiro sonho vocês devem afundar impotentes no segundo sonho". Este segundo feitiço do sonho, o estar desperto, não é nada senão "o sonho da vida".[25]

Em um sonho, uma rajada de vento escancara o portão que Zaratustra havia tentado abrir em vão:

> "[...] e silvando, zunindo, cortando lançou contra mim um ataúde negro:
> E em meio ao rugir, silvar e zunir espatifou-se o ataúde, e despejou mil diferentes gargalhadas.

[25] *1)* Ohnmächtig sollt ihr mir aus dem ersten Traum in einen zweiten Traum sinken, aus dem Traum des Lebens in den des Todes – und also [wach] aufwachen. *(2)* Ohnmacht soll euch vom ersten Traume ⌜ schon ⌝ erlösen [und Macht euch] ⌜ vom Traum des Todes ⌝ sollt ihr mir in den Traum des Lebens sinken! *(3) (a)* Erlöst vom ersten Traume *(b)* [Nun] [⌜ Da ⌝] ⌜ Und wenn ⌝ ihr vom ersten Traume erlöst ⌜ seid ⌝, vom Traum des Todes – *(a.b)* bindet euch [schon] ⌜ bald ⌝ ein zweiter ⌜ Traum- ⌝Zauber: der Zauber des Lebens. *(1.2.3)* ⌜ Wahrlich, ihr Wachgewordenen! ⌝ Mit dem Gürtel des Traums will ich euch ⌜ – ⌝ an's Leben binden!⌜ Wahrlich, ⌝ Vom Leben ⌜ zu ⌝ träumen – das *(1)* [ist] ⌜ gilt ⌝ mir: Wachsein. *(2)* heißt mir: [⌜ × ⌝] Wach-sein. /// [*(1)* [Aber vom] ⌜ Aus dem ⌝ ersten Traume sollt ihr ⌜ ohnmächtig ⌝ in den zweiten ⌜ Traum ⌝ sinken! [⌜ durch diese Ohnmacht: ⌝] *(2)* Ohnmächtig sollt ihr ⌜ mir ⌝ aus dem ersten Traume nun in einen zweiten ⌜ Traum ⌝ sinken ⌞ ! ⌟ , ⌝ aus dem Traume des Todes [–] in den [⌜ Traum ⌝] des Lebens, *(1)* Traum des Lebens – das ist mein Wachsein! *(2)* – und also *(a)* wach werden! *(b)* sollt ihr mir aufwachen! (3,) – und also aufwachen! *(4)* Traum des Lebens: das ist mein *(a)* Wachsein! *(b)* Wachwerden! *(c)* Aufwachen!] /// Als ich euch träumte, ⌜ ihr Nacht- und Grabwächter ⌝ wahrlich, da träumte ich meinen schwersten Traum: [und] [⌜ aber ⌝] wie ich mich erlöste, [⌜ al ⌝]so sollt ⌜ auch ⌝ ihr erlöst sein! Schrecken und umwerfen will ich euch ⌜ mit meinem Gelächter ⌝ *(1)* und aus der Ohnmacht *(2)* also führe ich euch aus der Ohnmacht in Träume *(3):* niedersinken sollt ihr mir in Ohnmacht *(4)* in Ohnmacht müßt ihr niedersinken *(a)* aber die Ohnmacht soll euch *(a1)* die Brücke zum Wachsein *(a2)* vom Traum zum Wachsein *(a3)* die Brücke zum Wachsein sein *(b)* aber [die] Ohnmacht soll euch die Brücke *(b1)* vom Traume zum Wachsein *(b2)* zum [wachen Tage] [⌜ Leben ⌝] ⌜ Tage ⌝ werden! *(5)* Ohmacht ⌜ und Wachwerden ⌝ soll meine Macht über euch *(a)* beweisen, *(b)* offenbar machen, *(c)* offenbaren. [Wach und taghell] [Also träumte einst Z. seinen schwersten Traum: und jetzt wo ich sein Deuter sein kann, will ich auch sein Erzähler sein.] (KGW VI 4, 290). *1)* [Und] ⌜ Denn ⌝ kaum vom ersten Traum erlöst, dem Traum des Todes, – will ich euch *(a)* Lehrer des zweiten Traum-Zaubers werden *(b)* einen anderen Traum-Zauber lehren, einen holderen *(2)* Wahrlich, kaum wurdet ihr los des ersten Traums, des Traums vom Tode, wird [[auf] ⌜ über ⌝ euch] ⌜ alsbald ⌝ über euch ein anderer Traum-Zauber kommen, ein holderer *(1.2):* der heißt Wach werden. Also verspreche ich euch. Wahrlich, ihr Wachgewordene, vom Leben sollt ihr mir träumen lernen. Und ich selber will euch mit dem Gürtel des Traumes an's Leben binden. Denn vom Leben träumen – das erst ist: wahrhaft wachen. (KGW VI 4, p. 292)

> E mil caretas de crianças, anjos, corujas, bufões e borboletas do tamanho de crianças riam, zombavam e bramiam contra mim.
> Assustei-me, horrorizado; fui jogado ao chão. E gritei de pavor, como jamais havia gritado.
> Mas meu próprio grito me despertou: — e voltei a mim." — Assim contou Zaratustra seu sonho, e se calou: pois ainda não sabia como interpretar o sonho (ibid).

Desta vez não é a careta terrível a mirar Zaratustra do espelho da criança, senão a careta de uma criança no ataúde de vidro. O discípulo favorito assume, agora, a interpretação do sonho, já que seu narrador Zaratustra está perdido. O discípulo sugere enquanto interpretação identificar Zaratustra com o vento, o caixão e seu conteúdo: "Em verdade, tal como mil gargalhadas de crianças chega Zaratustra a todas as câmaras mortuárias, rindo desses noturnos guardiães de túmulos e de quem mais faz retinir sombrias chaves. [...] Agora sempre sairão risos de criança dos ataúdes; agora, um vento forte sempre vencerá todo cansaço da morte [...]" (ibid).

O sonho, portanto, mostra Zaratustra como "um advogado da vida". Porém, esta interpretação otimista, que ousa transfigurar as imagens da morte em "novos esplendores da noite", não convence Zaratustra, que ao fim olha para o discípulo apenas abanando a cabeça. O sonho permanece sem interpretação, a inversão do horror em positivo não tem sucesso desta vez.[26] Somente na Terceira Parte, no capítulo *O Convalescente*, Zaratustra, lembrando deste sonho, dá as pistas para uma interpretação:

> [...] O grande fastio pelo homem — isso me sufocou, me havia entrado na garganta: e o que o adivinho vaticinou: 'Tudo é igual, nada vale a pena, o saber sufoca'.
> Um longo crepúsculo claudicava à minha frente, uma tristeza cansada de morte, ébria de morte, que falava com uma boca bocejante.

[26] Em uma versão preliminar esta interpretação é ainda colocada na boca do próprio Zaratustra: "Tinha renunciado à vida: tinha-me tornado guardião noturno e de túmulos no palácio da morte da montanha./ E lá em cima guardava os seus ataúdes em abóbadas monótonas, cheias de tais sinais de vitória: dos ataúdes de vidro a vida que tinha sido superada olhava para mim./ E eu próprio sou como o vento que parte os portões uns dos outros para as câmaras da morte. Eu próprio sou o caixão cheio de maldades coloridas e de caretas de anjo, eu próprio sou o riso da vida na câmara da morte à meia-noite" (NF-1883,10[8]; KSA 10, p. 368)

> 'Eternamente ele retorna, o homem de que estás cansado, o pequeno homem' — assim bocejava minha tristeza, e arrastava os pés e não podia adormecer.
> Numa caverna transformou-se para mim a terra dos homens, seu peito afundou, tudo vivo tornou-se para mim decomposição humana, ossos e passado podre.
> [...]
> Ah, nojo! Nojo! Nojo! (Za 3, *O convalescente*, 2 [tradução modificada[27]])

A asfixia e o sufocamento no fastio, o nojo, mas também os rostos das crianças, que, entre outras coisas, desfiguram a doutrina do capítulo *Das três metamorfoses*, revelam que o mais terrível conhecimento é o autoconhecimento. O ensino do adivinho não é rejeitado, mas confirmado: também o ofício de Zaratustra não faz sentido – também ele vive no túmulo e, nos ataúdes de vidros, jazem suas próprias imagens – crianças, corujas, borboletas, e, sorrindo-lhe zombeteiramente, suas caretas. Não admira que ele fique assustado. Nos ataúdes de vidro jazem encerrados e, ao mesmo tempo, expostos de modo transparente, os ideais de Zaratustra,[28] derivados de seus discursos anteriores. Para ele, as palavras são literalmente "arcas de palavras" (Za 3, *O regresso*) e o além-do-homem, uma "palavra recolhida" (Za 3, *De velhas e novas tábuas*, 3) do caminho e um "boneco colorido", inventado por um poeta mentiroso (Za 2, *Dos poetas*).

"Se eu sou um adivinho" (Za 3, *Os sete selos*, 1) – com esta sentença condicional, isto é, no modo verbal da irrealidade, Zaratustra

---

[27] Paulo César de Souza traduz aqui "Wahrsager", na segunda linha, por "vidente", ao mesmo tempo em que traduz o capítulo *Der Wahrsager* por "O adivinho" – justamente o capítulo no qual se enuncia a frase que aqui é retomada. Preferimos manter um padrão e, com isso, também a referência a este capítulo anterior, o qual a passagem atual retoma (N.T.).

[28] O motivo do ataúde de vidro faz referência ao conto de fadas "Branca de Neve", no qual isso está igualmente ligado ao motivo do espelho, mas também à devaneante Otília, personagem de *As afinidades eletivas*, de Goethe, a qual após sua morte foi deitada em repouso em um ataúde de vidro, em uma capela, cuja teto é ornamentado com anjos pintados segundo seu modelo, e para quais ela lança seu olhar, por assim dizer, o que gera uma relação especular entre seu rosto e aquele do anjo. Mas também o texto como um todo é capturado nesta imagem. Sobre isso cf. Schneider 1972, p. 47; Öhlschläger 2003, p. 14: "O caixão de vidro fechado, mas transparente, no qual Otília é exibida como um 'tableau do texto', metaforiza o limite da disponibilidade hermenêutica do texto, que no final se transforma em uma imagem dos mortos." Segundo Strabo (Geôgraphiká. XVII 1.8), o faraó Ptolomeu X. substituiu o caixão dourado de Alexandre o Grande por um ataúde de vidro -, ataúde de vidro para mártires e santos, embalsamados, cujos corpos não apodrecem, assim como a Branca de Neve também não entra em processo de decomposição – ainda que no palácio da morte da montanha cheire mal.

desempenha um tal papel em *A canção do Sim e Amém*, na Terceira Parte, reprocessando o sonho do túmulo, desta vez apenas a partir da posição do adivinho, agora identificado com o vento – o que é uma solução muito mais plausível:

> Se algum dia minha cólera destruiu túmulos, deslocou marcos de fronteira e rolou velhas tábuas partidas para dentro de precipícios:
> Se algum dia meu escárnio espalhou ao vento palavras apodrecidas, e eu desci como vassoura sobre as aranhas-de-cruz e como rajada de ar sobre os velhos sepulcros bolorentos:
> Se algum dia me sentei contente onde velhos deuses jaziam enterrados, abençoando e amando o mundo, junto aos monumentos de velhos caluniadores do mundo: —
> — pois amo inclusive as igrejas e sepulcros de deuses, quando o céu olha de olho puro através de seus telhados destruídos; de bom grado me vejo, como o capim e a papoula-vermelha, no interior das igrejas destruídas — (Za 3, *Os sete selos*, 2)

Com a papoula-vermelha, acrescenta-se outro motivo, que liga os túmulos com as memórias, mas que também evoca os paraísos artificiais da ebriedade opiácea, pois o narrador nos diz repetidamente que Zaratustra prefere deitar-se entre as flores de papoula na grama.[29] Isto pode explicar por que ele caminha frequentemente pelas paisagens noturnas como se estivesse em transe.

Mas o que também se torna claro com o sonho do túmulo e a troca de papéis com o adivinho é que, nas vivências oníricas, a identidade dos papeis assumidos é borrada, e tais dúvidas sobre a própria identidade são, com efeito, frequentemente articuladas por Zaratustra: "Sou um adivinho? Um sonhador? Um bêbado? Um intérprete de sonhos? Um sino de meia-noite? / Uma gota de orvalho? Perfume e vapor de eternidade?" (Za 4, *A canção do sonambulo*, 10). Ou quando se pensa nas modalidades de autoconhecimento de Zaratustra: Mas eu também sou – um adivinho" (Za 4, *O grito de socorro*), ou: "Mas também Zaratustra é um poeta" (Za 2, *Dos poetas*).

---

[29] Cf. também: "E, apenas quando o céu puro novamente olhar através de tetos destruídos e para a grama e as papoulas-vermelhas junto aos muros destruídos, — eu novamente voltarei meu coração para as moradas desse Deus" (Za II, *Dos Sacerdotes*); "Gosto de deitar-me aqui onde as crianças brincam, junto ao muro arruinado, entre cardos e papoulas-vermelhas" (Za II, *Dos eruditos*).

Em relação à perda da identidade do eu no sonho, advém ainda a incerteza: estou sonhando ou estou acordado?[30] No mundo lírico do poetar mentiroso, esta pergunta não pode ser respondida – antes, ela se torna mais aguda: no capítulo *A hora mais quieta* ao fim da Segunda Parte, no terceiro dos sonhos narrados, o sonhador perde o chão seguro debaixo dos seus pés, assim que adormece:

> Conheceis o pavor daquele que adormece? —
> Até os dedos dos pés ele se apavora de o chão lhe fugir e o sonho começar.
> Isso vos digo como imagem. Ontem, na hora mais quieta, fugiu-me o chão: o sonho começou.
> O ponteiro avançava, o relógio de minha vida tomava fôlego — jamais ouvi tal quietude ao meu redor: de maneira que meu coração se apavorou.
> Então me falaram sem voz: "Tu sabes, Zaratustra?" —
> E eu gritei de pavor ante esse murmúrio, e o sangue me fugiu do rosto: mas permaneci calado (Za 2, *A hora mais quieta*).

A voz sinistra tenta várias vezes persuadir Zaratustra a enunciar um saber, mas ele recusa teimosamente: "'Sim, eu sei, mas não quero falar!'" (ibid). E a voz fala novamente: "'Que importas tu, Zaratustra? Fala tuas palavras e faz-te em pedaços!'" (ibid). Mas Zaratustra não está preparado para fazer-se em pedaços em suas palavras. Os frutos de Zaratustra estão maduros, mas ele não está pronto para os mesmos, a voz sinistra do sussurro o envia de volta à solidão. O tecido do sonho prova-se aqui pouco crível: o interlocutor é propriamente feminino ("a hora mais quieta", "minha terrível senhora"), mas, na verdade, é sempre o Isso (*Es*), e seu modo de articulação e a audibilidade do seu falar é literalmente impossível de determinar.[31]

Assim, não é surpreendente que o quarto sonho, o mais famoso e amplamente interpretado, seja contado em um capítulo intitulado *Da*

[30] Otokar Fischer (1911) interpretou esta incerteza como expressão de uma "despersonalização".

[31] Cf. "Nunca ouvi tal silêncio à minha volta [...] lá isso voltou a falar comigo sem voz" é repetido nove vezes na mesma fórmula; depois, uma vez, "voltou a falar como um sussurro", mas, finalmente, simplesmente "falou comigo pela última vez" após o "acontecimento" (não o som do riso!). Depois "havia silêncio à minha volta" – mas já era a hora mais calma..." (Za 2, *A hora mais queita*).

visão e enigma. A situação narrativa é complicada: um narrador entra em cena e descreve uma situação fictícia, de conto de fadas, que se passa no navio, bem como o silêncio de Zaratustra que se prolonga por vários dias. Esta situação é então descrita com mais detalhes – os marinheiros contam todo o tipo de histórias de viagens aventureiras ("pois havia muita coisa estranha e perigosa a ouvir naquele barco, que vinha de longe e navegava para mais longe ainda"; (Za 3, *Da visão e enigma*, 1)). Seduzido por estas histórias, o próprio Zaratustra começa a contar uma história. Como a sua própria narrativa é introduzida ao modo de um contributo a este gênero de histórias, contadas àqueles que "não querem seguir um fio com mão covarde", mas antes "adivinhar" um sentido do que "deduzi-lo" (ibid.), sua história é igualmente determinada como daquelas de marinheiro (*Seemannsgarn*). Zaratustra narra, então, uma "visão" de sonho, em que se desenrola uma disputa com um anão acerca do Eterno Retorno. Então, as reflexões de Zaratustra ligadas à discussão, que se passem aqui no interior do sonho, se transformam em um solilóquio (Za 3, *Da visão e enigma*, 2). De repente, Zaratustra é arrebatado por horríveis memórias da sua infância (Idem), desencadeadas pelo ganido de um cão, que depois o transportam para um estado em que ele já não sabe se está desperto ou se está sonhando. É aí que ele enfim tem a próxima visão, na qual ele avista o pastor e a cobra que rasteja em sua boca.

Olhemos mais de perto passagens específicas e saltemos, para isso, em direção ao terceiro nível narrativo: Zaratustra caminha por entre um crepúsculo pálido como um cadáver – este é o primeiro eco do motivo da morte presente no sonho do túmulo – então ele sobe a montanha, em seus ombros está sentada uma criatura, "meio anão, meio toupeira", pingando "pensamentos-gotas de chumbo" em seu ouvido, – isto é, veneno, como nós sabemos desde *Hamlet.* A transição sem costura no nível do sonho é assim concebida de modo muito artístico: "Eu subia, subia, sonhava, pensava (...) Eu semelhava um doente (...) e que é despertado, ao adormecer, por um sonho ainda pior. —" (Za 3, *Da visão e enigma*, 1). Neste sonho-parábola tem lugar o duelo com o anão: "'Anão! Ou tu, ou eu!' -" (ibid.). A isto se segue a conversa sobre o portal, sobre o momento e a eternidade: "E essa lenta aranha que se arrasta à luz da lua, e essa luz mesma, e tu e eu junto ao portal, sussurrando um para o outro, sussurrando sobre coisas eternas — não temos de haver existido todos nós?" (Za 3, *Da visão e enigma,* 2). Tanto os motivos dos sonhos anteriores quanto os do famoso texto "O maior dos pesos" de *A Gaia Ciência* são aí entretecidos – neste último, num jogo de ideias (*Gedankenspiel*) onde um demônio noturno põe-se a elocubrar sobre o eterno retorno da própria vida, da aranha e do luar (GC 341; KSA 3, p. 570). Então, segue-se uma interrupção, porque Zaratustra ouve o uivo de um cão, ruído este que claramente penetra em seu ouvido de fora do sonho.[32] Na qualidade de "guardião do sono", o sonho incorpora o uivo como um *déjà-vu*, evocando memórias há muito acreditadas esquecidas:

> Alguma vez escutei um cão uivar assim? Meu pensamento correu para trás. Sim! Quando era criança, na mais longínqua infância:
> [...] na mais silenciosa meia-noite, quando também os cães acreditam em fantasmas:

---

[32] Otokar Fischer (1911) também já havia notado isso. É interessante como ele caracteriza a lembrança desencadeada pelo uivo enquanto uma sensação de *déjà-vu* e indica que o jovem Nietzsche já havia também formulado o pensamento do eterno retorno. À época, ele teria feito troça do mesmo, enquanto agora a lembrança deste pensamento retorna no sonho. A passagem a que Fischer refere enquanto substrato de memória se encontra nas *Considerações Extemporâneas II*: "No fundo, aliás, aquilo que foi possível uma vez só poderia comparecer pela segunda vez como possível se os pitagóricos tivessem razão em acreditar que, quando ocorre a mesma constelação dos corpos celestes, também sobre a Terra tem de se repetir o mesmo, e isso até os mínimos pormenores: de tal modo que sempre, se os outros têm uma certa disposição entre si, um estoico pode aliar-se outra vez com um epicurista e assassinar César, e sempre, em uma outra conjuntura, Colombo descobrirá outra vez a América. Somente se a Terra iniciasse sempre de novo sua peça de teatro depois do quinto ato, se estivesse firmemente estabelecido que o mesmo nó de motivos, o mesmo deus *ex machina*, a mesma catástrofe, retornassem a intervalos determinados, poderia o forte desejar a história monumental em toda a sua *veracidade* icônica, isto é, cada fato precisamente descrito em sua especificidade e singularidade: provavelmente, portanto, não antes que os astrônomos se tenham tornado outra vez astrólogos" (HV 2, tradução brasileira de Rubens Rodrigues Torres Filho em NIETZSCHE, Friedrich. Considerações extemporâneas. In:______. Obras incompletas. Coleção Os Pensadores: seleção de textos de Gérard Lebrun. São Paulo: Editora Nova Cultural, 1999). Esta passagem, no entanto, não é notável apenas para a análise psicológico-literária, senão também em vista da poética do sonho que aqui dissecamos, sobretudo no que concerne à metafórica da arte cênica. Resulta daí uma outra refração autoirônica da imagem do sonho evocada em *Da visão e enigma.* Nietzsche escreve a Heinrich Köselitz: "— Veja como o ermitão de Sils-Maria se torna um astrólogo? Os mais sinceros votos! O seu N" (Carta a Heinrich Köselitz, BVN-1884,536; KSA 6, p. 535). Acerca dos astrólogos, é dito em *A gaia ciência*: "Então vocês acham que as ciências teriam surgido e progredido, se os feiticeiros, alquimistas, astrólogos e bruxas não as tivessem precedido, como aqueles que tinham antes de criar, com suas promessas e miragens, sede, fome e gosto por potências *escondidas e proibidas*?" (GC 300; KSA 3, p. 538s.)

> [...] Para onde tinha ido o anão? e o portal? a aranha? E todos os sussurros? Então eu sonhava? Acordei? Entre rochedos selvagens me achava eu de repente, sozinho, ermo, no mais ermo luar.
> Mas ali jazia um ser humano! E ali estava o cão, pulando, eriçado, ganindo — viu-me chegar — uivou novamente, então gritou: — algum dia escutei um cão gritar assim por socorro?
> E, em verdade, o que vi, jamais vira igual. Vi um jovem pastor contorcendo-se, sufocando, estremecendo, com o rosto deformado, e uma negra, pesada serpente que lhe saía da boca.
> Alguma vez vi tanto nojo e pálido horror em um rosto? Havia ele dormido? E a serpente rastejou para dentro de sua garganta — e ali mordeu firmemente.
> Minha mão puxou e tornou a puxar a serpente: — em vão! não conseguiu puxar a serpente da garganta. Então de dentro de mim se gritou: 'Morde! Morde!
> Corta a cabeça! Morde!' — assim se gritou de dentro de mim, meu horror, meu ódio, meu nojo, minha pena, tudo de bom e ruim gritou com um grito de dentro de mim. —" (Za 3, *Da visão e enigma,* 2)

Sabe-se como termina esta história abominável: o pastor arranca a cabeça da cobra com a boca e se levanta rapidamente com um riso desumano. O que Zaratustra enfiou e esganou goela abaixo não foi o Eterno Retorno, mas a sua consequência, o fastio.

O narrador mostra-se aqui como algo mais que um diretor de sequências de cenas míticas, ao articular sonhos em passagens significativas quanto à composição e dramaturgia – sonhos que, na qualidade de aparência dentro da aparência, acabam por potencializar a própria aparência, assim como, porém, por quebrar repetidamente a ilusão, assim expondo sua ficcionalidade. O despertar dentre de um sonho não leva à realidade, senão ao estrato seguinte da ilusão, neste caso: à consciência de se estar na realidade poética de um poetar. Por isso, certos distúrbios na ficção narrativa correspondem formalmente ao despertar dentro do sonho. O narrador desperta repetidamente o leitor, que começa a sonhar para além do texto e corre o risco de esquecer o mundo enquanto vagueia pelo edifício de pensamento de Nietzsche, à medida que o narrador quebra as ilusões, deixando o leitor cair tal qual o equilibrista. O mesmo não se passa a partir do ponto de vista interno do protagonista: Zaratustra, o sonâmbulo, não deve ser acordado, ele permanece cercado de seus sonhos, visões e ilusões até o final. Mesmo que os seus sonhos lhe revelem a sua verdadeira imagem, ele só reconhece esta até o limite onde a aparência é preservada.

Os sonhos em *Zaratustra* não são, sem dúvida, sonhos reais de Nietzsche, reproduzidos a partir de sua memória, mesmo que tal interpretação lhes tenha sido imputada às vezes. Eles são reconhecidamente construídos e tecidos na densa trama narrativa do texto de *Zaratustra*. Com efeito, os sonhos específicos dentro dos eventos representados não produzem um mundo imaginário próprio, mas são compostos, até as menores partículas, de elementos da realidade poética que também caracterizam as outras narrativas e discursos de e sobre Zaratustra. Estes, por sua vez, são imaginativos o suficiente e não são, é certo, simplesmente repetidos e retratados nas sequências oníricas, senão sempre transformados. A força de transfiguração do sonho é uma força poética. Como seus efeitos podem ser registrados em todo o texto de *Zaratustra*, pode-se dizer que o modo pelo qual motivos, metáforas, papéis, figuras, cenários são transformados e desfigurados, segue uma *poética do sonho*. Os sonhos de Zaratustra são como espelhos que o texto segura diante de si. Eles não mostram nada senão o próprio texto de uma maneira diferente. Isso também pode explicar o caráter discreto dos sonhos, pois eles dificilmente se destacam da fantasia própria a muitas outras narrativas em *Zaratustra*, como naquela paródia de Justinus Kerner em *Dos grandes acontecimentos*, na qual Zaratustra de repente passa voando por marinheiros que disparam contra coelhos,[33] e debate com um cão de

[33] A ligação entre os motivos de sonhar e voar teria de ser investigada separadamente, especialmente porque todas as cenas de voo podem ser lidas como cenas de sonho, como por exemplo: "Agora sou leve, agora voo, agora me vejo abaixo de mim, agora dança um deus através de mim" (Za 1, *Do ler e escrever*), ou: "Meu próprio nojo me deu asas e o dom de descobrir água? Em verdade, tive de voar à mais elevada altura para reencontrar o manancial do prazer!" (Za 2, *Da gentalha*) Compare-se também, porém, a crítica ao voo em *Zaratustra*. Para essa ligação, leve-se em consideração, sobretudo, a seguinte nota: "Além disso, vejo mal e a minha imaginação está (em sonho e ao acordar) habituada a algumas coisas e pensa que algumas coisas são possíveis para as quais outras nem sempre estariam prontas. – Eu voo em sonhos, sei que é um privilégio meu, não me lembro de um estado em que não seja capaz de voar. Realizar todo o tipo de arco e ângulo com um ligeiro impulso, uma matemática voadora – essa é uma felicidade tão única que certamente saturou o meu sentimento básico de felicidade a longo prazo. Se eu quiser ter coragem, estou sempre numa flutuação tão livre, para cima e para baixo arbitrariamente, sem tensão de um lado e sem condescendência e humilhação de outro. "Ímpeto! – como muitos descrevem isso – é demasiado musculoso e violento para mim. – Entendo os Coribantes e mesmo a criatura dionisíaca como sendo as tentativas dos animais não alados de imaginar asas e de se elevarem acima da terra. Ruído de movimento violento como um tremendo

fogo. Tudo isso é tão fantástico que Zaratustra acaba se perguntando, espantado: "Sou um fantasma, por acaso?" (Za 2, *Dos grandes acontecimentos*). Imediatamente depois começa o sonho do túmulo.

Podemos fazer, de passagem, ainda outra interessante consideração, neste contexto, empregando uma reflexão acerca da "lógica do sonho", presente em *Humano, demasiado humano.* Nietzsche afirma aqui, em primeiro lugar, que o estado fisiológico particular de excitação, bem como a situação do corpo, pode influenciar os eventos oníricos:

> No sono, nosso sistema nervoso está constantemente em excitação por múltiplos fatores internos, quase todos os órgãos liberam substâncias e estão ativos, o sangue circula impetuosamente, a posição de quem dorme pressiona determinados membros, as cobertas influem sobre as sensações de maneiras diversas, o estômago faz a digestão e perturba outros órgãos com seus movimentos, os intestinos se torcem, o posicionamento da cabeça traz posturas musculares insólitas, os pés descalços, não comprimindo o chão com a sola, causam a sensação do insólito, assim como o vestuário diferente de todo o corpo — tudo isso, com sua extraordinariedade e conforme a alteração e o grau cotidianos, excita o sistema inteiro, até a função cerebral: de modo que há muitos ensejos para o espírito se admirar e buscar razões para tal excitação (...)" (HH I, 13; KSA 2 p. 32)

No sonho, as causas para estes sentimentos são procuradas em retrospecto:

---

bater de asas – no final, parece quase *como se* estivessem no ar" (NF-1881,15 [60]; KSA 9, p. 655) Cf. também: "*Quidquid luce fuit, tenebris agit* [o que aconteceu na luz atua nas trevas]: mas também o contrário. Aquilo que vivemos no sonho, e que nele vivemos repetidas vezes, termina por pertencer à economia global de nossa alma, tanto quanto algo 'realmente' vivido: em virtude disso tornamo-nos mais ricos ou mais pobres, temos uma necessidade a mais ou a menos, e afinal somos um pouco guiados pelos hábitos de nossos sonhos, em plena luz do dia e até nos momentos mais serenos do nosso espírito desperto. Supondo que alguém voe com frequência nos sonhos e que enfim tome consciência, ao sonhar, de um poder e arte de voar que seria privilégio seu, e sua felicidade mais particular e invejável: alguém que creia poder realizar toda espécie de curvas e ângulos com o mais etéreo impulso, que experimente a sensação de uma certa leveza divina, de um 'para cima' sem esforço e tensão, de um 'para baixo' sem condescendência e humilhação — sem *gravidade* — como poderia uma pessoa com tais experiências e hábitos nos sonhos não achar finalmente que a palavra 'felicidade' tem cor e definição diferentes também no seu dia claro? Como não teria ela um diferente — anseio de felicidade? A 'elevação', tal como descrita pelos poetas, deve lhe parecer, comparada a esse 'voo' demasiada terrena, muscular, violenta, demasiada 'grave'" (BM 193, KSA 5, p. 114s)

> Quem, por exemplo, cingir os pés com duas correias, sonhará talvez que duas serpentes envolvem seus pés: primeiramente isso é uma hipótese, depois uma crença acompanhada de representação e invenção visual: 'essas serpentes devem ser a causa desta sensação que tenho eu, que estou dormindo' — assim julga o espírito de quem dorme. O passado recente, desse modo inferido, é para ele tornado presente mediante a imaginação excitada. (ibid., 33)[34]

Qual a consequência desta reflexão para o sonho com o pastor? Aquele que sonha sente uma sensação corporal de asfixia, algo se esgueira goela abaixo, ele sonha que uma cobra rasteja pela sua garganta, ele cospe o que desce pela sua garganta e arranca à mordidela sua cabeça. No aforismo citado, Nietzsche aponta que, nos sonhos, muitas vezes incorporamos ruídos de fora e depois invertemos a causalidade:

> O passado recente, desse modo inferido, é para ele tornado presente mediante a imaginação excitada. Todos sabem, por experiência, como o indivíduo que sonha entremeia rapidamente no sonho um ruído forte que lhe chega, como o repicar de sinos ou tiros de canhão,[35] isto é, explica-o depois a partir do sonho, de forma que pen-

[34] Algum tempo antes de Freud, Heinrich Heine havia descrito este tipo de elaboração onírica no 7° capítulo de suas *Reisebilder*, isto é, na narração de sua *Viagem de Munique à Gênova*, da seguinte forma: "Diz respeito tanto aos poetas como aos sonhadores, que, enquanto dormem, mascaram, por assim dizer, aquele sentimento interior que a sua alma sente através de verdadeiras causas externas, sonhando, no lugar destas últimas, causas externas que são bastante diferentes, mas que são bastante adequadas na medida em que produzem o mesmo sentimento" (Heine 1971, v. VII/I, p. 29). A distinção entre pensamento onírico latente, o sentimento interior originário, e o conteúdo de sonho manifesto, o sentimento mascarado, já é claramente realizada aqui. Ao mesmo tempo, o mascaramento secundário transformador, através do qual a força produtiva interna primária do sentimento interior é alterada, é visto como igualmente dependente de causas externas (por exemplo, sino, cão, tiro de canhão) e estruturas motivacionais internas. O significado de um sonho não se torna acessível, portanto, nem pela interpretação simbólica, tampouco pela reconstrução de relações causais, senão que deve incluir as substituições e transformações, ou seja, o sentido das máscaras e desfigurações sugeridas.

[35] Cf. também: "Mesmo a relação de um estímulo nervoso com a imagem produzida não é, em si mesma, necessária; mas se a mesma imagem foi produzida milhões de vezes e foi herdada por muitas gerações de homens, e até aparece no final para toda a humanidade cada vez em sucessão à mesma ocasião, então finalmente adquire o mesmo significado para o homem como se fosse a única imagem necessária e como se a relação do estímulo nervoso original com a imagem produzida fosse uma relação causal rigorosa; como se um sonho, eternamente repetido, fosse percebido e julgado como realidade. " (VM 1; KSA 1, p. 884); "Na verdade, uma miríade de indivíduos pertence a um tal modo de funcionamento, segundo o qual todos precisam estar num estado muito determinado, quando a ordem é dada – eles devem compreendê-la, bem como sua tarefa especial ao executá-la, ou seja,

sa experimentar primeiro as circunstâncias ocasionadoras e depois o ruído. — Mas como sucede que o espírito do sonhador se equivoque assim, quando esse mesmo espírito costuma ser tão sóbrio na vigília, tão cauteloso e cético em relação a hipóteses? de modo que a primeira hipótese para explicar uma sensação é imediatamente aceita como correta? (pois durante o sonho acreditamos nele como se fosse realidade, isto é, consideramos a nossa hipótese totalmente demonstrada). [...] A imaginação continuamente lhe oferece imagens, recorrendo às impressões visuais do dia para produzi-las, e exatamente assim faz a imaginação do sonho: [...] — Também o poeta, o artista, atribui a seus estados e disposições causas que não são absolutamente as verdadeiras; nisso ele nos recorda uma humanidade antiga e pode nos ajudar a compreendê-la" (ibid. 33s)[36]

Em *Da visão e enigma*, é possível reconhecer muitas indicações espalhadas nos acontecimentos manifestos do sonho, os quais podem ser lidos como sinais de estados físicos, então traduzidos em imagens fantasiosas até que o sonho aparece como "todo um pequeno romance, no qual justamente o sonhador é o personagem principal":[37] um peso, que é

deve-se ser sempre ordenado (e obedecido) até ao mais pequeno detalhe, e só quando a ordem é dividida num sem-número de pequenos sub-comandos é que o movimento pode ter lugar, movimento este que se eleva da *última e mais pequena* unidade obediente (von dem *letzten und kleinsten* Gehorchenden) – assim ocorre uma inversão, como no sonho do tiro de canhão. Aqui, a condição prévia é que todo o organismo pense, que todas as estruturas orgânicas tenham parte no pensar sentir querer – consequentemente, pense que o cérebro seja apenas um enorme aparelho de centralização. (NF-1884,27[19]; KSA 11, p. 279); "Tal como no sonho do disparo do canhão, a causa é procurada e o disparo só se ouve em seguida (ou seja, ocorre uma inversão de tempo: *esta inversão de tempo ocorre sempre*, mesmo quando se está acordado. As "causas" são imaginadas *depois do "fato"*; quero dizer, os nossos *fins* e *meios* são consequências de um processo.??) A certeza de que não estamos treinados para acreditar em nada sem uma causa se mostra no fenómeno acima mencionado: só aceitamos o disparo do canhão quando pensamos na possibilidade de como ele surgiu, ou seja, toda a *vivência* real é precedida pelo tempo no qual a coisa a ser vivenciada é *motivada* – isto pode até mesmo ser o caso no movimento de *cada nervo*, de *cada músculo*" (NF-1884,26[35]; KSA 11, p. 156s.)

[36] Nietzsche poderia encontrar essa concepção de estímulo-sonho na Harzreise de Heine. Aqui, o sonhador incorpora o toque dos sinos de vaca, que penetra do pasto ao ouvido para o interior do sonho, transformando-o no "mais doce som de lira de Febo Apolo" (Heine 1968, p. 96). Para a concepção de sonho em Heine, ver Altenhofer 1993; Tempian 2005.

[37] Cf. *"Erro das causas imaginárias.* — Partindo do sonho: a uma determinada sensação, devida a um longínquo tiro de canhão, por exemplo, é atribuída posteriormente uma causa (muitas vezes todo um pequeno romance, no qual justamente o sonhador é o personagem principal). A sensação perdura, enquanto isso, numa espécie de ressonância: ela como que aguarda até que o impulso causal lhe permita passar a primeiro plano — não mais como acaso, mas como "sentido". O tiro de canhão aparece numa maneira *causal*, numa aparente inversão do tempo. O ulterior, a motivação, é vivenciado primeiramente, muitas

colocado sobre aquele que dorme ("— mas tudo me oprimia. Eu semelhava um doente ao qual seu triste martírio torna cansado"; (Za 3, *Da visão e enigma*, 1), e que aparece no sonho como um anão irritante e uma toupeira, um uivo de cão é então registrado e misturado com imagens da memória, um engasgo na garganta é interpretado como uma cobra que rastejou goela abaixo. Portando, o sonho interpretou estados corporais e torna-se, assim, poeticamente produtivo. Desde que Nietzsche toma isto como símile dos eventos na consciência desperta, desaparece a diferença entre os motivos racionalmente escolhidos e os sonhados. No aforismo "Viver e inventar", de *Aurora*, isso quer dizer então que "tudo [é] linguagem figurada", "que não há diferença essencial entre sonhos e vida desperta" e que somos tão pouco responsáveis por nossa vida de vigília e invenções quanto por nossas visões oníricas (A 119; KSA 3, p. 112s.).

Mas esta é apenas uma de várias abordagens explicativas interligadas; existem outras referências intra- e intertextuais, que podem ser seguidas. Consideremos, por exemplo, o cão que uiva,[38] do qual até se quer dizer que gritou – grito referido depois literalmente a Zaratustra: "Então de dentro de mim se gritou", "assim se gritou de dentro de mim" e "tudo de bom e ruim gritou com *um* grito de dentro de mim". Desde quando um cão pode gritar? Pois na conversa com o cão de fogo, este já tinha gritado antes (Za 2, *Dos grandes acontecimentos*), ainda que isso não tenha sido surpreendente, sendo no contexto de uma conversa fictícia com um parceiro de diálogo alegórico. Mais esclarecedora parece uma passagem do Prólogo, sobre a qual outra ponte se deixa construir para o sonho do enterro: "Na porta da cidade encontrou os coveiros: eles iluminaram seu rosto com as tochas, reconheceram Zaratustra e

vezes com inúmeros detalhes que passam como um raio, e o tiro vem depois... Que aconteceu? As idéias *produzidas* por uma certa condição foram mal-entendidas como *causas* dela. — Na verdade, fazemos a mesma coisa acordados" (CI, *Os quatro grandes erros*, 4 // KSA 6, p. 92)

[38] O cão uivante também desempenha um papel fundamental nos planos para *Zarathustra* IV. Cf. "*Momento decisivo*: Zaratustra pergunta a toda a multidão na festa: 'Quereis tudo isso outra vez?' – todos dizem '*Sim!' Ele morre de felicidade.* (o céu é claro, profundo) (apreensivo, límpido, tenebroso) (o silêncio mais profundo, os animais em torno de Zaratustra, ele velou a cabeça, os braços estendidos sobre o planalto rochoso – parece estar dormindo). O cão uivante passa por todos os seus pensamentos como algo brilhante, silencioso, terrível. O fim é formado pelos discursos dos votos ao seu cadáver" (NF-1883,21[3]; KSA 10, p. 599s.)

dele zombaram muito. 'Zaratustra carrega o cachorro morto; que bom que Zaratustra se tornou um coveiro! (...)'" (Za 1, *Prólogo de Zaratustra*, 8). Por "cachorro morto" os coveiros se referem ao cadáver do equilibrista, que tinha sido atirado à morte por um palhaço aos gritos, quando caminhava por uma corda esticada entre duas torres: "— E a cada palavra lhe chegava mais próximo; porém, quando estava a somente um passo do equilibrista, sucedeu a coisa pavorosa que fez toda boca silenciar e todo olhar enrijecer: — lançou um grito de demônio e saltou sobre aquele que lhe estava no caminho" (Za 1, *Prólogo de Zaratustra*, 6). O equilibrista cai, como um sonâmbulo que é despertado por gritos. Todos os olhos enrijeceram-se. A partir daí, começam as descrições sombrias: "Inquietante é a existência humana, e ainda sem sentido algum: um palhaço pode lhe ser uma fatalidade. (...) Escura é a noite, escuros são os caminhos de Zaratustra. Vem, rígido e frio companheiro! Levo-te para onde te sepultarei com minhas mãos" (Za 1, *Prólogo de Zaratustra*, 7).

Os saltos e torções do bufão são a fórmula pictórica de uma técnica de prosa, a qual produz padrões narrativos aparentemente arbitrários a partir da narrativa, de discursos doutrinários, cantos, citação e paródia – padrões estes que, numa inspeção mais atenta, deixam-se reconhecer segundo uma lógica artística. Zaratustra, que aqui esgueira-se pela noite no escuro, encontra o palhaço de novo, o qual atesta que também ele fala como um palhaço. Nos discursos de Zaratustra se espelha, pois, aquele discurso do palhaço. Pouco tempo depois, Zaratustra passa a se identificar com e corresponder à imagem do espelho, na medida em que: "Para minha meta me ponho a caminho; saltarei sobre os hesitantes e os vagarosos. Assim, que minha marcha seja o seu declínio!" (Za 1, *Prólogo de Zaratustra*, 9). Em verdade, isso já é suficientemente claro, mas numa nota de propriedade é expressa esta conclusão a que somos forçados a tirar aqui: "Zaratustra mesmo o palhaço que salta por cima do pobre equilibrista —" (NF-1883,16[88]; KSA, 10, p. 531). O palhaço exibe a careta do diabo, que Zaratustra vê no espelho da criança como a sua própria. Uma interpretação alternativa torna-se possível: Zaratustra sente-se como um assassino – ele é atormentado pela memória do assassinato do equilibrista, cometido sob a máscara do palhaço, memória esta que ele procurou, desde o começo, reprimir: "Não deverei ser pastor, nem coveiro" (Za 1, *Prólogo de Zaratustra*, 9), propõe-se Zaratustra, ainda assim em vão: os mortos regressam como assombrações nos sonhos de Zaratustra, ele torna-se a sua guarda sepulcral, ouve gritos horríveis das profundezas, e estes o perseguem mesmo quando ele está acordado: "'Ainda não ouves nada?, continuou o adivinho: não chega aqui o rugido e fragor que vem da profundidade?' — Zaratustra guardou silêncio e atentou: então ouviu um grito longo, longuíssimo, que os abismos lançavam um ao outro e passavam adiante, pois nenhum deles queria retê-lo: tão mau ele soava" (Za 4, *O grito de socorro*)

Assim falou Zaratustra enquanto história criminal (*Kriminalgeschichte*) – isso soa fantasioso, porém, recorrendo a outras referências de estratos pré-textuais (*Prätext-Verweise*), o texto parece ainda mais fantasioso. Antes de continuar este jogo, gostaria de descrever brevemente os sonhos de Zaratustra que ainda restam.

O quinto sonho no discurso *Dos três males* é, finalmente, um sonho positivo. No entanto, não se trata, no sonho, de um belo enredo, mas sim de uma longa canção de louvor ao sonho e à sua visão do mundo, apresentada apenas como uma imagem cênica. Tal como no primeiro sonho, em que a criança ergueu o espelho diante de Zaratustra, também aqui Zaratustra segura uma balança diante do mundo: "Num sonho, no último sonho da manhã, eu estava hoje num promontório — além do mundo, eu segurava uma balança e *pesava* o mundo" (Za 3, *Dos três males*) "como se" (*als ob*): "— como se mãos graciosas me trouxessem um relicário — um relicário aberto, para encanto de olhos pudicos e adoradores" (Ibid.) O modo irreal (*Irrealis*) deixa claro aqui que "este sonho e consolador do coração" é ilusório e o consolo, apenas sonhado – o mundo aparece como belo apenas a partir da ótica do sonho.[39] O sonho opera a partir de uma notável sobreposição entre Zaratustra acordado, Zaratustra sonhado e o sonho mesmo – todos os três "sujeitos" pesam o mundo. Esta sobreposição leva o sonho do consolo a um nível seguinte da ilusão, pois ela potencializa o problema da autointerpretação correta ou incorreta – isto é, é correta a interpretação do sonho como diretriz de ação ("pese agora")? E se assim for, é ela bem entendida? No sonho, "o mundo" é pesado, na subsequente autointerpretação aparecem novamente, porém, *"volúpia,*

[39] Cf. Dellinger 2001.

ânsia de domínio, egoísmo", ou seja, as "três coisas mais más" (*drei bösesten Dinge* – Ibid.

O "sonho do meio-dia" seguinte (sexto sonho), na quarta parte, é introduzido novamente com uma passagem narrativa em "tom de sonho e conto de fadas":[40] "E Zaratustra andou, andou e não encontrou ninguém mais e esteve só" (Za 4, *No meio-dia*[41] a cuja *subscriptio* o narrador contribui, ao falar de forma perturbadora, usando palavras anteriores de Zaratustra como um adágio trivial: "Pois, como diz o provérbio de Zaratustra: Uma coisa é mais necessária do que outra" (ibid.). Prossegue, dizendo: "Mas os seus olhos continuaram abertos: — é que não se fartavam de ver e louvar a árvore e o amor da parreira" (ibid.). Então o que se segue é um sono com os olhos abertos, durante o qual aquele que dorme está sempre a olhar para o emblemático cenário da parreira: "E, ao adormecer, assim falou Zaratustra a seu coração: / 'Silêncio! Silêncio! O mundo não se tornou perfeito nesse instante? (...)'" (ibid.). Segue-se uma longa repetição do solilóquio, na qual não está claro se ele é conduzido já em um sonho ou enquanto adormece. Sobrevém imagens ilusórias de felicidade idílica, mas que depois desmoronam: "— Que acontece comigo? Silêncio! Sinto uma pontada — ai — no coração? No coração! Oh, despedaça-te, despedaça-te, coração, após essa felicidade, após essa pontada!" (ibid.). Zaratustra tenta acordar a si próprio. Mais uma vez o narrador prova ser um causador de problemas, os comentários do narrador são tal e qual observações de um diretor, colocadas entre parênteses: "Silêncio" — — (e aqui se estirou Zaratustra e sentiu que dormia) 'Levanta!', falou para si mesmo, 'tu, dorminhoco! Tu, que dormes ao meio-dia! [...] (Mas então ele adormeceu novamente, e sua alma o contradisse e resistiu, e deitou-se de novo) —" (ibid.). Mas depois Zaratustra se assusta quando um raio de sol lhe cai no rosto. No final ele se levanta "como se saísse de uma embriaguez desconhecida" (ibid.), enquanto o sol ainda está na vertical. O narrador se dá por satisfeito quanto a esse sussurro de felicidade e quebra a ilusão então com uma frase final, agora exageradamente clara: "Mas alguém

[40] "É uma tonalidade de sonho e conto de fadas a ser entoada" (NF-1875,6[7]; KSA 8, p. 100)

[41] Os emblemas que mostram uma árvore nodosa rodeada por uma vinha, um olmo, um louro ou um plátano são comuns, os significados podem variar, mas geralmente têm como tema o resistir à morte. Cf. Henkel e Schöne 1967, p. 263s.

poderia concluir, com razão, que Zaratustra não dormiu muito tempo" (ibid.)

Também em *A canção do sonambulo*,[42] no qual o sétimo sonho tem lugar, os comentários do narrador são particularmente intrusivos: "E o que pensais que sucedeu naquele instante?", "[...] como acreditam alguns narradores", "Há também os que contam que [...]", "Seja como tenha sido [...]" (Za 4, *A canção do sonambulo*, 1). Além disso, todos os motivos dos sonhos anteriores são aqui reunidos ou repetidos: Zaratustra está agora bêbado, "tinha o olhar apagado, sua língua balbuciava, suas pernas fraquejavam. E quem poderia imaginar que pensamentos lhe andavam então na alma?" (Za 4, *A canção do sonambulo*, 2). O seu espírito recua, por volta da meia-noite aparece a lua, um sino toca: "*Vinde! [...] vamos caminhar dentro da noite!*" (Ibid.). Então é descrito "como ri em sonho" (Za 4, *A canção do sonambulo*, 2) o sino da meia-noite.[43] Ao final, Zaratustra perguntará: "Ó homens superiores, que vos parece? Sou um adivinho? Um sonhador? Um bêbado? Um intérprete de sonhos? Um sino de meia-noite?" (Za 4, *A canção do sonambulo*, 10) Os papéis se dissolveram de uma vez por todas. É preciso, porém, prestar atenção especialmente ao seguinte: *A canção do sonâmbulo* é a canção de um sonâmbulo ou sobre um sonâmbulo? Finalmente podemos ver através da situação: "*vamos caminhar dentro da noite!", brada Zaratustra.* Ele e os homens superiores são, portanto, os sonâmbulos que não devem ser despertados, para que assim se evite sua queda. Em seguida, repica o sino da meia-noite, ameaçando acordá-lo. O que acontece? Batida por batida, o barulho chega ao ouvido daquele que dorme ("tal como este velho sino me diz, —") e é incorporado ao sonho, que forja um verso a partir de cada uma das doze batidas, ou mais precisamente, recobra de memória uma canção que apareceu pela primeira vez no final da Terceira Parte, no contexto das batidas do sino da meia-noite. Provavelmente o sonho que compôs a canção serviu, tanto aqui como lá, para evitar o despertar e manter os sonâmbulos adormecidos:

---

[42] Em 1885, Nietzsche também emprega esta imagem, para fazer troça do efeito hipotético da música de Wagner sobre os seus seguidores "histérico-eróticos", como um "andar de noite com os olhos abertos e entendimento fechado" (NF-1885,37[15]; KSA 11, p. 591).

[43] Sobre a "canção do sino da meia noite", comparar com a interpretação sutil de Werner Stegmaier (2013), que se baseia numa tendência de interpretação diferente.

Uma!
Ó homem, presta atenção!
Duas!
Que diz a meia-noite profunda?
Três!
'Eu dormia, eu dormia —,
Quatro!
De um sonho profundo acordei: —
Cinco!
O mundo é profundo,
Seis!
Mais profundo do que pensava o dia
Sete!
Profunda é sua dor —,
Oito!
O prazer — mais profundo ainda que o pesar:
Nove!
A dor diz: Passa!
Dez!
Mas todo prazer quer eternidade —,
Onze!
— quer profunda, profunda eternidade!'
Doze! (Za 3, *O outro canto da dança*, 3)

De modo correspondente, o capítulo inteiro de *A canção do sonâmbulo* divide-se em doze seções. "De um sonho profundo acordei": O despertar é, porém, justamente impedido com estes versos, – o sonambular continua e notamos que toda a quarta parte está situada neste nível narrativo. Esta quarta parte foi muitas vezes comparada a um gabinete de caretas (*Fratzenkabinett*),[44] e, de fato, multiplicam-se aqui as caretas a fitar Zaratustra, assumindo uma vida própria – como no sonho da criança com o espelho –, e assim espelhando e parodiando o próprio Zaratustra: o asno que traveste o dizer-sim (*Ja-sagen*) na forma do I-A; as personagens grotescas do mais feio dos homens, o qual, com seu insuportável estertor, ridiculariza o estertor do próprio Zaratustra, na tentativa de evocar seu pensamento mais abismal; o escrúpulo do espírito que sangra no pântano entre sanguessugas; a sombra arqui-niquilista,

[44] Cf. Pütz 1967, p. 40.

o feiticeiro mau e adivinho; os velhos reis; o papa aposentado – todos estes são, em todo caso, duplos de Zaratustra, "seus hóspedes enlouquecidos" (Za 4, *A festa do asno*, 1), que o superam, o "velhaco" (ibid.), com suas "respostas velhacas" (Za 4, *A festa do asno*, 2).[45] Toda a quarta seção é um único pesadelo – ainda assim um pesadelo tal, que parodia e traveste as doutrinas anteriores de Zaratustra e, com isso, assume formalmente o papel que os trechos oníricos anteriores tinham – os quais, assim vistos, avançam em direção ao texto como um todo e mostram, que "tudo aqui é aparência, fogo-fátuo, dança de espíritos e nada mais" (FW 54; KSA 3, p. 417) Mas isso também implica o contrário: é o espelho do sonho que a quarta parte de *Zaratustra* I-III sustenta, assim como no começo a criança o sustentava diante da figura de Zaratustra. Esta é outra indicação marcante para a posição especial da quarta parte como meta-texto poetológico.

Reiteradamente, se insinua que impressões sensoriais de fora perturbam o mundo interno do sonho – como no caso do uivo do cão, o barulho do sino, ou o raio de sol que cai sobre o rosto do adormecido, ou através do odor de pinhas[46] – o que torna reconhecível a ilusão do sonho sem porém suprimi-la. Então, quando, por exemplo, ruídos perturbadores vindos do lavatório do quarto de dormir, eles são imediatamente reinterpretados: "Mas naquele instante o ermo sem vida produziu um som: algo saía do chão, gorgolejando e estertorando como a água gorgoleja e estertora ao passar, à noite, por canos obstruídos; e afinal aquilo se tornou voz humana e fala humana — que assim soou" (Za 4, *O mais feio dos homens*) Trata-se, pois, novamente, da inserção e reinterpretação de sons que chegam ao ouvido do adormecido – ainda que, desta vez, pareça haver uma confusão entre o que o narrador ouve à noite (o gargarejo do lavatório) e as sensações dos protagonistas que sonham, provocando a impressão de que é o narrador que agora está a sonhar.

É consequente, com efeito, que todo o texto de *Zaratustra* termine com uma cena surreal. No último discurso, *O sinal*, o velho Zaratustra, claramente ainda bêbado e visivelmente confuso, ao ser "rodeado por imenso número de pássaros a enxamear e revolutear", tem uma visão

---

[45] Sobre isso Zittel 2000.

[46] Cf. "De repente, porém, assustaram-se os ouvidos de Zaratustra (...) mas seu nariz sentiu um agradável odor de incenso, como de pinhas a queimar" (Za 4, *O despertar*, 2)

com os olhos fechados, na qual alucina com um leão risonho e um bando de pombas e padece, de modo peremptório, à ilusão de que os seus "filhos" estão próximos (Za 4, *O sinal*).[47]

4. "Continue sonhando!" Os sonhos de Henrique, o verde[48] e os sonhos de Zaratustra

A história da literatura está cheia de sonhos, cuja função para o respectivo texto vale a pena ser examinada.[49] É, no entanto, um equívoco comum julgar que a função dos sonhos literários consiste primariamente em caracterizar o protagonista de uma obra. Pois os sonhos também podem contribuir para a organização da obra de arte literária e assumir funções de comentário meta-reflexivo.[50] Como pudemos ver pelos sonhos autoparodísticos de Zaratustra, é possível até mesmo derivar da estrutura dos sonhos o esquema reflexivo da organização do texto.[51] Portanto, é insuficiente afirmar – como faz Bennholdt-Thomsen – que os sonhos em *Zaratustra* funcionaram "como um meio de colocar Zaratustra na esteira do pensamento do Retorno, pensamento este destinado a ser compreendido por Zaratustra, mas que ele receia pensar e falar".[52] Ainda menos viabilizam os "sonhos de medo [...] o estágio de

[47] Acerca das alucinações, Cf. NF-1888,14[118] (KSA 13, p. 295).

[48] Título original *Der grüne Heinrich*, romance parcialmente autobiográfico do autor suíço Gottfried Keller, publicado pela primeira vez em 1855 e extensamente revisado em 1879 (N.E.).

[49] Nas investigações mais amplas, efetuadas pela ciência da literatura, acerca dos sonhos literários, Nietzsche não aparece na maioria das vezes, como no caso de Alt 2002.

[50] Cf. dazu z.B. Wagner-Egelhaaf 1983 e Petersen 1998.

[51] Os estudos mais reveladores a este respeito provêm, sobretudo, da pena de Dorrit Cohn (1980 e 1989). Interessantes no que diz respeito à ressonância da poética dos sonhos de Nietzsche são os estudos de Luca Crescenzi (2011 e 2012).

[52] Bennholdt-Thomsen 2001, p. 56 também enfatiza que os sonhos permanecem opacos para Zaratustra, ainda assim servindo, apesar da sua impenetrabilidade, para o "processo de aprendizagem [...] de modo que ele deve pedir aos seus discípulos que resolvam a sua enigmaticidade". A intenção de tais sonhos filosóficos, ao contrário dos sonhos da literatura, seria "que o sonhador aprenda a compreendê-los e a traduzi-los em discurso filosófico". Isto está em contradição direta com o texto, uma vez que não se pede aos discípulos um tal serviço hermenêutico, mas apenas ajuda para adivinhar um significado (Za, *Dos grandes acontecimentos*). A interpretação que um discípulo dá então precipitadamente é então rejeitada por Zaratustra, como comenta o narrador: "Em seguida, porém, olhou longamente no rosto do discípulo que havia interpretado o sonho, e nisso balançava a cabeça. —" (Za 2, *O adivinho*) Zaratustra nunca conseguirá deixar para trás a linguagem figurada do sonho em favor do discurso filosófico.

seu processo de conhecimento", tal como Bennholdt-Thomsen gostaria de nos tranquilizar.[53] Em vez de Zaratustra estar preparado para um papel, seus papéis são dissolvidos. Os sonhos potencializam o sobressalto – ao invés de confortar, eles perpetuam a ilusão.

Devemos a Bennholdt-Thomsen, no entanto, a indicação de mais fontes em Jean Paul[54] para passagens dos sonhos de *Zaratustra*. Ela se refere *en passant* – e até agora foi a única a fazê-lo – a outro sonho da história literária, que aos seus olhos apresenta um padrão análogo na combinação entre "literatura, memória e reminiscências do dia":[55] os sonhos em *Henrique, o verde*, de Keller.[56] Em termos da poética dos sonhos, ela tem nas mãos um tesouro cujo significado ela julga mal ou esconde: uma camada pré-textual (*Prätext*) que tem sido até agora negligenciada pela pesquisa, em suas peculiaridades formais, gama de motivos e, sobretudo, em sua função de comentário autoparodístico – aspecto em relação ao qual ela possui espantosos paralelos com os sonhos de *Zaratustra*, especialmente com aqueles de *Da visão e enigma*. Pois também aqui o sonho é um meio autoreflexão poética.

Também em *Henrique, o verde*, o sonho é precedido, por sua vez, por um abalo mental do protagonista, abalo este tecido na fantasia do sonho, da mesma forma que as impressões sensoriais externas o são. Também aqui, as causalidades são inventadas em retrospecto e refletidas no próprio sonho. Na segunda versão do romance, o sonho é até mesmo intitulado com a divisa de Nietzsche – "Continue sonhando" (*Weiterträumen*).[57] Em maio de 1881, Nietzsche começou a ler, junto de Köselitz, a segunda versão de *Henrique, o verde*, que tinha aparecido em quatro volumes em 1879-80. Antes disso, ele havia pedido a Overbeck que lhe enviasse o "novo *Henrique*" (Carta a Overbeck, BVN-1881,108; KSA 6, p. 87), com o qual ele estava manifestamente entusiasmado.[58]

---

[53] Bennholdt-Thomsen 2001, p. 74.

[54] Sobre Jean Paul ver também Binswanger 1928; Becker 1991; Henning 1995; Schmidt-Hannisa 2000/2001; Unger 1996; Béguin 1972.

[55] Bennholdt-Thomsen 2001, p. 73.

[56] Acerca desses sonhos ver Fischer 1908; Wagner-Egelhaaf 1997; Gidion 2006.

[57] Keller 1996, v. 3. Essa correlação já foi notada por Wolfram Groddeck (2008, 6s e 2009), sem que ela fosse, porém, mais investigada. A transição do sonho à lírica é igualmente um ponto de comparação que valeria a pena examinar em *Zaratustra*.

[58] Inicialmente, ele solicitou a continuação para agosto (Carta a Overbeck, BVN-1881,111; KSA 6, p. 90). Em 20/21 de agosto, contudo, solicitou a Overbeck que enviasse a 2ª parte ao Köselitz (Carta a Overbeck, BVN-1881,139 KSA 6, p. 117).

A primeira versão do ano 1854-55 deve ter sido especialmente familiar a Nietzsche, porque, curiosamente, Elisabeth relata que Nietzsche lhe dera seu exemplar, junto com *Gente de Seldwyla*[59] de Keller, *Veranico*[60] de Stifter e *Histórias do ocidente*[61] de Bret Harte, na ocasião de sua partida para a missão de colonização no Paraguai, onde o mesmo teria se perdido.[62] Na primeira versão de *Henrique, o verde* as passagens oníricas são mais longas e são encontradas bem à frente no romance, no capítulo 7 do quarto livro.

Neste capítulo, um sonho é relatado ao longo de vinte páginas[63] e com ele "um mundo de sonhos criativo é trazido à vida",[64] cuja produtividade transforma repetidamente a prosa e as conversas oníricas em lirismo e canto. No sonho, primeiro se sonha com a almejada viagem para casa de Heinrich, que ele percorre através de uma passarela de madeira sobre a copa das árvores. Heinrich chega então a uma cidade com torres, para a qual cavalga, montado em uma raposa dourada, ao longo de caminhos mortíferos a beira de precipícios. Eles chegam a uma ponte com um salão de pontes (*Brückenhalle*) pintado com afrescos. Aqui Heinrich se enreda em uma impressionante disputa *autoparódica* com o seu cavalo erudito (*gelehrt*). A raposa dourada lhe ensina que o sonho que ele agora sonha e sua própria existência de cavalo só surgiu porque Heinrich incorporou rapidamente um evento externo ao sonho. O cavalo reflete sobre a aparência e o sonho, a dissolução de opostos e o desaparecimento de identidades, sobre o momento e a eternidade; encontramos várias refracções reflexivas (*Reflexionsbrechung*) e já conhecidos motivos de *Zaratustra*, de tal modo que somos levados a acreditar que há aí uma camada pré-textual tão importante quanto os textos de sonho de Jean-Paul:

> Mas a entrada e saída da ponte estavam abertas e desprotegidas e, à medida em que o trem passava continuamente por cima dela, a troca entre a vida pintada e a vida real acontecia incessantemente, e tudo

[59] Título original: *Leuten von Seldwyla* (N.T.).
[60] Título original: *Nachsommer* (N.T.).
[61] Título original: *Westerngeschichten* (N.T.).
[62] Cf. dazu Förster-Nietzsche 1900, p. 452; Campioni 2003, p. 33. Curiosamente, este detalhe escapou a Groddeck e Morgenthaler (1994) em um artigo de resto excelente.
[63] Keller 1985, v. 2.
[64] Idem., p. 760.

era imperceptivelmente renovado a cada momento e, no entanto, permanecia o mesmo – passado, presente e futuro pareciam ser apenas uma única coisa nesta ponte maravilhosamente vivificada. 'Agora gostaria de saber', disse Heinrich a si mesmo, enquanto olhava tudo com muita atenção, 'o que é esta coisa animada e engraçada aqui!' O cavalo retrucou imediatamente: 'A isto chama-se identidade da nação!' 'Céus!' gritou o seu cavaleiro, 'você é um cavalo muito culto! A aveia deve realmente picar-te![65] Onde é que adquiriu esta opinião erudita?'. 'Agora diz-me, sábio Salomão', começou de novo depois de algum tempo, 'é realmente a ponte ou é o povo e, então, é a identidade que está sobre ela? Ou qual dos dois é que tu chamas assim? Juntos eles são identidade", disse o cavalo. 'A Nação?' perguntou Heinrich. 'Para o diabo, a Nação, é claro', disse a raposa dourada. 'Bem, o que está correndo através dela afinal – a nação, a ponte ou o povo?' disse Heinrich. [...] 'Saiba', respondeu o cavalo, espalhando-se de quatro em quatro e olhando profundamente para o chão, 'saiba, quem pode responder a esta delicada questão e pode resolver a contradição sem eliminar a aparente oposição é um mestre neste país e colabora com a identidade mesma. Se eu soubesse bem formular a resposta correta, que penso estar a correr na minha boca, não seria um cavalo, mas já estaria aqui pintado na parede há muito tempo. A propósito, lembrai que sou apenas um cavalo com que sonhaste e que toda a nossa conversa é uma criação subjetiva e uma especulação de teu próprio cérebro, a qual tu, desde o absurdo, trouxesses através do Reno. Portanto, demais questões só tu mesmo podes responder a ti próprio'! 'Ah! besta teimosa!' gritou Heinrich em cólera antropológica e flanqueando intensamente o cavalo com as esporas, 'mais e mais, ingrato (undankbarer Klepper), tu és obrigado a falar e a responder-me, pois tenho de produzi-lo a partir do meu sangue tão azedo, alimentando e sustentando este sonho durante muito tempo!' 'Mas ele também tem aí o seu direito!' respondeu o cavalo, com muita calma. 'Toda esta conversa, todo a nossa digna familiaridade em geral, é o trabalho e a duração de apenas dois segundos, e mal custa um sopro do teu honroso corpo.' 'O quê, dois segundos?" chamou Heinrich e interrompeu o belo animal dourado, 'não é pelo menos uma hora que andamos nesta ponte interminável e olhamos à nossa volta em meio ao tumulto?'[66]

No sonho, o cavalo tenta, pois, demonstrar ao confuso Heinrich que o sonho com a conversação morosa, que ele tem já há muito tempo, surgiu em apenas dois segundos. O que esclarece que o sonho só aparece

[65] "*Der Hafer muß dich wirklich stechen!*", expressão que significa: "ter grande impulso para a ação" (N.T.).
[66] Idem., pp. 771–773 (grifo nosso).

porque os pensamentos de Heinrich foram dirigidos a um cavalo através de um ruído aleatório, realmente ouvido, o qual seu sonho traduz, da mesma forma, em uma imagem visual. Mas agora também se deve prestar atenção a outro efeito meta-poético, acionado através da ligação entre batida dos cascos do cavalo e a invenção poética (*erdichten*) – a alusão ao topos clássico de Pégaso, o corcel do poeta, que, com o golpe de um casco, faz fluir Hipocrene sobre o Monte Hélicon, a nascente cujas águas infundiam inspiração aos poetas:

> 'É só um segundo', disse o cavalo, 'que um guarda noturno montado dobrou a esquina da rua, e um único casco renovou em si a minha aparição, que foi causado quando há meia hora atrás o mesmo guarda noturno veio do caminho oposto. Este mínimo de tempo é também um e o mesmo mínimo de espaço, em suma, a idêntica pequeneza do seu crânio pressionado na almofada, na qual se espalham ao mesmo tempo uma área tão vasta e mil coisas vivas e distintas, e, é certo, tudo à custa do único casco que, no entanto, deve ser considerado apenas como um golpe de martelo comum, que serve apenas para abrir o baú do seu próprio ser, em que tudo já está bem enfiado, o que –' 'Pelo amor de Deus! gritou Heinrich, 'não percas mais o precioso tempo do casco com as tuas querelas, senão o momento demasiado breve acabará antes de eu estar em paz sobre esta bela ponte!' 'Não há pressa! Tudo o que temos de experimentar e aprender agora insere-se completamente na medida do poderoso pontapé do cavalo, e quando o muito bem pensante compositor de salmos gritou ao Senhor seu Deus: 'Mil anos estão diante de ti como um momento', esta hipótese bem fundamentada lida por detrás é uma e a mesma verdade: Um momento é como mil anos! Poderíamos ver e ouvir mil vezes mais durante este casco, se ao menos tivéssemos em nós o que é preciso, meu caro! Mas tudo o que é urgente ou vacilante não vai ajudar, tudo tem a sua cômoda realização, e nós podemos gastar muito lentamente o tempo com o nosso sonho, ele é o que é, e dura uma batida e não menos', disse o cavalo. [67]

A raposa dourada torna-se, então, melancólica com estas reflexões, e faz perguntas abissais a Heinrich:

> 'És, então, algo como um filósofo agora, enquanto te sonhas primeiramente um cavalo, para deixar-te responder pela mesma

[67] Idem., p. 773.

> pergunta, a qual podes mais fácil e diretamente responder a partir de ti mesmo? Terá a tua mente sonhadora de formar primeiro um cavalo, pô-lo sobre quatro patas e montá-lo, para então ouvir o oráculo da boca desta criatura?' Heinrich sorriu alegremente e satisfeito consigo próprio, como alguém que sabe que engana a si próprio, e mudou a direção da conversa: "Responda! Vejo aqui uma ponte [...] No entanto, tudo nesta ponte parece viver e tecer, como se nada senão essa ponte lá estivesse, e agora estou ansioso por saber se esta imponente vida de ponte é realmente uma passagem, como convém a uma ponte, ou uma meta, [...] um fim ou um meio? Um mero meio de ligação ou uma unidade que repousa em si? Uma saída ou uma entrada, um início ou um fim? Um A ou um O? Isto me faz pensar![68]

Poder-se-ia citar ainda muitas mais passagens deste sonho, que preludiam passagens de *Zaratustra* – eu contento-me em saltar para o fim: no sonho, Heinrich finalmente chega em casa, momento em que o sonho sofre uma reviravolta ruim, pois bem quando ele pensa ver novamente sua mãe em seu esplendor de juventude, ele leva um susto devido a uma briga – "*porque lá embaixo estava o moço de sua juventude, que caiu da torre, aquele hostil Meierlein, que espalhava com uma vara os belos pertences de Heinrich.* Mas como ele estava em baixo, eles agarraram no cabelo um do outro e brigaram impiedosamente".[69] Depois da luta, não restou nada do belo sonho de Henry, "ele caminhou e caminhou sem descanso e com muito esforço, sem olhar à sua volta, e quando ele acordou em sua verdadeira miséria, uma pedra caiu do seu coração, e ele estava tão alegre, como se o dia mais feliz o cumprimentasse".[70] A consciência culpada de Heinrich vem à tona com a memória de Meierlein, que caiu de uma torre para a morte e que, uma vez, culpara Heinrich pela sua miséria. Tal como Zaratustra depois da queda mortal do equilibrista, tudo o que resta a Heinrich é vaguear sem descanso.

Se pararmos aqui para recolher alguns dos motivos de sonho que aparecem de forma semelhante tanto em Keller como em Nietzsche, o pressuposto de que o sonho do "*Henrique verde*" é uma camada pré-textual de Zaratustra torna-se convincente. Em ambos os casos, os sonhos

---

[68] Idem., pp. 773–777.
[69] Idem., p. 780 (grifo nosso).
[70] Idem., p. 781.

são sempre acompanhados pela incerteza do que é sonho e do que é realidade, do que é estado de vigília e estado de sono. Especialmente no capítulo *Da visão e enigma* também encontramos paralelos no conteúdo e estrutura: duplicidade entre a ponte e a passagem do portal, um arco redondo pela qual se estende uma ruela, e ligado a isso uma conversa sobre a identidade entre instante e eternidade ("Mil anos são um instante"), realizada como um duelo, aqui com o cavalo, lá com um anão. Os adversários em disputa em cada um dos sonhos são confrontados com palavras semelhantes (Heinrich: "Ah! Sua besta teimosa" – Zaratustra: "Alto lá, anão!", falei. "Eu, ou tu! Mas eu sou o mais forte de nós dois —: tu não conheces meu pensamento abismal! *Esse* — não poderias suportar!"; Za 3, *Da visão e enigma*). O anão monta em Zaratustra, Heinrich monta à beira do precipício na raposa dourada, o casco e o impulso para o poetar são articulados, os sons são traduzidos em imagens, as causalidades são posteriormente inventadas e refletidas, as identidades são questionadas, as "aparentes contradições" são dissolvidas: A ponte é uma travessia ou um destino? O homem é uma corda ou anda sobre a corda? "Grande, no homem, é ser ele uma ponte e não um objetivo: o que pode ser amado, no homem, é ser ele uma *passagem* e um *declínio*" (Za 1, *Prólogo de Zaratustra*, 4), "— que o homem é uma ponte e não um fim" (Za 3, *Das velhas e novas tábuas*, 3). Até mesmo a alusão autoreferencial de Keller a Pégaso, o corcel do poeta, como uma paródia do fazer artístico por excelência, é encontrada várias vezes em *Zaratustra*, onde a equitação e poetar se tornam um: "Aqui todas as coisas vêm afagantes ao encontro da tua palavra, e te lisonjeiam: pois querem cavalgar no teu dorso. Em cada símbolo cavalgas aqui até cada verdade" (Za 3, *Do regresso*), As coisas cavalgam nas costas de Zaratustra e ele cavalga nas parábolas, como o diabo com um pé de cavalo: "Minha mão — é uma mão de tolo: (...) Meu pé — é um pé de cavalo; com ele troto e galopo à rédea solta, para lá e para cá, alegre como o Diabo de tanto correr" (Za 3, *Do espírito de gravidade*, 1).[71]

Com a ajuda dos sonhos o herói é tão pouco sintonizado com o seu papel em *Henrique, o verde* quanto em *Assim Falou Zaratustra*. Pois,

[71] Cf. também: "Mas subiste a cavalo? Agora cavalgas veloz para a tua meta? Muito bem, meu amigo! Mas teu pé aleijado também está montado!/ Quando chegares a tua meta, quando saltares do teu cavalo: precisamente em *tua* altura, ó homem superior — então tropeçarás!" (Za 4, *Do homem superior*, 10)

de maneira alguma, preparam os sonhos de Heinrich o seu regresso bem-sucedido à casa, tampouco eles caracterizam um herói acometido por má consciência por não visitar sua mãe há muitos anos. Estes sonhos são os de um artista fracassado. O que faltava a Heinrich em capacidade artística, irrompe em seus sonhos, mas não no sentido de uma realização de desejos, senão como uma imaginação que transborda criativamente, ferindo todas as regras e convenções estéticas, permitindo-se assim complexas quebras autoreflexivas da ilusão. Estes sonhos parodiam o fazer artístico de Heinrich de forma cruel: a zombaria de si mesmo no sonho – aqui nos lembramos desta figura nietzscheana de pensamento, a dança autoparodística do espírito enquanto possibilidade de perpetuar as ilusões da vida. Nesta sua característica formal, a saber, a de ser um meio de autoreflexão poética, os sonhos autoparodísticos de *Henrique, o verde* são um modelo para os sonhos de adivinhação paradoxal do poeta-tolo mentiroso Zaratustra. O que, portanto, fascinou Nietzsche no *Henrique, o verde* foi precisamente a estreita ligação entre a paródia e a seriedade. Em uma carta para Overbeck do ano 1881, ele confessou: "O *Henrique* é, para o meu (basicamente patético) estado, um pouco em miniatura e colorido demais: mas é um modelo de poesia e maldade (*Schelmerei*), talvez até de seriedade" (Carta a Overbeck, BVN-1881,123, KSA 6, p. 101).

Referências

ALT, Peter-André. *Der Schlaf der Vernunft*. Literatur und Traum in der Kulturgeschichte der Neuzeit. München: C. H. Beck, 2002.

ALTENHOFER, Norbert. Harzreise in die Zeit. Zum Funktionszusammenhang von Traum, Witz und Zensur in Heines früher Prosa. In: ALTENHOFER, Norbert. *Die verlorene Augensprache*. Frankfurt/M: Insel, 1993.

BECKER, Claudia. Der Traum der Apokalypse – die Apokalypse ein Traum? Eschatologie und/oder Ästhetik im Ausgang von Jean Pauls "Rede des toten Christus". In: KAISER, Gerhard R. (org.). *Poesie der Apokalypse*. Würzburg: Könnigshausen & Neumann, 1991, pp. 129–144.

BÉGUIN, Albert. *Traumwelt und Romantik*. Versuch über die romantische Seele in Deutschland und in der Dichtung Frankreichs. Bern/München: de Gruyter, 1972.

BEHAGEL, Otto. *Bewusstes und Unbewusstes im dichterischen Schaffen*. Leipzig: 1907.

BENNE, Christian. Natur und Natürlichkeit. Eine Lektüre von Friedrich Nietzsches "Wir Künstler!" (Fröhliche Wissenschaft 59). In: PAULSEN, Adam e SANDBERG, Anna (org.). *Natur und Moderne um 1900*. Räume – Repräsentationen – Medien. Bielefeld: Transcript Verlag, 2013. pp. 237–246.

BENNHOLDT-THOMSEN, Anke. Träume und Visionen als Erkenntnis- und Darstellungsmittel in "Also sprach Zarathustra". In: VILLWOCK, Peter (org.). Nietzsches "Also sprach Zarathustra". 20. Silser Nietzsche-Kolloquium 2000, (Beiträge zu Friedrich Nietzsche; v. 6). Basel: Schabe, 2001, pp. 55–75.

BINSWANGER, Ludwig. *Wandlungen in der Auffassung und Deutung des Traumes*. Von den Griechen bis zur Gegenwart. Berlin: Julius Springer, 1928.

BIRUS, Hendrik. Apokalypse der Apokalypsen. Nietzsches Versuch einer Dekonstruktion aller Eschatologie. In: STIERLE, Karlheinz; WARNING, Rainer (org.). *Das Ende*. Figuren einer Denkform. Munique: Wilhelm Fink Verlag, 1996. pp. 32–58.

CAMPIONI, Giuliano. *Nietzsches persönliche Bibliothek*. Berlin: de Gruyter, 2003.

COHN, Dorrit. "Als Traum erzählt": The Case for a Freudian Reading of Hofmannsthal's "Märchen der 672. Nacht". *DVjS*, v. 54, 1980. pp. 284–305.

______. "Ein eigentlich träumerischer Doppelsinn". Telling timelessness in "Der Zauberberg". *Germanisch-Romanische Monatsschrift*, v. 44, 1994. pp. 425–439.

______. Wilhelm Meister's dream: reading Goethe with Freud. *German Quarterly*, v. 62, 1989. pp. 459–472.

CRESCENZI, Luca. Traummystik und Romantik. Eine Vision im "Zauberberg". *Thomas Mann-Jahrbuch*, v. 24, 2011. pp. 105–118.

______. Wer ist der Erzähler des Zauberberg? Und was weiß er eigentlich von Hans Castorp? In: GUTJAHR, Ortrud (org.).

Freiburger literaturpsychologische Gespräche; Jahrbuch für Literatur und Psychoanalyse, v. 31: Thomas Mann. Würzburg: Königshausen & Neumann, 2012. pp. 167–182.

DELLINGER, Jakob. Erträumt, ersungen und erdichtet? Zur Irritation des Motivs der affirmativen Erlösung in "Also sprach Zarathustra". *Nietzscheforschung*, v. 18, 2011, pp. 155–166.

DUHAMEL, Roland. *Nietzsches Zarathustra, Mystiker des Nihilismus*: eine Interpretation von Friedrich Nietzsches "Also sprach Zarathustra". Würzburg: Königshausen & Neumann, 1991.

HENKEL, Arthur; SCHÖNE, Albrecht (org.). *Emblemata*. Handbuch zur Sinnbildkunst des XVI. und XVII. Jahrhunderts. Stuttgart: Springer, 1967.

FASIO, Domenico. Cosí sognò Zarathustra. *Psychofenia*. Ricerca ed Analisi Psicologica, v. II/3, 1999, pp. 101–124.

FISCHER, Otokar. Die Träume des "Grünen Heinrich". In: KRAUS, Carl von; SAUER, August (org.). *Prager Deutsche Studien (1908)*. Whitefish: Kessinger, 2008, pp. 289–344.

FISCHER, Otokar. Eine psychologische Grundlage des Wiederkunftsgedankens. Bemerkungen über den literarischen Wert der "fausse reconnaissance". *Zeitschrift für allgemeine Psychologie*, v. 1911, pp. 487–515.

FÖRSTER-NIETZSCHE, Elisabeth. Nietzsches Bibliothek. In: BERTHOLD, Arthur (org.). *Bücher und Wege zu Büchern*. Berlin/ Stuttgart: W. Spemann, 1900.

FREUD, Sigmund. "Autobiografia". In: *Obras completas* – v. 16 (O eu e o id, "Autobiografia" e outros textos – 1923-1925). Trad. Paulo César de Souza. São Paulo: Companhia das Letras, 2011.

FREUD, Sigmund. Traumdeutung. In: Freud-Studienausgabe. Alexander Mitscherlich et al (Ed.). Frankfurt/Main: Fischer, 1975, 3. korrig. Aufl. v. 2.

GIDION, Heidi. *Phantastische Nächte*. Traumerfahrungen in Poesie und Prosa. Göttingen: Vandenhoeck & Ruprecht, 2006.

GRODDECK, Wolfram; MORGENTHALER, Walter. Nietzsches Begegnung mit Gottfried Keller. Dokumente und Lektüren. In: . BAERLOCHER, N.; BIRCHER, M. (org.). *Nietzsche und die Schweiz*. Zürich: Offizin Zürich Verlag, 1994, pp. 102–121.

______. "Traumcomposition" – Erzählung, Verdichtung, Gedicht. In: *Der Grüne Heinrich*. Gottfried Kellers Lebensbuch neu gelesen. Wolfram Groddeck (org.). Zürich: Chronos, 2009.

______. *Traumwelten in Gottfried Kellers Roman Der grüne Heinrich*. Mitteilungen der Gottfried-Keller-Gesellschaft. Zürich: 2008, pp. 5–21.

HEBBEL, Friedrich. *Briefwechsel 1829-1863*. Historisch-kritische Ausgabe in fünf Bänden [Wesselburener Ausgabe]. org. por Otfried Ehrismann, Henry Gerlach, Günter Häntzschel, Hermann Knebel e Hargen Thomsen. Munique: 1999.

HEBBEL, Friedrich. *Tagebücher*. 3 v. org. por Karl Pörnbacher. Munique: DTV, 1984, v. 2.

HEINE, Heinrich. *"Französische Maler"*. Historisch-kritische Gesamtausgabe der Werke, v. XII/I. org. por Manfred Windfuhr. Hamburg: Hoffmann und Campe, 1980, pp. 9–62.

______. *Reisebilder, Erzählende Prosa, Aufsätze*. Werke, v. 2, Wolfgang Preisendanz (org.). Frankfurt/M: Insel, 1968.

HENNING, Gerda. *Traumwelten im Spiegel der Dichtung*. Jean Paul, Dostojewski, Nerval, Strindberg. Frankfurt am Main: Fischer, 1995.

HIGGINS, Kathleen. *"Reading 'Zarathustra'"*. In: SOLOMON, Robert C.; HIGGINS, Kathleen. *Reading Nietzsche*. New York/Oxford: Oxford University Press, 1988, pp. 132–151.

JEAN PAUL. *Werke in zwölf Bänden*. Ed. por Norbert Miller. Munique: Carl Hanser, 1975.

KELLER, Gottfried. *Der grüne Heinrich*. Erste Fassung. In: Sämtliche Werke. v. 2. Thomas Böning & Gerhard Kaiser (org.). Frankfurt am Main: Deutscher Klassiker Verlag, 1985, pp. 760–783.

______. *Der grüne Heinrich*. Zweite Fassung. In: Sämtliche Werke. v. 3. Peter Villwock (org.). Frankfurt am Main: Deutscher Klassiker Verlag, 1996.

LISMANN, Christina M. Zarathustras Träume und Visionen. In: SCHIRRMER, Andreas; SCHMIDT, Rüdiger (org.). *Entdecken und Verraten*. Weimar: Verlag Hermann Böhlaus, 1999, pp. 250–254.

MICHELSEN, Peter. *Friedrich Hebbels Tagebücher*. Eine Analyse. Würzburg: Königshausen & Neumann, 1995.

NAUMANN, Gustav. Zarathustra-Commentar. v. I-IV. Leipzig: 1899-1901, v. II, p. 132s. In: LAMPERT, Laurence. *Nietzsche's Teaching*. An Interpretation of "Thus spoke Zarathustra". New Haven/ London: Yale University Press, 1986, pp. 135–140.

NIELSEN, Cathrin. "Erinnerung bei Schopenhauer". *PSYCHOLOGIK*. Jahrbuch für Psychotherapie, Philosophie und Kultur, v. 7: Erinnern und Vergessen. org. por Rolf Kühn, Jann E. Schlimme, e Karl Heinz Witte. Freiburg im Breisgau: 2012, pp. 27–42.

NIETZSCHE, F. *Além do bem e do mal: prelúdio a uma filosofia do futuro*. Tradução, notas e posfácio de Paulo César de Souza. São Paulo: Companhia das Letras, 2005.

______. *A Gaia ciência*. Trad. Paulo César de Souza. São Paulo: Companhia das Letras, 2001.

______. *A Visão Dionisíaca do Mundo e outros textos da juventude*. Trad. Marcos Sinésio de Souza, revista por Marcos Antonio Casanova. São Paulo: Martins Fontes, 2005.

______. *Assim Falou Zaratustra*. Tradução, notas e posfácio de Paulo César de Souza. São Paulo: Companhia das Letras, 2011.

______. *Considerações extemporâneas*. In: Nietzsche, Friedrich. Obras incompletas. Coleção Os Pensadores: seleção de textos de Gérard Lebrun. Tradução e notas de Rubens Rodrigues Torres Filho. São Paulo: Editora Nova Cultural, 1999.

______. *Die Geburt der Tragödie aus dem Geiste der Musik*. Leipzig: 1872.

______. *Genealogia da moral: uma polêmica*. Tradução, notas e posfácio de Paulo César de Souza. São Paulo: Companhia das Letras, 1998.

ÖHLSCHLÄGER, Claudia. "Kunstgriffe" oder Poiesis der Mortifikation. Zur Aporie des "erfüllten" Augenblicks in Goethes "Wahlverwandschaften". In: BRANDSTETTER, Gabriele (org.). *Erzählen und Wissen*: Paradigmen und Aporien ihrer Inszenierungen in Goethes "Wahlverwandschaften". Freiburg im Breisgau: Rombach, 2003, pp. 187–205, p. 14.

PETERSEN, Jürgen H. Phantasien und Träume literarischer Figuren als Selbstinterpretation literarischer Texte. In: DIETERLE, Bernard (org.). *Träumungen*: Traumerzählung in Film und Literatur. Sankt Augustin: Gardez, 1998. pp. 167–182.

PUTZ, Peter. *Nietzsche*. Stuttgart: J. B. Metzlersche Verlagsbuchhandlung, 1967.

ROSEN, Stanley. *Limits of Analysis*. New York: Basic Books 1980.

______. *The Mask of Enlightenment.* Nietzsche's Zarathustra. Cambridge University Press: 1995.

SCHLIMGEN, Erwin. *Nietzsches Theorie des Bewusstseins.* Berlin/New York: de Gruyter, 1998.

SCHMIDT-HANNISA, Hans-Walter. "Der Traum ist unwillkürliche Dichtkunst". Traumtheorien und Traumaufzeichnung bei Jean Paul. *Jean-Paul-Gesellschaft Jahrbuch*, v. 35/36, 2000/2001. pp. 93–113.

SCHNEIDER, Sabine; PFOTENHAUER, Helmut. *"Nicht völlig Wachen und nicht ganz im Traum"*: Die Halbschlafbilder in der Literatur. Würzburg: Königshausen & Neumann, 2006.

SCHOPENHAUER, Arthur. *Versuch über das Geistersehen.* In: Arthur Schopenhauer's Sämmtliche Werke. org. por Julius Frauenstädt. 2. Aufl. Leipzig: 1908.

SHAPIRO, Gary. *Nietzschean Narratives.* Indiana: Indiana University Press, 1989.

STEGMAIER, Werner. "Oh Mensch! Gieb Acht!" Kontextuelle Interpretation des Mitternachts-Lieds aus "Also sprach Zarathustra". *Nietzsche-Studien*, v. 42, 2013, pp. 85–115.

TEMPIAN, Monica. *"Ein Traum, gar seltsam schauerlich…"*: Romantikerbschaft und Experimentalpsychologie in der Traumdichtung Heinrich Heines. Göttingen: Wallstein, 2005.

TREIBER, Hubert. Zur "Logik des Traums" bei Nietzsche. Anmerkungen zu den Traumaphorismen aus MA. *Nietzsche-Studien*, v. 23, 1994, pp. 1–41.

UNGEHEUER, Gerold. Nietzsche über Sprache und Sprechen, über Wahrheit und Traum. *Nietzsche-Studien*, v. 12, 1983, pp. 134–213.

UNGER, Christoph. *Die ästhetische Phantasie*. Begriffsgeschichte, Diskurs, Funktion, Transformation. Studien zur Poetologie Jean Pauls und Johann Wolfgang Goethes. Frankfurt am Main: Peter Lang, 1996.

VISCHER, Friedrich Theodor. *Aesthetik oder Wissenschaft des Schönen.* I Abt. III Theil. Reutlingen: 1847.

WAGNER-EGELHAAF, Martina. "Ein Traum, gar seltsam schauerlich…". Heines Traumbilder als Medium poetischer Selbstreflexion. *Heine-Jahrbuch*, v. 22, 1983, pp. 179–187.

______. *Traum – Text – Kultur.* Zur literarischen Anthropologie des Traumes. In: NEUMANN, Gerhard (org.). Poststrukturalismus. Herausforderung an die Literaturwissenschaft. Stuttgart/Weimar: J. B. Metzler, 1997, pp. 123–144.

WAGNER, Richard. *Beethoven.* Leipzig: 1870.

ZITTEL, Claus. *Das ästhetische Kalkül von Friedrich Nietzsches "Also sprach Zarathustra".* Würzburg: Könnigshausen & Neumann, 2000.

III. Éticas esteticamente fundadas e a filosofia de Nietzsche[1]

De fabulações sobre a "unidade", a "alma", a "pessoa", [disso] nós nos proibimos por ora
(NF-1885,37[4], KSA 11)

O confesso nietzscheano Michel Foucault formulou de modo pregnante, em uma de suas entrevistas tardias, o seguinte: "Do pensamento de que o si-próprio (*Selbst*) não nos é dado, uma consequência prática, a meu ver, pode ser extraída: nós temos que nos justificar (*begründen*), nos constituir (*herstellen*), nos organizar (*anordnen*)".[2]

Foucault não estava só nessa exigência de um estético dar-se-a-si-mesmo-uma-forma *(einer ästhetischen Selbstgestaltung)*: com direto apelo a Nietzsche, foram apresentadas desde a década de 70, em diversos âmbitos, concepções para uma ética do indivíduo sob o título de uma "filosofia da arte de viver *(Philosophie der Lebenskunst)*", de uma "estética da existência", de uma ética do "dar-se-a-si-mesmo-uma-forma" (Foucault,[3] Nehamas, MacIntyre, Gerhardt, Schmid, Nussbaum), e

[1] Este texto foi originalmente publicado em: *Nietzsche-Studien v.* 32, 2003, pp. 103-123. Agradeço a Bettina Hartmann, Martin Saar e Werner Stegmaier pelas críticas a uma primeira versão do meu texto. [Capítulo traduzido por André Luis Muniz Garcia].

[2] Foucault 1984.

[3] Cf. Foucault 1990, p. 18. No entanto, Wolfgang Detel chega ao resultado, em seu *Macht, Moral, Wissen: Foucault und die klassische Antike* (1998, *passim*, que Foucault subestima o significado da dimensão estética para uma boa conduta da vida (ver p. 78 e 275). Pierre Hadot (1991, p. 225), referindo-se a esse estudo sobre a ética antiga em Foucault, dá, em resposta, um passo adiante e reconhece na interpretação esteticizante de Foucault da ética antiga um mal-entendido modernista. Contrariamente às intenções de Foucault, a ética estoica não está centrada [na figura de um] si-próprio *(Selbst)*, nem há nela liberdade de escolha pessoal, algo sugerido por Foucault, entre diferenciados modos de descrição de si próprio *(verschiedenen Selbstbeschreibungen)* como fundamento de um deliberado dar-se-a-si-mesmo-uma-forma *(willentlichen Selbstgestalgungen)*. "Na realidade, a escolha pessoal encontra-se no contrário, na adesão a uma forma de vida definida, seja ao estoicismo ou ao

até mesmo de uma [ética da] "invenção de si *(Selbsterfidung)*" (Rorty), as quais associam, de diferentes maneiras, estética e ética.

Minhas considerações miram, a seguir, isto: elucidar algumas substanciais dificuldades que se apresentam nessas tentativas de associar ética e estética, por um lado, ante o pano de fundo da psicologia de Nietzsche e, por outro, com relação à compreensão da arte, algo que fundamentaria implicitamente tais tentativas.

Na exposição de elementos da psicologia de Nietzsche, em especial em sua crítica ao conceito tradicional de consciência,[4] não reivindico de modo algum originalidade na interpretação. Gostaria tão só de confrontar essas conhecidas posições com diferentes programas da arte de viver *(Lebenskunst)*, a fim de indagar seus fundamentos nos textos do próprio Nietzsche. Nesse contexto, esboçarei, além disso, diferenças iniciais quanto à forma dos conceitos ética e estética, com o intuito de mostrar que éticas dificilmente, ou quase nunca, se deixam fundir esteticamente (de todo modo, apenas marginalmente quando se apela a Nietzsche e por motivos que precisam ser diferenciados). Aliás: a representação clássica dos termos *Form* e *Gestaltung*, que fundamentam as éticas da arte de viver *(Ethiken der Lebenskunst)*, são, na minha hipótese, questionadas por Nietzsche de múltiplos modos, tanto esteticamente quanto psicologicamente. Da variedade de objeções possíveis que podem ser trazidas à tona contra as éticas do dar-se-a-si-mesmo-uma-forma *(Ethiken der Selbstgestaltungen)*, escolherei, em primeiro lugar, aquelas que justamente miram uma interface entre ética e estética.

Outras tentativas de se filiar às considerações éticas de Nietzsche, mas que, em sua justificação sistemática, não estabelecem relação com a arte, estão, por um lado, diante de um problema, a saber: como elas deveriam proceder com a psicologia de Nietzsche? Por outro, devem responder a fundamental questão, qual seja, se é legítimo, no quadro de uma interpretação de Nietzsche, deixar de fora justamente a

epicurismo, uma que pareça adequada à razão". Mesmo se a reconstrução de Foucault da forma de vida artística for historicamente falsa, ela poderia ser sistematicamente sustentável. Isso será provado a seguir. Cf. Nehamas 1985 e 1998; Macintyre 1981; Nussbaum 1990; Reuber 1988; Schmid 1991a e 1991b e 1992; Rorty 1989. Comparar também a classificação de Nietzsche na rubrica "estética perfeccionista da existência *(Perfektionistische Ästhetik der Existenz)*" segundo Früchtl 1996, pp. 157-177.

[4] Sobre o conceito de consciência em Nietzsche, ver Abel 2001; Simon 1984; Schlimgen 1999.

dimensão da arte? Não há, no entanto, como me ocupar neste artigo delas.[5]

Em ciente antagonismo contra algumas posições confiáveis da pesquisa Nietzsche, minhas teses são:

1) As considerações psicológicas e estéticas de Nietzsche não são conciliáveis com interpretações éticas. Nietzsche apresenta uma psicologia que é ruinosa a qualquer ética normativa; ele também advoga uma estética antiética.

2) Uma estética da existência atribuída a Nietzsche basear-se-ia em conceitos insustentáveis. Pois tanto o conceito de forma estética quanto o conceito de "forma de vida *(Lebensform)*", que àquele subjaz, sugere representações de unidade que, com relação a Nietzsche, não param de pé. A unidade da obra de arte e a [noção de] forma de vida *(Gestalt des Lebens)* não se deixam, sem mais, equacionar.

3) Vida e arte deixam-se associar, em Nietzsche, apenas em um ponto, que, por sua vez, se subtrai às éticas da arte de viver qualquer base.

Como mencionado, as éticas do dar-se-a-si-mesmo-uma-forma apresentam-se, de certa maneira, de modo não uniforme. Éticas concebidas esteticamente, no encalço de Foucault, opõem-se a posições aristotélicas ou kantianas.[6] Elas buscam revitalizar a ética, porquanto remetem ou a modelos antigos da boa arte de viver[7] ou, em geral, a modelos estéticos para o dar-se-uma-forma *(Formgebung)* (Rorty). Em outros, prevalece uma possível universalização do modelo ético-estético como princípio. Todas'

[5] Uma visão panorâmica, que vale a pena mencionar, sobre as mais recentes concepções éticas afeitas a Nietzsche, pode ser encontrada na literatura investigada em Salehi; Günzel 2002.

[6] Por Foucault são orientadas, por exemplo, as interpretações de Wilhelm Schmid e Alexander Nehamas; posições neoaristotélicas são representadas por MacIntyre e Nussbaum (ver nota anterior). Contrários são os esforços de Friedrich Kaulbach (1980, 1985 e 1990), Volker Gerhardt (1989, 1992 e 1999) e Birgit Recki (1999 e 2002), Beatrix Himmelmann (1996) e Michael Steinmann (2000) (os dois últimos, no entanto, sem qualquer referência à estética), todos buscam conectar Nietzsche à tradição da ética kantiana.

[7] Macintyre 1995, p. 159s. Martha Nussbaum (1993, p. 832), por exemplo, afirma que a "verdadeira proposta" de Nietzsche seria a de levar adiante uma "revivência dos valores estoicos do autodomínio *(Selbstbeherrschung)* e do cultivo de si *(Selbstbildung)* dentro de um contexto pós-cristão e pós-romântico". Como comprovação da tentativa de Nietzsche de associar a posição estoica e a tomada de consciência de si próprio, ela (idem, p. 845) introduz um aforismo de *Aurora*: "Estoicos — Há uma serenojovialidade do estoico, quando ele se sente confinado a um cerimonial que ele mesmo prescreveu à sua transformação, ele se delicia nisso como um senhor" (*A* 251). Tal tentativa de tratar o conceito de consciência em Nietzsche sem qualquer problematização será criticado por mim a seguir.

essas posições[8] podem ser reunidas pela convicção segundo a qual, com a ajuda de modelos e categorias estéticas, poder-se-ia corrigir e superar *deficits* efetivos ou pressupostos de uma filosofia moral "clássica" (quero dizer: kantiana), entendida aqui como restritiva e distante do cotidiano.[9] Postular-se-ia, assim, incluir todos as formas de comportamento da vida concreta e de integrá-la, de um modo não-restritivo e não-normativo, portanto, de um modo "estético", num conceito unificador. Conseguir modos de vida ativos *(Lebensvollzüge)* é algo concebido mais ou menos como (em ordem crescente) autodescrição, como autointerpretação, autodescoberta, constituição de si, cultivo de si, autocriação ou invenção de si próprio, autodeterminação, como forma de comandar a si próprio e autolegislar-se. O menor denominador comum encontra-se na equiparação da unidade da vida humana à unidade de uma obra de arte. Comparáveis devem elas ser no sentido de que a vida seja concebida, como um todo, enquanto obra de arte ou no sentido de que a vida encontra aí, no tornar-se uma obra de arte, sua perfeição *(Vollendung)*.[10] Aqui parte-se de modo evidente do fato de que a arte pode ser um modelo para a constituição do si-próprio *(Gestaltung des Selbst)* e que o si-próprio deixa-se constituir de modo autônomo e consciente. Critério dessa equiparação não é a dimensão sensível da obra de arte, mas sim sua estrutura conceitual.

À luz da filosofia de Nietzsche, entretanto, esta perspectiva é, em primeiro lugar, questionável, quer dizer, é questionável que poder-se-ia dispor de modo voluntário de uma vida autêntica *(über das eigene Leben verfügen)*, de que poder-se-ia ter seu controle e estilizá-la conscientemente como unidade; segundo, a compreensão da unidade estética aqui subjacente é dramaticamente simplista, e, em terceiro lugar, é contestável se a unidade, por um lado, da vida, por outro, da obra de arte, podem ser equiparadas uma com a outra, e, se sim, em qual aspecto.[11]

---

[8] Algumas recentes discussões sobre a estética da existência no pensamento de Nietzsche encontram-se em: Scheer 1998; Thomä 1998; Kalb 2000, capítulo 7 (ver minha resenha a este livro em Zittel 2001); Saar 2002; Brusotti 1997; Mencke 1993.

[9] Com Martin Seel (1996, p.11s) pode-se também interpretar, inversamente, a conjuntura da noção de arte de viver tanto como expressão quanto como resultado de uma crise da ética clássico-moderna, que teria obtido sua força justo do conceito de autonomia em detrimento de questões sobre modos concretos de conduzir a vida.

[10] Cf. Idem, p. 20s.

[11] Martin Seel problematiza, em primeiro lugar, um dos lados dessa equiparação, a da unidade da obra de arte e comporta-se de modo moderado com a forma da individualidade. No todo, ele permanece devedor de um *télos* concebido de modo ético-individual.

1. Formas do indivíduo

O jovem Nietzsche propõe uma analogia entre o conceito de *forma* [*Form*] e o de *indivíduo*: "Um conceito semelhante ao de forma é o de indivíduo" (NF-1867–1868. BAW[12] 3, p. 387). Essa afirmação é feita, todavia, no contexto de uma discussão cético-cognitiva e crítica, do ponto de vista da linguagem, com Kant. Ambos os conceitos deveriam ser desmascarados como grosseiras abstrações falsificadoras, por meio das quais nosso obtuso intelecto tem que proceder. Na "verdade não pode existir uma forma, pois em cada momento apresenta-se algo que é infinito" (ibidem). Por consequência, é preciso guardar-se ante uma compreensão simplificadora do modo como se concebe a unidade: "Fala-se de organismos", esclarece Nietzsche, "da mesma maneira como de unidades e funções teleológicas (*Zweckcentren*). Porém, há unidades apenas para nosso intelecto. Cada indivíduo contém em si uma infinitude de indivíduos vivos" (ibidem, p. 387). Tardiamente também Nietzsche fala disto, a saber, que o "eu" não pode ser compreendido como uma entidade isolada em detrimento dos impulsos, mas sim como "uma pluralidade de forças individuais, das quais ora essa, ora aquela está em primeiro plano" (NF-1880,6[67], KSA 9). "O homem" é "uma multiplicidade de forças": "O conceito 'indivíduo' é falso" (NF-1885,34[123], KSA 11).

A perspectiva-guia de Nietzsche é a de que o organismo é um conglomerado de forças que se contra-atacam de múltiplas formas, um conglomerado que integra continuamente unidades cada vez maiores por razões pragmáticas. Tais unidades são altamente precárias, quando se busca nelas um ponto de partida para uma conceitualização ética. E isso não é diferente com a consciência e o si-próprio. O *status* transitório e ocasional das unidades geradas, tal como a autoconsciência e o autoconhecimento, é um drástico limitador.

A *consciência* é comparada por Nietzsche a uma autoridade soberana *(Herrscher)*, que, no entanto, não tem qualquer ciência dos

[12] BAW abrevia aqui: NIETZSCHE, F. *Historisch-Kritische Gesamtausgabe Werke*. org. Hans Joachim Mette und Karl Schlechta. München: DTV, 1933.

procedimentos que acontecem em seus domínios. As interações que aí ocorrem têm que permanecer em geral opacas. De acordo com Nietzsche, em uma conhecida passagem, "a assim chamada consciência, toda ela, [é] um comentário mais ou menos fantástico sobre um texto desconhecido, talvez incognoscível, porém já preenchido" (*A* 19; cf. GC 333). Tudo que se torna consciente é resultado do que aparece apenas na superfície[13] de um ativo e oculto acontecer pulsional: "Todo pensamento, todo sentimento, todo querer não nasceu de um impulso determinado, mas sim é um estado geral, uma superfície ampla que envolve toda a consciência e que é resultado de uma estabilização de poder momentâneo de todos os impulsos que nos constituem — quer dizer, tanto do impulso dominante quanto dos que o obedecem e a ele resistem" (NF-1886,1[61], KSA 12).

Nietzsche pensa aqui de maneira *holística*,[14] na medida em que, para ele, cada um dos conteúdos da consciência são epifenômenos e determinados por uma conjunção psicofísica integral, pensada aqui de modo antagonístico. Ele compreende a relação entre impulsos e consciência como tecido *agonístico*, isto é, como luta de diferentes interpretações interagentes, nas quais "a *medida de poder* determina à qual ser pertence esta ou aquela medida de poder" (NF-1888,14[93], KSA 13). Isso significa que, em luta, os impulsos se constituem e se posicionam tão só de modo determinado. Toda determinação é com isso provisória e depende de fortes relações de força dentro de uma situação geral. Se, por exemplo, pensamentos se põem de acordo uns com os outros, isso acontece não em virtude de uma lógica interna a tais pensamentos, mas, na verdade, sua consecução é imprevisível. "O pensamento seguinte é um signo disto, a saber, de como a situação de poder como um todo se deslocou nesse ínterim" (NF-1886,1[61], KSA 12).[15]

---

[13] Sobre a concepção de superfície em Nietzsche, cf Stegmaier 2000, p. 53s.

[14] Cf. Abel 1985 e Schlimgen 1999, p. 68s. Ver especialmente Abel 2001, p. 17: "Respectivamente, organismo e orgânico em Nietzsche são concebidos como uma estrutura organizada, na qual o estado de consciência, o tornar-se consciente e todos os demais estados e processos mentais, até mesmo o pensamento consciente (incluso aí o aspecto de unidade, de duração e estabilidade, tão importante para a consciência e para seu eu), realizam-se como propriamente emergentes e efeitos de múltiplas e altamente complexas interações das várias partes do sistema como um tudo, uma vez que é isso que possibilita a organização e garante sua funcionalidade".

[15] Cf. sobre isso Stegmaier 1998, p. 224s; Zitko 1991, p. 72. e p. 202s.

A consciência é entendida por Nietzsche de modo estritamente relacional e funcional, ela é, "propriamente, apenas uma rede de ligações entre homens" (*GC* 54). Ela é, assim, "não a guia, mas sim um *órgão que guia* —" (NF-1887/1888,11[145], KSA 13, p. 67).[16] Isso significa, no entanto, que eventos físicos não podem ser descritos nem por esquemas tradicionais de explicação, pois não se permite mais ordenar um motivo determinado ou isolado de uma ação como causa, nem mesmo pode ser levado em conta um conceito formal, que, de acordo com o ideal clássico, assenta-se na coerência interna, na unidade harmônica da forma e do conteúdo ou na dominância da forma sobre o material. Justamente isso é pressuposto, como regra, em éticas fundadas esteticamente.

A fim de se preservar contra mal-entendidos, a *metáfora do regente (Herrschermetaphorik)* em Nietzsche, relativamente às representações do comandar-a-si-próprio e da autolegislação, poderia ser, em virtude do que foi apresentado, considerada de modo mais preciso: Nietzsche julga na verdade que nós obtemos, partindo do corpo, "a correta representação do tipo de nossa unidade enquanto sujeito, a saber, como regentes no topo de uma comunidade" (NF-1885,40[32], KSA 11, p. 638 s.). O "regente *(Regent)*" — a consciência — não deveria ter ciência, como dito, de tudo o que acontece em seu domínio, pelo contrário: "certa insciência *(Unwissenheit)*, pela qual o regente considera algumas obrigações e os distúrbios da comunidade, pertence justo às condições sob as quais se pode reger" (ibidem). Isso não significa, todavia, como alguns gostam de supor a fim de poder abraçar a representação tradicional de sujeito, que o regente não teria preocupações com detalhes, regendo assim soberanamente em grande estilo.[17] Isso pode até *lhe* parecer, mas é um engano. Pois tais unidades nada lhe garantiria, na verdade, iriam informá-lo de modo falso. Isso aconteceu, segundo Nietzsche, porque o intelecto, "como multiplicidade e aristocracia regente, apenas é capaz de captar uma seleção de vivências, que são mui simplicadoras, tornadas suprassensíveis e inteligíveis, portanto, [nada mais que] *falsas* vivências, — e com isso avançaria nessas simplificações e nesse tornar-suprassensível, preparando o que hoje se chama comumente 'uma vontade'"

[16] Cf. NF-1887/1888,11[120], KSA 13.

[17] Cf. Schipperges 1975. Cético em relação à extensão desse modelo do regente é Schlimgen 1999.

(NF-1885,37[4], KSA 11, p. 578). Por trás da suposta soberania esconde-se, com isso, "a dependência desses regentes em relação aos regidos e às condições de ranqueamento e divisão de trabalho como meios que possibilitam tanto o individual quanto o todo" (NF-1995,40[21], KSA 11, p. 638). A autoridade soberana é apenas um joguete na interação entre impulsos, no melhor dos casos, um ator coadjuvante: "O mais importante é, porém, isto: que nós compreendamos o dominante e seus súditos como se fossem do *mesmo tipo*, todos sentindo, querendo, pensando" (ibidem, p. 639). Segundo Nietzsche, não se deve mais entender a consciência como hierarquicamente sobreposta, mas sim como parte entre outras no interior de uma organização corpórea e como obediente "instrumento" dos impulsos, o qual, na formação de um querer, consegue realizar apenas desejos difusos (cf. Apontamento póstumo junho/julho 1885,37[4], KSA 11, p. 576 ss.).

O termo de Nietzsche para a instância de domínio *(Herrschaftsinstanz)* mais abrangente em relação à consciência é o "si-próprio" *(Selbst)*. Também esse conceito enseja mal-entendidos, quando é compreendido à maneira tradicional, isto é, como pessoal.[18] Em *Assim falou Zarastustra*, ele é designado da seguinte maneira: "Que vosso si-próprio seja presente em ações assim como a mãe o é para com o filho: seja essa para mim vossa palavra para virtude!" (*Assim falou Zaratustra* II, Dos virtuosos), o que pode ser entendido como exigência de se assenhorear das virtudes próprias e com isso se determinar. Antes já havia ficado claro o seguinte: "Ferramenta e brinquedo são o sentido e o espírito: atrás deles está ainda o si-próprio. O si-próprio mira ainda com os olhos dos sentidos, ele escuta também com os ouvidos do espírito. O si-próprio sempre ouve e mira: ele compara, subjuga, conquista, destrói. Ele domina *(herrscht)* e é também quem domina o eu *(des Ich's Beherrscher)*. Por trás de seus pensamentos e sentimentos, meu irmão, encontra-se um poderoso senhor, um desconhecido sábio — ele se chama si-próprio. Em teu corpo ele habita, ele é o teu corpo [...]. Teu si-próprio ri de teu eu e de seus orgulhosos rompantes. 'O que são para mim rompantes e devaneios do pensamento? diz para si. Um atalho para meu desfecho. Eu sou as andadeiras do eu e o insuflador de seus conceitos'" (*Assim falou Zaratustra* I, Dos desprezadores do corpo).

[18] Cf. Gerhardt 1992, p. 42.

Os conceitos si-próprio e consciência são separados um do outro. O si-próprio está privado de ter o domínio da consciência e do eu, e se ele chega a se assenhorar, o faz de um modo completamente impenetrável para ambos.[19] Com isso, não se pode estabelecer qualquer relação evidente entre o si-próprio e a consciência, nem mesmo, consequentemente, estabelecer uma unidade ética e individual entre o si-próprio e a ação. Nas palavras de Zaratustra: "Uma coisa é o pensamento, outra, o ato [de pensar], outra ainda a representação desse ato. O círculo causal não os circunda" (*Assim falou Zaratustra* I, Do pálido criminoso).

Com isso se coloca a questão: como o si-próprio pode ser compreendido? E aqui entra em jogo a arte.

2. Formas da arte, formas da vida

Nietzsche oferece diferentes maneiras de se conceitualizar o si-próprio. Pode-se eleger, em primeiro lugar, a "*lógica de nosso pensar consciente*" como modelo. Ela seria, todavia, "*apenas uma forma tosca e simplificada daquele pensamento do qual nosso organismo, sim, cada órgão do mesmo, tem necessidade*" (NF-1885,34[124], KSA 11). Poder-se-ia tentar descrever a diversidade complexa dos modos ativos de viver que não é conforme a uma necessidade prática vital, mas sim a uma maneira estética: "Um pensar simultâneo *(Zugleich-Denken)*, por exemplo, é necessário, [mas] dele temos vaga ideia. Talvez um artista da linguagem: recalcular o peso e a leveza das sílabas, como que antecipando, ao mesmo tempo em que se busca por analogias entre a gravidade do pensamento e as capacidades fonéticas e fisiológicas da laringe, isso ocorre concomitantemente, mas claramente não se tem consciência" (ibidem). Como expressão de uma atividade a lógica é adequada; como modelo de conhecimento, no entanto, as essenciais concepções da arte, mais amplas e elásticas, se sobressaem.

[19] Gerhardt (2000, em especial p. 128s e p. 133), contrariamente, julga que se poderia conceber em Nietzsche um movimento em direção oposta. Por um lado, ter-se-ia a razão como instrumento do corpo, por outro, no entanto, o inverso, quer dizer, o corpo como instrumento da razão, a qual poderia dispor [do] e dominar, de quando em quando, o corpo. A última posição não seria possível seguir. A meu ver, não há para esta última afirmação nenhuma evidência textual satisfatória. Além disso, estar-se-ia contrariando as intenções de Nietzsche, quando se busca arretar a possibilidade, que é transitória e dependente de uma perspectiva falsa, de um domínio da razão com um argumento transcendental irredutível.

Isso tem uma interessante consequência: a unidade flexível da obra de arte pode servir como *modelo de conhecimento* para os modos de vida ativos,[20] de modo algum, porém, como modelo *ético*.[21] O subsolo caótico é conhecido, aceito e representado pela arte, jamais dominado. O conceito de unidade da obra de arte é totalmente diverso daquele da lógica, da ética e da clássica psicologia da arte. Deve-se se cuidar para não o compreender unilateralmente sob o signo do apolíneo e, segundo essa perspectiva, considerar o caos como seu antípoda passivo e sem-forma, no qual intervém uma atividade capaz de dar forma, como que organizando e harmonizando.[22]

---

[20] Recorrendo a Nietzsche, as possibilidades de uma interpretação "estética" dos processos psíquicos são mostradas de modo lúcido em Loch 1993.

[21] E, vice-versa, a lógica pode servir como exemplo de uma atividade, porquanto ela produz simplificações fictícias, mas não como modelo de conhecimento.

[22] Tais representações são tematicamente ubíquas na literatura. Cf. Especialmente Schmid 1991a e o capítulo "Nietzsches Apollinik" em outra obra do mesmo autor (1991b, p. 181s). Os pressupostos da interpretação de Schmid são, nesses textos e passagens, brevemente recapitulados: ele afirma que Nietzsche teria em vista uma inversão, concebida segundo três pilares, do conceito de sujeito: "1) O sujeito não é mais, como seu conceito sugere, uma espécie de súdito, que se submete a um poder objetivo, mas sim ele cuida de reger a si mesmo, para, a partir desta nova posição de poder, ser capaz de empreender resistência aos poderes subjetivadores. 2) O sujeito constitui-se não somente no pensar, ele não é mais exclusivamente sujeito-cogito, mas sim encontra-se na intersecção entre pensamento e existência, entre práxis e reflexão sobre a práxis, para com isso estar aberto à transformação. 3) O sujeito não se compreende mais como elemento fundador e substancial, como o que é mais próprio, autêntico, como algo a ele profundo e abscondido, desconhecido de si próprio, mas sempre lá, dormitando. Ele se compreende antes como algo capaz de se produzir e de se dar uma forma. [...] O estado dionisíaco não é aí fim em si mesmo, mas, sobretudo, estado do que é sem-forma *(Zustand der Formlosigkeit)*, que evoca o trabalho na forma e no qual qualquer forma sólida há de ser despedaçada" (idem, p. 654). Independente de uma idiossincrática história do conceito, que aqui remanesce em sua interpretação do sujeito, pode-se, em primeiro lugar, observar que a leitura de Schmid contradiz as passagens acima citadas do texto. Aquele que dá forma à sua própria vida *(der Gestalter seines Lebens)*, que Schmid faz equivaler, ciente do contexto histórico, com a concepção de artista, toma a vida não simplesmente como material em seu criar. A segunda suposição de Schmid deixa em aberto o que ela deveria explicar, a saber, como uma tal "intersecção entre pensamento e existência" pode se realizar, e seu terceiro ponto de vista é, em si, contraditório: como é possível um sujeito, que deve ser criado, poder compreender antecipadamente a si próprio como aquele que é capaz de criar? Do mesmo modo é questionável, como acima já foi explicado, o conceito da forma apolínea que Schmid unilateralmente introduz com seu *concept-art-model*. Afinal, Schmid pensa a forma não como algo fechado (idem), em oposição novamente a Früchtl, que elucida assim a expressão "forma de vida" *(Lebensform)*: "'Forma' é um conceito contrário e complementar ao caótico, ao indomado, ao amorfo, ele se deixa ser usado como sinônimo de 'unidade' e 'ordem' e, nesse sentido, lembra aquele par conceitual advindo da teoria do conhecimento, qual seja, forma e matéria" (Früchtl 1996, p. 170).

Mais tarde, com a modernidade estética, a relevância do par conceitual forma e matéria foi questionada, e a forma foi explicada com relação à "coisa mesma". Ao mesmo tempo, as representações segundo as quais tudo pode ser forma ampliaram-se com isso, e não menos importante foi o fato de que aquilo que outrora se designava como caos passou a ser reconhecido também como uma forma possível. A unidade de uma obra de arte em geral não pode ser criada simplesmente por meio de sua estrutura externa, mas sim em virtude de princípios de sua organização, em virtude de seus procedimentos estéticos. A unidade estética criada por meio da interação desses procedimentos não se assenta, de modo ingênuo, sobre a forma da obra *(Gestalt des Werkes)*.[23] E ela também não pode ser comparada com modalidades de unidade da vida fática.

3. Estilo e estilos

Os apologistas dessa perspectiva, segundo a qual Nietzsche pretenderia ensinar uma nova forma da arte de viver, parecem reivindicar passagens como esta: "nós, porém, queremos ser os poetas de nossas vidas, antes de tudo, nos mínimos detalhes e no que há de mais cotidiano" (*A gaia ciência* 299), ou em outra, ainda mais usada:

> *Uma coisa é necessária* — "dar estilo" ao seu caráter — uma grande e rara arte! Ela é praticada por quem vislumbra tudo que sua natureza dispõe de forças e fraquezas, e então inclui isso a um plano artístico até que cada uma apareça como arte e razão, de modo que também as fraquezas encantem os olhos. [...] — Há de existir naturezas fortes, dominadoras, que apreciem sua mais sutil felicidade na coação, na constrição e no se sentir completo sob lei própria; [...] Inversamente, são os caracteres fracos, impotentes de seus próprios caracteres, que odeiam a constrição do estilo: eles sentem que, se essa furiosa coação lhes fosse imposta, teriam que se tornar reles mortais sob ela: — eles se tornam escravos, tão logo passam a servir, eles odeiam servir. Tais espíritos — podem ser espíritos de primeira ordem — estão sempre procurando dar forma e interpretar a si mesmos e ao seu entorno como natureza *livre* — selvagem,

[23] Sobre o conceito de forma na modernidade estética, ver Bürger 1992; Eco 1993; Scheer 1997.

> arbitrária, fantástica, caótica, surpreendente: estão ansiosos por fazer isso, porque só assim julgam fazer-lhes bem. Pois uma coisa é necessária *(Eins ist Noth)*: que o homem *alcance* sua satisfação consigo mesmo — seja por uma ou outra criação literária *(Dichtung)* e arte: apenas assim pode o homem olhar-se de modo suportável! Quem consigo é insatisfeito, está continuamente pronto para retaliar a si mesmo por isso: nós outros seremos suas vítimas, e isso, porque nós teremos sempre que suportar seu olhar de ódio. Pois o olhar do feio torna ruim e sombrio. (*A gaia ciência*, 299)[24]

Também essa passagem não é unívoca, como sugerem os seus intérpretes. Quando Schmidt assim a entende: "O ideal de Nietzsche é aquele da individualidade estilizada",[25] ele só pode afirmar isso porque se reporta exclusivamente à primeira parte do aforismo, cujo assunto ali é a natureza forte, desviando-se, porém, da segunda parte. Com naturalidade, ele interrelaciona a figura artística de Zaratustra com esta do indivíduo forte. Eis aí "o plenamente artístico si-próprio de uma nova arte de viver, a suprema instância da afirmação".[26]

Manifestamente, a "satisfação consigo" e "tornar a própria visão suportável", ambas são (justo para "espíritos de primeiro ordem"!) pouco perceptível, são até mesmo orientações resignadas para o ato estético de dar-se-a-si-mesmo-uma-forma.[27] No que concerne ao suposto papel de herói de Zaratustra, correlato à estética da autoafirmação na obra homônima, há grande dúvida se Nietzsche "com satisfação" alcança, algures, a personagem-Zaratustra por meio de tentativas de criação, pois estas fracassam frequentemente.[28]

Esse ponto diz respeito também à imagem de Goethe para Nietzsche. O modelo de Goethe, que para muitos intérpretes deve ser visto como positivo exemplo para o programa de sua arte de viver, não é de modo algum claro como comumente se supõe.[29] Goethe é deno-

---

[24] Sobre isso ver Reuber 1988; Früchtl 1996, p. 159s; Schmid 1991b, p. 190s.

[25] Schmid 1991a, p. 57.

[26] Idem, p. 61.

[27] Pelo que me é conhecido, apenas Thomä (1998, p. 153) observou que a segunda parte desse aforismo postula a "satisfação consigo" e não mais a estilização do caráter como emergente tarefa.

[28] Sobre isso, cf. Zittel 2000a e Stegmaier 2012. Sobre problemas fundamentais de novos projetos na esteira de Nietzsche, ver Zittel 1995.

[29] Cf., por exemplo, Nehamas 1995, p. 242 e p. 260; Früchtl, 1996, p. 170; Gerhardt 2001. Contrariamente, ver meu verbete "*Goethe*" (Zittel 2000b, p. 385ss) no léxico organizado por Henning Ottman.

minado por Nietzsche como um dos raros exemplos para uma bem-sucedida autocriação *(Selbsterschaffung)*: "O que ele queria era a *totalidade*; [...] ele se disciplinava pela completude, ele se *criou*" (*Crepúsculo dos ídolos*, Sentenças de um extemporâneo 49). Isso tem, segundo Nietzsche, razões específicas. No aforismo *Sobre a revolução na poesia* (*Humano, demasiado humano* I, 221), ele havia argumentado da seguinte maneira: na evolução da poesia moderna na Alemanha ocorreu uma forte rejeição da forma e um salto de volta ao naturalismo. Nessa situação, Goethe tentou se salvar, "porquanto ele sabia renovadamente e de diferentes modos se comprometer". Mas Goethe não teria se valido muito disso. Pois, "se o fio da evolução [da poesia] outrora se rompeu", essa [evolução] só poderia ser de novo possível pelo mais talentoso e isso na direção de "uma experimentação contínua. [...] Por quanto tempo ainda, porém? A irrupção de uma torrente de poesias de todos os estilos, de todos os povos, tem que gradualmente banhar todo o solo sobre o qual um silencioso e abscondido florescimento seja ainda possível; todos os poetas *têm* que se tornar imitadores experimentalistas *(experimentierende Nachahmer)*, copistas atrevidos, a força deles, de início, pode ser ainda muito grande" (*Humano, demasiado humano* I, 221). Mesmo Goethe, como julga Nietzsche, conseguiu isso apenas quando, em meio aos fragmentos herdados da tradição, "compôs em versos *(andichten)*, com a fantasia do olhar, a antiga perfeição *(Vollkommenheit)* e completude *(Ganzheit)*, quando a força do braço se mostrava muito fraca para construir justo ali onde poderes colossais já clamavam destruição. Assim viveu na arte tal como na memória da verdadeira arte: seu poetizar *(Dichten)* tornou-se expediente da memória" (*Humano, demasiado humano* I, 221). Uma tal arte nada mais cria de novo: "Não indivíduos, mas sim mais ou menos máscaras ideais; nenhuma realidade, mas sim um todo alegórico; caracteres do tempo, cores locais tornadas evaporadas e míticas até quase a invisibilidade; [...] tornadas sem efeito em todos os sentidos exceto no artístico; sem conteúdos novos ou caracteres, mas tão só os antigos, aqueles que há muito habitam continuamente um estado de ânimo que se renova e que se remodela *(Neubeseelung und Umbildung)*" (ibidem). O ideal do dar-se-a-si-mesmo-uma-forma deixa-se, na modernidade, apenas rememorar; uma existência estética existe, tal é o implacável recado de Nietzsche, apenas na fantasia.

4. O perspectivismo estético e o indivíduo soberano

Um outro caminho partindo da estética para a ética, e desta de volta para aquela, é aquele pavimentado pelo perspectivismo de Nietzsche.[30] Aqui são eleitas como ponto de partida as possibilidades de uma autoconstituição livre, autônoma. Pode-se, nesse contexto, distinguir pelo menos duas variantes principais. Uma primeira destaca as possibilidades positivas, associadas ao perspectivismo, de um indivíduo soberano e procura mostrar que aí elementos normativos estão envolvidos, bem como que é pressuposto pela escolha de perspectivas um ponto de vista desde sempre transcendental e universalista. A segunda variante interpretativa, ao contrário, acentua a valência ética justo do modo de ver *(der Einsicht)* como estando presente na relatividade de cada ponto de vista perspectivo.

A interpretação de Nietzsche concebida por Friedrich Kaulbach exemplifica o ponto de partida da primeira variante. Sua abordagem é destacável pela confiabilidade e método, e isso em diversos aspectos (justo para um tratamento, pífio na pesquisa Nietzsche, de *Assim falou Zaratustra*). Ele reivindica explicitamente levar em conta a forma estética da obra de Nietzsche. Uma vez que Kaulbach em seu livro sobre a filosofia experimental de Nietzsche retrabalha, com clareza, o significado das riquezas da perspectiva,[31] passa a hierarquizá-las (de modo anestético), ao mesmo tempo em que interpreta, imediatamente, a metáfora da ascensão *(Aufstiegsmetaphorik)* em *Assim falou Zaratustra*, atribuindo-lhe uma teleologia interna: quanto mais alto o ponto de vista e quanto mais vasta a visão, segundo Kaulbach, tanto mais forte e soberano é o "espírito livre" em seu poder-dispor de múltiplas perspectivas de mundo:

> Em seu movimento de subida *(Aufwärtsgang)*, ele alcança pontos de vista que lhe abrem perspectivas, e estas são superiores àquelas que ele conseguiu acessar até então. Nas novas perspectivas, seus

[30] Sobre o perspectivismo de Nietzsche, ver meu artigo *Perspectivismus* também no léxico organizado por Ottman (ver nota anterior), bem como o capítulo "*ästhetische Perspektivismus*" Zittel 2000a, p. 99s.

[31] Kaulbach 1980, p. 75.

> anteriores companheiros vão se tornando desconhecidos, pois influências atuantes sobre ele afetam sua consciência. Ele alcança pontos de vista cada vez mais altos, mais soberanos, até que ele, por fim, alcança a meta da história do pensamento filosófico: em um tal patamar que o permita ver as coisas em si mesmas, sem-véu e sem máscara. No *Zaratustra*, encontra-se o discurso da subida *(Aufstieg)* à montanha por parte de uma perspectiva superior, do ir-além-de-si e do conquistar mais altos e soberanos pontos de vista. Disso surge o conhecimento, a crítica, o desmascaramento, a dominação das próprias perspectivas superadas e dos modos de pensar anteriores. Aqui torna-se claro que a história de ascensão *(Geschichte des Aufstiegs)* deve ser um acontecer gradual, passo a passo, que tem sua consequência interna, sua ›lógica‹, não podendo ser esta ignorada impunemente. Trata-se em Nietzsche de acentuar a consistência interna dessa ascensão, por meio da qual garante-se que ele não se perde num anárquico ser, nem num anárquico pensar, mas sim recobre de uma lógica a disciplina segundo a qual cada ir-além/transição *(Über-Gang)* e sua dissipação *(Loslösung)* torna-se sempre uma nova *necessidade* do ser e do pensar.[32]

Esse modo de interpretar não se deixa confirmar no contexto de *Assim falou Zaratustra*: Zaratustra viaja, por exemplo, para as "ilhas bem-aventuradas", na parte dois, onde ele não consegue conquistar um ponto de vista "superior". Suas andanças posteriores o conduzem, lá na parte quatro, a um contínuo sobe e desce pelas mais diferentes paisagens, junto às quais fica seu destino *(Zielpunkt)*, a saber, sua caverna e a parte que fica à entrada dela. No começo da quarta parte, Zaratustra sobe, a partir da caverna, para o topo de uma montanha (*Assim falou Zaratustra* "O sacrifício do mel"), o que segundo Kaulbach significa que o discurso sustentado lá de cima marca a posição de sua visão superior. Nietzsche deixa Zaratustra também esclarecer: "aqui em cima posso livremente falar, como diante de cavernas de eremitas" (ibidem). Nesse discurso, porém, Zaratustra é apresentado como "o mais maldoso de todos os pescadores de homens". Ele agradece ao seu destino pelo fato de "conceder-[lhe] tempo para farsas e maldades: sim, pelo fato de hoje eu ter subido até o topo da montanha para uma pescaria" (ibidem). A subida como farsa *(Aufstieg als Posse)*, os discursos como bufonarias *(Possenreisserein)*, isso tem lá sentido com relação ao desdobramento da ação dramática,

[32] Idem, p. 79. Consultar também p. 294.

ao garantir a pescaria de homens, e esta culminando na agitação intensa que ocorre na caverna de Zaratustra. Mas mesmo a circunstância na qual Zaratustra não permanece no cume da montanha já contradiz a lógica evolutiva que Kaulbach atribui ao percurso de Zaratustra: o ponto de vista "mais alto" é apenas transitório, em seguida ocorre a descida *(Abstieg)* para a região da caverna. Pode-se com isso dizer com mais propriedade que em *Assim falou Zaratustra* as supostas perspectivas superiores são sempre perdidas, caricaturadas ou mesmo criticadas. A forma estética que denota a riqueza das perspectivas implica as perspectivas particulares em relação dinâmica. Nenhum panorama de perspectivas revela-se de um ponto de vista superior, nem mesmo por um determinado momento, aos olhos de Zaratustra, e assim ninguém seria capaz de compreender todas as óticas segundo uma única visão totalizante. O *tableau* das perspectivas apresentado pode ser percorrido apenas internamente, isto é, apenas por meio de um duplo ato, acompanhar e levar a cabo *(Nach- und Mitvollziehen)*, ambos pertinentes às diferentes mudanças de ponto de vista bem como à experiência do fracasso presente em cada tentativa de fixar e absolutizar um dos pontos de vista alcançados. O perspectivismo estético é muito mais radical do que aquilo que Kaulbach (e Volker Gerhardt) lhe atribui, ele não se deixa prender a uma suposta "*reivindicação de unidade* presente no conhecer e agir".[33] Com relação à riqueza de perspectivas, tornada possível por meio da forma da encenação estética, não se visa à, ou se alcança uma, síntese de perspectivas como se fosse uma ótica abrangente.[34] A perspectiva estética não oferece justo uma base para outras perspectivas. Que Nietzsche, quando ele denomina o perspectivismo como condição de conhecimento, tenha que, ao mesmo tempo, conquistar um meta-ponto-de-vista,[35] unicamente a partir do que ele poderia descrever o limite das perspectivas — isso seria algo totalmente questionável. Para Nietzsche, não há *a* perspectiva do perspectivismo e por isso jamais se pode encontrar em sua obra a tentativa de uma reobjetivação transcendental-filosófica de seu perspectivismo. Pode-se mudar, trocar, variar perspectivas, porém jamais alcançar um metaregistro delas. Se para Nietzsche o mundo pode

[33] Cf. Gerhardt 1989, p. 278.

[34] Cf. Stegmaier 1992, p. 56, nota 39.

[35] Ver, contra isso, Gerhardt, op. cit., p. 263s.

ser compreendido como soma das interpretações assumidas a partir de cada uma de suas perspectivas, então cada respectivo ponto de vista encontra seu limite e relativização no conflito com outros posições, e isso jamais no sentido de uma autonomia supramoral *(im Sinne übersittlicher Autonomie)*. Atribuir isso a Nietzsche como sendo seu objetivo é um posicionamento ideológico.[36] Esse é o caso, quando Gerhardt argumenta, que na "autolegislação do 'homem soberano'" o "perspectivismo de Nietzsche [tornar-se-ia] prático" e o "indivíduo", enquanto "vivente autorreferente" e "responsável por si", tornar-se-ia "indivíduo autônomo supramoral".[37] Teríamos um Nietzsche assim tão kantianizado e domesticado eticamente apenas se subestimássemos drasticamente o perspectivismo de Nietzsche.

Mesmo sem ter que assumir esse meta-ponto-de-vista, é ainda assim possível conhecer o limite de uma perspectiva e, metodicamente, ultrapassá-lo; isso ocorre quando se muda de perspectiva. Quanto se é capaz de trocar os pontos de vista de uma ponderação, colocando-os em relação uns com os outros, tanto mais rico e complexo o fracasso em se alcançar um conjunto de imagens criadas de modo poliperspectivístico. Essa imagem de um todo não pode ser mais positivada, não pode ser compreendida, por assim dizer, a partir de uma metaperspectiva ou ser resumida pela soma das perspectivas particulares. Pois, segundo Nietzsche, o "ser" do mundo pode ser concebido apenas segundo relações e esse mundo é "essencialmente, em cada ponto, diverso: o mundo pressiona todos os pontos, e cada ponto resiste a ele — e essa soma é, em cada caso, totalmente *incongruente*" (NF-1888,14[93], KSA 13). Jamais se pode ter, simultaneamente, diante dos olhos, as possibilidades divergentes de relação. Em todo caso, deixa-se antecipar, a partir dos respectivos ângulos do olhar, uma representação do todo,

[36] Bem claro fica isso em Recki (1999, p. 265), que faz uma variação teórico-cultural da posição de Gerhardt, e diferentemente de Gerhardt destaca em Nietzsche, no entanto, o fracasso como dissolução de reivindicações universalistas: "Tudo que é individual está relacionado desde sempre, em seu produtivo ser-íntimo, àquele *medium* que é a cultura, capaz de fundar coisas universais". De reivindicações criadoras Recki deduz, sem delongas, uma "correspondência normativa na autocompreensão" (idem, p. 278). No entanto, "o individualismo de Nietzsche [fracassaria] ante uma reivindicação de universalidade", pois levar isso "ao pé da letra" significaria "realizar a passagem para um universalismo moral das reivindicações, para o que uma ética é requerida" (idem, p. 284).

[37] Idem, p. 275. Cf. os outros supracitados escritos de Gerhardt. Para a crítica deles, ver Hartmann 2000.

isso, porém, na consciência das modificações ainda esperadas, ainda não conhecidas.

Tal visão é levada em conta, especialmente, por intérpretes de Nietzsche com interesse numa filosofia dos signos, tal como é o caso com Josef Simon, Werner Stegmaier e Brigitte Scheer. Pode-se recorrer a eles para se pensar uma ética, mas sem violentar com isso os textos de Nietzsche. A filosofia de Nietzsche é interpretada não na linha de uma normatividade universalista, mas é ele um pensador que insiste numa irreparável diferença dos indivíduos:

> O critério de verdade não é aqui a proximidade ou distância a um ser impessoal, isto é, o dizer como o ser é *(das Sagen, wie es sei)*, mas sim o poder suportar outras opiniões seja como reivindicação ou o poder suportar crenças alheias no sentido de que é necessário à vida ter que assumir como verdadeira as "coisas" conforme cada limite e perspectiva, até mesmo [poder suportar] um outro uso de conceitos, pelos quais a reivindicação é feita, uma reivindicação que não pode ser determinada de modo normativo como esses conceitos o podem, conceitos que estão certos, "por fim", de suas elucidações em juízos. Depende, antes de mais nada, disto: se é possível ser-entendido. Isso acontecendo, então, ocorrerá sem o conceito de sua possibilidade, quer dizer, [ocorrerá] esteticamente, e com isso sem se reivindicar ou ter certeza de que se está ancorado no ser. A ilusão do se-por-de-acordo *(Schein der Übereinstimmung)* tem que ser aqui o critério suficiente da verdade. [38]

[38] Simon 1989, p. 257s. Talvez isso seja, no entanto, uma compreensão temperada e harmônica do assim chamado "entender estético", que pretenderia dissolver as conflituosas discussões com provocações estéticas, as quais podem conduzir ao fracasso dos atuais esforços em busca de entendimento, em um "deleite não-conceitual". Justamente a "ilusão do por-se-de-acordo" não é admitida frequentemente pelas obras de arte (vide o caso das fragmentações ficcionais *(Fiktionsbrechung)*). Também uma teoria da compreensão *(Verstehenstheorie)* deontológica, multiperspectivista, tal como transita na concepção ético-estética de Josef Simon, restaria em dificuldades, se ela é confrontada com o perspectivismo estético de Nietzsche, uma vez que ela se baseia em um mínimo necessário da ilusão permanente. Fosse a crença na ilusão destruída, fosse a estabilidade da metáfora diluída, então a compreensão *(die Verständigung)* não seria obtida e o "efeito-placebo" dos sagrados enganos seria perdido para sempre. Se as capacidades de autoconservação e de compensação da ilusão não são mais atuantes, resta ainda como critério a ascensão da vida, que, depois do abandono justo de pontos seguros, poderia ser encontrada ainda na paixão pela destruição das ficções necessárias à vida, no autossacrifício trágico, bem como no prazer em fazer da própria vida uma obra de arte trágica, ou seja, na felicidade do declínio alcançado por si próprio *(Freude über dem gelungenen eigenen Untergang)*.

O perspectivismo de Nietzsche conduziria, de acordo com essa compreensão, não para um entender intersubjetivo *(zu intersubjektivem Verstehen)*, mas, em todo caso, para uma orientar "interindividual" *(zu einem "interindividuellem" Orientieren)*.[39] Liberdade é compreendida aqui não como autolegislação autônoma, mas como "liberdade de poder abandonar reivindicações morais reputadas 'justas' em detrimento de outras".[40] Certezas de que temos uma posição própria são colocadas radicalmente em questão e no lugar de uma ética, que propaga a ideia de um indivíduo, surge tanto o saber acerca de limites e da subjetividade irredutível da própria perspectiva quanto, ao mesmo tempo, a admissão da impotência da própria interpretação, podendo isso tornar-se ético na medida em que outras morais não mais encontram-se centradas nesse fundamento e, além disso, na medida em que são deixadas "incompreensíveis" em sua alteridade *(in ihrer Andersheit)*. Experiência ética e estética relacionam-se aqui de maneira análoga, uma vez que a não-compreensão *(das Nichverstehen)* obstinadamente acompanha justo a experiência estética com a obra de arte e as "catástrofes de sentido e interpretação"[41] existentes nela são significativas eticamente, pois há um fracasso nas tentativas de absolutização e universalização do próprio ponto de vista.

---

[39] Cf. Stegmaier 1995.

[40] Ver Stegmaier 1994, p. 3.

[41] "O que ocorre em obras de arte inovadoras são antes catástrofes de sentido e interpretação. O colapso das atuais interpretações de mundo não representadas e experimentadas sem que a segurança de um novo ponto de vista seja alcançada" (Scheer p. 364). Cf. também da mesma autora: "Zeichenbildung und Zeichenverstehen am Beispiel der Malerei" (1997). B. Scheer corrige, com essa exposição da experiência negativa do fracasso em face de uma obra de arte, a acima introduzida leitura harmonizadora de Simon. Em um novo artigo, Scheer aproxima-se, no entanto, de posições que sustentam uma ética da soberania (no já citado artigo de Scheer "Das Verhältnis von Ästhetik und Ethik im Denken Nietzsches"). Lá o impulso subversivo e crítico à metafísica é retrabalhado por ela (ver p. 52). Em face dos critérios para "se ter êxito ético" e para se sentir "responsável por coisas avaliadas esteticamente" (p. 61), Scheer aponta para uma penetrabilidade entre esferas de valor ético e estético, que seria viabilizada via categorias do estilo e gosto, capazes de colapsarem qualquer tipo de disciplina. Em seguida, não mais é destacado o aspecto subversivo e dissolúvel da arte, mas sim a restrição do estilo como pano de fundo, e então é feita uma associação com a posição de Gerhardt.

5. Identidade narrativa

A crítica à substituição dos conceitos de forma estética e forma ética deve ser concretizada apenas em face de concepções ético-estéticas que se tornaram especialmente proeminentes, concepções essas que procuram traduzir a representação estética de uma "identidade narrativa" para um registro ético. Um tal programa é representada por exemplo por Martha Nussbaum e Alaisdair MacIntyre. Destaca-se também aqui um ceticismo quanto a éticas orientadas universalmente, e favorecida é, ao invés disso, uma ética do indivíduo aos moldes da aristotélica. Partindo da representação segundo a qual a percepção estética possibilita uma mais rica e mais intensa percepção da realidade, assume-se que ela deve ser também relevante do ponto de vista prático, argumenta Nussbaum, na medida em que, com tal percepção, cada uma das margens de manobra das ações individuais pode ser mais bem explorada e a individualidade de seus protagonistas compreendida de modo mais preciso.

Já as premissas do argumento de Nussbaum não são convincentes. Apesar de se admitir, tranquilamente, que ao indivíduo é aberta uma mais rica e distinta percepção da realidade via experiência com obras de arte, esse privilégio parece ter, do ponto de vista ético, certa conotação neutra. Poder-se-ia utilizá-lo também para um crime.[42]

MacIntyre associa-se, por sua vez, a uma ética da virtude de matriz aristotélica, na qual narrar a própria vida é algo que se deixa esclarecer como uma virtude própria. Aqui trata-se de alcançar "um conceito de si-próprio *(Selbst)*, cuja unidade repousa na unidade da narrativa".[43] A narrativa de uma vida autêntica caracteriza-se por meio de uma coerência, integridade e "compreensibilidade" perfeitas, ela carece de um início, um claro desdobramento e um fim. A vida deve ser conduzida em sequência e isso de tal forma que só assim ela pode ser narrada.

[42] Remeto aqui à obra de Thomas De Quincey *On murder considered as one of the fine arts* de 1827. Significativas, as exaltações de Nietzsche ao "grande criminoso" (por exemplo, no *Crepúsculo dos ídolos*, Sentenças de um extemporâneo 45) são ignoradas em detrimento daquelas que louvam o indivíduo soberano.

[43] Macintyre 1995, p. 275 e 292.

Também Nussbaum associa tal ordem narrativa àquela da vida. A vida bem vivida teria então o caráter de uma obra de arte,[44] e essa relação não valeria apenas como mera analogia.[45]

Como uma forma não é igual a outra, assim também uma narrativa não o é em relação a outra. Por exemplo, uma autobiografia pode ser escrita sem qualquer apelo estético e por essa mesma razão emprestar à vida uma "forma *(Form)*" especialmente coerente. Tem-se assim que se diferenciar um conceito vago de estética, sob o qual recai todas as formas de narrativa, e um conceito específico de arte. Uma narração especificamente estética pode proceder com certa liberdade. Ela pode operar com rupturas flagrantes, com mudanças contínuas de perspectivas e incoerências evidentes, e isso é um diferencial no todo. Em textos estéticos, ao contrário de tratados morais, podem ser exaltadas ou despontencializadas certas pretensões de validade *(Geltungsansprüche)*, sem que com isso se rompa com a arte. Para a ética, isso seria fatal. O mesmo vale para sua autoconstituição, que, sendo coerente esteticamente, encarcera seu sujeito.[46]

---

[44] Cf. Nussbaum 1990, p. 148 e 162.

[45] Uma posição semelhante pode ser formulada também sem recurso à arte, por exemplo, em Kambartel 1989. Esse autor fala em "autorrealização", que não segue quaisquer fins determinados, mas que depende de uma forma presente nela, na qual "a vida alcança totalmente seus conteúdos" (idem, p. 21). "Nossa *vida* pode ser aí compreendida como a síntese global de nossas ações e atividades. O discurso da autorrealização considera não uma parte determinada dessa síntese, mas o modo como nós alcançamos nossas ações em seu todo" (idem, p. 22). Kambartel cunha assim o conceito de "forma de vida *(Lebensform)*" ou aquele da "gramática da vida" (idem, p. 45), os quais permeiam "*todas* nossas situações de vida e relações" (idem, p. 47).

[46] O contraprojeto de Rorty, segundo o qual de uma autodescrição narrativa nenhuma força vinculada partiria, também subestima o tema, uma vez que ele se permite alcançar a identificação harmoniosa da forma estética e da narrativa da vida de modo trivial. Fracasso pode haver para um autor em sua própria vida, quando ele assume as descrições que um terceiro fez sobre ele. Pois isso não seria original, e nessa medida tais descrições teriam, dito esteticamente, pouca relevância qualitativa. Ao invés disso a livre autocriação enquanto invenção de uma nova linguagem deve gerar algum tipo de certeza para seu criador-artista (o poeta), de que sua vida foi tornada perfeita, pois "a última palavra de seu derradeiro vocabulário é sempre a sua" (Rorty 1989, p. 164). O critério de originalidade, no qual Rorty insiste para se decidir se o autêntico si-próprio é encontrado ou corretamente estimado em sua contingência, tornou-se, enquanto critério estético muito particular, obsoleto e questionável, do mesmo modo que os critérios classicistas de Nussbaum e MacIntyre. De modo irônico, conceitos de norma, conservadores e atrelados a uma noção de formação tipicamente burguesa, tais como autonomia da obra, autenticidade e originalidade da narrativa romanesca da própria vida, são levados em conta por Rorty. A complexidade intertextual de qualquer narrativa que se relaciona com outros textos (excelente exemplo é *Assim falou Zaratustra*), quer dizer, a "abertura" da obra de arte

Por isso não é mera coincidência que, para tais filósofos e filósofas, ávidas(os) por um modelo estético para suas éticas, o simples facto de uma forma unificada *(eine einheitliche Gestaltung)* ser concebida como autorreferente seria suficiente para falar de aquisição de forma artística *(von künstlerischen Formung zu sprechen)*. A isso corresponde um seletivo ponto de vista sobre a arte. Significativamente, não se recorre à escolha de exemplos tal como *O som e a fúria* de Faulkner, mas adere-se a obras preferencialmente da antiguidade clássica ou do romance realista. MacIntyre favorece Jane Austen e censura explicitamente os contos de Kafka, cujos romances ele rejeita como sendo incompreensíveis;[47] já os romances de Henry James, para nos valer aqui de Nussbaum como modelo do comportamento ético, deveriam ser previamente purificados de seu abismo imoral.

No geral, para todos esses filósofos vale a ideia de que eles podem reduzir uma narrativa a algo como uma "linear coerência", dispensando-se de responder, *fundamentalmente*, por que falam de obras de arte como modelos. Para seus fins, basta tomar como padrão o estabelecimento de unidade de algo como uma simples biografia de político, quer dizer, tomar uma narrativa sem qualquer valor artístico. Quando se fala de modo persistente e grandiloquente sobre a arte, frequentemente acontece de se estar se valendo de um conceito de arte manifestamente limitado, um que somente é adequado para ser exportado para a ética.[48]

ante outras obras e mídias, que por boas razões se encontra no centro das modernas análises da teoria literária, permite-nos dispensar a posição de Rorty. Nietzsche é tomado como exemplo disto, a saber, de que ele releva sua própria posição uma vez que ele não aceitaria, por fim, a própria contingência, esforçando-se por um meta-ponto-de-vista: "Nietzsche, o perspectivista, tem interesse nisto, em encontrar uma perspectiva sob a qual ele, de volta, possa enxergar a perspectiva antes assumida, a fim de assim identificar um padrão" (idem, p. 178). Não espanta o fato de que Rorty extrai daqui outra conclusão que não aquela de Gerhardt. Não o indivíduo supramoral, mas sim o além-do-homem, surgindo a partir de uma autocriação, é o que ambicionava Nietzsche (idem). Também para Nehamas, em quem Rorty se baseia, objeções semelhantes podem ser feitas. Em Nehamas, aparece o antiquado critério da coerência estrita, que se realiza apenas em um texto literário perfeito, critério que deve estar fundido ao ideal da narrativa da vida autêntica. Coerência aqui significa a necessidade absoluta de que cada frase particular esteja amarrada peremptoriamente ao todo da narrativa. Nehamas não destaca a contingência da invenção, mas sim a sua inevitabilidade. (Nehamas 1985, p. 200s e p. 207s). Sobre isso, ver Thomä 1998, p. 146.

[47] Cf. Macyntire 1995, p. 285.

[48] De modo surpreendente, pelo menos no que tange a uma rejeição geral de uma ordem superior da narrativa de autodescrição e às consequências antiéticas que surgem daí, Nietzsche se aproxima de posições naturalistas contemporâneas dentro das ciências da cognição, pelo

De modo consequente, teóricos de uma ética da vida-como-arte, se eles pintam as obras de arte como modelos éticos, semelhante ao que faz Platão na *República*, devem distinguir boas e más obras de arte e aí passar a professar culto a obras realistas e herméticas.

Correriam perigo os esforços de se utilizar a obra de arte, de modo calculado, como modelo formal, mas um que questione radicalmente a ideia de unidade totalizante — tal como é o significativo caso de *Assim falou Zaratustra*. Não pretendo aqui novamente[49] esclarecer como o texto de *Assim falou Zaratustra* se organiza segundo certa concepção de "material", por assim dizer, que vem de baixo *(von unter her)*, objetivando uma estrutura fluida; como metáforas se ligam a

---

menos em termos da rejeição comum de um narrador superior por autodescrição e das consequências antiéticas resultantes, embora estas sejam na sua maioria completamente desprovidas de interrupção autoirônica. Isso, porque em filósofos crentes da ciência e descrentes da arte, tal como Daniel Dennett, é comum se deparar com descrições da conexão entre narratividade e psicologia, as quais correspondem às intuições de Nietzsche de não cambiar *activum* e *passivum*, — e que contradizem toda fácil promessa, proposta pelos éticos, de um dar-a-si-mesmo uma forma. Dennett (1994, p. 538) compara a narrativa da história da nossa vida, intuitivamente, com o tecer de fios: entretanto, "assim como o ato de tecer fios não é consciente disto, de pensar como ele tece os fios [...], assim não pensamos (diferentemente do que narradores profissionais de história) conscientemente quais histórias devemos contar. Nossas narrativas estão tecidas em grande parte, nós não as tecemos; elas nos tecem. A consciência humana e o que é narrado sobre o si-próprio são seus produtos, não sua fonte. Tais fios e feixes de narrativa *parecem* ter sido alimentados a partir de uma única fonte [...], elas nos seduzem para isto, a saber, aceitar um *centro de gravitação* unitário". Do ponto de vista fenomenológico, essa suposição seria uma simplificação extremamente supervalorizada. Como consequência dessa teoria, produzir-se-ia para o Eu o seguinte: ele "seria uma abstração, que se define por uma miríade de arranjamentos e interpretações (incluindo as autoatribuições e autointerpretações), as quais compuseram a biografia do corpo vivo, cujo centro de gravidade narrativo é o Eu. Como tal, o Eu representa um papel de destaque no curso cognitivo da economia do corpo vivo, que precisa criar, a partir das coisas que estão ao seu redor, modelos mentais, pois dentre esses o modelo do Eu se sobressai" (idem, p. 547). A noção virtual de si-próprio segundo Dennett convém, assim, apenas a uma unidade funcional, que tem que poder mudar continuamente, sendo aí frágil *(brüchig)* e inconstante *(sprunghaft)*. O Eu é apenas a parte atraente dos mais diversos modelos, bem como replicador pragmático de unidades culturais (eis os mais famosos memes *(die berühmten Meme)*). Mesmo que a metáfora das máquinas cruze transversalmente os modelos de corpo pensados organicamente por Nietzsche, mesmo assim o Eu representa a despotencialização da instância da consciência, a qual justifica a comparação. Em relação ao modelo de conhecimento pensado esteticamente por Nietzsche, as posições naturalistas são reducionistas. O valor agregado estético nada modifica, em Nietzsche, do impulso principal. A dissolução da forma é pensada e realizada, em Nietzsche, de modo mais consequente, e, além disso, não há nele uma crendice cientificista. Para diferenciações sistemáticas entre posições naturalistas e aquela de Nietzsche, ver Abel 2001.

[49] Sobre isso, ver Zittel 2000a.

outras metáforas em virtude de uma aberta interconexão, que sempre de novo tem que afrouxar os modos de acesso subjetivamente fixados. Pode-se tentar aplicar algum determinado tipo de gênero, seja romance, drama, poesia didática *(Lehrgedicht)*, e logo se notará quão difícil é encontrar para a obra uma satisfatória descrição de sua forma literária. Obras de arte como *Assim falou Zaratustra* podem dar mostras de uma manifestação estética alcançada por um indivíduo empoderado, que com ponderada atenção para a forma cunhou no material sua estampa, servindo-se dela, em todo caso, para sua crítica estética fundamental.

Manipulações de grande alcance devem ser feitas à filosofia e estética de Nietzsche para que uma tal estética da existência possa ser a ele atribuída: o conceito de forma estética deve ser conformado ao leito de Procusto, isto é, a exigências de coerência éticas, para que então os filósofos da arte da vida *(Philosophen der Lebenskunst)* possam manuseá-lo. A hipótese fundamental de Nietzsche, segundo a qual o sujeito não é "dono de si próprio", tem aí que ser posta de lado. A proposta de se pensar como nossa vida toma forma opera necessariamente com o pressuposto de uma livre escolha do sujeito e de um domínio, de uma formatação ou pelo menos de uma capacidade de conduzir os impulsos vitais. Esquece-se aí o que Nietzsche sempre e continuamente supunha: "és *(algo)* feito! Em cada instante! A humanidade trocou ao longo dos tempos o Activum (voz ativa) e o Passivum (voz passiva), seu eterno lapso gramatical" (*A* 120). Assim sucumbe-se à "sedução da linguagem (e aos mais fundamentais erros da razão nela encravados), a de que se entende ou se mal-entende que todo causar efeito *(Wirken)* está condicionado por algo que o causa *(Wirkende)*, por um 'sujeito' [...], 'aquele que causa a ação *(der Thäter)*' é simplesmente, no que tange ao fazer *(zum Thun)*, fabulado *(hinzugedichtet)*, — o fazer é tudo" (*Genealogia da moral* I 13). Para os éticos que concebem esteticamente o dar-se-para-si-uma-forma é necessário assumir um ideal crítico-cognitivo de totalidade e unidade enquanto critério ético-estético, algo esteticamente antiquado para o caso de Nietzsche.

Referências

ABEL, Günter. Bewusstsein — Sprache — Natur: Nietzsches Philosophie des Geites. *Nietzsche-Studien*, v. 30, 2001, pp. 1–43.

ABEL, Günter. Nominalismus und Interpretation. Die Überwindung der Metaphysik im Denken Nietzsches. In SIMON, Josef (org.), *Nietzsche und die philosophische Tradition*. Würzburg: Königshausen & Neumann, 1985, pp. 35–89.

BRUSOTTI, Marco. *Die Leidenschaft der Erkenntnis*. Philosophie und ästhetische Lebensgestaltung bei Nietzsche von 'Morgenröthe' bis 'Also sprach Zarathustra'. Berlin/New York: de Gruyter, 1997.

BÜRGER, Peter. *Prosa der Moderne*. Frankfurt am Main: Suhrkamp, 1992.

DENNETT, Daniel. *Philosophie des menschlichen Bewusstseins*. Hamburg: Hoffmann und Campe, 1994.

DETLEF, Wolfgang. *Macht, Moral, Wissen*: Foucault und die klassische Antike. Frankfurt am Main: Suhrkamp, 1998.

ECO, Umberto. *Das offene Kunstwerk*. Frankfurt am Main: Suhrkamp, 1993.

FOUCAULT, Michel. *Der Geburt der Lüste*. Frankfurt am Main: Suhrkamp, 1990.

FOUCAULT, Michel. *Sex als Moral*: Gespräch mit Hubert Dreyfus und Paul Rabinow. In: FOUCAULT, Michel. *Von der Freundschaft*. Frankfurt am Main: Suhrkamp, 1984. pp. 69–93.

FRÜCHTL, Josef. *Ästhetische Erfahrung und moralisches Urteil*. Frankfurt am Main: Suhrkamp, 1996.

GERHARDT, V. Die grosse Vernunft des Leibes: Ein Versuch über Zarathustras Nietzsches vierte Rede." In: GERHARDT, v. (org.). *Nietzsche's 'Also sprach Zarathustra'*. Berlin: Akademie Verlag, 2000, pp. 123–164.

GERHARDT, v. "Nietzsche, Goethe und die Humanität." In: RESCHKE, Renate (org.). *Zeitenwende — Wertewende*. Berlin, Akademie Verlag, 2001, pp. 19–30.

GERHARDT, Volker. "Die Moral des Immoralismus. Nietzsches Beitrag zu einer Grundlegung der Ethik. In: SALAQUARDA, Jörg (org.). *Krisis der Metaphysik*. Berlin: de Gruyter, 1989. pp. 417–447.

GERHARDT, Volker. Selbstbegründung. Nietzsches Moral der Individualität. *Nietzsche-Studien*, v. 21, 1992, pp. 28–49.

GERHARDT, Volker. Die Perspektive des Perspektivismus. *Nietzsche-Studien*, v. 18, 1989, pp. 260–281.

GERHARDT, Volker. *Selbstbestimmung*. Das Prinzip der Individualität. Stuttgart: Reclams Universal-Bibliothek, 1999.

HADOT, Pierre. Überlegungen zum Begriff der "Selbststruktur". In: EWALD, François; WALDENFELS, Bernhard (org.). *Spiele der Wahrheit*: Michel Foucaults Denken. Frankfurt am Main: Suhrkamp, 1991. pp. 219–228.

HARTMANN, Bettina. *Über freie Geister und souveräne Individuen*. Ein Beitrag zu Nietzsches Ethik. Dissertação de Mestrado em Filosofia. Freie Universität zu Berlin, 2000.

HIMMELMANN, Beatrix. *Freiheit und Selbstbewußtsein*. Zu Nietzsches Philosophie der Subjektivität. Freiburg im Breisgau: Karl Alber, 1996.

KALB, Christoph. *Desintegration*. Studien zu Nietzsches Leib- und Sprachphilosophie. Frankfurt am Main: Suhrkamp, 2000.

KAMBARTEL, Friedrich. *Philosophie der humanen Welt*. Frankfurt am Main: Suhrkamp, 1989.

KAULBACH, F. *Philosophie des Perspektivismus*. Tübingen: Mohr, 1990.

KAULBACH, F. *Sprachen der ewigen Wiederkunft*. Die Denksituationen des Philosophen Nietzsche und ihre Sprachstile. Würzburg: Königshausen & Neumann 1985.

KAULBACH, F. *Nietzsches Idee einer Experimentalphilosophie*. Köln: Böhlau Verlag, 1980.

LOCH, Wolfgang. *Deutungs-Kunst*. Dekonstruktion und Neuanfang im psychoanalytischen Prozess. Tübingen: Diskord, 1993.

MACINTYRE, Alasdair. *After virtue*. Notre Dame: University of Notre Dame Press, 1981.

MACINTYRE, Alasdair. *Der Verlust der Tugend*. Frankfurt am Main: Suhrkamp, 1995.

MENCKE, Christoph. Distanz und Experiment. Zu zwei Aspekten ethischer Freiheit bei Nietzsche. *Deutsche Zeitschrift für Philosophie*, v. 41, 1993, pp. 61–77.

NEHAMAS, Alexander. Nietzsche: life as literature. Cambridge: Harvard University Press, 1985.

NEHAMAS, Alexander. *The art of living*: Socratic reflections from Plato to Foucault. Berkeley: University of California Press, 1998.

NIETZSCHE, F. *Historisch-Kritische Gesamtausgabe Werke*. Organizado por Hans Joachim Mette e Karl Schlechta. München: DTV, 1933.

NIETZSCHE, F. *Sämtliche Werke*: Kritische Studienausgabe in 15 Bänden. Organizado por G. Colli e M. Montinari. Berlin/New York: DTV & de Gruyter, 1999.

NUSSBAUM, M. *Love's knowledge*. Essays on philosophy and literature. Oxford: Oxford University Press, 1990.

NUSSBAUM, Martha. Mitleid und Gnade. Nietzsches Stoizismus. *Deutsche Zeitschrift für Philosophie*, v. 5, 1993, pp. 831–858.

RECKI, Birgit. 'Artisten-Metaphysik' und ästhetisches Ethos. Friedrich Nietzsche über Ästhetik und Ethik. In: KERN, Andrea; SONDEREGGER, Ruth (org.). *Falsche Gegensätze*. Zeitgenössische Positionen zur philosophischen Ästhetik. Frankfurt am Main: Suhrkamp, 2002, pp. 262–285.

RECKI, Birgit. Das ästhetische Ethos des Schaffenden. Friedrich Nietzsche über Kunst und Lebenskunst. In: *Jahrbuch des Künstlerhauses Schloß Balmoral*. Mainz: 1999, pp. 215–237.

REUBER, Rudolf. *Ästhetische Lebensformen bei Nietzsche*. München: Wilhelm Fink Verlag, 1988.

RORTY, Richard. *Contingency, irony, solidarity*. Cambridge: Cambridge University Press, 1989.

SAAR, Martin. Der Stoff des Lebens. Lebenskunst, Ethik und Immanenz. In ECHTERHOFF, Gerald, EGGERS, Michael (org.), *Der Stoff, an dem wir hängen*. Faszination und Selektion von Material in den Kulturwissenschaften. Würzburg: Könnigshausen & Neumann, 2002, pp. 31–42.

SALEHI, David; GÜNZEL, Stephan. Nietzsches 'konstruktive' Ethik in der Diskussion. *Nietzsche-Studien*, v. 32, 2002, pp. 368–381.

SCHEER, B. Zum Verhältnis von Zeichen und Erfahrung. Anmerkung zu Josef Simons Konzeption einer "Philosophie des Zeichens". In: HOFFMANN, Thomas Sören e MAJESTSCHAK, Stephan (org.). *Denken der Individualität*. Festschrift für Josef Simon. Berlin> de Gruyter, 1995, pp. 359–365.

SCHEER, Brigitte. Das Verhältnis von Ästhetik und Ethik im Denken Nietzsches. In GREINER, Bernhard, MOOG-GRÜNEWALD, Maria (org.), Etho-Poietik. *Ethik und Ästhetik im Dialog.* Erwartungen, Forderungen, Abgrenzungen. Bonn: Bouvier, 1998, pp. 51–68.

SCHEER, Brigitte. Zeichenbildung und Zeichenverstehen am Beispiel der Malerei." In: SIMON, Josef (org.). *Orientierung in Zeichen.* Frankfurt am Main:Suhrkamp, 1997, pp. 197–205.

SCHIPPERGES, Heinrich. *Am Leitfaden des Leibes.* Zur Anthropologik und Therapeutik Friedrich Nietzsches. Stuttgart: Ernst Klett Verlag, 1975, pp. 69–73.

SCHLIMGEN, Erwin. *Nietzsches Theorie des Bewusstseins.* Berlin/New York: de Gruyter, 1999.

SCHMID, Wilhelm. "Das Dasein — ein Kunstwerk: Zum Verhältnis von Kunst und Lebenskunst bei Nietzsche. *Deutsche Zeitschrift für Philosophie*, v. 6, 1991a, pp. 650–660.

SCHMID, Wilhelm. Uns selbst gestalten. Zur Philosophie der Lebenskunst bei Nietzsche. *Nietzsche-Studien*, v. 21, 1992, pp. 50–62.

SCHMID, Wilhelm. *Auf der Suche nach einer neuen Lebenskunst*: Die Frage nach dem Grund und die Neubegründung der Ethik bei Foucault. Frankfurt am Main: Suhrkamp, 1991b.

SEEL, Martin. *Ethisch-Ästhetische Studien.* Frankfurt am Main: Suhrkamp, 1996.

SIMON, Josef. Das Problem des Bewusstseins bei Nietzsche und der traditionelle Bewusstseinsbegriff. In: DJURIC, Mihailo; SIMON, Josef (org.). *Zur Aktualität Nietzsches.* Würzburg: Königshausen & Neumann, 1984, pp. 17–33.

SIMON, Josef. Die Krise des Wahrheitsbegriffs als Krise der Metaphysik. Nietzsches Alethiologie auf dem Hintergrund der Kantischen Kritik. *Nietzsche-Studien*, v. 18, 1989, pp. 242–259.

STEGMAIER, W. 'Denken'. Interpretationen des Denkens in der Philosophie der Moderne. In ANGEHRN, Emil, BAERTSCHI, Bernard (org.). *Studie Philosophica*, 57, 1998, pp. 209–228.

STEGMAIER, W. Nietzsches Zeichen. *Nietzsche-Studien*, v. 29, 2000, pp. 41–69.

STEGMAIER, Werner. Philosophieren als Vermeiden einer Lehre. Inter-individuelle Orientierung bei Sokrates und Platon, Nietzsche und Derrida. In: SIMON, Josef (org.). *Distanz im Verstehen.* Frankfurt am Main: Surhkamp, 1995, pp. 213–238.

STEGMAIER, Werner. Anti-Lehren: Szene und Lehre in Nietzsches Also sprach Zarathustra. In: GERHARDT, Volker (org.). *Friedrich Nietzsche*: Also sprach Zarathustra. München: Akademie Verlag, 2012. pp. 143–168.

STEGMAIER, Werner. Nietzsches *"Genealogie der Moral"*. Darmstadt: Wissenschaftliche Buchgesellschaft, 1994.

STEGMAIER, Werner. *Philosophie der Fluktuanz*. Dilthey und Nietzsche. Göttingen: Vandenhoeck & Ruprecht, 1992.

STEIMANN, Michael. *Die Ethik Friedrich Nietzsches*. Berlin/New York: de Gruyter, 2000.

THOMÄ, Dieter. *Erzähle dich selbst.* Lebensgeschichte als philosophisches Problem. München: Suhrkamp, 1998, pp. 140–156.

ZITKO, Hans. *Nietzsches Philosophie als Logik der Ambivalenz*. Würzburg: Königshausen & Neumann, 1991.

ZITTEL, Claus. Kalb, Christoph. Desintegration. Studien zu Nietzsches Leib- und Sprachphilosophie. *Nietzsche-Studien*, v. 30, 2001, pp. 505–509.

ZITTEL, Claus. Das ästhetische Kalkül von Friedrich Nietzsches *"Also sprach Zarathustra."* Würzburg: Königshausen & Neumann, 2000a.

ZITTEL, Claus. Goethe. In: OTTMANN, Henning (Org.). *Nietzsche-Handbuch.* Stuttgart: Metzler, 2000b, pp. 385 ss.

ZITTEL, Claus. *Selbstaufhebungsfiguren bei Nietzsche.* Würzburg: Königshausen & Neumann, 1995.

IV. “Uma máquina em movimento incessante na cabeça”: O “primeiro livro” desalegre d’*A Gaia Ciência*[1]

A proposta da série de livros *Klassiker Auslegen* de apresentar uma obra capítulo por capítulo parece inconveniente em vista da prática usual de leitura das obras de Nietzsche, pois os intérpretes normalmente não leem seus escritos sequencialmente, mas passam por eles, saltando de trecho em trecho conforme seus interesses. Com isso, o conceito da série inaugura a oportunidade de se ler o primeiro livro da GC enquanto *primeiro* livro, isto é, como início da obra. No vasto campo das interpretações da obra de Nietzsche, o primeiro livro da GC permanece amplamente ignorado. Não surpreende, portanto, que até agora não haja nenhum estudo que tenha considerado seus 57 subcapítulos em conexão, sem ignorar as tensões internas, as mudanças de tendência, as confusões e as diferentes formas de apresentação.

1. O problema da forma

No primeiro livro da GC alguns *textos* frequentemente ocupam mais espaço do que nos livros seguintes. O próprio texto de abertura se estende por quatro páginas. Nas primeiras edições de 1882 e 1887 ele chegou a ocupar cinco páginas e meia. Depois de “‘*Brincadeira, Astúcia e Vingança*’: *prelúdio em rimas alemãs*”, sucede com ele uma surpreendente mudança na tonalidade e na forma de apresentação. Os pensamentos aqui não são simplesmente espalhados a esmo como pérolas aforísticas, mas sim analisados e desdobrados. Se um tema é abordado uma vez, ele se estende ao longo de todo o livro, onde é iluminado de formas diferentes,

[1] Capítulo traduzido por João Paulo Simões Vilas Bôas.

nem sempre, contudo, a partir de perspectivas contraditórias entre si. O que resulta é uma relação argumentativa admiravelmente densa e consistente de um ponto a outro, o que depõe também a favor de se ler esse escrito sequencialmente ao menos uma vez, a título de experiência.

Vários textos da GC são comparáveis com os parágrafos das três dissertações da GM. Eles não se reúnem, portanto, num "livro de aforismos", nem tampouco servem como exemplo para o "pensar aforístico" de Nietzsche (a esse respeito, cf. FIGAL, 2000, p. 314). Tais caracterizações, feitas por convenção e no apuro para obter uma melhor forma de expressão, nivelam a multiplicidade das formas de apresentação encontradas nos livros de Nietzsche e induzem à compreensão geral delas, devido à sua suposta brevidade, como exemplos de um pensar aberto, perspectivo. Além disso, numerosas reflexões, parábolas e ensaios curtos da GC não se apresentam de modo independente, tanto na forma quanto no conteúdo — e, por conta disso, não são aforismos.

Já o primeiro texto do livro 1 da GC recusa sua rotulação como um escrito aforístico e esquiva-se das interpretações que reconhecem, no estilo aforístico, a adequada forma de representação filosófica de um "pensar em recortes", que promoveria um "pensamento aberto, desatado" e ofereceria "um fragmento de liberdade experimentada" (ADORNO, 1988, pp. 7–9). Em seu primeiro livro, a GC demonstra muito mais um pensar e escrever para além do recorte. Os parágrafos subdividem, criam ritmo e forma, mas não cortam em pedaços. Contudo, ainda que se possa ler a GC sequencialmente, ela não se configura, por isso, como um romance filosófico,[2] como sugeriu Figal de forma provocativa, pois, ao lado de toda liberdade e franqueza para a incorporação de reflexões filosóficas, as quais pertencem ao gênero romance em Musil ou Peter Weiss, tais casos limite precisariam pelo menos de indícios formais ou de uma autodeclaração com a qual se esteja disposto a procurar por padrões narrativos. Pelo contrário, pode-se

[2] Cf. "O romance, aquele gênero da literatura que procura o todo e se dá a entender na multiplicidade de momentos e formas de representação heterogêneas, é retraduzido por Nietzsche numa forma filosófica [...]. A Gaia Ciência é [...] a versão filosófica de um romance — filosofia que se estende sobre a literatura em forma literária, que é mais transparente para a filosofia. A forma do livro indica de antemão como ele deve ser lido: precisamente como um romance. Em continuidade, com atenção para a sua composição e não como uma coletânea qualquer de observações argutas" (Figal 2000, p. 314)

assegurar que não há nenhuma determinação formal uniforme para a composição dos textos reunidos na GC.

Com a alocução ao leitor que abre o primeiro livro, a GC se coloca na tradição dos *discours*, da conferência ou da conversação. A escolha dos temas e a argumentação concisa, que expõe exemplos claros, insere o texto na tradição da moralística francesa e espanhola. Fontenelle e Montaigne são explicitamente nomeados (GC 3, GC, 22) e, mais tarde, também Chamfort (GC, 95). Estilisticamente é possível reconhecer tanto uma proximidade com as refinadas máximas de La Rochefoucault como também a tendência de propagar detalhadamente os respectivos pensamentos e, com eles, tecer redes. Não são aforismos, mas sim ensaios, reflexões, coletâneas de pensamentos (*Pensées*) e considerações: também diálogos que explicitamente incluem o leitor ou ouvinte fictício (GC 16) e narrativas de sonhos (GC 22). Entretanto, de modo geral, nenhuma sentença ou aforismo.

Além disso, é evidente do ponto de vista temático a relação com os assuntos preferidos dos moralistas franceses: o primeiro livro da GC trata primariamente da descrição e análise de paixões e sensações humanas (neste caso, da relação entre espécie e autoconservação, ceticismo e saber, vida e morte, gosto e paixões, costumes e virtudes, elogio e repreensão, doutrinas e hábitos, dor e prazer, tragédia e comédia, ócio e trabalho, tédio e ritmo, corpo e espírito). A novidade, contudo, é que agora são empregadas reflexões sobre como cada modo de descrever e conceitualizar as paixões retroage por sua vez sobre elas e as modifica, também sobre como surgem paixões secundárias e quais consequências elas acarretam. Por conseguinte, o primeiro livro contém variações sobre os conceitos de felicidade, finalidade, "miséria", força, gosto, paixão, necessidade, hábito, dor ante o pano de fundo de uma discussão das condições do erro necessário, disfarces e possibilidades do conhecimento e sua utilidade ou periculosidade.

Tal como os moralistas latinos, Nietzsche dá sentido às figuras e, nisso, segue os sinais da língua. Ele favorece verbos de movimento corporal, da visão e sensação. Dificilmente uma frase se contenta com verbos não explícitos — aqui governa a fidelidade atenciosa à figura: após o "ficar em silêncio" segue o pensamento, que vem "sobre uma ou duas pernas" (GC 6); aqueles que "cavam fundo nos velhos pensamentos e os fazem dar frutos", são os "lavradores do espírito" (GC 4). Um estilo espontâneo guiado engenhosamente, que distende as linhas de forma descontraída até criar relevos ousados, nos quais a soberania da livre consideração se reflete mais amplamente do que a brincadeira virtuosa com a forma – cujo ideal estético é satisfeito por frases como as citadas acima. Um estilo em que partes da frase são dominadas por figuras sonoras, criadas para serem faladas e ouvidas, também de sentenças longas, nunca tediosas, como estruturas articuladas que não apenas tematizam sua própria clareza, mas também a expõem (GC 8-9).

Assim, por exemplo, as características humanas ocultas que "se escondem aos olhos do fino observador" são comparadas com "esculturas nas escamas dos répteis", as quais somente se vê com "o microscópio" e que, com "um microscópio divino, poderiam agradar". Entretanto, para nossas próprias "escamas de réptil, ainda não foi inventado um microscópio" (GC 8). Ao mesmo tempo nós, leitores, por meio dessas comparações explícitas, olhamos com satisfação através desse microscópio divino para essas "linhas, finezas e esculturas" (GC 8) ocultas. Esse é um aspecto possível de uma "gaia ciência" que, de outro modo, seria difícil de apreender e de determinar inequivocamente no primeiro livro.

2. A "gaia ciência" como problema

Seria cansar por demais a paciência da leitora ou do leitor quando indicações sobre como entender o título enigmático de um escrito são oferecidas somente no final de uma obra. O que significa, então, o curioso título "Gaia Ciência" quando o consideramos à luz do primeiro livro? A ciência seria aqui equiparada com a filosofia? Uma ciência gaia deveria ser contraposta a uma ciência séria ou melancólica? Uma separação entre uma ciência científica e uma ciência estética seria aqui introduzida? O conceito de "ciência" se colocaria em oposição crítica com o conceito de "doutrina"? Uma resposta a essas perguntas precisa tomar em consideração a relação entre as asserções sobre ciência encontradas no livro 1 da GC e o modo como a "gaia ciência" é colocada em ação no texto e, deste modo, efetivamente praticada.

Stegmaier (2012, pp. 47–49) documentou o quão controversamente o título da obra foi interpretado — de um slogan de que a ciência deveria ser alegre ou deveria tornar alegre até um descanso da ciência —, reunindo todas as fontes e pontos contextuais importantes para, de sua parte, demonstrar a ambiguidade do texto.[3] Stegmaier está seguramente correto quando afirma que se trata menos de saber como a "alegria" (*Fröhlichkeit*) é definida, mas sim como ela se manifesta no texto, contudo, ele não deixa de acrescentar que a relação entre alegria e ciência descrita acima é uma tendência que "se mostra mais madura no quinto livro" (2012, p. 46). Se essa tendência se mostra "mais madura" no quinto livro, acrescentado posteriormente, então — assim se pode entender Stegmaier — ela é encontrada nos livros anteriores apenas num estado imaturo ou até mesmo embrionário.

De fato: ao lermos o primeiro livro, não encontramos nada alegre. Ao invés disso, chocamo-nos — como veremos em detalhes adiante — com análises longas e exaustivas, com uma ciência trabalhosa, com conhecimentos sombrios, com a apresentação de coerções genealógicas, dependências históricas, fisiológicas e culturais que enredam os indivíduos em situações conflituosas insolúveis. Em resumo: o que se pode indicar no quinto livro como uma gaia ciência não se mostra de forma alguma no primeiro. Todavia, tal leitura teleológica tem suas armadilhas, pois também podemos constatar uma mudança sem que ela tenha de expressar necessariamente um amadurecimento. O perigo consiste em retrospectivamente compreendermos rastros como caminhos que guiam adiante, ao invés de primeiramente abordar e avaliar essas impressões em seus próprios contextos.

[3] Stegmaier oferece um panorama crítico excepcional sobre as pesquisas acerca da GC e uma análise sutil das diferentes nuances de significado de uma possível "gaia ciência". No que tange às fontes, Stegmaier oferece uma descoberta que eu considero mais importante que todas as outras comumente mencionadas: "Na busca pela origem da linguagem literária europeia mais significativa a partir da linguagem provençal, Herder redescobriu a 'gaia ciência (gay saber, gaya ciencia)' em suas Cartas para a promoção da humanidade e exaltou-a como o 'primeiro facho luminoso da nova aurora poética na Europa'. Sua finalidade é não apenas 'divertimento alegre e agradável', mas também a 'liberdade de pensamento'. A 'formação da linguagem provençal' teria 'efetivado a liberdade de pensamento para toda a Europa': 'com grande coragem ela foi de encontro aos escândalos do clero e mereceu tanto a coroa de louros poética, como também a coroa dos mártires da verdade para toda Europa devido às perseguições indescritíveis' [Herder, Cartas para a promoção da humanidade, 472, 474 e 478.]. Isso soa francamente como um programa para a 'gaia ciência' de Nietzsche'" (Stegmaier 2012, p. 39)

Logo na sequência de entrada estabelece-se o processo de análise como aberto: "Posso contemplar os homens com olhar bom ou ruim" (GC 1). Aqui não se estabelece nenhuma tese fixa de partida, mas sim apresenta-se uma opção entre dois modos de consideração possíveis, os quais implicam valorações contraditórias. O que se busca fazer no primeiro livro da GC, através de diferentes tentativas, é apresentar a concatenação entre uma determinada ótica e, por meio de exemplos históricos, as valorações que dela resultam, determinando as consequências até o presente. Deste modo, não se busca apresentar uma valoração correta contra a falsidade da tradição, mas sim investigar as respectivas constelações de afetos, impulsos e valorações vinculadas a pontos de vista, assim como suas graduações, funções e consequências. A questão chave é como surgem visões e objetivos individuais e coletivos — "(*Por que* brilha aqui este Sol de um juízo moral e medida de valor fundamental — e ali aquele outro?)" (GC 7) — e como eles afetam a preservação da espécie humana — como nós chegamos às nossas medidas de valor, como elas se tornam habituais e o que elas provocam.

Conforme a autolimitação escolhida aqui, consideremos primeiramente como um leitor da primeira edição poderia entender o título "A Gaia Ciência", o qual, ao procurar por informação no primeiro livro da GC, só recebeu um aviso explícito no parágrafo 1, que, por conseguinte, precisará lhe orientar:

> (...) Não sei mais se você, caro próximo e semelhante, é capaz de viver em detrimento da espécie, ou seja, de forma "irracional" e "má"; o que poderia ser nocivo à espécie já se extinguiu talvez há milênios e agora pertence às coisas que não são possíveis nem mesmo para Deus. Siga os seus melhores ou os seus piores desejos e, sobretudo, pereça! Em ambos os casos você provavelmente ainda é, de algum modo, fomentador e benfeitor da humanidade, e por isso tem direito a seus apologistas — mas também a seus detratores! Mas você nunca encontrará quem possa zombar de você, indivíduo, também naquilo que tem de melhor, fazendo-o perceber, tanto quanto exigiria a verdade, sua ilimitada miséria de rã e de mosca! Rir de si mesmo, como se deveria rir para fazê-lo *a partir da verdade inteira* — para isso os melhores não tiveram até hoje bastante senso de verdade, e os mais talentosos tiveram pouco gênio! Talvez ainda haja um futuro também para o riso! Quando a tese de que "a espécie

> é tudo, o indivíduo, nada" houver se incorporado à humanidade e a cada um, em cada instante, estiver livre o acesso a essa derradeira libertação e irresponsabilidade. Talvez então o riso tenha se aliado à sabedoria, talvez então haja apenas "gaia ciência". Por enquanto ainda é bem diferente, por enquanto a comédia da existência ainda não se "tornou consciente" de si mesma, por enquanto este é ainda o tempo da tragédia, o tempo das morais e religiões (...) (GC 1).[4]

Estejamos seguros: *talvez* se chegue num futuro distante a uma síntese de "riso e sabedoria" e *talvez* existirá então "apenas gaia ciência". Para o presente, isso é impossível. O trágico forçosamente domina aqui, porque o caráter risível da existência visivelmente ainda não foi percebido. Mas mesmo que isso possa acontecer no futuro, não é uma perspectiva positiva, pois o homem não poderia viver sem a crença na seriedade, a necessidade de propósito seria sua segunda natureza, sem a qual ele não poderia existir "em suma, a humanidade pereceria por sua consciência" (GC 11). A visão de uma gaia ciência se revela como um mau presságio que promete ao "animal fantástico" humano a perda de suas ilusões necessárias à vida através da zombaria. O riso do futuro que se segue à seriedade hodierna será mortal:[5]

> Mas, apesar de todo esse riso corretor, a natureza humana foi mudada por esse aparecimento sempre renovado dos mestres da finalidade da existência — ela passou a ter uma necessidade mais, a necessidade justamente da aparição sempre renovada de tais mestres e doutrinas da "finalidade". O homem tornou-se gradualmente um animal fantástico, que mais que qualquer outro tem de preencher uma condição existencial: ele tem de acreditar saber, de quando em quando, por que existe, sua espécie não pode florescer sem uma periódica confiança na vida! Sem fé na *razão da vida*! E sempre de novo, de quando em quando, a estirpe humana decretará: "Existe algo de que não se pode mais rir em absoluto!". E o mais cauteloso dos amigos do humano acrescentará: "Não apenas o riso e a

[4] Esta e todas as outras citações da Gaia Ciência foram extraídas da tradução realizada por Paulo César de Souza, publicada pela Editora Cia das Letras. Algumas modificações pontuais foram realizadas quando necessário (N.T.).

[5] Contrariamente a isso, Figal defende a concepção: "Isto é gaia ciência: a serenidade do conhecimento a partir da compreensão que a seriedade pertence ao conhecimento e simultaneamente torna sempre a limitá-lo. Gaia ciência é conhecimento que não se subordina de forma vinculada, obediente e incondicional a nenhuma perspectiva única, mas que vê o todo que se mostra em múltiplas perspectivas (Figal, 2000, p. 317). Do ponto de vista de GC 1, esta caracterização tornaria o texto inofensivo.

> gaia sabedoria, mas também o trágico e sua sublime desrazão fazem parte dos meios e requisitos para a conservação da espécie!". — E, por conseguinte! Por conseguinte! Por conseguinte! Oh, compreendem-me, meus irmãos? Compreendem essa nova lei do fluxo e refluxo? Também nós temos a nossa hora! (GC 1)

O quê segue daqui? Um "eu" toma a palavra, falando primeiramente a seus "próximos e semelhantes" (GC 1) e, mais tarde, a "seus irmãos" (Idem) ou diretamente a um "você" (GC 15) para compartilhar verdades desagradáveis que ameaçam a existência. Por fim, ao final do primeiro livro ele se desculpa com "seus amigos" (GC 56) por ter desenhado sua própria felicidade na parede.[6] Mas que felicidade? Seria a felicidade daquele que conhece? Que possui uma "consciência intelectual, uma consciência atrás da consciência" (GC 2)? Daquele para quem o conhecimento se transformou em paixão, em diferença a outros, paras os quais o conhecimento leva ao desânimo? (GC 23)

Em várias discussões longas acerca da contribuição do homem individual para a preservação da espécie (GC 1, 3, 4, 19 e 21), o conflito mencionado no início é reelaborado: a humanidade possui uma necessidade ulterior, e "a exigência de certeza" enquanto "desejo mais elevado e necessidade mais profunda" caracteriza o indivíduo elevado. Ele tem a "*tarefa de incorporar o saber e torná-lo instintivo*" (GC 11). Disso resulta que a ciência tornada instinto agora também contribui para a formação de uma segunda natureza.

O que o indivíduo faz é indiferente, não se pode estimar o que é prejudicial à espécie e o que não é. Contudo, é presumível que muito daquilo que serviria a espécie já se extinguiu, pois a consciência intelectual do indivíduo também não possibilita nenhum padrão seguro, mas é, por sua vez, integrada. É fator e "*sintoma de corrupção*" (GC 23). Uma situação trágica também surge quando o impulso por conhecimento transformado em instinto, a paixão da razão e a exigência por certeza têm por consequência a total incerteza. Contudo, isso também é estranho, pois o trágico também conduz *ad absurdum*, enquanto uma atitude que ainda leva a sério o que não tem sentido.

---

[6] Aqui se faz referência à expressão em alemão "*den Teufel na die Wand malen*" (literalmente: "desenhar o diabo na parede) que tem o sentido de "alarmar-se sem motivo" ou "reagir de forma exageradamente pessimista" (N.T.).

Se a existência não tem sentido, se a possibilidade de um conhecimento objetivo do mundo é abandonada, a ciência então não pode mais ter na moral seu fundamento. A natureza não conhece finalidades e leis. Elas são apenas enxertadas nela. Então que tipo de ciência ainda é possível? Por que se deveria ainda aspirar à ciência? Ou, colocado de outro modo: o que impulsiona um ser humano a querer conhecer, a despeito da falta de sentido generalizada? Deve uma gaia ciência "ser necessariamente uma ciência *estética*" (Abel, 1986, p. 18) ou — o que não necessariamente está em contradição: uma ciência que desilude ao esclarecer?

No primeiro livro da GC, Nietzsche destaca o elevado impacto real de considerações fictícias, valorações normativas inconscientes e perspectivas subjetivas (GC 2). Mais precisamente: a força sustentadora e criadora da realidade oriunda de valores inventados ou imaginados, de finalidades fictícias e necessidades ensinadas (GC 1), de denominações enganadoras (GC 14), de razões mentirosas (GC 29), dos forjados "motivos em que se crê" (GC 44), do "fantasiar de olhos abertos" (GC 11), das "imagens ideais" fantasiadas (NF-1881,11[18], KSA 9, p. 448): "O que é agora, para mim, aparência? Verdadeiramente, não é o oposto de alguma essência [...] Aparência é, para mim, aquilo mesmo que atua e vive" (GC 54). Contudo, o ceticismo em relação ao conhecimento não conduz a nenhum relativismo, mas sim a uma investigação analítica e funcional (GC 4) do modo de atuação de erros incorporados e solidificados em doutrinas. Logo, a gaia ciência compete contra todos os doutrinadores, especialmente contra "*os mestres da finalidade da existência*" (GC 1), os "*mestres do desinteresse (Selbstlosigkeit)*" (GC 21) e contra a "*doutrina do sentimento de poder*" (GC 13).

Por conseguinte, uma série é formada por reflexões que não apenas questionam as origens das oposições simples de bem e mal, útil e prejudicial, mas também mostram como ações individuais prejudiciais de curto prazo atuam de forma útil no longo prazo e vice-versa (GC 1, 3, 4, 14, 19, 21, 23, 24, 27, 28, 35-37, 49, 56). Simultaneamente é mostrado não apenas como essas oposições se desenvolvem como contradições necessárias a partir dos conflitos entre indivíduos e a espécie, entre interesses de curto e de longo prazo, como também que há fases, "esta nova lei fluxo e refluxo" (GC 1), que restringem as possibilidades dos indivíduos e, quando muito, possibilitam, num futuro distante, o heroísmo trágico de sacrificar a própria vida como experimento da ciência (GC 7).

3. A "gaia ciência" como paixão

Se não conseguimos progredir com a análise da "alegria", resta ainda a chance que os pensamentos sobre a "ciência" que aparecem em diferentes lugares do primeiro livro possam nos dar uma explicação mais próxima. Em contrapartida, aqui nos deparamos com um resultado duplo surpreendente, pois a ciência agora não está mais associada com a alegria e a liberdade, mas é trazida em associação com a dor e com a segurança: embora a ciência possa criar tanto prazer (no sentido de ausência de dor) como desprazer, ela do mesmo modo ensina o desconfiar (GC 33) mesmo quando promovida devido a atribuições positivas equivocadas (GC 37). A dor conduz ao desejo de saber. Por meio dele, o conhecimento se metamorfoseia numa paixão, enquanto o exagerado temor hodierno perante a dor promove o pessimismo.

Contudo, em vista da "incerteza e irrealidade de nossos juízos" e da "perene mudança das leis e conceitos humanos", permanece de forma surpreendente "uma felicidade profunda e fundamental que a ciência descubra coisas que permanecem firmes e continuam a fornecer a base para novas descobertas: – poderia ser diferente, afinal!" (GC 46) Essa bem-aventurança não é aquela frequentemente evocada pelos descobridores e marinheiros audazes, que partem para novos mares, pelo contrário, ela é "como a do náufrago [...] que atingiu a costa" e, para sua surpresa, sente o chão firme sob seus pés. (GC 46). Ela, contudo, poderia também atuar como a "*grande causadora de dor*" (GC 12) para tornar possível felicidades maiores, o que seria atualmente, no entanto ainda uma utopia. Devemos, todavia, entender a "gaia ciência" desse modo? Como o devorar masoquista de dor e alegria?

Poder-se-ia objetar que a apresentação de pontos de vista contraditórios por Nietzsche seria apenas o sentido do procedimento perspectivístico e, portanto, daí surgiria o engano de se conceder importância excessiva a passagens individuais. Por conseguinte, precisamos retornar à questão se a GC consiste em aforismos, cuja heterogeneidade força uma mudança permanente de perspectivas e, com isso, produz um olhar com muitos olhos, no qual um entendimento diferente da ciência ganha expressão.

Eu já chamei a atenção anteriormente que, em geral, os leitores de Nietzsche não leem seus escritos de uma só vez. Eles podem recorrer a várias das instruções de leitura do filósofo, mas elas frequentemente são ambíguas. Em uma "conversa sobre o leitor" planejada por ele, Nietzsche constatou que não se deve ler "coletâneas de pensamento" rapidamente e de uma só vez.[7] Todavia, resta a questão acerca de quais as consequências acarretadas pela imersão demorada em pensamentos individuais. O primeiro livro da GC apresenta diversos pontos de vista e óticas diferentes, incluindo aquelas que são estranhas, suspeitas ou odiadas pelo leitor. Nós só podemos esclarecer outros pontos de vista e valorações se nos transplantarmos para dentro deles. Isso possibilita a Nietzsche um estilo de apresentação vívido e claro.

Mas porque deveríamos esclarecer os diferentes pontos de vista, suas valorações e consequências? Uma possibilidade seria, acompanhando Feyerabend, festejar o caráter indefinido dos pontos de vista como um alegre "vale tudo" e propagar a gaia ciência enquanto ciência contra a pressão do método enquanto arte. Outra possibilidade seria objetivar um "meta" ponto de vista a partir do qual todas as perspectivas podem ser novamente abarcadas. No espólio deste período se encontra uma anotação admirável, a qual se apresenta como um meta-comentário a GC 1 e que descreve o perspectivismo, para além da sua indefinição subjetiva e do seu olhar olímpico, como ciência livre de afetos:

> O querer conhecer as coisas como elas são — só esta é a inclinação *boa*: não o olhar para os outros nem o olhar com outros olhos — isso não seria mais do que um *mudar de posição* do olhar egoísta! *Queremos* nos livrar da grande loucura fundamental, *medir tudo segundo nosso critério*: amor-próprio é uma expressão errônea, restrita demais; o ódio próprio e todos os afetos atuam sem cessar com um ligeiro salto; como se tudo *tendesse para nós*. Anda-se pelas vielas e pensa-se

[7] Cf. "Repare no quão rápido ele lê, como ele vira as páginas — exatamente o mesmo número de segundos a cada página. Tome o relógio nas mãos. São pensamentos individuais, bem pensados, leves, pesados — e ele sente prazer em todos eles! O infeliz os lê do início ao fim, como se alguém pudesse ler coletâneas de pensamento do início ao fim! (FP 47[7], setembro-novembro de 1879).

que todo olho nos observa: e o quê seria se um olho e uma palavra realmente se endereçassem a nós! — não mais, no que nos diz respeito, como quando o olhar e a palavra se endereçam a um terceiro — pessoalmente, devemos justamente poder ser indiferentes! Aumento da indiferença! *Para isso, exercício* de ver com *outros* olhos: exercício sem relações humanas, isto é, ver *objetivamente*! Curar a megalomania humana! De onde ela vem? Do *temor*: toda força espiritual deve sempre saltar rapidamente de volta para a visão pessoal. É o sofrimento animal. O egoísmo mais intenso não tem seu oposto no amor pelos outros, mas sim na visão neutra objetiva! *A paixão pelo 'verdadeiro'*, a despeito de todas as considerações pessoais, a despeito de todo o 'agradável' e desagradável, é a paixão mais elevada — por isso a mais rara até agora! (NF-1881,11[10], KSA 9, p. 443s)

Esse elogio da visão neutra e objetiva, até então raramente empregado na pesquisa sobre Nietzsche, é digno de nota pois instaura uma outra possibilidade de entendimento do perspectivismo nietzschiano.[8] Pois aqui não se recomenda uma mera mudança de perspectiva, nem tampouco se ambiciona um meta-ponto de vista superior, a partir do qual as diferentes valorações poderiam ser observadas e ponderadas, mas sim — e isto é precisamente o procedimento que reclama cientificidade — os diferentes impulsos e mecanismos de formação de convicções devem ser reconhecidos, dolorosamente expostos, sobriamente descritos e funcionalmente analisados, isso tudo sob um olhar comparativo. Precisamente isso é, todavia, praticado no primeiro livro da GC.

À luz desta íntegra análise de diversos pontos de vista, mostra-se que um aspecto permanece o mesmo apesar da diversidade de valorações, a saber: que o homem continuamente relaciona tudo a si mesmo. O antropocentrismo governa como princípio por trás de todas as figuras ilusórias. Em lugar do autoconhecimento, domina a autorreferencialidade.[9]

[8] Esta sobriedade também contradiz uma passagem muito citada da GM, na qual se enfatiza o papel dos afetos no olhar perspectivo: "Existe apenas uma visão perspectiva, apenas um 'conhecer' perspectivo; e quanto mais afetos nós deixarmos falar sobre uma coisa, quanto mais olhos, diferentes olhos, nós soubermos colocar sobre esta mesma coisa, tanto mais completo será nosso 'conceito' desta coisa, nossa 'objetividade'" (GM III, 12)

[9] Em uma anotação do espólio, a ideia de uma superação das perspectivas egoístas culmina na visão de uma sensação "cósmica": "Pensamento capital! Não que a natureza nos engane, nós os indivíduos, nem que promova seus fins próprios por meio de nosso desaparecimento: são os indivíduos que organizam toda existência segundo seus critérios

4. A "gaia ciência" como programa para um "estudo aprofundado de todas as paixões"[10]

Voltemos de forma "cientificamente sóbria" ao tema da felicidade do conhecimento científico. Ao final do primeiro livro, a felicidade se transforma em tema condutor (GC 40, 42, 43, 44, 45, 46). Agora também vemos que as condições de dignidade e ócio (GC 6), da felicidade epicurista "da antiguidade vespertina" (GC 45) são admitidas em épocas irreparavelmente passadas ou num futuro utópico. Isso significa, contudo, que as tentativas de se praticar uma gaia ciência empreendidas no texto são estabelecidas no presente e, portanto, de sua parte, não apenas não são livres, como também são expressão de uma nova pressa e zelo pelo trabalho que marcam sua própria época: "Pensamos muito rapidamente, andando, a caminho, em meio a negócios de toda espécie (...) — É como se levássemos na cabeça uma máquina incessante" (GC 6).

Quando se lê — contrariamente à interpretação inspirada de Mattenklott (1997) — o "nós" que aqui se articula não apenas como objeto da crítica em nome de um espírito de compasso lento de outrora, mas também como caracterização de si próprio, pode-se então estabelecer a integração com o texto diretamente subsequente, GC 7, o qual promete com seu título "*Algo para homens trabalhadores*". E somente neste texto fica perceptível o que se pode ver no eminente significado

individuais, ou seja, critérios falsos; queremos com isso ter razão e, por consequência, é preciso que a 'natureza' apareça como enganadora. Em verdade não há verdades individuais, somente erros individuais — o próprio indivíduo é um erro. Tudo que se passa em nós é em si algo distinto, qual desconhecemos: não fazemos mais que projetar na natureza a intenção, o engano e a moral. — Mas eu distingo: os indivíduos imaginários e os verdadeiros 'sistemas da vida' que cada um de nós é — eles são confundidos, ao passo que 'o indivíduo' é apenas uma soma de sentimentos, julgamentos e erros conscientes, uma crença, uma pequena parte do verdadeiro sistema de vida ou mesmo muitas pequenas partes concebidas juntas e associadas, uma "unidade" que não se sustenta. Somos brotos em uma árvore — o que sabemos do que pode ser feito de nós no interesse da árvore! Mas temos uma consciência, como se devêssemos e quiséssemos ser tudo. Uma fantasia do 'eu' e principalmente do 'não-eu'. Parar de sentir-se como tal ego fantástico! Aprender passo a passo a abandonar o pretenso indivíduo! Expor os erros do ego! Ver o egoísmo como um erro! Mas não confundir altruísmo com o seu oposto! Isso seria o amor para com outros pretensos indivíduos! Não! Para além do "eu" e "tu"! Sentir cosmicamente!" (FP 11 [7], primavera-outono de 1881).

[10] Cf. GC 7.

do primeiro livro da GC: ele é o manifesto fundador das ciências culturais, em particular, o brilhante ensaio em estilo baconiano GC 7, que não deveria faltar em nenhuma antologia sobre a história dessas ciências, pois o programa futuro delas se encontra ali de forma concisa, já desdobrado num admirável espectro de tarefas:

> *Algo para homens trabalhadores* — Quem hoje pretende estudar as coisas morais, abre para si um imenso campo de trabalho. Todas as espécies de paixões têm de ser examinadas individualmente, perseguidas através de tempos, povos, indivíduos grandes e pequenos; toda a sua razão, todas as suas valorações e clarificações das coisas devem ser trazidas à luz! Até o momento, nada daquilo que deu colorido à existência teve história: se não, onde estaria uma história do amor, da cupidez, da inveja, da consciência, da piedade, da crueldade? Mesmo uma história comparada do direito, ou apenas do castigo, falta inteiramente até aqui. Já se tomou por objeto de pesquisa as diferentes divisões do dia, as consequências de uma fixação regular do trabalho, das festas e do repouso? Conhece-se os efeitos morais dos alimentos? Existe uma filosofia da alimentação? [...] Já foram reunidas as experiências de vida comunitária, as experiências dos mosteiros, por exemplo? Já foi mostrada a dialética do casamento e da amizade? Os costumes dos eruditos, dos comerciantes, artistas, artesãos — já encontraram seus pensadores? Há tanto a pensar aqui! Tudo o que até agora os homens consideraram suas "condições de existência", e toda a razão, paixão e crendice desta consideração — isto já foi pesquisado até o fim? Apenas a observação do crescimento diverso que os impulsos humanos tiveram e ainda poderiam ter, conforme os diversos climas morais, já significa trabalho em demasia para o homem mais trabalhador; gerações inteiras, gerações de eruditos a trabalhar conjuntamente e de modo planejado, serão necessárias para esgotar aqui o material e os pontos de vista. O mesmo vale para a demonstração dos motivos para a diferença de clima moral ("*Por que* brilha aqui este sol de um juízo moral e medida de valor fundamental — e ali aquele outro?"). E seria um novo trabalho estabelecer o caráter errôneo de todos esses motivos e toda a natureza do juízo moral até agora (GC 7)

A GC fornece apenas abordagens iniciais para este programa coletivo de pesquisa, lança, contudo, um olhar prospectivo ao futuro para esboçar um cenário do período após a conclusão da empreitada crítica cultural. Assim, o texto conclui com uma consideração fundamental:

> Supondo que todos esses trabalhos fossem realizados, viria ao primeiro plano a questão mais espinhosa: se a ciência estaria em condições de oferecer objetivos para a ação, após haver demonstrado que pode liquidá-los — então caberia uma experimentação que permitiria a satisfação de toda espécie de heroísmo, séculos de experimentação, que poderia deixar na sombra todos os grandes trabalhos e sacrifícios da história até o momento. Até hoje a ciência ainda não ergueu suas construções ciclópicas; também para isso chegará o tempo (GC 7).

Pouco depois, em GC 12, essa reflexão sobre o sentido e a finalidade da ciência torna-se o fio condutor: "Do objetivo da ciência" (GC 12). Esse objetivo já foi mencionado anteriormente, uma visão do futuro da ciência o faz reluzir no horizonte. Trata-se da ciência como "grande causadora de dor!" (GC 12). Quem quiser determinar o que caracteriza a futura "gaia ciência" com base na primeira edição de GC, precisará então ocupar-se com esses problemas esboçados por Nietzsche.

Juntemos as linhas: a *Gaia Ciência* é *também* uma filosofia da dor (GC 12, 13, 48, 56), idealmente até uma "grande causadora de dor". Seu conhecimento é primariamente um "*conhecimento da miséria*", que sabe inteiramente numerar as vantagens do "rico treino em tormentos físicos" e "deliberado exercício da dor" (GC 48) que foram seguidamente perdidos no passado.

5. Conclusão: perspectivas da "gaia ciência"

Frequentemente enfatizou-se que Nietzsche só teria esclarecido o que se poderia entender por "gaia" ciência nas partes acrescentadas à segunda edição da GC cinco anos mais tarde: prólogo, mote e o quinto livro. O próprio Nietzsche decidiu, em retrospecto, conduzir mais fortemente a leitura da GC: ele agora esclarece que "talvez não baste somente um prólogo para este livro" (GC, Prólogo 1) e redige logo cinco prefácios (pois de que outra forma pode essa frase inicial ser entendida?), que dirigem a recepção de seus escritos para novos trilhos: "todo este livro não é senão divertimento após demorada privação e impotência, o júbilo da força que retorna, da renascida fé num amanhã e no depois de amanhã, do repentino sentimento e pressentimento de um futuro, de aventuras próximas, de mares novamente abertos (GC, prólogo 1). Entusiasmados por um otimismo embriagado de futuro, sugerido amplamente no prólogo tardio, nós talvez tenhamos até agora, com demasiada boa vontade, deixado ingenuamente de lembrar da perspectiva da primeira edição.

Em todo caso, as pesquisas têm majoritariamente considerado a GC à luz do prólogo e de outras caracterizações retrospectivas por parte de Nietzsche (p. ex.: EH, A Gaia Ciência e a carta a Franz Overbeck de 7 de abril de 1884) e têm interpretado a GC a partir dos presumidos pontos altos no 4° livro (Heidegger, 1961) e no 5° livro (Stegmaier, 2012); em outros casos em antecipação a *Assim falou Zaratustra* e com vistas à esfera temática do Eterno Retorno.[11] Por isso, a GC é geralmente considerada como o livro de transição no pensamento de Nietzsche, de uma fase cética do "espírito livre" para uma filosofia da afirmação e de novas doutrinas (Brusotti, 1998, 1997a, 1997b; Salaquarda, 1997; para uma reinterpretação posterior, cf. Groddeck, 1997).

Contudo, o primeiro livro se coloca na contramão das costumeiras avaliações globais da GC pois ele não aparece de forma alguma como expressão de um único "divertimento" (GC, prólogo, 1) ou de um renascimento do prazer dos trovadores provençais e das aventuras, cujos temas marcam a segunda edição da GC (sobre isso, cf. Borsche, 1994; Mancini, 2009; Stegmaier, 2012, pp. 37–43).

O primeiro livro tampouco marca um primeiro passo ou um prelúdio para novas doutrinas, mas sim aparece como crítico de todo tipo de doutrina. Nele dominam as análises desagregadoras e diagnósticos

[11] Atraídos pelos temas brilhantes da GC, os intérpretes seguiram ao longo do "guia do corpo" (Pippin 2000, Müller 2010) das exposições de Nietzsche sobre a arte e o artístico e sobre a autoconfiguração estética (livro 2 e GC 290), onde alguns se inclinaram antes para o pathos criador no "viva à física (GC 355) e para o otimismo pioneiro da metáfora de Colombo, enquanto outros reconheciam sombras escuras nas visões apocalípticas do homem louco (Heidegger, 1980 [1946] sobre GC 125) e nas insinuações do demônio noturno (Salaquarda, 1989 sobre GC 341), as quais anunciavam um "Incipit tragoedia" (GC 342). Foi preferível perseguir temas particulares (Reschke 1997; Mattenklott 1997; Hufnagel 2008) ou escolher um dos assim chamados aforismos à parte (Benne 2013 sobre GC 59; Benoit 2003 sobre GC 301; Bräutigam 1977 sobre GC 107; Reschke 1992 sobre GC 23; Poljiakowa 2010 sobre GC 2; Venturelli 2010 sobre GC 377 e Dorschel 1988 sobre GC 345).

esmagadores, a ironia cínica, a ênfase da dor, a crise da confiança na vida, a aporia, o conflito sem solução, a corrupção e declínio da cultura, o sonambulismo sem despertar, o veneno furtivo — aqui ainda não se tem em vista saídas. O significado disso para a interpretação global da *Gaia Ciência* não poderá ser ponderado aqui, porém, fica claro que as leituras até então, que veem uma gravidade maior ao final do livro, revelam por si próprias um forte desbalanço. Diante desse cenário, as considerações aqui realizadas pretendem incentivar leituras que equilibrem melhor o peso de cada livro.

Referências

ABEL, Günter. Wissenschaft und Kunst. In: DJURIC, Mihailo; SIMON, Josef (org.). *Kunst und Wissenschaft bei Nietzsche*. Würzburg: Königshausen & Neumann, 1986. p. 9–25.

ADORNO, Theodor W. Einführung. In: KRÜGER, Heinz. *Über den Aphorismus als philosophische Form*. Frankfurt: Suhrkamp, 1988. p. 7–9.

BENNE, Christian. *Natur und Natürlichkeit*. Eine Lektüre von Friedrich Nietzsches "Wir Künstler" (FW 59). In: PAULSEN, A.; SANDBERG, A. (org.). *Natur und Moderne um 1900*. Bielefeld: Transcript Verlag, 2013. p. 237–246.

BENOIT, Blaise. Le quatrième livre du Gai Savoir et l'éternel retour. *Nietzsche-Studien*, v. 32, p. 1–28, 2003.

BORSCHE, Tilman. Vom romantischen Traum einer fröhlichen Wissenschaft. Nietzsche, Nostradamus und die Inquisition. *Nietzsche-Studien*, v. 23, p. 175–199, 1994.

BRÄUTIGAM, Bernd. Verwegene Kunststücke. Nietzsches ironischer Perspektivismus als schriftstellerisches Verfahren. *Nietzsche-Studien*, v. 6, p. 45–63, 1977.

BRUSOTTI, Marco. Die fröhliche Wissenschaft. In: KINDLERS NEUES LITERATURLEXIKON. *München: Kindler*, v. 12, p. 425–427, 1988.

BRUSOTTI, Marco. *Die Leidenschaft der Erkenntnis*. Philosophische und ästhetische Lebensgestaltung bei Nietzsche von Morgenröthe bis Also sprach Zarathustra. Berlin: De Gruyter, 1997a.

BRUSOTTI, Marco. Erkenntnis als Passion. Nietzsches Denkweg zwischen Morgenröthe und der Fröhlichen Wissenschaft. *Nietzsche-Studien*, v. 26, p. 199–225, 1997b.

DORSCHEL, Andreas. Moral als Problem. Friedrich Nietzsche: Fröhliche Wissenschaft § 345. *Zeitschrift für Didaktik der Philosophie und Ethik*, v. 30, n. 1, p. 56–61, 2008.

FIGAL, Günter. Nachwort. In: NIETZSCHE, Friedrich. *Die Fröhliche Wissenschaft*. Stuttgart: Reclam, 2000. p. 313–325.

GRODDECK, Wolfram. Die "Neue Ausgabe" der "Fröhlichen Wissenschaft". Überlegungen zu Paratextualität und Werkkomposition in Nietzsches Schriften nach "Zarathustra". *Nietzsche-Studien*, v. 26, p. 184–198, 1997.

HEIDEGGER, Martin. *Nietzsche*. 2 Bde. Tübingen: Max Niemeyer Verlag, 1961.

HEIDEGGER, Martin. Nietzsches Wort "Gott ist tot". In: HEIDEGGER, Martin. Holzwege. Frankfurt: *Klostermann*, 1980 [1943]. p. 205–264.

HEIDEGGER, Martin. Nietzsches Wort "Gott ist tot". In: HEIDEGGER, Martin. *Holzwege*. Frankfurt: Klostermann, 1980[1943]. pp. 205–264.

HUFNAGEL, Henning. Nun Schifflein! sieh' dich vor!" – Meerfahrt mit Nietzsche. Zu einem Motiv der Fröhlichen Wissenschaft. *Nietzsche-Studien*, v. 37, pp. 143–159, 2008.

MANCINI, Mario. *Die fröhliche Wissenschaft der Trobadours*. Würzburg: Königshausen & Neumann, 2009.

MATTENKLOTT, Gert. Der Taktschlag des langsamen Geistes. Tempi in der "Fröhlichen Wissenschaft. *Nietzsche-Studien*, v. 26, pp. 226–238, 1997.

MÜLLER, Enrico. Auslegungen des Leibes. Physiologie als fröhliche Wissenschaft. In: PIAZZESI, Chiara; CAMPIONI, Giuliano; WOTLING, Patrick (org.). Letture della Gaia scienza. *Lectures du Gai savoir*. Pisa: Edizioni ETS, 2010. pp. 309–324.

NIETZSCHE, Friedrich. *A Gaia Ciência*. Trad. Paulo César de Souza. São Paulo: Cia das Letras, 2009.

PIPPIN, Robert. Gay Science and Corporal Knowledge. *Nietzsche-Studien*, v. 29, pp. 136–152, 2000.

POLJAKOVA, Ekaterina. Das intellectuale Gewissen" und die Ungerechtigkeit des Erkennenden. Eine Interpretation des Aphorismus Nr. 2 der Fröhlichen Wissenschaft. *Nietzsche-Studien*, v. 39, pp. 120–144, 2010.

RESCHKE, Renate. "KORRUPTION. Ein kulturkritischer Begriff Friedrich Nietzsches zwischen Geschichtsphilosophie und Ästhetik. *Nietzsche-Studien,* v. 21, pp. 137–162, 1992.

V. Quem narra o *Zaratustra* de Nietzsche?[1]

"Quando vejo emergir à distância, por trás de uma colina de prosa, mesmo que apenas a sugestão de uma história, eu a abato"
(Thomas Bernhardt)

1. Nota preliminar

As reflexões que seguem se conectam com o ensaio "Sentenças, rupturas, contradições. Provocações e problemas de interpretação a partir das relações e das perspectivas narrativas no Assim falava Zaratustra de Nietzsche".[2] Lá eu investiguei os procedimentos narrativos, apresentei e interpretei exemplos para a gradação dos planos narrativos, bem como ilustrei a função da prosa autoficcional. Por fim, também foram interpretadas, à luz da filosofia de Nietzsche, as numerosas quebras ficcionais produzidas sobretudo pelo narrador do *Zaratustra.* Tentarei, agora, ocupar-me mais precisamente desse fugidio narrador do *Zaratustra* e apreendê-lo a partir da teoria narrativa.

[1] A palavra *also*, presente no título original deste ensaio: "Wer also erzählt Nietzsches *Zarathustra*?", faz clara referência ao título da obra de Nietzsche "Also sprach Zaratustra". Apesar da sua importância, este jogo referencial não pôde ser incorporado à tradução, pois soaria demasiado estranho em português. *Assim*, que fique o registro para que, apesar disso, sua lembrança repare minimamente a perda (N.T.) / [Tradução para o português realizada por José Fernandes Weber. Revisão da tradução realizada por Anna Luiza Coli, Giovanni Jan Giubilato e Romano Scroccaro Zattoni].

[2] Zittel 2018.

2. Caleidoscópio de imagens e labirinto narrativo

"Quem é o Zaratustra de Nietzsche?", perguntou uma vez Martin Heidegger num ensaio que mais tarde se tornaria famoso.[3] Conforme a renomada resposta de Heidegger, ele é "O mestre do eterno retorno" e "o porta-voz da vida, o porta-voz do sofrimento, o porta-voz do círculo [...] o porta-voz disso [...], de que todo ente é vontade de poder que, enquanto criadora, padece dos golpes da vontade contra si mesma e assim se quer a si mesma no eterno retorno do mesmo".[4] Menos conhecido, e que assim permaneça, é um livro recém publicado e intitulado: *O que é o Zaratustra de Nietzsche?*[5] Seu autor, Heinrich Meier, afirma, como muitos antes dele, que Zaratustra seria um profeta, e *Assim falou Zaratustra* uma paródia dramática da Bíblia. Ambos os exegetas se ocupam apenas do conteúdo do texto; a forma de apresentação de *Assim falou Zaratustra* serviria unicamente para comunicar o ensinamento de uma determinada visão de mundo.[6]

Mas até mesmo os intérpretes que se interessam pela forma de apresentação do *Zaratustra* raramente levantam a questão sobre o narrador do texto. Existem trabalhos que tematizam a forma da linguagem do *Zaratustra*,[7] o encadeamento dos motivos e dos campos de significado rítmico-metafóricos,[8] das formas comunicativas[9] e estruturas retóricas[10] desde o ponto de vista da pesquisa intercultural,[11] bem como das referências intertextuais; além disso há também análises de estilo[12] e discussões sobre gênero textual.[13] No entanto, é surpreendente que –

---

[3] Heidegger 1954. Wohlfahrt 1997 varia e confirma a interpretação heideggeriana com a ajuda da hipótese hermenêutica segundo a qual Heráclito serve de prefiguração do Zarastustra de Nietzsche.

[4] Heidegger 1954, p. 99.

[5] Meier 2017. Cf. a crítica a essa posição em Grätz 2017 e Christen 2014.

[6] Também as contribuições da coletânea de Mayer 2006, compreendem a pergunta sobre o 'como?' não de forma narrativa e técnica. A nova publicação mais importante dedicada ao problema da forma do *Zaratustra* é de Pelloni 2015.

[7] Vitens 1951.

[8] Masini 1973.

[9] Bennholdt-Thomsen 1974.

[10] Gasser 1992.

[11] Mayer 2006.

[12] Groos 1913; Shapiro 1989; Nehamas 1985.

[13] Braun 1998.

até onde posso ver – apenas um único estudo de grande envergadura e três ensaios escolheram a forma narrativa do *Zaratustra* como objeto principal de análise, e, apesar disso, tendo chegado a resultados muito diferentes.[14] Outras análises dignas de mérito encontram-se apenas de forma dispersa.[15] O narrador do texto de *Zaratustra* se esconde atrás do orador Zaratustra e, pelo visto, é tão invisível para a maioria dos intérpretes, que é como se não existisse.

Aquele que se apercebe do narrador deve, contudo, assumir imediatamente que está lidando com uma prosa poética? Eu seria mais cauteloso e constataria inicialmente apenas que, no caso de *Assim falou Zaratustra,* trata-se de uma obra de arte de linguagem heterogênea, que apresenta, ao lado das formas dramáticas,[16] retóricas e líricas, também partes narrativas.[17]

Há dramas nos quais personagens entram em cena e narram alguma coisa; também um orador pode narrar algo ao seu público; poemas podem passar à prosa, e em meio a uma narrativa podem ser intercalados discursos, canções e diálogos. Assim, via de regra, a estrutura primária do texto (*Rahmung*) determina o pertencimento a um gênero literário. Todavia, mesmo que a estrutura do livro *Zaratustra* seja claramente narrativa, ela é continuamente remodelada, rompida ou abandonada. Quem, como Julius Zeitler, qualifica o *Zaratustra* como romance,[18] deveria primeiramente definir a forma do romance e fundamentar sua definição unilateral de um modo convincente, o que, em geral, não acontece. Absurdamente se continua a classificar o *Zaratustra* como Romance de Formação,[19] embora não haja nele personagens individuais dotados de vida interior, que se desenvolvem por meio das suas experiências com o mundo – ao contrário, a representação da ordem do

[14] Pettey 1992; Kunne-Ibsch 1976; Grätz 2016, em particular pp. 366-375; Zittel 2018.

[15] Aqui os primeiros a serem mencionados são Stegmaier 1997 especialmente p. 412s e Burnham e Jesinghausen 2010, p. 64, Loeb 2010, p. 94.

[16] Happ 1984; Bleeckere 1979.

[17] Cf. a respeito da discussão em torno do gênero cf. Zittel 2011, pp. 66-70; Kunne-Ibsch 1976, pp. 215-242; Pettey 1992, pp. 133-140.

[18] Zeitler 1900; Higgins 1987; König 2017.

[19] Higgins 1987, p. 100 e 104s. Cf. também, por exemplo, Cartwright 1993, p. 50; Clayton 1987, pp. 257-278; Conway 1990, p. 94; Gooding-Williams (1988, p. 110s) propõe interpretar o caminho de formação de Zaratustra no 'Drama' *Assim falou Zaratustra* sob o aspecto da analogia com a *Fenomenologia do Espírito* de Hegel, visto que também o escrito de Hegel tem uma proximidade com o romance de formação.

mundo burguês, fundamental para o Romance de Formação, é negada. Christoph König, que define o *Zaratustra* como "romance no sentido do primeiro romantismo, como uma progressiva mistura de gêneros",[20] embora consiga evitar tais faltas de coerência cheias de estereótipos, não esclarece, dentre várias outras coisas, o modo como os conceitos de reflexão e de alegoria do primeiro romantismo podem se compatibilizar com a crítica nietzschiana da linguagem, e em que consistiria a progressão da mistura de gêneros. Quais romances do romantismo poderiam ser mencionados como exemplo? Não seria então o caso de compará-lo com os contos de fada românticos,[21] com o *Tristram Shandy*, ou com o romance experimental dos modernos? Ou ainda, uma vez que nada parece se encaixar, não deveríamos simplesmente designá-lo como "romance extemporâneo"?[22]

Tendo em vista que nem Zaratustra e tampouco as outras personagens são psicologicamente tangíveis, além de não haver motivações causais para a ação, o texto aparece primariamente como uma sequência solta de eventos sem conexão causal. Narram-se eventos, mas nenhuma história. Com isto, são eliminadas muitas variações do romance. Afinal, se não se narra nenhuma história, então, com que tipo de "grande narrativa filosófica"[23] estamos lidando?

Por ora é preciso cuidado, e por essa razão não tentaremos aqui mais do que conquistar uma primeira visão geral acerca das diversas estratégias narrativas. Contudo, é de se duvidar que tais estratégias constituam o *Zaratustra* como romance, o qual unificaria em si, em uma síntese harmônica ou progressiva, os outros gêneros do drama, do discurso monológico e dialógico e da lírica. Da mesma forma que sentenças incisivas imediatamente dissolvem imagens líricas, e que atmosferas recém evocadas se desfazem por meio de quebras da ficção, também as ficções narrativas nunca se desenvolvem de forma coerente, e histórias alegóricas são cortadas pela raiz.[24] Possivelmente é mais proveitoso mover a função destrutiva da narração para o primeiro plano, sem atenuar a heterogeneidade do texto de *Zaratustra* e, ao contrário, acentuando

[20] König 2017, p. 331.
[21] Ziemann 1994, p. 342.
[22] Pettey 1992, p. 140.
[23] Müller 2020, p. 67.
[24] Kunne-Ibsch, pp. 324–326.

justamente o seu caráter fragmentário, a fim de conservar uma experiência de leitura na qual os elementos individuais – ponderados distintamente, mas igualmente legítimos em termos formais – produzem diversas unidades ficcionais transitórias (poesia didática, poema épico, drama, romance, lenda, obra completa, paródia da Bíblia, sátira) que voltam a se anular umas às outras. As expectativas que surgem com os respectivos gêneros, por exemplo, em relação ao enredo e à dramaturgia, são sempre anunciadas, mas jamais cumpridas satisfatoriamente. Quem força *Assim falou Zaratustra* à cama de Procusto de um gênero, desconhece a imensa radicalidade do experimento estilístico nietzschiano com as formas.

As reflexões que se seguem não têm em vista, portanto, a definição de um gênero, senão somente uma tentativa de análise da função do procedimento narrativo. Os resultados assim obtidos esclarecem apenas um aspecto e ainda deveriam ser primeiramente legitimados em relação a outros procedimentos de organização textual (como, por exemplo, as referências inter- e intratextuais, os encadeamentos das metáforas, estruturas de repetição, tema principal e padrões de ação, jogos de palavras, de assonâncias e de máscaras, constelações de personagens e mudança de caráter, situações discursivas, paródias dos outros e de si mesmo, mudanças de lugar e de perspectiva), pois, considerados por si só, tais elementos representam pouco. Porém, para podermos compreender a correlação entres os procedimentos estéticos seus sentidos – ou, como eu chamei: o cálculo estético[25] da "forma-híbrida"[26] experimental, também deve-se considerar *inter alia* a estrutura narrativa.

Uma vez também que os protagonistas não possuem identidade fixa, mas podem assumir diferentes papéis e, na parte 4, parodiar algumas figuras dos discursos de Zaratustra, produz-se uma variação poliperspectivística da visão das personagens por meio de uma permanente mudança do ponto de vista, uma variação, cujo panorama somente se torna visível por meio da narrativa.[27] Nesta perspectiva, *Zaratustra* aparece como um caleidoscópio de imagens em um labirinto narrativo.

---

[25] Zittel 2011.
[26] Müller 2020, p. 71.
[27] Cf. Zittel 2018.

3. A arte da narrativa

Em primeiro lugar precisamos ter presente que Nietzsche possuía certamente um sentido para questões técnico-narrativas e, associado a isso, um faro apurado para a qualidade literária de obras narrativas. *Jacques o fatalista* de Diderot, *Veranico* de Stifter, *Henrique, o verde* de Keller, *Os demônios* de Dostoievski, *Hyperion* de Hölderlin, a lista de romances importantes que Nietzsche estimava pela complexa arte de narrar é impressionante. Tardiamente ele ainda confessou que foi a *Löwennovelle* de Goethe que marcou decisivamente o seu gosto estético.[28] Apesar da onipresença do *pathos* trágico em Nietzsche, aos seus olhos "o mais livre dos escritores" não é nenhum dos trágicos que dependem de uma forma definida, mas sim um romancista: Laurence Sterne. Em sua arte ele (Nietzsche) elogia precisamente o fato de que "[...] a forma determinada é continuamente quebrada, adiada, retraduzida de volta ao indeterminado, de modo a significar uma coisa e ao mesmo tempo outra". Eis porque Sterne "[...] é o grande mestre da *ambiguidade*": ele a compreenderia como o "entremesclar de profundidade e farsa", e traria ao seu leitor, por meio da ironia e da contínua alternância dos papeis, uma "sensação de incerteza quanto a se está andando, parado ou reclinado: uma sensação bastante afim àquela de flutuar. [...] Seu livro semelha a um espetáculo dentro do espetáculo, um público teatral ante um outro público teatral" (MA II 113, KSA 2, pp. 424–426)

No entanto, tais reflexões de Nietzsche a respeito da prosa permanecem inteiramente à sombra da sua amplamente considerada teoria da tragédia – isso poderia ser uma explicação para o fato de não se ter conectado imediatamente o ideal nietzschiano da livre escrita com *Assim falou Zaratustra*. Contudo, com base na lenda[29] – que Nietzsche mesmo

[28] "Em relação a Goethe: assim a primeira impressão, uma impressão muito inicial, foi completamente decisiva: as *Löwen-Novelle*, estranhamente a primeira coisa que conheci dele, deram-me, de uma vez por todas, meu conceito e meu gosto "Goethe"" (KGWB/NF-1888,24[10]).

[29] "De agora em diante eu narro a história de Zaratustra", afirma Nietzsche em EH (EH, *Assim falou Zaratustra*, 1, KSA 6, p. 335) – e assim ele narra a história da criação da obra principal de Nietzsche como lenda e a legitima como ficção. Mas, ao mesmo tempo, ele se põe na posição daqueles narradores que narram a lenda de Zaratustra.

trouxe ao mundo – de que sua principal obra foi escrita em um impulso de inspiração,[30] suas próprias explicações sobre a arte da narração, que consideram de modo preciso o efeito de cada pormenor, nunca foram consideradas pelos intérpretes de *Zaratustra*.

Contudo, Nietzsche lamentava já no tempo de *Humano, demasiado humano*, que a arte da narração não possa ser compreendida por meio de uma leitura orientada puramente ao conteúdo. Hoje em dia, a situação seria: "cada um escolhe o que lhe agrada; não nos situamos numa relação necessária com estas obras de arte", razão pela qual "agora, tudo o que torna bom um narrador, perde-se no público atual: este público deseja apenas o miolo da narração e quer ser continua e violentamente chamado ao interesse: por meio do *Faktum*, [...] não por meio da arte da narração" (NF-1876,19[88]) Isso pode ser lido como um comentário *avant la lettre* da recepção de *Zaratustra*. No entanto, um narrador deixaria

> perceber se narra porque o fato lhe interessava ou por querer despertar o interesse mediante a narrativa. Neste caso ele exagera, usa superlativos e faz outras coisas assim. Então ele geralmente não narra tão bem, porque pensa mais em si do que no assunto" (MA I 343).

Salta aos olhos que o "livro para todos e para ninguém" de Nietzsche é cheio de exageros. O que acontece a Zaratustra é sempre extremo: ele sai da mais profunda profundeza, dos mais altos montes e mergulha nas águas mais escuras, suporta o maior dos pesos e ouve a hora mais silenciosa. Essa parada de superlativos seria denúncia de fraqueza de um narrador ordinário, razão pela qual podemos concluir que seria necessário um narrador extraordinariamente bom para, mesmo com esse estilo, obter reconhecimento e assimilação por sua própria arte narrativa. Isso só acontece quando a atenção se dirige à forma. Reiteradamente Nietzsche defende o primado da forma sobre o conteúdo, e até considera a forma como o verdadeiro conteúdo.

[30] Cf. contra isso a refutação filológica no comentário de Montinari para a KSA (KSA 14, pp. 279–282) e no comentário de Marie-Luise Haase para o volume de *Zaratustra* na *Kritischen Gesamtausgabe* (KGW IV 2, pp. 943-978). Cf. também Montinari 1971; Villwock 2001.

> Se é artista ao preço de nomear, tudo o que é "forma" não artística, como *conteúdo*, considerado como "a coisa mesma". Com isso se participa livremente de um mundo às avessas: visto que, a partir de agora, o *conteúdo* de alguma coisa se torna algo meramente formal – nossa vida aí incluída (NF-1887,11[3], KSA 13, p. 9)

Os artistas, sobretudo nas fases da decadência, fiam-se nas realizações extremas, cujos efeitos, porém, são "vigorosamente sublinhados para os artistas pelo artista, enquanto o leigo não pode senão imaginar que enxerga o contínuo e involuntário transbordar das cornucópias de uma primordial arte da natureza." (HH II 144, KSA 2, p. 438.)

Considerados sob esta luz, os efeitos visuais e a fala hiperbólica em *Zaratustra* também poderiam ser concebidos como uma arte da narração encenada demonstrativamente para artistas. Neste ponto, tal como Sterne, Nietzsche é um "*writers writer*" (escritor para escritores).

Com o *Zaratustra*, Nietzsche reivindicou ter criado uma eminente obra prima da linguagem, o que é possível somente se também seu narrador domina sua arte. A esse respeito, é esclarecedora uma distinção feita por Nietzsche em HH I. Os "bons narradores" seriam "maus explicadores" (HH I 196), não obstante, narrar seria um ofício sério, que exigiria muita prática:

> Que alguém faça dezenas de esboços de novelas, nenhum com mais de duas páginas, mas de tal clareza que todas as palavras sejam necessárias; que registre diariamente anedotas, até aprender a lhes dar a forma mais precisa e eficaz; que seja infatigável em juntar e retratar tipos e caracteres humanos; que sobretudo conte histórias com a maior frequência possível e escute histórias, com olhos e ouvidos atentos ao efeito provocado nos demais ouvintes; que viaje como um paisagista e pintor de costumes; que extraia de cada ciência tudo aquilo que, sendo bem exposto, produz efeitos artísticos; que reflita, afinal, sobre os motivos das ações humanas, sem desdenhar nenhuma indicação que instrua nesse campo, e reunindo tais coisas dia e noite. Nesse variado exercício deixe-se passar uns dez anos: então o que for criado na oficina poderá aparecer em público. – Mas como faz a maioria? Não começa com as partes, mas com o todo. Um dia podem acertar um bom lance e despertar a tenção,

> mas depois fazem lances cada vez piores, por boas razões, por razões naturais. (HH I, 163).

A grande estima pela "*seriedade no ofício*" é um tema principal da crítica nietzschiana à estética do gênio (Cf. HH I 164; A 540). Nietzsche exercitou a narração desde muito cedo. Lembremos aqui suas autobiografias juvenis,[31] o "fragmento *Euphorion*", de 1862,[32] um esboço de novela ao estilo de Kleist, de 1871,[33] e obviamente o próprio grande número de esboços para *Zaratustra*.[34] Ademais, observamos seu interesse por Diógenes Laércio e pela anedota como forma literária.[35] Ele próprio espalha anedotas com prazer em seus escritos. Uma culminação do interesse de Nietzsche pela forma da prosa é a sua definição de uma narrativa ideal:

> A boa obra de arte da narrativa desenvolverá o tema principal tal como as plantas crescem, modelando-o sempre mais claramente até que, por fim, se abra como a flor, nova e já pressentida. A arte do novelista é principalmente aquela de preludiar o tema, de antecipá-lo simbolicamente várias vezes, de preparar a disposição na qual se antecipa a chegada do temporal, de fazer ressoar, de fazer ressoar as notas adequadas da melodia e assim, de estimular em cada caso a capacidade inventiva do leitor, como se ele devesse resolver um enigma; mas resolvê-lo de tal modo que o leitor ficasse surpreso. –[...]. – Talvez uma filosofia também deva ser assim apresentada, que se chegue à sua tese essencial somente no final e então com extraordinária energia (NF-1876,23[91]).

Ao olharmos os esboços do *Zaratustra*, fica evidente que eles, como também a própria obra, não tem em vista a realização de uma narrativa ideal nesse sentido. Embora Nietzsche tenha comparado *Zaratustra* a uma sinfonia,[36] os temas principais não são desenvolvidos organicamente, e tampouco desembocam num final surpreendente. Dado que

---

[31] Ver sobre isso: Pettey 1992, pp. 45-72.

[32] BAW 2, p. 70.

[33] KSA 7, p. 225s.

[34] Cf: Friedrich Nietzsche: Werke. Abteilung 6: Werke, Kritische Gesamtausgabe, Abt.6, v.4, Nachbericht zu Abt.6, v.1, Also sprach Zarathustra, org. von Marie-Luise Haase und Mazzino Montinari, Berlin 1991.

[35] Cf. sobre isso Niehues-Pröbsting 1980 e 1983.

[36] KSA 9, p. 519s.

este ideal não se realiza numa forma ostentativa, somos devolvidos impreterivelmente às perguntas: Quem narra o "Zaratustra" de Nietzsche? O que é narrado e por quem? E como é narrado? As respostas não são, de modo algum, fáceis de ser dadas.

4. Texto narrado

Já o título "Assim *falou* Zaratustra" suscita dificuldades, uma vez que sugere que nós, no que segue, estejamos à escuta das narrações orais de Zaratustra. No entanto, o pretérito e o subtítulo indicam o óbvio, a saber, que recebemos estas narrativas em um segundo momento apresentadas em forma de livro, que, portanto, serão lidas e que está em jogo aí uma instância de mediação. Se descartamos como notoriamente absurda a resposta de que o narrador seria o autor Nietzsche, a segunda resposta mais evidente é de que o narrador seja a própria figura de Zaratustra, porque embora muitas vezes o "discurso do narrador e o discurso das personagens se confundam",[37] é este último que domina. Contudo, essa leitura é contrariada pelo subtítulo.

A fórmula "Assim falou Zaratustra" é encontrada ao fim de muitos discursos e com ela, aparentemente, cada capítulo é selado a cada vez por um narrador neutro. Ainda que ocasionalmente este narrador possa ser o próprio Zaratustra, que frequentemente fala de si mesmo na terceira pessoa, isto não parece ser plausível nesses casos. A forma como as fórmulas conclusivas se relacionam com o título e com o subtítulo é ambígua, sobretudo porque alguns capítulos possuem outra fórmulas conclusivas, às vezes nenhuma ou, em alguns capítulos, a narração continua após a fórmula (ex. ZA 3, *Da bem-aventurança involuntária*). Além disso, no início dos livros mais tardios, algumas passagens dos livros anteriores são postas como motes, e citadas de modo a evocar suas fontes: um exemplo (não casual): Zaratustra I, *Do ler e escrever,* (KSA 4, p. 192).

A questão da relação entre escrita e oralidade acompanha a história da filosofia desde os diálogos de Platão e foi também reiteradamente discutida por Nietzsche.[38] Em contraste com as amplamente propaga-

[37] Grätz 2016, p. 371.

[38] Cf. sobre isso o texto do autor, neste volume: O diálogo como forma filosófica em Nietzsche.

das reflexões filosóficas sobre o diálogo fixado na escrita, parece haver um "esquecimento da escrita na teoria narrativa[39]", embora a narrativa, assim como o diálogo, também sugira um contexto comunicativo oral. Essa é a razão de se ter negligenciado um problema central da narração, todavia fundamental para *Assim falou Zaratustra*: se após a morte de Deus não há mais sentenças verdadeiras, também não pode haver mais narrador verdadeiro. – *Assim FALOU Zaratustra* é então uma dupla mentira, visto que Zaratustra não falou, e tampouco falou dessa maneira. Trata-se de um livro, cujas personagens são escritas e inventadas, e o que elas narram não é verdadeiro. Considere-se apenas a autocrítica construída no capítulo poetológico central *Dos poetas*, de que também Zaratustra é um poeta mentiroso, ou a crítica da linguagem em *Sobre a verdade e mentira no sentido extramoral*. Assim, também para a teoria narrativa em *Zaratustra*, a questão a respeito da arte como mentira e da mentira como arte surge de modo intensificado.

Em contraste com o discurso, um livro tem uma imagem gráfica. Se considerarmos isso agora, vemos imediatamente que o discurso oral é geralmente marcado tipograficamente pelas aspas, mas nem sempre; por exemplo, quando, no prólogo, fala o santo, ao passo que nesse diálogo as partes da fala de Zaratustra estão entre aspas. Também há o caso singular em que **as fórmulas que introduzem o discurso indireto** são simplesmente inseridas **no discurso direto** num **inciso**:

> De maneira nenhuma, disse Zaratustra; fizeste do perigo o teu ofício, não há o que desprezar nisso. Agora pereces no teu ofício: por causa disso, eu te sepultarei com minhas próprias mãos (Za 1, *Prólogo de Zaratustra*, 6)

Essas inconsistências merecem uma investigação particular, porque nestas violações de regras gramaticais parece se manifestar um ceticismo linguístico mais fundamental. Reiteramos que elas se fazem perceber somente na imagem gráfica.

Recentemente Thomas Forrer observou, com base na diferença da mesma passagem no prólogo ao *Zaratustra* e na GC 342, que o assim chamado aforismo é estabelecido a princípio sem parágrafo;

[39] Kocher 2005.

contrariamente, em *Assim falou Zaratustra*, Nietzsche teria escolhido uma "disposição em linhas" (*Zeilenstil*):[40] após cada frase se seguiria um parágrafo, cada frase formaria uma "unidade textual"[41] e, como Forrer considera, também uma unidade métrica.[42] Por meio da formatação do texto, o *Zaratustra* apareceria como poema em versos. Porém, não somente em GC, mas também em todos os chamados livros de aforismos, Nietzsche manda formatar sem quebras de parágrafo até mesmo textos mais extensos, o que fortalece ainda mais o contraste com a imagem gráfica do *Zaratustra*. Não obstante, em *Ecce Homo,* Nietzsche distingue entre as canções intercaladas (KSA 6, p. 349), ou seja, os versos ditirâmbicos e os discursos de Zaratustra (KSA 6, p. 343), razão pela qual não se pode simplesmente declarar os últimos como sendo versos por si mesmos devido à disposição em linhas. Além disso, pode-se perceber, com uma observação mais atenta, que somente os discursos e as canções de Zaratustra são formatados em linhas, porém as passagens narrativas ficam sem parágrafo! Apenas no capítulo "Da redenção", também o discurso mais longo com o corcunda é dividido em parágrafos maiores e, assim, é qualificado como reformulação narrativa, uma vez que quando Zaratustra se dirige diretamente aos seus seguidores, este discurso volta a ser disposto em linhas. O formato impresso do *Zaratustra* chama evidentemente a atenção para a diferenciação entre as partes narrativas e discursivas.

Quem quiser compreender o *Zaratustra* como narrativa deve poder esclarecer essa mudança de formação para uma disposição em linhas. Poder-se-ia argumentar que, por esse motivo, não se trata de um romance, mas de um poema narrativo em versos que reavivou uma espécie de narrativa homérica polifônica,[43] mas sem a pretensão de anunciar diretamente um mito. Essa narrativa declara, de acordo com o narrador do

[40] Forrer 2019, p. 476.

[41] *Zeilenstil* é um procedimento métrico que expressa uma concordância regular do fim do verso com o fim de uma frase, de modo que cada linha possui uma unidade de sentido em si mesma e a conclusão do que nela é exposto não se desloca para o início da linha seguinte (N.E.).

[42] Forrer 2019.

[43] Cf. início da *Odisséia*: "Musa, reconta-me os feitos do herói astucioso que muito peregrinou, dês que esfez as muralhas sagradas de Tróia; muitas cidades dos homens viajou, conheceu seus costumes, como no mar padeceu sofrimentos inúmeros na alma, para que a vida salvasse e deus companheiros a volta. Os companheiros, porém, não salvou, muito embora o tentasse" (1960. p. 19).

Zaratustra, que suas histórias são lendas, de cuja verdade ele não oferece nenhuma garantia, porque ele as tirou de livros de história pouco fiáveis. Mas também a forma de lenda é uma ilusão cuja aparente simplicidade não pode ser realmente separada da complexidade da construção narrativa.[44]

5. No labirinto narrativo

Apresentemo-nos por ora uma visão geral: no *Zaratustra* o gênero épico é constituído por meio do relato do narrador principal que, na maior parte das vezes, descreve brevemente as estações e as peregrinações de Zaratustra. Este relato narrativo acontece no nível 1, usualmente no pretérito, enquanto comentários narrativos podem ser realizados no presente. Quando uma personagem narra, por conseguinte, temos diante de nós uma narrativa dentro da narrativa (nível 2), na qual a situação discursiva é apresentada no presente, e a respectiva história narrada no passado. Numa primeira impressão, as passagens narrativas parecem introduzir o discurso; reconhecemos imediatamente tais breves introduções no Prólogo e no início dos quatro livros de *Zaratustra*. Muitos discursos ou diálogos, contudo, começam imediatamente, e o narrador se anuncia apenas ao final do capítulo com a fórmula "Assim falou Zaratustra". Também poderia ser o caso que Zaratustra fale de si próprio nesta fórmula em terceira pessoa, sobretudo pela contínua mudança da terceira para a primeira pessoa que ocorre ao longo do texto. É o caso, por exemplo, do discurso "Dos transmundanos", que começa com uma mudança de perspectiva: "Outrora, também Zaratustra lançou sua ilusão para além do homem, como todos os transmundanos. A obra de um deus sofredor e atormentado me parecia então o mundo" (Za 1, *Dos transmundanos*, KSA 4, p. 35)

Às vezes as relações se confundem quando Zaratustra narra sobre si na terceira pessoa, como por exemplo no início de "Das mil metas e uma só meta": "Muitos países viu Zaratustra, e muitos povos: assim

[44] "Não te deixes enganar pelo estilo lendário deste livrinho: atrás de todas as palavras conciliatórias e estranhas se encontra minha ***mais profunda seriedade*** e ***toda minha filosofia***. É um começo, para me dar a conhecer – não mais! – Sei bem que ninguém vivo poderia fazer algo como o Zaratustra" (Carta a Carl von Gersdorff, BVN-1883,427, KSB 6, p. 386)

descobriu o bem e o mal de muitos povos. Zaratustra não achou maior poder na terra do que o bem e o mal. Nenhum povo poderia viver sem antes avaliar..." (Za 1, *Das mil metas e uma só meta*).

Até agora ainda soa como um relato narrativo, e por meio do subjuntivo parece até mesmo se tratar do relato indireto de um pensamento, mas então a situação discursiva é clarificada com o adendo "...assim me pareceu".

A extensão e o posicionamento das unidades narrativas variam: há passagens introdutórias curtas e longas, narrativas conclusivas, narrativas internas e narrações que dominam um capítulo inteiro. Assim, o discurso narrativo não assume apenas a função introdutória, mas também de estruturação e de comentário; por vezes, sobretudo na parte 4, ele também faz avançar o enredo e serve à comunicação com o leitor.

Somente o primeiro livro do *Zaratustra* é provido de um título adicional: "Os discursos de Zaratustra". Nele, somente alguns dos 22 discursos são providos de introduções curtas, e exatamente 3 de introduções mais longas por parte do narrador. Na segunda e terceira parte, tornam-se frequentes as seções narrativas, e na quarta parte apenas o capítulo "Dos homens superiores" ainda é um discurso, do contrário, predomina a narrativa.

Introduções narrativas breves são encontradas também na primeira parte, embora nelas a maior parte dos discursos sejam apresentados sem nenhuma exposição narrativa. Aqui um exemplo: "Louvaram Zaratustra um sábio" (Za 1, *Das cátedras da virtude*). Ainda assim, estas breves introduções raramente são simples entradas em cena (tal como em *Das mil metas e uma só meta*), geralmente elas já contêm uma armadilha. Aqui não é claro, por exemplo, quem estava a louvar Zaratustra. Ou, considere-se a seguinte abertura:

> Zaratustra havia percebido que um jovem o evitava. E uma noite, quando ia pelos montes que rodeiam a cidade conhecida como a "A Vaca Malhada": eis que encontrou esse jovem, sentado no chão e encostado numa árvore, observando o vale com um olhar cansado. Zaratustra agarrou a árvore junto à qual o jovem estava sentado e assim falou: (Za 1, *Da árvore na montanha* - tradução modificada).

Primeiramente, usa-se o pretérito mais-que-perfeito para lembrar de acontecimentos passados anteriores a um tempo indeterminado, então o tempo da narrativa passa para o pretérito. Chama atenção a fórmula bíblica que se segue: "eis que", com a qual o leitor é subitamente abordado.

Em "Da virtude dadivosa 2" o narrador comunica de forma neutra que a voz de Zaratustra mudou: "Nesse ponto, Zaratustra silenciou por um momento e olhou para seus discípulos com amor. Então prosseguiu falando – e sua voz estava mudada" (Za 1, *Da virtude dadivosa*, 2, KSA 4, p. 99). Na parte seguinte, em *Da virtude dadivosa 3*, ele abandona a neutralidade e estabelece uma comparação especulativa em *irrealis*: "Após dizer essas palavras, Zaratustra silenciou como alguém que ainda não disse a sua última palavra. Longamente sopesou o bastão, hesitante; por fim, falou assim:" (Za 1, *Da virtude dadivosa, 3,* KSA 4, p. 101).

No livro II ainda se encontra uma curta introdução em "Dos sacerdotes" (KSA 4, p. 117), no livro IV em "O canto da melancolia" e "A festa do asno 1, 2, 3.". Por vezes o narrador se manifesta imediatamente após o início do discurso, interrompendo-o com esboços de pensamento: "'Desde que eu conheço melhor o corpo' – disse Zaratustra a um dos seus discípulos – 'o espírito é, para mim, apenas espírito por assim dizer'". O discurso que segue avança por fórmulas de inquérito até o narrador novamente se anunciar em meio ao discurso (Za 2, *Dos poetas*, KSA 4, p. 161): "Quando Zaratustra assim falou, seu discípulo irritou-se, mas guardou silêncio. Também Zaratustra silenciou; e seus olhos se tinham voltado para dentro, como se olhassem na distância. Por fim, ele suspirou e respirou fundo".

Mas também ocorre que o narrador apenas se anuncie em meio ao discurso, tal como no livro III, em "O adivinho", ou no livro IV "Entre as filhas do deserto 1": "Assim falou o andarilho e a sombra" ... "'Não vás embora!', disse então o andarilho que se denominava a sombra de Zaratustra" (KSA 4, pp. 379–380).

- *Breves narrativas conclusivas* finalizam os capítulos, também às vezes após a fórmula de encerramento, tal como na parte I, em "Das três metamorfoses": "Assim falou Zaratustra. E nesse tempo ele permanecia na cidade que se chama A Vaca Malhada" (KSA 4, p. 31, conferir também: "Dos renegados", Entre as filhas do deserto 1).

- No livro III os discursos são organizados com *breves introduções e breves narrativas conclusivas*: "Da autosuperação" (KSA 4, p. 225, além disso, com uma suspensão do narrador na metade, e "Da bem-aventurança involuntária").
- *Introduções mais longas* possuem os capítulos: "Da picada da víbora", "Da virtude dadivosa" na Parte I, "O menino com o espelho", na Parte II e "Da autosuperação", na terceira parte, no Livro IV, "O canto ébrio I/II".
- Devem ser destacados os capítulos que não apenas são introduzidos pelo discurso narrativo, mas em grande medida por ele enarrados e estruturados. O discurso narrativo predomina no "Prólogo", assim como, na Parte II, no capítulo "O canto da dança", e em "Dos grandes acontecimentos". Neste último, encontra-se ainda uma narrativa interna, introduzida pelo comentário que indica o gênero literário: "E esta é a *narrativa* da conversa de Zaratustra com os cães de fogo" (grifo nosso). No Livro 3, o discurso narrativo determina os capítulos: O andarilho,[45] Da visão e enigma (narrativa de sonho), Da bem-aventurança involuntária, Da virtude que apequena 1, O convalescente. No Livro 4: A oferenda do mel, Conversa com os reis, A sanguessuga, O feiticeiro, Aposentado, O mais feio dos homens, O mendigo involuntário, A sombra, No meio-dia, A saudação, A última ceia, O canto da melancolia, Da ciência, O despertar 1 e 2, O sinal.
- Vê-se que nesse decurso as participações do narrador são crescentes e que, por fim, as partes épicas continuamente estruturam os capítulos.

[45] Cf. "Assim falou Zaratustra para si mesmo ao subir, consolando seu coração com duras máximas: pois ele estava ferido no coração, como jamais antes estivera. E, quando chegou ao alto da montanha, eis que o outro mar se estendia à sua frente, e ele permaneceu longamente parado e em silêncio. Mas a noite estava fria naquelas alturas, e clara e estrelada. Reconheço a minha sina, disse afinal" (KSA 4, p. 190s) … Assim falou Zaratustra no pico da montanha, onde fazia frio; mas, quando ele chegou à vizinhança do mar e, afinal, encontrava-se sozinho entre os rochedos, havia se cansado no caminho e estava com ainda mais anseio do que antes (KSA 4, p. 191) … Assim falou Zaratustra, e nisso riu novamente; mas então se lembrou dos amigos que abandonara – e, como se os tivesse ofendido com seus pensamentos, irritou-se com seus pensamentos. E logo sucedeu que aquele que chorava riu: – de raiva e anseio Zaratustra chorou amargamente (idem.)".

- Disso tudo se deve, todavia, distinguir com clareza *as narrativas de Zaratustra*. Pois Zaratustra não mais apenas discursa, mas também frequentemente narra. Suas narrativas podem ser introduzidas diretamente a partir do narrador principal:

> Quando, certa vez, Zaratustra relatou isso aos seus discípulos, eles perguntaram: "E qual é, ó Zaratustra, a moral da tua história?"
> Ao que Zaratustra respondeu: (Za 1, *Da picada da víbora*, KSA 4, p. 88)

Anteriormente, porém, o narrador havia narrado a história da picada da víbora, e com a anunciação o plano narrativo é alterado, pois também o próprio Zaratustra informou a outros sobre sua vivência. O ponto principal aqui é que Zaratustra estava dormindo quando a cobra o mordeu. Ou ele tinha que contar a história de um modo diferente ou a história deve ter-lhe sido contada, uma vez que ele não pode dispor do mesmo conhecimento que o narrador e nós leitores. Em outro lugar esta discrepância é tematizada e liquidada:

> Enquanto eu dormia, uma ovelha comeu da coroa de hera em minha cabeça – comeu e disse: "Zaratustra não é mais um douto. Falou e foi-se embora, empertigada e orgulhosa. Uma criança me contou isso (Za 2, *Dos Eruditos*).

6. O aparecer do narrador

Já é tempo de examinar mais precisamente os diversos modos como o narrador aparece nesse escrito. Em vários momentos o narrador é declarado de forma explícita, mais evidentemente no início do capítulo "De velhas e novas tábuas", quando Zaratustra aguarda ocioso e pretende passar o tempo ao contar a história de sua vida para si próprio. Aqui ele age como narrador intra e homodiegético.

> Aqui me acho sentado, esperando, com velhas tábuas partidas ao meu redor, e também com novas tábuas inscritas pela metade. (...)
> Por isso espero agora: pois primeiro devem me chegar os sinais de

> que é a *minha* hora – o leão rindo e o bando de pombas. Entrementes falo comigo mesmo, como uma pessoa que tem tempo. Ninguém me conta algo novo: assim, conto-me a mim mesmo. – Quando vim até os homens, encontrei-os (Za, *De velhas e novas tábuas,* 1, KSA 4, p. 252).

Por meio da mudança de tempo, do presente ao pretérito, é marcada a transição do narrador em primeira pessoa Zaratustra, que comenta, em modo cênico, sua própria situação narrativa no discurso de personagem autônomo, para a narrativa caracterizada por uma citação de pensamentos levada à cabo de modo narrativo.[46] Como ele nos conta, Zaratustra leu nas tábuas as antigas e novas narrativas e agora ele próprio começa a narrar, mas não mais para nós. A narrativa que resulta, à qual a partir de agora ouvimos supostamente em segredo, mas que na realidade lemos como noutra tábua, é declarada como monólogo – o qual, sendo a própria história de vida já narrada, não oferece nem ao leitor nem a si próprio nada de novo, mas simplesmente rearranja o que já é conhecido.

Mas agora a situação se complica espantosamente: o capítulo todo é subdividido em 30 seções numeradas. No começo da seção 2 começa a narrativa de Zaratustra, na qual, em uma condensação extrema do tempo, relembra algumas das fases de suas próprias atividades até então e adensa os discursos proferidos, os quais podem ser reconhecidos por suas palavras-chave, na forma de mensagens elementares. Com isso, porém, Zaratustra oferece simultaneamente uma interpretação em parte alternativa à apresentação feita até aqui pelo narrador principal anônimo, por exemplo, quando ele relembra e comenta o discurso "Dos poetas", central para o status narrativo, conforme segue:

> Pois falo por símiles e, como os poetas, claudico e gaguejo; e, em verdade, envergonho-me de ainda ter de ser poeta! – (Za 3, *De velhas e novas tábuas,* 2 KSA 4, p. 243)

A vergonha nunca fora antes tematizada, tampouco que a poesia pudesse ser superada. Isso seria um claro enfraquecimento da confissão de Zaratustra, narrada a partir da perspectiva do narrador 1, de que ele

[46] Para uma discussão teorético-narrativa da função da mudança da temporalidade por meio do narrador, ver fundamentalmente Rohrbacher 2016.

também seria um poeta mentiroso, pois a mentira é condição principal de todo discurso em um mundo de aparência. Essa metarreflexão situa-se reconhecidamente em um patamar mais elevado e transcende o limitado conhecimento do protagonista, que em seu próprio olhar retrospectivo revela não considerar o problema fundamental, qual seja, de que ele próprio não apenas é um mentiroso, mas igualmente um herói inventado – ele possui um conhecimento da sua situação "tal como os guerreiros desenhados em uma tela possuem da batalha ilustrada" (NT, *Prefácio para Richard Wagner*, 5, KSA 1, p. 147, Cf. HH I 160: "Pessoas criadas"). Por outro lado, Zaratustra revela coisas que o narrador até então havia ocultado, nomeadamente que ele colheu "do caminho a palavra super-homem", ou seja, que ele a leu em algum lugar.

A narrativa interna não se estende, no entanto, por todo o capítulo – já no meio da seção 3 ela é interrompida por uma transição para o presente:

> – a isso denominei redenção para eles, apenas isso lhes ensinei a denominar redenção. – –
> Agora espero *minha* redenção -, que eu vá pela última vez até eles. Pois ainda *uma* vez quero ir até os homens: *entre* eles quero declinar: morrendo quero lhes dar minha maior dádiva! Do sol aprendi isso …

Então, o narrador toma novamente a palavra e fecha o círculo:

> Tal como o sol quer Zaratustra declinar: agora ele se acha aqui sentado, esperando, com velhas tábuas partidas aos eu redor e também novas tábuas – inscritas pela metade (Za 3, *De velhas e novas tábuas,* 3)

Esta última passagem também poderia ter sido falada pelo próprio Zaratustra, que então não falaria mais, como no início, na primeira pessoa, mas falaria de si em terceira pessoa – nestes casos, ele próprio teria criado, de uma maneira moderna, uma narrativa circular sobre a metalepse. Neste caso, também o narrador interno comentaria as narrativas do narrador principal a respeito do declínio de Zaratustra. Aqui não se pode decidir inequivocamente, contudo, é importante que não se possa constatar facilmente que personagens discursivas e vozes narrativas coincidem, pois o que se encena é a pluralidade de sentidos que entre eles interagem e se contrapõem.

Com a seção 4, porém, Zaratustra começa novamente a falar diretamente a irmãos imaginários: "Olha, eis aqui uma nova tábua...". Ora, após a retrospectiva até o fim do capítulo, ele fornece máximas para *novas* tábuas, máximas que serão novamente escritas.

A narrativa interna de Zaratustra se estende meramente por 2 das 30 seções. Tais inserções ocorrem geralmente quando Zaratustra, em meio a um discurso, narra acontecimentos passados para si mesmo ou para outros – na maioria das vezes são narrativas dos seus sonhos ou – como em "Dos transmundanos" – de ilusões juvenis. Às vezes essa condição é declarada explicitamente, como por meio de uma fórmula conclusiva própria: "Assim contou Zaratustra seu sonho e se calou" (Za 2, *O adivinho,* KSA 4, p. 174)

Mas e esse narrador do nível 1, que envia a Zaratustra os sonhos que ele, então, põe-se a narrar? É um narrador que não aparece ele próprio na história narrada por ele (Zaratustra), um narrador extradiegético-heterodiegético. Este narrador não se anuncia em lugar algum como "eu", ele permanece anônimo, mas aparece repetidamente por meio dos endereçamentos ao leitor e dos comentários do narrador. Logo no início do texto ele constata que o coração de Zaratustra, depois de dez anos, "finalmente" se transformou (Za 1, *Prólogo de Zaratustra,* 1, KSA 4, p. 5); mais tarde ele comenta abertamente: "Mas então sucedeu a coisa mais espantosa daquele dia longo e espantoso" (Za 4, *O canto ébrio,* 1, KSA 4, p. 395); ele esclarece ou dá informações do contexto, tais como: "pois tinha sido prometido"; às vezes, julga de modo genérico o que aconteceu, com comentários como: "Assim começou o declínio de Zaratustra" (Za 1, *Prólogo de Zaratustra,* 1, KSA 4, p. 28), e com isso ele ao mesmo tempo estrutura o texto e fecha um círculo como, por exemplo, quando mais tarde ele anuncia: "aqui *acaba* o declínio de Zaratustra" (Za 3, *O convalescente*, KSA 2, p. 277 – tradução modificada). Além disso, ele indica o respectivo estilo de exposição do protagonista e organiza as vozes na composição narrativa com indicações como: assim "falou" Zaratustra, sua alma ou o adivinho (Za 4, *A última ceia,* KSA 4, p. 353) ou "cantou" (Za 3, *No monte das oliveiras,* KSA 4, p. 221), "narrou"

Zaratustra (Za 1, *Da picada da víbora*, KSA 4, p. 87), ou "assim falou" (Za 4, *O canto da melancolia*, 2, KSA 4, p. 371) e "assim cantou o feiticeiro" (Za 4, *Da ciência*, KSA 4, p. 375), "Assim narrou Zaratustra seu sonho" (ZA 2, *O adivinho,* KSA 4, p. 174), etc...

O narrador é revelado quando ele, por exemplo, passa da perspectiva externa para uma perspectiva interna; isso se mostra em *Zaratustra* por meio de palavras-sinais, endereçamentos diretos ao leitor, e doravante pela mudança na temporalidade, do passado ao presente. As palavras-sinais são: 'eis que', 'evidentemente', 'de fato', 'verdadeiramente', 'espantosamente' – e frequentemente instrumentalizam a passagem do relatar ao mostrar, (do *telling* ao *showing*),[47] por meio da qual o leitor é envolvido no mundo narrado.

> Certo dia, ao anoitecer, Zaratustra andava pela floresta com seus discípulos; e, quando buscava a fonte, eis que chegou a um verde prado, silenciosamente rodeado de árvores e arbustos. Nele havia garotas que dançavam entre si. (Za 2, *O canto da dança* KSA 4, p. 139, grifo nosso).
> O velho feiticeiro já nos regalou com o que tem de pior, e olha: o bom e o piedoso papa está aí com lágrimas nos olhos e novamente se lançou ao mar da melancolia (Za 4, *Entre as filhas do deserto*, 1, KSA 4, p. 379, grifo nosso).
> Após dizer isso ao seu coração, Zaratustra levou às costas o cadáver e se pôs a caminho. Ainda não havia dado cem passos quando alguém se aproximou de mansinho e lhe sussurrou no ouvido – E vede! Era o palhaço da torre (Za, *Prólogo de Zaratustra*, 8, KSA 4, p. 23, grifo nosso).

Este narrador tem visão interior, ele pode relatar os estados interiores do protagonista e citar seus pensamentos entre aspas: "'O que aconteceu comigo?' pensou Zaratustra em seu coração espantado" (Za, *O sinal*, KSA 4, p. 406). Às vezes ele relata indiretamente, como por exemplo quando ele comunica o que Zaratustra considera ter sido um *deja-vu*:[48] "Zaratustra mergulhou em negra recordação, pois era como se tivesse estado naquele vale uma vez" (Za 4, *O mais feio dos homens*, KSA 4, p. 327).

---

[47] Booth 1961.

[48] Para o sentido do *déjà-vu* em Nietzsche, ver Fischer 1911.

Ele também descreve pensamentos em forma de discursos citados e de falas de personagens transpostas. Mas, na maior parte das vezes ele se esconde completamente atrás das falas dos protagonistas encenadas autonomamente. No entanto, quando o narrador finge ser onisciente, isso constitui uma manobra de engodo técnico-narrativo, pois o que parece ser o conhecimento do 'narrador onisciente' (a chamada focalização zero) pode igualmente ser uma representação ilusória de Zaratustra (perspectiva do personagem, focalização interna). Sem se dirigir diretamente ao leitor, mas como um relato de pensamento (*telling*) e um vivenciado discurso de pensamento:

> Foi apenas ao entardecer que Zaratustra, após muito buscar e vagar inutilmente, voltou para sua caverna. Mas, quando se achava defronte dela, e não mais que vinte passos de distância, aconteceu o que menos esperava: ouviu novamente o grande *grito de corro*. E, coisa assombrosa, dessa vez ela vinha de sua própria caverna! (Za, *A saudação*, KSA 4, p. 346, grifo nosso)

Ambas as variantes podem também aparecer ao mesmo tempo:

> — disse extremamente admirado. E, de fato, todos aqueles homens superiores. [...] todos estavam de joelhos, como crianças e velhinhas crédulas, e rezavam em adoração ao asno. E naquele instante o mais feio dos homens se pôs a gorgolejar e bufar, como se lago indizível quisesse dela sair; mas, quando ele **finalmente** conseguiu expressá-lo, **eis que** era uma estranha ladainha devota, em louvor do incensado e adorado asno. **E essa ladainha soava assim**... (Za, *O despertar*, 2, KSA 4, p. 384, grifo nosso)
> mas então ocorreu que de súbito ele foi rodeado por imenso número de pássaros a enxamear e revolutear – e o zumbido de tantas asas e o atropelo sobre sua cabeça eram tão grandes que ele fechou os olhos. **Em verdade**, era como se uma nuvem caísse sobre ele, uma nuvem de flechas a se derramar sobre um novo inimigo. **Mas eis que** essa agora era uma nuvem de amor (Za, *O sinal*, KSA 4, p. 402, grifo nosso)

Também há alguns casos em que o narrador se vale de meios dramatúrgicos no discurso dos personagens para se dirigir a um destinatário imaginário e a si mesmo sob a forma de um falar à parte, um falar à margem do discurso principal. No *Zaratustra*, por exemplo, esse meio de estilo é utilizado por uma personagem e então, porém, explicitamente declarado pelo narrador como tal. Por exemplo, Zaratustra anuncia seus convidados, ele falará com eles "em alemão e claramente", em seguida, como está posto entre parênteses:

> ("Em alemão e claramente? Deus tenha piedade!" disse aqui, à parte, o rei da esquerda; "nota-se que ele não conhece os caros alemães, este sábio do Oriente! Mas ele quer dizer, 'em alemão e toscamente' – muito bem! Não é o pior dos gostos hoje em dia!") (Za, *A saudação*, KSA 4, p. 350).

Se o narrador comenta aqui o falar à margem de uma personagem, ele também adota esse recurso em outros lugares e fala à margem, como no teatro épico de Brecht, produzindo com isso um efeito de estranhamento:

> (Assim falou o adivinho; e, quando os animais de Zaratustra ouviram essas palavras, afastaram-se correndo, assustados. Pois viram que o que tinham arranjado durante o dia não bastaria nem mesmo para encher aquele adivinho (Za, *A última ceia*, KSA 4, p. 353)
> (Mas aqui aconteceu que também o asno tomou a palavra: ele disse, claramente e com má intenção: "I-A" (Za, *Conversa com os reis*, 1, KSA 4, p. 306)
> Falando em três olhos", disse o velho papa com ar divertido (pois ele era cego de um olho) / (Ibid.)
> (e aqui se estirou Zaratustra e sentiu que dormia.) ... (Mas então ele adormeceu novamente, e sua lama o contradisse e resistiu, e deitou-se de novo) – (...) (e aqui ele se assustou, pois um raio de sol caiu do céu em seu rosto)) (Za, *No meio-dia*, KSA 4, S. p. 344)
> (E Zaratustra apontou com as mãos para cima.) (Za, *A festa do asno*, 2, KSA 4, p. 393)

Aqui as direções da cena nos parênteses demarcam certa distância. Ao incluir seu comentário entre parênteses, o narrador ao mesmo tempo exclui a si mesmo dos acontecimentos. Mas há também citações de pensamento autorreflexivas no plano da realidade narrada, como quando "O andarilho" interrompe sua canção e comenta:

> — circum-esfingeando, para pôr
> Numa palavra muitos sentimentos
> (Que Deus me perdoe
> Este pecado da linguagem!) (Za, *Entre as filhas do deserto*, 2, KSA 4, p. 378)

Impossível distinguir se, naquele trecho citado por Petey (p. 89), trata-se de discurso de um personagem, de um discurso vivido ou do comentário do narrador: "Depois que Zaratustra falou isso, o moribundo não respondeu mais; mas moveu a mão, **como se** buscasse a mão de Zaratustra para agradecer" (Za 1, *Prólogo de Zaratustra,* 6).

Além disso, o próprio narrador admite sempre apenas reproduzir relatos de outros "como está escrito" (Za 4, *O canto ébrio*, 2, KSA 4, p. 308, 333), ou seja, narra sobre bases de origem incerta, para as quais não pode assumir nenhuma garantia, e nas quais apenas acredita quem ainda tem fé na verdade de livros sagrados. Mas isso significa justamente que as visões em parte extáticas de Zaratustra, comunicadas pelo narrador a partir das perspectivas das personagens não são confirmadas objetivamente:

> Mas, prodígio dos prodígios! O que não teve ele de enxergar com os próprios olhos! (Za 4, *O despertar*, 2, KSA 4, p. 388).
> E o que pensais que que sucedeu naquele instante? (Za 4, *O canto ébrio*, 1, KSA 4, p. 396).
> Seja como tenha sido, tenha ou não dançado o asno nessa noite, o fato é que então ocorreram prodígios maiores e mais raros do que uma dança de asno. Em suma, como diz a máxima de Zaratustra: "Que importa?" (Ibid).
> E quem poderia imaginar que pensamentos lhe andavam na alma? (Za 4, *O canto ébrio*, 2 KSA 4, p. 397).
> Mas, depois de ouvir essas palavras, – que pensais que que sucedeu na alma de Zaratustra? (Za 4, *O mais feio dos homens*, KSA 4, p. 328).

Em tais passagens marcantes, nas quais o narrador se dá a conhecer diretamente, ele se mostra pouco confiável ou inapropriado para a sua narrativa.[49] Tais passagens contam com um leitor ideal, que pode julgar

[49] Outra experiência de leitura como um narrador deliberada ou involuntariamente pouco confiável produz um narrador inadequado à sua própria narrativa. – Dorrit Cohn (2000)

criticamente o narrador e constatar que a sua intenção narrativa não foi realizada no texto, e, mais do que isso, que ela não pode mais ser realizada, pois após a morte de Deus nenhuma narração pode mais reivindicar a reprodução de uma história *verdadeira*.

Visto que o narrador de *Zaratustra* e Zaratustra como narrador, tal como todas as personagens falantes, usam o mesmo vocabulário e as mesmas formas discursivas, isso levou uma intérprete a afirmar: "A obra é muito pouco polifônica, pois todas as vozes são ecos da *única* voz de Zaratustra".[50] Contudo, uma tal impressão repousa sobre uma percepção altamente inexata e seria imediatamente corrigida por ouvidos mais agudos – "Quem tem ouvidos para ouvir, ouça" (GM I 5, KSA 5, p. 262) – acerca dos quais o próprio texto nos ensina:

> E, coisa assombrosa, dessa vez ele vinha de sua própria caverna! Mas era um grito demorado, múltiplo, estranho, e Zaratustra percebeu claramente que se compunha de várias vozes: ainda que, ouvido de longe, pudesse soar como o grito de uma só boca (Za, *A saudação*, KSA 4, p. 346).

Assim, o narrador sobre o "grito de socorro", que aparece de fato como único, e todavia sai de muitas gargantas. Trata-se de poder diferenciar em meio a essa polifonia oculta. Isso vale, sobretudo, quando se observa uma "permeabilidade do relato narrativo e do discurso das personagens" devido à maneira semelhante de falar, embora as funções da narração sejam bem diferentes.[51] Katharina Grätz constatou sobretudo a prevalência de um modo cênico-dramático, pois no *Zaratustra* predomina "não o narrador, mas o discurso das personagens, que se desprende quase completamente da instância narrativa mediadora".[52] Desta forma, ela concentra suas análises na figura de Zaratustra, embora esteja ciente do significância do narrador.[53] Por sua vez, Enrico Müller insiste no "caráter secundário das sequências de discurso", já que estas estão

---

chama isso de um "discordant narrator".

[50] Wohlleben 2006, p. 135.

[51] Grätz 2016, p. 370s. Já Kunne-Ibsch 1976, p. 218 se refere à "nítida linha divisória entre o *discours du narrateur* e o *discours des characteres*" no Zaratustra.

[52] Grätz 2016, p. 367.

[53] Grätz 2016, p. 367.

sempre apenas integradas na trama narrativa.[54] Pettey acentua, por outro lado, a tensão entre passagens narrativas e cênico-miméticas e fala de um conflito entre "*diegesis* e *mimesis*".[55] No entanto, este conflito seria escamoteado caso na análise se privilegiasse excessivamente ou discurso das personagens ou os relatos do narrador. Se, em contrapartida, consideram-se as linhas que dividem tais instâncias, torna-se claro que o narrador principal e as personagens realizam diferentes manobras narrativas e que se trata, acima de tudo, do jogo de alternância entre elas. Em outro lugar já chamei a atenção para as estratégias de ficcionalização e as interrupções ficcionais subsequentes, postas exclusivamente na conta do narrador, enquanto que, no caso de Zaratustra, a dúvida sobre sua própria identidade funcional torna sua narração cada vez mais insegura, pois ele não pode mais ser tomado inequivocamente como narrador consistente.[56] Dessa forma, quando Zaratustra narra, é preciso perguntar-se enquanto quem ele narra naquele momento, além disso, quando é um outro quem narra, essa personagem assume por um tempo a voz principal, sem que com isso precise concordar com as outras. A polifonia das muitas vozes em Zaratustra, como também o grito de socorro coletivo, não produz nenhuma harmonia.

O próprio Zaratustra pergunta aos outros como ele lhes aparece: "Ó homens superiores, que vos aparece? Sou um adivinho? Um sonhador? Um bêbado? Um intérprete de sonhos? Um sino de meia-noite?" (Za 4, *O canto ébrio,* 10, KSA 4, p. 402). A resposta seria: como tudo isso e ainda muito mais, mas nada disso é autêntico, pois não há nenhum Zaratustra em transformação, que simplesmente se mete em vários papéis e permanece o mesmo por trás das máscaras. Nada há aqui além de papéis e as frases ditas em tais papéis, mas que também podem ser proferidas por outros. A suposta permeabilidade da voz narrativa diz respeito, antes, à dissolução da relação estável entre narrador e suas sentenças. Por conseguinte Zaratustra observa confuso: "mas eu também sou – um adivinho" (Za 4, *O grito de socorro*, KSA 4, p. 303). O modo de falar e o falado não são acoplados a uma identidade estável. Quando Zaratustra reflete, em um monólogo interior: "Sou um adivinho? Um

[54] Mueller 2020, p. 71.
[55] Pettey 1992, pp. 101–106.
[56] Cf. Zittel 2018.

sonhador? Um bêbado? Um intérprete de sonhos? Um sino de meia--noite? Uma gota de orvalho? Perfume e vapor de eternidades?" (Za 4, *O canto ébrio,* 10, KSA 4, p. 402) – a pergunta é colocada de modo equivocado, visto que ele não *é* cada papel, mas são os respectivos papéis que primeiramente o constituem como personagem. Ele existe apenas como personagem – mais exatamente: como uma multiplicidade de personagens até mesmo contraditórias entre si. Com meios narrativos, a crítica à identidade do eu, apresentada no discurso "Dos desprezadores do corpo", é consistentemente levada à cabo até a dissolução do eu em muitos pseudo-"eus", eles mesmos não dominantes.

Por sua vez, o narrador principal não é, em princípio, palpável enquanto personagem. Seu modo de narrar conduz secretamente o leitor a labirintos sem saída. Ele tampouco é um diretor que, soberano, manipula com confiança os fios narrativos de suas histórias. O poder e a credibilidade do narrador principal são constantemente abalados por meio de metalepses e inconsistências. Já mencionei anteriormente que há, no discurso "Dos grandes acontecimentos", uma narrativa interna. Esta é introduzida por uma indicação demonstrativa do narrador: "E este é o relato *da* conversa de Zaratustra com o cão de fogo". Mas é no meio da narrativa da conversa que se pode então observar o que aconteceu durante a descrição: "Enfim ele se pôs mais calmo, e seu arquejar diminuiu; tão logo *ele* se acalmou, porém, *eu* falei sorridente", e um pouco mais tarde: "Assim contou Zaratustra" (Za, *Dos grandes acontecimentos*, KSA 4, p. 168).

De repente, a perspectiva narrativa é alterada no meio do caminho, e a narrativa é assumida pela personagem. Por meio desta insidiosa transgressão ou furtiva metalepse, as fronteiras entre os níveis narrativos são deslocadas e desparecem. Também poder-se-ia dizer: o plano intradiegético ofusca o extradiegético e desorienta o leitor. Assim, seria o narrador extradiegético arrastado para o mundo narrado, e com ele também nós leitores? É, com isso, a transponibilidade das fronteiras posta em questão? Quem é o autor de uma história? É tal como descreve Genette:

> O mais estranho na metalepse certamente assenta nesta hipótese inaceitável, e ainda assim, tão difícil de rejeitar, segundo a qual

talvez o extradiegético seja já sempre diegético, e o narrador e os seus destinatários narrativos, quer dizer, ele e eu, talvez também ainda pertençam à alguma narrativa qualquer.[57]

Nós não narramos, nós somos narrados.

Referências

BENNHOLDT-THOMSEN, Anke. *Nietzsches 'Also sprach Zarathustra' als literarisches Phänomen.* Frankfurt: Athenäum,1974.

BLEECKERE, Sylvain de. Also sprach Zarathustra. Die Neugestaltung der "Geburt der Tragödie". *Nietzsche-Studien*, v. 8, 1979, pp. 270–290.

BOOTH, Wayne. *The rhetoric of fiction.* Chicago University of Chicago Press, 1961.

BRAUN, Rüdiger. *Quellmund der Geschichte.* Nietzsches poetische Rede in "Also sprach Zarathustra". Frankfurt: Peter Lang, 1998.

BURNHAM, Douglas; JESINGHAUSEN, Martin. *Nietzsche's Thus Spoke Zarathustra.* An Edinburgh Philosophical Guide. Edinburgh: Edinburgh University Press, 2010.

CARTWRIGHT, David E. The Last Temptation of Zarathustra. *Journal of the History of Philosophy*, v. 1, 1993, pp. 49–69.

CHRISTEN, Felix. Einleitung. In: NIETZSCHE, Friedrich. *Also sprach Zarathustra.* Ein Buch für Alle und Keinen, ed. por CHRISTEN, Felix. Stuttgart: Kröner, 2014, pp. IX-XLVI.

CLAYTON, John. Zarathustra und die Stadien auf dem Lebensweg. In: BOHN, v. (org.). *Romantik.* Literatur und Philosophie. Frankfurt, 1987. pp. 257–278.

COHN, Dorrit. "Discordant Narration." *Style*, v. 34, n. 2, 2000, pp. 307–316.

CONWAY, Daniel. Nietzsche contra Nietzsche: The Deconstruction of Zarathustra. In: KOELB, Clayton (ed.). *Nietzsche as postmodernist.* New York: State University of New York Press, 1990. pp. 91–110.

[57] Genette 1998, p. 169.

DE BLEECKERE, Sylvain. "Also sprach Zarathustra. Die Neugestaltung der "Geburt der Tragödie". *Nietzsche-Studien*, v. 8, 1979, pp. 270–290.

FISCHER, Otokar. Eine psychologische Grundlage des Wiederkunftsgedankens. Bemerkungen über den literarischen Wert der "fausse reconnaissance". *Zeitschrift für angewandte Psychologie und psychologische Sammelforschung* (ZAP), v. 5, 2011, pp. 487–515.

FORRER, Thomas. *Nachwort zu: Friedrich Nietzsche, Sämtliche Gedichte.* Stuttgart: Kröner 2019, pp. 453–484.

GASSER, Peter. *Rhetorische Philosophie.* Leseversuche zum metaphorischen Diskurs in Nietzsches "Also sprach Zarathustra". Bern: Francke Verlag, 1992.

GENETTE, Gerard. *Die Erzählung.* 2. Ed. Munique: Brill | Fink, 1998.

GOODING-WILLIAMS, Robert. The drama of Nietzsche's Zarathustra: Intention, Repetition, Prelude. *International Studies in Philosophy*, v. 20, n. 2, 1988, pp. 105–116.

GRÄTZ, Katharina. Neuerscheinungen zu Also sprach Zarathustra." *Nietzsche-Studien,* v. 46, n. 1, 2017, pp. 333–343.

GRÄTZ, Katharina. Zarathustra als fiktive Figur. In: GRÄTZ, Katharina; KAUFFMANN, Sebastian (org.). *Nietzsche zwischen Literatur und Philosophie.* Von der "Fröhlichen Wissenschaft" zu "Also sprach Zarathustra. Heidelberg: Universitätsverlag Winter, 2016, pp. 357–376.

GROOS, Karl. Der paradoxe Stil in Nietzsches Zarathustra. *Zeitschrift für angewandte Psychologie und physiologische Sammelforschung*, v. 7, 1913, pp. 467–529.

HAPP, Winfried. *Nietzsches "Zarathustra" als moderne Tragödie.* Frankfurt: Suhrkamp, 1984.

HEIDEGGER, Martin. *Wer ist Nietzsches Zarathustra?* Vorträge und Aufsätze. Pfullingen: G. Neske, 1954.

HIGGINS, Kathleen M. *Nietzsche's Zarathustra.* Philadelphia: Lexington Books, 1987.

HOMERO. *Odisséia.* Trad. Carlos Alberto Nunes, 3ª Ed. São Paulo: Edições Melhoramentos, 1960.

KOCHER, Uschi. Wenn Erzähler lügen. Zum Problem des unwahrhaften Erzählers in Prosatexten der Frühen Neuzeit. In: LAUDE,

Corinna; SCHINDLER-HORST Ellen (org.). *List, Lüge, Täuschung. Mitteilungen des Deutschen Germanistenverbandes*, 52, H. 3. Bielefeld: Aisthesis Verlag, 2005, pp. 318–333.

KÖNIG, Christoph. "Ich bin dein Labyrinth…. Zur poetischen Klugheit in Nietzsches Dionysos-Dithyramben. In: BENNE, Christian; ZITTEL, Claus (org.). *Nietzsche und die Lyrik*. Ein Kompendium. Stuttgart: Metzler, 2017. pp. 331–349.

KUNNE-IBSCH, Elrud. Der Weg zum schönen Leben. Enthistorisierung als Verfahren in der Erzählung des Jugendstils. *Neophilologus*, v. 57, 1973, pp. 217–231 e. 317-329.

KUNNE-IBSCH, Elrud. Textstruktur und Rezeptionsprozess am Beispiel von Nietzsches ‚Zarathustra'. In: FOKKEMA, D. W. et al. (org.). *Comparative poetics, Poetique comparative, Vergleichende Poetik*. Amsterdam: John Benjamins, 1976, pp. 215–242.

LOEB, Paul S. *A morte de Zaratustra de Nietzsche*. Tradução de Marcelo Backes. São Paulo: Iluminuras, 2010.

MASINI, Ferruccio. Rhythmisch-metaphorische Bedeutungsfelder in 'Also sprach Zarathustra'." *Nietzsche-Studien*, v. 2, 1973, pp. 276–307.

MAYER, Mathias (org.). *Also wie sprach Zarathustra?* West-östliche Spiegelungen im kulturgeschichtlichen Vergleich. Würzburg: Ergon-Verlag, 2006.

MEIER, Heinrich. *Was ist Nietzsches Zarathustra?* Eine philosophische Auseinandersetzung. Munique: C.H. Beck Verlag, 2017.

MONTINARI, Mazzino. Zarathustra vor "Also sprach Zarathustra. In: MONTINARI, Mazzino. *Nietzsche lesen*. Berlin, New York: de Gruyter, 1971. pp. 79–91.

MÜLLER, Enrico (Ed.) *Nietzsche-Lexikon*. Paderborn: Fink 2020.

NEHAMAS, Alexander. *Nietzsche*: Life as Literature. Cambridge: Harvard University Press, 1985.

NIEHUES-PRÖBSTING, Heinrich. Anekdote als philosophiegeschichtliches Medium. *Nietzsche-Studien*, v. 12, 1983, pp. 255–286.

NIEHUES-PRÖBSTING, Heinrich. Der "kurze Weg": Nietzsches "Cynismus". *Archiv für Begriffsgeschichte*, v. 24, n. 1, 1980, pp. 103–122.

PELLONI, Gabriella; SCHIFFERMÜLLER, Isolde (org.). *Pathos, Parodie, Kryptomnesie*. Das Gedächtnis der Literatur in Nietzsches "Also sprach Zarathustra". Heidelberg: Winter, 2015.

PETTEY, John Carson. *Nietzsche's Philosophical and Narrative Styles*. Bern: Peter Lang, 1992.

ROHRBACHER, Imelda. *Poetik der Zeit.* Zum Historischen Präsens in Goethes "Die Wahlverwandtschaften". Göttingen: Brill, 2016.

SHAPIRO, Gary. *Nietzschean Narratives*. Bloomington: Indiana University Press, 1989.

STEGMAIER, Werner. Also sprach Zarathustra. In: STEGMAIER, Werner. *Hauptwerke der Philosophie.* Von Kant bis Nietzsche. Stuttgart: Philipp Reclam,1997, pp. 402–442.

VILLWOCK, Peter. Zarathustra. Anfang und Ende einer Werk-Gestalt Nietzsches. In: SOMMER, Andreas Urs (Org.). *Nietzsches "Also sprach Zarathustra"*. Basel: Schwabe Verlag 2001. pp. 1–34.

VITENS, Siegfried. *Die Sprachkunst Friedrich Nietzsches in 'Also sprach Zarathustra'*. Bremen: W. Dorn, 1951.

WOHLFAHRT, Günter. "Wer ist Nietzsches Zarathustra?" *Nietzsche-Studien*, v. 26, 1997, pp. 319–330.

WOHLLEBEN, Doreen. Friedrich Nietzsches Zarathustra im poetologischen Spannungsfeld von Schatten und Erscheinung. In: Matthias Mayer (org.): *Also wie sprach Zarathustra?* West-östliche Spiegelungen im kulturgeschichtlichen Vergleich. Würzburg: Ergon Verlag, 2006, pp. 125–138.

ZEITLER, Julius. *Nietzsches Ästhetik*. Leipzig: H. Seemann, 1900.

ZIEMANN, Rüdiger. Das liebe ewige Leben. Zur Brentanolektüre des jungen Nietzsche. *Nietzscheforschung*, v. 1, 1994, pp. 335–350.

ZITTEL, Claus. "Sentenças, rupturas, contradições. Provocações e problemas de interpretação a partir das relações e das perspectivas narrativas no 'Assim falava Zaratustra' de Nietzsche." *Cad. Nietzsche*, v. 39, n. 2, 2018.

ZITTEL, Claus. *Das ästhetische Kalkül von Nietzsches Also sprach Zarathustra*. Würzburg: Königshausen & Neumann, 2011.

VI. O diálogo como forma filosófica em Nietzsche[1]

1. Introdução[2]

O diálogo é a forma artística clássica da filosofia. Precisamente a filosofia de artistas de Nietzsche, enormemente articulada das mais diversas formas, parece, contudo, vir a ser sem o diálogo; e, ainda mais, Nietzsche foi absolutamente hostil com o diálogo, ou no mínimo desconfiado. Essa impressão estimula ao menos a pesquisa que lhe diga respeito, pois falta um verbete correspondente nos dicionários sobre Nietzsche e nos panoramas gerais sobre as "formas de escrita filosófica" de Nietzsche – assim denominou Werner Stegmaier – visto que o diálogo [*Dialog*] e a conversação [*Gespräch*] permanecem sem qualquer menção.[3] Unicamente o diálogo entre o "andarilho e sua sombra" poderia ocasionalmente suscitar a atenção dos intérpretes. De modo surpreendente, quase ninguém se ocupou com as variedades de diálogo em Nietzsche e se questionou as suas implicações epistemológicas.[4] As razões disso são evidentes: o filosofar de Nietzsche é considerado a quinta-essência de um pensamento monológico-monomaníaco [*monomanisch-monologischen Denkens*], da conversa solitária consigo mesmo,[5]

---

[1] Capítulo traduzido por Jorge Luiz Viesenteiner.

[2] Esta contribuição é também fruto de diálogos que a permitiram amadurecer para sua forma atual. Por isso, gostaria de agradecer a Marcus Born, Jakob Dellinger, Enrico Müller, Axel Pichler e Werner Stegmaier.

[3] Stegmaier 2012, p. 7s: "No entanto, ninguém usou, moldou ou criou uma variedade tão grande de formas para sua escrita filosófica como Nietzsche". Stegmaier conta entre eles, além do aforismo, a sentença, o tratado, o ensaio, a acusação, as canções ditirâmbicas e a poesia didática épico-dramática-lírica. Sobre o tema vale a pena também conferir Pichler 2014, p. 108s. Ambos os autores não consideram o diálogo em sua lista de formas de apresentação, embora Stegmaier (2012, p. 13 e 16) naturalmente demonstra ciência de que Nietzsche encenou diálogos com frequência.

[4] Embora a bibliografia sobre Nietzsche de Weimar liste 52 artigos de pesquisa com "diálogo" no título (http://ora-web.swkk.de/swk-db/niebiblio/), somente a investigação de Gerd Schank (1991) considera o diálogo como forma filosófica.

[5] Cf., por exemplo, van Tongeren 1999, p. 81s.

do solilóquio de eremita. O próprio Nietzsche designa, por exemplo, *Humano, demasiado humano* como um "livro monológico".[6] De modo correspondente, foi nele atestada a recusa à comunicação ou a uma escrita oriunda do impulso de um falar fracassado.[7] Os diálogos de Nietzsche não seriam propriamente diálogos, mas "continuadas conversas consigo mesmo diante do público"[8], ou, conforme Paul van Tongeren, jogos de esconder, com o objetivo de ocultar a intenção do autor.[9] Além disso, a crítica afiada de Nietzsche ao Diálogo platônico – o qual, precisamente em função da nova forma, o filósofo torna responsável pelo declínio da cultura estética grega –, é bem familiar por todos(as) pesquisadores(as) de Nietzsche.

Várias vozes chamam a atenção nos assim chamados livros aforismáticos, como, por exemplo, quando fala um eremita, o andarilho, o devoto, um cínico, ou quando um tolo profere um discurso[10]: essas vozes, porém, não falam entre si. São reconhecíveis, ao menos, precisamente marginais e solitários que aqui falam. Polifonia também não é comparável com dialogicidade.[11] É como se a forma dialógica fosse meramente irrelevante para Nietzsche.

O ponto de vista segundo o qual os diálogos em Nietzsche seriam exceções negligenciadas é, contudo, falso, pois surpreendentemente há muitas conversas formalmente fechadas em si mesmas que ou são reproduzidas, ou brevemente introduzidas ou imediatamente apresentadas. Esses diálogos à parte têm os mais diversos tamanhos, mas tendem na maioria das vezes à brevidade e se desenvolvem frequentemente esquematizados de modo simples entre um personagem A e outro B (AS 71, especialmente frequente no quarto e quinto livro de A e GC: A 232, 234, 255, 477, 483, 485, 491, 492, 493, sem um A e um B: A 490, 494; GC 93,

---

[6] Cf. o folheto da primeira edição de 1878, KSA 2, p. 10.

[7] Giuriato e Zanetti 2003, p. 99.

[8] Stegmaier 2012, p. 438.

[9] Cf. Van Tongeren 2000, p. 75.

[10] Várias figuras como essa aparecem na obra de Nietzsche: O espírito livre, a sombra, o adivinho, Zaratustra, Pirro, Epicuro, Yorick-Columbus. N'*A Gaia Ciência* aforismos são introduzidos, por exemplo, com frases como: "Fala o devoto" (GC, *Prelúdio,* 38), "Fala o eremita" (GC 364, GC 365), "Fala o cínico" (GC 368), "'O andarilho' fala" (GC 380). Em outras obras falam também os "espíritos livres", "o solitário" (AS 200), a fênix (A 568), o "cético" (GC, *Prelúdio,* 61, BM 208) ou "nós últimos estoicos", "nós espíritos livres" (BM 227). Cf. também a "conversa dos espíritos livres", NF-1876,16[46], KSA 8, p. 294.

[11] Cf. contra isso Schank, 1991, pp. 492–495.

123, 168, 172, 181, 190, 255, 262, 320), raramente entre A, B e C (HH II AS 90, sobre a prosa alemã). Nietzsche compõe uma (assim também intitulada) longa "Conversação sobre a música" (A 255), mas também um diálogo rimado (assim em GC, *Prelúdio* 4); mas há também diálogos personalizados como entre Lutero e Melanchton (HH II AS 66), Pirro e o velho (AS 213), Ariadne e Dioniso (DD, Ariadne, e CI 19; cf. também NF-1885,37[4], KSA 11, p. 578s., corrigido segundo KGW IX 1, N VII 1.51) e Teseu (cf. NF-1887,9[115], KSA 12, p. 401 s. / KGW IX 6, W II 1.52, Z. 28-30), o *colóquio com Dioniso* nos apontamentos póstumos[12], bem como as conversas de Zaratustra. Outras conversas são tipologizadas, e aparecem como discurso "Para tranquilizar o cético" (A 120), "Conversa do espírito livre" (NF-1876,16[46], KSA 8, p. 294), diálogos entre o andarilho e sua sombra, entre um velho soldado e sua cônjuge (AS 42), entre o filho do guardião e os prisioneiros (AS 84), entre um inovador musical e seu discípulo (GC 106), entre um sábio e um tolo (GC 213), entre o homem de ação e o contemplativo (A 519), como diálogo sobre um doente (GC 168) ou com um homem valente (A 494). Mesmo em *Genealogia da Moral* é surpreendentemente inserido um longo diálogo, quando o eu narrador [*Sprecher-Ich*] se dirige ao senhor Curioso e Temerário (GM I 14), e então assume explicitamente o papel de ouvinte.

Registremos primeiramente que Nietzsche esboçou muitos diálogos e eles são perceptíveis em *A gaia ciência* e em *Aurora*. Sem dúvidas há de se levar em conta o diálogo nas formas de exposição filosófica de Nietzsche, e por isso é válido que se questione as suas particularidades estruturais e funções, e que se reflita sobre a sua interação com as outras formas literárias de exposição. É preciso também lembrar que Nietzsche, não obstante a sua crítica ao Diálogo platônico, estimava a forma literária da conversação: como se sabe, ele elege precisamente as *Conversações com Goethe*, de Eckermann, – na verdade uma coletânea descontraída de bate-papos – como "o melhor livro alemão que existe" (AS 109);[13] ele também elogia o texto *Memorial de Santa Helena*, que

[12] Cf. NF-1885,34[181], KSA 11, pp. 481–482, e KGW IX 1, N VII 1.70 s.: Esse diálogo a dois com Dioniso é mais bem investigado no capítulo VII deste mesmo volume. Ele recebe comentário também de Schank 2001, p. 499s.

[13] Cf. HV 8 e NF-1873,29[119], KSA 7, p. 686; NF-1884,26[304], KSA 11, p. 231, assim como a carta de Nietzsche a Köselitz de 31 de maio de 1878, Nr. 723, BVN-1878,723, KGB II 5, p. 329.

também contém as supostas conversas de Napoleão;[14] elogia ainda os diálogos de Leopardi e Walter Savage Landor[15], os mestres da prosa, em função do texto *Conversações imaginárias*, (GC 92); a conversação mitológica de Lukian parece-lhe vivaz, suntuosa e elegante;[16] elogia os "Diálogos de mortos", de Fontenelle (OS 259; CI *Antigos* 2),[17] os diálogos filosóficos de Renan, o *Dialogus de oratoribus*, de Tácito (DS 11), e as conversações com Jesus, de Pascal (NF-1880, 7[29], KSA 9, p. 324). Ele também se mostra várias vezes impressionado e assustado com a "terrível conversa dos atenienses com os Melianos em Tucídides" (NF-1875,6[32], KSA 8, p. 110ss; NF-1888,14[147], KSA 13, p. 331; MA 92). Esse espanto de Nietzsche em relação à conduta cínica dos diálogos por parte dos atenienses em relação os Melianos já sugere precisamente a condição que ele tem em mente, como ideal, outro tipo de conversação, a saber, conversação que não se baseia mais em poder e violência.

Se examinarmos conjuntamente, os diálogos de Nietzsche apresentam algumas marcas convergentes de grande particularidade. Na verdade, há variantes, mas, diferentemente do que se espera, poucos diálogos agonais, nos quais o orador supera seu oponente com sua melhor eloquência, seu argumento ou poder. Com efeito, aparecem debates apenas em *Zaratustra* ("'Anão! Ou tu ou eu!'", Za III, *Da visão e do enigma*, 2, KSA 4, p. 199), e também brigas, como quando Zaratustra espanca o feiticeiro com uma bengala ou tampa a boca dos tolos (Za IV, *O feiticieiro*, 2, KSA 4, p. 317). O surpreendente é que Nietzsche elabora uma nova forma do diálogo sem seguir nenhum modelo específico, e que se encontra na modernidade alguns imitadores.

Vou esclarecer rapidamente esse ponto: a tradição filosófica conhece muitas variações do diálogo[18], desde o Diálogo maiêutico de Platão até o diálogo de doutrinas científicas (Fracastoro, Galilei, Bacon, Descartes, o Diálogo de *Tucídides*, de Hobbes), no qual um superior

[14] Las Cases 1823-1826.

[15] Nietzsche conhecia uma tradução alemã de uma coletânea de *Conversações imaginárias entre literatos e homens de estado* (Landor, 1878).

[16] Carta a Wilhelm Pinder, BVN-1859,54, KGB I 1, p. 47. Nietzsche possuía várias edições diferentes dos diálogos de Lukian.

[17] Na biblioteca de Nietzsche encontra-se um exemplar de Fontenelle 1730.

[18] Para uma história do diálogo filosófico (sem referência a Nietzsche, como não é de se surpreender) Cf. Hirzel 1895; Hösle 2006, p 79-124.

condutor da conversação mostra a Simplício e seus amigos a sua ignorância. Os diálogos no campo religioso podem ser orientados mais consensualmente e mais livres para o status dos protagonistas equitativos, como quando eles objetivam a tolerância (Hume, Mendelssohn). Em todo o caso, os diálogos são, na filosofia, frequentemente exotéricos e orientados para um objetivo, ou têm em vista ao menos o avanço do conhecimento. Tão mais significativos são as exceções, portanto os Diálogos aporéticos tardios como, por exemplo, o *Teeteto*, de Platão.

Como veremos, os diálogos de Nietzsche não seguem na maioria das vezes os padrões clássicos, mas os contrariam. Pois não se trata neles nem da disseminação do saber nem da mediação do poder – como no *Diálogo dos Melianos*[19] –, e não da disputa pública na tribuna. Neles são testados, ao invés disso, formas de conversação íntimas e enigmáticas que não acabam trocando posições, mensagens e verdades, mas antes em uma maneira cortês, inteligente e suave de se relacionar com outra pessoa, por meio de um modo de se comunicar estético. Na maioria dos diálogos de Nietzsche não predominam, desse modo, o triunfar, o destruir, o defender o próprio direito, "a disputa odiosa" (NF-1876,16[46], KSA 8, p. 294), mas em sua maioria a prudência e o respeito, o desembaraço e a gentileza do melhor argumento poupado ou detido, a renúncia à refutação, o reconhecimento de outras posições, bem como um querer não-ser-entendido e um não-ter de-entender.

2. Diálogos encenados

O diálogo aparece em Nietzsche muito mais como forma de exposição de disposições suaves, de *atenuações* e de um amistoso ceticismo, de enigma e ocultamento. Heinz Schlaffer caracteriza, por outro lado, o modo de escrever dialógico de Nietzsche como um gesto de fala "radical, indelicado e descortês",[20] como se sempre estivesse em um combate.

[19] Müller 2012 e Brobjer 2005, lidam, do ponto de vista do conteúdo, com o tratamento que Nietzsche dá aos Sofistas. Müller enfatiza com razão neste "diálogo perturbador entre *logos* e *alogia*" que os atenienses se orientam em sua conversa sobre a prática do discurso filosófico platônico e os Melians desesperados, que não podem jogar o jogo por causa de sua situação desesperada, recorrem a uma negação da realidade (p. 225). Como veremos, os diálogos de Nietzsche tomam o lado da forma qua Melians.

[20] Schlaffer 2007, p. 47. Cf. também as resenhas críticas de Stegmaier 2008 e Sommer 2008.

Porém, Schlaffer tece também a bela observação de que Nietzsche ocasionalmente "permite que seus próprios leitores falem em um diálogo encenado, como se eles estivessem ao seu lado: 'Compreendem?... Fui compreendido?... *Absolutamente não, caro Senhor!* – Então comecemos do início.'"[21] (GM III 1) Com base em uma outra passagem ele constata que nos escritos de Nietzsche "o monólogo se dispersa em um diálogo, no qual o leitor não apenas acredita ouvir, mas também acredita falar aquilo que ele lê."[22] Vários outros exemplos também.[23]

Se admitirmos o argumento de Schlaffer, assim também os livros aforismáticos seriam transmitidos ao leitor, dialogicamente, por meio de conversações encenadas, tal como os *Discorsi*. Essa interpretação, assim como ocasionalmente o discurso que se sucede, de que a escrita aforismática de Nietzsche pode ser entendida como dialógica, visto que ela incita à contradição,[24] não recebe, contudo, a forma particular dos textos em questão, compostos por Nietzsche apenas como diálogo. Dois exemplos não considerados por Schlaffer indicam o caminho para uma determinação formal do diálogo nos escritos de Nietzsche:

> Por que não poderia o mundo *que nos concerne* – ser uma ficção? E a quem faz a pergunta: "mas a ficção não requer um autor?" – não se poderia replicar: Por quê? Esse "requer" não pertenceria também à ficção? (ABM 34).
> Acontecendo de também isto ser apenas interpretação – e vocês se apressarão em objetar isso, não? – bem, tanto melhor! (ABM 22)

Estas duas pequenas encenações são significativas, pois elas dão a entender – um tanto antecipadamente – um princípio capital da técnica

---

[21] Schlaffer 2007, p. 85.

[22] Idem, p. 86.

[23] Por exemplo: "Nossa virtudes? [...] Ah, se vocês soubessem com que rapidez, com que rapidez — isso mudará!..." (ABM 214); "Os psicólogos da França [...] Em suma, procurem estudar, psicólogos, a filosofia da 'regra' em luta com a 'exceção': aí vocês têm um espetáculo bom para os deuses e para a malícia divina! Ou, ainda mais claramente: vivisseccionem o 'homem bom', o '*homo bonae voluntatis*' ... *vocês mesmos*" (ABM 218); "Eles sorrirão, esses espíritos severos, quando alguém disser na sua presença: 'esse pensamento me eleva: como não seria verdadeiro?'" (ABM 210). Cf. também A 492 e 494.

[24] Cf. Born 2012, p. 305; Endres 2014.

do diálogo em Nietzsche. A tática de um dos falantes consiste precisamente em se adaptar à força individual do opositor, reconhecer o argumento, acolhê-lo e deixar o interlocutor cair no vazio. Deve-se esquivar à lógica da argumentação, na medida em que a validade das premissas do sistema argumentativo é colocada em questão e a conversação é rapidamente trazida para uma paralisia definitiva. Alguns pequenos diálogos são construídos segundo essa anti-Erística:

> *Contra os que elogiam.* – A: "Somos elogiados apenas por nossos iguais!". B: "Sim! E quem o elogia lhe diz: você é meu igual!" (GC 190)
> *O desmancha-prazeres.* – A: "Você é um desmancha-prazeres, é o que dizem em toda parte!". B: "Sem dúvida! Eu desmancho o prazer que cada um tem com o seu partido – o que nenhum partido perdoa" (GC 172)
> *Imitadores.* – A: "Como? Você não quer imitadores?". B: "Não quero que façam conforme o meu exemplo; quero que cada um faça seu próprio exemplo, como eu". A: "Ah, é assim –?" (GC 255)
> *Sub specie aterni* [Do ponto de vista da eternidade]. – A: "Você se afasta cada vez mais dos que vivem: logo eles o apagarão de suas listas!". – B: "É a única maneira de partilhar o privilégio dos mortos". – A: "Qual privilégio?". – B: "Não mais morrer" (GC 262)
> *Redimido do ceticismo.* – A: "Outros emergem de um ceticismo moral universal maldispostos e fracos, abatidos, corroídos por vermes, quase consumidos – eu, porém, mais corajoso e saudável do que nunca, de instintos reconquistados. Onde sopra um vento agudo, o mar se encrespa e não é pouco o perigo a superar, ali me sinto bem. Verme não me tornei, embora muitas vezes tivesse de trabalhar e escavar como um verme". – B: "Você *parou* de ser cético! Pois você *nega*!" – A: "E com isso aprendi novamente a *dizer Sim*" (A 477)

Encontramos esses diálogos autorreferenciais em *Zaratustra*, por exemplo, quando o jovem pergunta por que Zaratustra certa vez acusou o poeta de mentir, deixando a pergunta do jovem sem resposta por um momento, para depois reconhecer em absoluto a objeção colocando-a sob uma "ausência de fundamento", bem para fazer voltar sobre si mesmo toda a conversação: "Mas que foi o que, um dia, te disse Zaratustra? Que os poetas mentem demais? Mas também Zaratustra é um poeta" (Za II, *Dos Poetas*, KSA 4, p. 163)

A anotação por escrito de conversações conduz, além disso, a diálogos paradoxais justamente sobre esse registrar por escrito:

> *Mas por que você escreve?* – A: Eu não sou daqueles que *pensam* tendo na mão a pena molhada; tampouco daqueles que diante do tinteiro aberto se abandonam a suas paixões, sentados na cadeira e olhando fixamente para o papel. Eu me irrito ou me envergonho do ato de escrever; escrever é para mim uma necessidade imperiosa – falar disso, mesmo por imagens, é algo que me desgosta. B: Mas por que você escreve então? A: Cá entre nós, meu caro, eu não descobri ainda outra maneira de *me livrar* de meus pensamentos. B: E por que você quer se livrar deles? A: Por que eu quero? E eu quero? Eu preciso. – B: Basta! Basta! (GC 93)

Os falantes incorrem diretamente em autocontradição performativa, por vezes até mesmo involuntariamente, por outras como vontade de engano, porém, não para prejudicar, mas sim por renúncia ao melhor conhecimento:

> *Seguir e anteceder.* – A: "Desses dois, um sempre seguirá atrás, o outro sempre andará na frente, aonde quer que o destino os leve. *No entanto*, o primeiro está acima do segundo, tanto na virtude como no espírito!". B: "No entanto? Você fala para os outros; não para mim, não para nós! – *Fit secundum regulam* [*Esta é a regra*]" (GC 181)

Neste caso B acompanha A – mas do ponto de vista formal, B acompanha sim A simultaneamente. A alternativa introduzida por A como premissa é aceita por B apenas parcialmente, como um modo de discurso exotérico descoberto, e assim por diante. A segunda regra de B se segue da primeira, contudo a antecede logicamente, pois ela acrescenta a situação do ato de fala uma outra condição. Mas essa segunda regra não significa que não há regra fixa alguma.

Ocasionalmente o falante também submerge facilmente ("Eu não sou daqueles que..." GC 93), o que entretanto não é sempre válido:

> *Conversa sobre a música.* – A: Que diz você sobre essa música? – B: Ela me subjugou, nada tenho a dizer. Escute! Ela começa novamente!

> – A: Tanto melhor! Vamos cuidar para que dessa vez *nós* a subjuguemos. [...] Mas a música cessa! – B: E é bom que cesse! Pois não suporto mais ouvir *você*! Prefiro mil vezes *deixar-me enganar* do que conhecer a verdade a seu modo! A: Isso é o que eu queria escutar de você (A 255, cf. GC 320).

Essa variação do diálogo curto não obtém seu potencial de uma forma elaborada compositivamente, mas antes da possibilidade, posta nas respectivas ações de fala, de autorreferencialidade do falante em relação à forma.

3. 'Flutuando entre prosa e poesia': o diálogo platônico

Em função desta brevidade e à sua tendência para minar e silenciar a argumentação, os diálogos de Nietzsche contrastam de forma impressionante com a arte do diálogo de Platão. Nietzsche normalmente expressa ceticismo em relação ao diálogo platônico, e mesmo em *Crepúsculo dos ídolos* ele menciona uma "espécie de dialética espantosamente presunçosa e pueril" (CI, *O que devo aos antigos*, 2, KSA 6, p. 155). Em *O nascimento da tragédia* ele também o exprime, como na conhecida e extremamente bela passagem:

> Se a tragédia havia absorvido em si todos os gêneros de arte anteriores, cabe dizer o mesmo, por sua vez, do diálogo platônico, o qual, nascido, por mistura, de todos os estilos e formas precedentes, paira no meio, entre narrativa, lírica e drama, entre prosa e poesia, e com isso infringe igualmente a severa lei antiga da unidade da forma linguística [...]. O diálogo platônico foi, por assim dizer, o bote em que a velha poesia naufragante se salvou com todos os seus filhos: apinhados em um espaço estreito e medrosamente submissos ao timoneiro Sócrates, conduziam para dentro de um novo mundo que jamais se saciou de contemplar a fantástica imagem daquele cortejo. Na realidade, Platão proporcionou a toda a posteridade o protótipo de uma nova forma de arte, o protótipo do *romance* (NT 14, KSA 1, p. 93s).[25]

[25] Cf. também: "Mas a essência da obra de arte platônica, do diálogo, é a ausência de formas e estilo produzida pela mistura de todas as formas e estilos existentes. [...] Assim, ele

Depois desta surpreendente observação, que teria de ser examinada separadamente para uma teoria do romance, Nietzsche justifica porque é que a nova forma aberta de diálogo foi tão fatal no seu efeito: "Aqui o *pensamento filosófico* sobrepassa a arte e a constrange a agarrar-se estreitamente ao tronco da dialética" (NT 14, KSA 1, p. 94)[26] O diálogo de Platão não possui, pois, um efeito imediato, mas é o "pai da leitura poética: leitura épica, leitura dramática, – – –" (NF-1869-70, 3[75], KSA 7, p. 80). Nietzsche considera então que a nova forma é tão incoerente como inaparente. Em outra passagem, é afirmado sucintamente: "A ruína tomou o seu ponto de partida do diálogo" (ST, KSA 1, p. 545).

Nos apontamentos póstumos dos anos de Basileia, porém, também se encontra a utopia do "diálogo no amor" (Idem), no qual a música se funde com o diálogo e o monólogo. O desenvolvimento disso, porém, impediu que o socratismo penetrasse na tragédia, e o diálogo teria se transformado no "local principal do Apolínio" (NF-1869-71, 7[94], KSA 7, p. 159). Nos seus escritos posteriores, as críticas de Nietzsche à colorida mistura de estilos de Platão, revelam cada vez mais uma apreciação secreta da sua ousadia artística; ele agora chama Platão de "o mais temerário dos intérpretes, que tomou Sócrates inteiro como um tema ou canção popular das ruas, para variá-lo ao infinito e ao impossível: isto é, em todas as suas máscaras e multiplicidades próprias" (ABM 190). Em *Ecce homo*, Nietzsche coloca *Assim falou Zaratustra* numa posição semelhante e atesta a sua própria escrita como tendo comando sobre "muitas possibilidades de estilo – a mais variada arte de estilo de todas as que um ser humano alguma vez teve à sua disposição" (EH, *Por que escrevo tão bons livros*, 4).

Mas mesmo nas suas *Conferências sobre Platão* de juventude, Nietzsche já tinha feito julgamentos mais diferenciados, ou mais precisamente: julgamentos mais ambivalentes. Uma consideração mais atenta dessa dicotomia facilita a compreensão dos seus esforços posteriores para criar seus próprios diálogos. Nietzsche insiste primeiro na diferença entre

(diálogo) paira entre todos os gêneros de arte, entre prosa e poesia, narrativa, lírica, drama, assim como quebrou a rígida lei mais antiga da forma uniforme, estilístico-linguística. O socratismo é ainda mais distorcido nos escritores cínicos: na maior variegação de estilo, no arremesso e no giro entre formas prosaicas e métricas, eles procuram refletir, por assim dizer, a silênica natureza exterior de Sócrates, seus olhos de caranguejo, lábios salientes e barriga de panela" (ST, KSA 1, p. 543s.).

[26] Dialética e diálogo, portanto, não são sinônimos. Cf. contra isso Nehamas 1988.

diálogo escrito e conversação oral e nega que a arte do diálogo escrito de Platão estaria em condições de reproduzir uma conversa animada que poderia instruir por si só. Os diálogos escritos seriam, principalmente, um lembrete para filósofos já iniciados. No entanto, elogia o "escritor" Platão, dizendo que é "um escritor de prosa ricamente talentoso, altamente versátil, dominando todas as teclas, o completo homem educado de uma época melhor formada". Ele mostra um grande talento dramático" (Introdução ao Estudo dos Diálogos Platônicos, KGW II 4, p. 8) Ele aprecia a nova forma de diálogos individuais, por exemplo, certificando no *Banquete* que o "significado dos discursos só seria compreendido a partir do *Fedro*" (KGW II 4, p. 105). É precisamente na "diversidade de forma e de conteúdo" (KGW II 4, p. 105) que "a fecundidade do novo princípio" estaria revelada (KGW II 4, p.106). Seria, pois, totalmente "errado acreditar que Platão pretendia apresentar diferentes direções invertidas: todas elas são vozes filosóficas e todas verdadeiras, com lados sempre novos de uma única verdade" (KGW II 4, p. 106). A multiplicidade de aspecto e o diálogo, no jovem Nietzsche, em princípio não se excluem mutuamente. O diálogo exotérico do *Górgias*, porém, teria sido "não-artístico" (KGW II 4, p. 118), e o *Protágoras* não teria o aspecto "áspero e afiado" (KGW II 4, p. 122) dos diálogos anteriores, de modo que as questões permaneceram ainda por resolver.

No decorrer das *Conferências*, contudo, Nietzsche mudou seu julgamento. Com base no *Crátilo*, ele diagnostica um ceticismo radical sobre o conhecimento em Platão, que o mergulha em "*um desespero sombrio*" (KGW II 4, p. 151 s., cf. KGW II 4, p. 160). Depois da perda de qualquer princípio orientador, lançou-se inteiramente na ética e afastou-se da arte. Somente a aplicação incondicional do critério *moral* mostraria "que Platão não tem relação direta com a arte, muito menos com as belas-artes" (KGW II 4, p. 160), uma "idealidade estética" que se manifesta em "formas e linhas fixáveis" (KGW II 4, p. 163) seria, por isso, irrelevante para sua ética. À luz dessa concepção, Nietzsche avalia os Diálogos Platônicos principalmente como esteticamente mal-sucedidos.

> Certo é que seu poder artístico [de Platão] na escrita (que ele não leva tão a sério quanto nós) diminui muito, que apenas muito poucos diálogos são compostos. Cada vez mais cinzento, cada vez mais

> desajeitado (Parmênides, Filebo). [...] A força dramática de Platão foi surpreendentemente superestimada. É verdade que sua linguagem é ilimitadamente rica, mas o julgamento dos antigos era bastante duro (vacilação entre estilos, exagerado, ditirâmbico etc.). [...] Ele é um Ético por completo (KGW II 4, p. 161).

Nietzsche mede o diálogo platônico, por um lado, com base unilateralmente na reprodução fiel de uma conversação animada; por outro lado, ele vê Platão como o inventor de formas literárias híbridas e misturadas, com as quais ele acabou falhando como artista, pois as subordinou a um critério alheio à arte. O jovem Nietzsche ainda não reconhece a multiplicidade de possibilidades formais por meio das quais o diálogo platônico pode, autorreflexivamente, minar supostas certezas.[27] Aos olhos de Nietzsche, Platão subjugou o diálogo à dialética e à ética, causando o declínio da cultura grega. Mas ainda permanece concebível que outras formas de diálogo sejam bem-sucedidas. Ao invés de escapar do ceticismo do conhecimento para a ética, esse ceticismo deveria ser combatido com meios artísticos. A tese que se sugere é que Nietzsche concebeu seus diálogos como uma alternativa ao diálogo platônico e, a partir daí, tentou testar formas alternativas de diálogo. Vejamos agora essas tentativas com mais detalhes.

4. O Diálogo como farsa: Sobre o futuro das nossas instituições de ensino

Os discursos de Nietzsche em *Sobre o futuro de nossas instituições ensino* contêm o mais longo diálogo que ele já escreveu. Possui algumas peculiaridades formais[28], pois só nele se individualizam as figuras do diálogo, desenha-se um cenário concreto e se desdobra uma conversação em várias etapas. Em seis conferências planejadas, cinco das quais ele proferiu, Nietzsche visualizou o possível futuro das instituições de ensino para seu público da Basileia. As conferências são compostas na forma de livro. Há um "prefácio a ser lido antes das conferências, embora não se refira efetivamente a elas" (IE, *Introdução*, KSA 1, p. 648ss). Nietzsche

[27] Cf. Sobre isso Müller 2005, p. 224.

[28] Os estudos que tratam da obra *Sobre o futuro de nossas instituições de ensino* concentram-se apenas em seu conteúdo, como em Schneider 1992, ou definem sua forma como narrativa, como em Biebuyck; Hemelsoet; Praet 2008. Uma exceção seria Schmidt-Millard 1982.

deseja para elas um leitor antimoderno que leia "tranquilo" e "sem pressa", que "ainda não tenha esquecido como pensar enquanto lê", bem como que "ainda compreenda o segredo da leitura nas entrelinhas" (IE, *Prefácio* 1, KSA 1, p. 649). Em sua longa exposição, Nietzsche afirma que o que ele traria na sequência é a "releitura de uma conversação" que ele considera útil para ser "finalmente fixada" na forma escrita (IE, Conferência 1, KSA 1, p. 652). Mais tarde, em carta, ele caracterizaria essa forma de apresentação, não inteiramente sem razão, como uma "farsa fracassada".[29] Na quarta conferência, ele a classifica de forma ainda mais gentil, como "o pequeno teatro de marionetes da minha vivência" (IE, Conferência 4, KSA 1, p. 712), no qual "alguns outros fantoches só agora estão se mostrando" (Ibid). Os ouvintes devem deixar-se levar pelas "ondas da narração" (Ibid) como "nadadores animados" (IE, Conferência 4, KSA 1, p. 714).

Essa narrativa começa com uma descrição detalhada de como ele, o orador, e seu colega, teriam supostamente se tornado, enquanto estudavam em uma montanha, "testemunhas auriculares de uma conversação" (IE, Conferência 1, KSA 1, p. 651) entre um filósofo e seu companheiro mais jovem. O cenário do encontro, que ocorreu durante um dia ameno de final de verão no "silêncio refrescante e sem fôlego da natureza" (BA, Conferência I, KSA 1, p. 655), é prolongado um pouco mais: "Foi um daqueles dias perfeitos como, pelo menos no nosso clima, apenas este final de verão pode produzir" (KSA 1, p. 654). Depois de alguns pequenos mal-entendidos e aborrecimentos, as primeiras disputas cômicas levam a uma conversa sobre o tema principal, que se desenrola ao longo das cinco conferências. O que é especial nesse caso, é que nenhum argumento se desenvolve. O filósofo mais velho, segundo o modelo de Schopenhauer, domina os discursos, mas não como um mestre ensinando diálogos que apenas colhe palavras-chave de seus alunos para seus ensinamentos. Também não se apresenta como um questionador que – como Sócrates – pretende extrair verdades daqueles que estão falando com ele e que estariam escondidas dentro deles, pois os outros também contribuem com suas próprias reflexões. Embora o filósofo repetidamente comece a fazer longas explicações, o fluxo da fala dos outros sempre se rompe. O narrador e seu amigo entram então

[29] Carta a Malwida von Meysenbug, BVN-1872,270, KSB 4, p. 83.

na conversa, que inicialmente foi apenas ouvida, e a partir daí os pensamentos se desdobram juntos em discursos alternados.

Para a sexta conferência, que não foi mais proferida, foi previsto o encontro com o assim chamado amigo 'mais importante' do filósofo, que era esperado na montanha à noite, mas nunca apareceu. Em vez disso, e para desgosto do filósofo, ele se juntou a uma multidão festiva de estudantes, cujo barulho podia ser ouvido de longe. A verdadeira disputa olho a olho entre o filósofo e o amigo esperado não acontece –, Nietzsche havia interrompido as conferências de antemão.[30] Mas a estrutura da conversação mostra que a ausência do amigo é a melhor solução para a conclusão: enquanto os outros falam de uma educação vivaz, ele confraternizou com os jovens e preferiu fazer-se o centro do ruidoso festejo. Ele, que em geral sempre manteve seus compromissos de forma confiável, não comparece mais na reunião agendada da cúpula filosófica. No geral, a conversação é apenas recontada, embora a partir daí se trate de adquirir um sentido de estilo por meio de uma longa prática no modelo dos clássicos alemães, a propósito do "corpo vivo da linguagem", que não deveria ser anatomizado, mas "tratado como vivaz" (IE, Conferência 2, KSA 1, p. 677) para o jovem como um "ser capaz de falar, de ter algo para dizer quando solicitado" (IE, Conferência 2, KSA 1, p. 679). Segundo Nietzsche, uma conversação vivaz não é nem uma forma natural de expressão, nem pode ser treinada por meio do estudo da antiguidade. Só a intensiva contraposição (*Auseinandersetzung*) com os mestres da própria língua pode produzir um discurso individual, sutil, rico em nuances e alusões ocultas, que só é compreensível para quem "adivinha imediatamente o que apenas poderia ser insinuado, complementa o que deveria ser silenciado, que só precisam ser lembrados, não ensinados" (IE, Conferência 1, KSA 1, p. 652).

[30] Sobre isso ele escreveu a Malwida von Meysenbug no dia 20 de dezembro de 1872 (Nr. 282, KSB 4, p. 104): "Agora a senhora terá lido as aulas e terá ficado chocada como a história de repente se rompe depois de tanto tempo e em alto negativismo e muita prolixidade veio a sede pelos novos pensamentos e propostas verdadeiras. Fica-se com a garganta seca desta leitura e no final não há nada para beber! Estritamente falando, o que eu havia pensado para a última aula – uma cena de iluminação noturna muito grande e colorida – não era adequado para minha audiência da Basiléia, e foi certamente muito bom que a palavra ficou contida em minha boca. Quanto ao resto, estou bastante atormentado com a continuação: mas como adiei a reflexão sobre toda o campo por cerca de um triênio – o que será fácil para mim, dada a minha idade – a última aula certamente nunca será trabalhada. – Toda a cena do Reno, assim como tudo o que parece biográfico, é uma mentira terrível." (Carta a Malwida Von Meysenbug, BVN-1872,282).

Em IE, Nietzsche faz um grande esforço para não conectar o rumo da conversação à ética e à dialética, mas, ao invés disso, ligá-la ao acaso e à inspiração espontânea. Encontros inesperados, incidentes e a ausência do principal adversário conduzem a saltos mentais, oscilações de humor e mudanças arbitrárias de assunto, que impedem uma argumentação dialógica direcionada. Este diálogo não deveria nem ensinar, nem produzir um resultado tangível no final, mas sim motivar a participação de forma independente da melhoria da formação (*Bildung*). De qualquer forma, este diálogo representa a primeira tentativa de Nietzsche de reproduzir, na forma escrita, uma conversação mais viva do que Platão foi capaz de fazer, como ele acreditava.

5. Conversação *versus* Diálogo: "O andarilho e sua sombra" como âmbito de diálogo

Em dramas ou em romances com inserção de diálogos, as formas correspondentes são subordinadas.[31] Conversações no interior de poemas e formas épicas, tal como eles ocorrem frequentemente com Nietzsche – pensemos apenas em *Zaratustra* e nos *Ditirambos de Dioniso* – possuem certamente outras funções que diálogos, que por sua vez são independentes. Porém, o que falar de diálogos em livros aforismáticos que formam ali uma unidade encerrada em si mesma? Seriam eles independentes ou estariam conectados na constelação de aforismos e subordinados a essa constelação? O que falar também se um livro de aforismos aparece inteiramente dialógico no trato com seus leitores, ou nem sequer contenha uma estrutura de diálogo? Essas perguntas pelas formas são colocadas de modo mais forte em "*O andarilho e sua sombra*" (AS). Se as conversações mencionadas acima fossem consideradas literariamente ao invés de experimentos modestos com o diálogo como forma menor, então os diálogos de *O andarilho e sua sombra* seriam genuínos candidatos para diálogos literários[32], visto que eles associam, artisticamente, afirmações, temas e forma.

O diálogo em duas partes entre o andarilho e sua sombra, que estrutura a divisão homônima de *Humano, demasiado humano II*, já foi

[31] Sobre as formas codependentes de diálogo Cf. Bauer 1969.
[32] Cf. sobre isso Snell 1976.

considerado pormenorizadamente pela pesquisa-Nietzsche. Já se investigou tanto a estreita relação do aforismo conclusivo intitulado "Decida ao Hades" da primeira parte "Miscelânea de opiniões e sentenças", no qual o próprio pensamento se descreve como um permanente "diálogo de mortos" com os filósofos mais importantes para ele, quanto também que na parte IV de *Zaratustra* e no aforismo 380 de *A gaia ciência* os recorrentes temas da "sombra" remetem ao romantismo e a Platão.[33] O jogo com a metáfora de luz e sombra mostraria, porém, um posicionamento diferente de Nietzsche em relação a Platão, visto que ele parece se posicionar em relação aos temas e ao plano da forma literária, muito mais do que à tradição platônica, embora a figura do andarilho considere o Diálogo platônico sempre de modo crítico. Em suas pesquisas sobre a imagem de Nietzsche sobre os gregos, Enrico Müller demonstrou que somente o Nietzsche tardio teria visto "a estrutura paradoxal da obra platônica", sem renunciar, contudo, ao seu "reflexo anti-platônico".[34] Apesar da explícita rejeição e da inversão dos principais temas platônicos, Nietzsche se conecta à técnica do Diálogo de Platão, no que se refere ao plano estilístico. Nesse caso, não é Nietzsche que critica o Diálogo, mas sim um personagem que acaba rejeitando o Diálogo platônico, mas não a forma do Diálogo em si. Assim, tal como o Sócrates de Platão no *Fedro*, também Nietzsche deixa que o andarilho faça as argumentações; ele emprega a metáfora platônica da luz e sombra tal como Sócrates no *Sofista* e na *República* sempre em sequência dialógica, de modo a conseguir formular a partir dessa tripla repetição de Platão (repetição da afirmação, metáfora e plano da forma) – este é o ponto de Enrico Müller – um conceito anti- ou extraplatônico de forma literária.

Stegmaier, por sua vez, interpreta o diálogo em *O andarilho e sua sombra* de modo mais livre; no jogo de luz e sombra ele analisa possibilidades de orientação para os envolvidos na conversação, de modo que possam se comunicar diferentemente um com o outro sempre que as relações de luz se alternem, e somente a partir dos seus contornos possam se tornar perceptíveis um para o outro e para si mesmos.[35] Por isso, para Nietzsche, a sombra contribui para o conhecimento da mesma

---

[33] Stegmaier 2012, pp. 103–105.

[34] Müller 2005, p. 232.

[35] Stegmaier 2005, p. 104.

maneira que para a luz. Contudo, os sombreamentos desaparecem no "mundo de signos e superfícies" (GC 354), de modo que a comunicação aparece opaca a outra pessoa: esta teria de procurar muito mais por sua própria sombra e, com ela, construir sua própria linguagem, de modo que o mesmo teria de ocorrer com os leitores.[36]

Se consideramos o diálogo inicial de *O andarilho e sua sombra* sob o pano de fundo dos diálogos autorreferenciais explicados acima, então um modo de interpretação mais cético fica possível, pois o jogo alternante de perguntas e respostas entre o andarilho e a sombra vem marcado por provocações escalonadas e ordenadas. O que interessa então não é uma conversação socrática, em que ao questionar a sombra, o andarilho a envolve em contradições, conduzindo-a para um grau mais elevado de argumentação. Também diferente do Diálogo platônico, nem o andarilho nem a sombra têm alguma função de condução da conversação. Ao invés disso, primeiramente as certezas do andarilho são abaladas, e o que se altera em função disso, longe de ser a condução para incertezas, é o completo deslocamento da situação de comunicação. Inicialmente, a sombra fala com o andarilho que, em virtude disso, acaba se confundindo a ponto de se perguntar se ele não estaria ouvindo a si mesmo. Quando ele se convence que ouve sua sombra, acaba não acreditando e imagina ter alucinações, tal como ocorreu uma vez quando pensou enxergar camelos em Pisa. Simultaneamente, a sombra utiliza essa insegurança do andarilho como ocasião para, a partir do estabelecimento de uma comunicação direta, conceder ao andarilho as condições da conversação. Essa situação do diálogo não deveria ser compreendida como respectivo teste socrático, mas considerá-la se suspendendo em casualidades:

> *A sombra*: É bom que nós dois sejamos indulgentes conosco, se uma vez nossa razão se calar: assim não nos irritaremos na conversa e não apertaremos as cravelhas um ao outro, se não compreendemos suas palavras. Quando não se sabe o que responder, basta dizer alguma coisa: eis a modesta condição que eu imponho para falar com alguém. Numa conversa mais longa, até o homem mais sábio torna-se uma vez tolo e três vezes palerma (AS).

---

[36] Idem.

A aceitação indulgente também de posições que não compreendemos, implica em não reter e nem sequer comprometer outra pessoa às suas próprias afirmações e, além disso, a própria sombra sugere desconfiança em relação a longas conversações. Logo em seguida também o andarilho concorda com isso. A postura antiagonal da conversa novamente salta aos olhos, de modo a tornar claro que menos importante é o objeto da conversação, mas muito mais valioso é que o jogo de luz e sombra agregue contorno tanto ao discurso quanto ao caráter:

> *O andarilho*: somente agora vejo como sou indelicado contigo, querida sombra: ainda não expressei o quanto *me alegro* por te ouvir e não apenas ver. Perceberás que eu amo a sombra assim como a luz. Para que haja beleza no rosto, nitidez na fala, bondade e firmeza no caráter, a sombra é tão necessária quanto a luz. Elas não são rivais: dão-se amavelmente as mãos, na verdade, e, quando a luz desaparece, a sombra lhe vai atrás (AS, KSA 2, p. 538).

Sombra e andarilho se cumprimentam mutuamente, e então o andarilho admite:

> *O andarilho*: acho que te compreendo, embora te exprimas um tanto sombriamente. Mas tens razão: bons amigos trocam de vez em quando, como sinal de compreensão, uma palavra obscura, que deve ser um enigma para uma terceira pessoa. E nós somos bons amigos. Por isso, basta de preliminares! [...] Vejamos em que nos poremos de acordo, com toda a pressa e de maneira pacífica (AS, KSA 2, p. 538).

A forma mais adequada seria o colóquio: na verdade, conversa-se um com o outro de modo sombrio e obscuro, porém, sabendo-se lidar bem com insinuações. A compreensão de uma conversa assim seria a uma terceira pessoa uma escrita criptográfica, ou seja, estaria fora de cogitação. A partir dessa concepção, cabe ao andarilho extrair consequências metarreflexivas que, entretanto, não afeta apenas o diálogo em questão, mas consequências que abrangem todo o livro *O andarilho e sua sombra*. "Basta de preliminares" (AS, KSA 2, p. 538), assim deixa escapar o andarilho, fazendo referência à função do diálogo conduzido por ele mesmo, como sendo o prefácio e o epílogo de um livro. A clássica discussão da crítica à escrita platônica é então incluída:

> *A sombra*: mas as sombras são mais acanhadas que os homens: não transmitirás a ninguém o modo como conversamos!
> *O andarilho*: O *modo* como conversamos? Os céus me guardem de longos diálogos tecidos na página! Se Platão não tivesse tanto prazer em tecer, seus leitores teriam mais prazer com Platão. Uma conversa que deleita é, colocada em letra de forma e lida, uma pintura com perspectivas erradas: tudo é demasiado comprido ou demasiado curto. – Mas talvez eu possa informar aquilo *sobre o que* concordamos? (AS, KSA 2, p. 539)

Curiosamente o 'modo' do falante deveria ser protegido pelo silêncio, mas o 'sobre o que' poderia ser comunicado por escrito a partir de outra forma de exposição. Com isso, forma e conteúdo seriam parcialmente separáveis, de modo que apenas certos conteúdos seriam encobertos pela forma e pelo decurso da conversação. Os aforismos de *O andarilho e sua sombra*, mas também de outros lugares, são então forma de exposição por meio da qual são comunicados os resultados de conversação, "mas não seu decurso em luz e sombra".[37] Essa redução do aforismo a um protocolo de conversações não comunicáveis acaba causando provocações. Pois como já é amplamente conhecido, para Nietzsche "um aforismo, quando bem cunhado e moldado" não cumpre sua função de comunicação "ao ser apenas lido", ele tem ainda de ser "decifrado"; deve ter início, então, a sua *interpretação*, para a qual se requer uma arte da interpretação. (GM Prefácio 8). Essa interpretação, portanto, também poderia consistir em pressentir a conversação seguinte. Em *O andarilho e sua sombra* não existem apenas aforismos, mas também outros diálogos que certamente não ocultam uma conversação, mas sim que a expõe. Mas de que maneira esses outros diálogos se comportam em relação à crítica do andarilho ao próprio diálogo?

Paul Friedländer indicou uma vez que "o diálogo seria [...] a única forma de livro que parece suprimir o próprio livro"[38], visto que o diálogo poderia fazer esquecer a literalidade do livro. Na pesquisa-Platão,

[37] Idem.
[38] Friedländer 1928, p. 177.

Schleiermacher assumia a posição de que, a partir dessa concepção, o Diálogo platônico estaria imunizado da crítica à escrita de Platão, – somente o Diálogo devolveria adequada vivacidade a uma conversação, e sua forma escrita recuaria imperceptivelmente.[39] O andarilho contradiz precisamente essa concepção. Para ele o diálogo escrito emerge em oposição à conversação que ele, necessariamente, deturpa e distorce, e isso valeria não apenas para os Diálogos platônicos, mas para qualquer leitura de diálogo. A partir daí, extrai-se para todo livro *O andarilho e sua sombra* interessantes consequências, a propósito de como são formadas no livro as relações entre conversação e diálogo, bem como entre diálogo e aforismo.

Recapitulemos: os diálogos entre o andarilho e a sombra estão no início e no fim do livro e o emoldura; tudo o que se encontra neste entremeio é classificado pelo andarilho como resultado dessa conversação. Mesmo os aforismos seriam, por isso mesmo, frutos de conversações que só estão expostos de maneira diferente, pois ao serem colocados na forma de diálogo escrito, representariam uma pintura com perspectivas falsas, onde tudo é demasiado longo ou curto demais. Contudo, se o diálogo, enquanto conversação fixada por escrito, deturpa a conversação, mas ao mesmo tempo a anuncia, justamente por isso teria de se escolher uma outra forma de expor aquilo que está no interior do livro; mas se no livro, entretanto, o que se encontra são justamente diálogos, qual é então o estatuto teórico do livro e do diálogo, na medida em que sua deturpação por meio da escrita é inevitavelmente necessária? Assim, ou esses diálogos são necessariamente distorcidos com a fixação por escrito, ou é possível encontrar uma nova forma de escritura de diálogo que impede ou compensa a distorção. Aquela hipótese de se aprender a escrever melhor é exigida justamente no aforismo 87 de *O andarilho e sua sombra*. De qualquer modo, Nietzsche fala explicitamente em carta de um "Diálogo inicial e final[!], em que há um bom humor (e uma massa de peculiaridades psicológicas; a sombra no final da coisa toda, por exemplo (tristeza, arrependimento, adeus, humor da natureza em uma noite confusa)"[40], e não de uma conversação. Além disso, os diálogos em *O andarilho e sua sombra* não são tão pequenos como as

[39] Cf. sobre isso Szlezák 2009.

[40] Carta a Heinrich Köselitz, BVN-1879,888, 4 de outubro de 1879, Nr. 888, KGB II 5, p. 449s.

curtas conversações encenadas, mas também não são tão longos como um Diálogo platônico: sua extensão parece fazer justiça à crítica do andarilho.

No entanto, visto que o andarilho formula sua crítica ao diálogo a partir de um diálogo fixado por escrito, então essa crítica ou é desdobrada apenas *pró-forma* ou é mera afirmação equivocada. A insistência do andarilho sobre o efeito funesto da fixação por escrito torna-se clara, sobretudo pelo fato de que o próprio andarilho é uma figura construída por meio da escrita. A pergunta aqui é se sua crítica ao diálogo expressa paradoxalmente na forma de diálogo seria então o exemplo performático de uma conversação não deturpada ou se essa deturpação é dialogicamente exibida, de modo que a própria crítica ficaria relativizada? Não se pode concluir disso que a fronteira entre conversação e diálogo seja continuamente deslocada por uma intrincada forma de exposição.

"Esses são aforismos! Seriam eles aforismos?" (NF-1880, 7[192], KSA 9, p. 356), Nietzsche pergunta em uma conhecida anotação póstuma.[41] Se Nietzsche exigiu do seu editor que em *O andarilho e sua sombra* "diálogo e aforismos aparecessem igualmente impressos"[42], então ele assumiu uma diferença. Se os diálogos são explicitamente integrados na sequência de aforismos com a mesma tipografia, por meio de títulos e numeração, esses diálogos não se convertem com isso em aforismos. Mesmo na pesquisa-Nietzsche não está claro o que se designa com a expressão "livro de aforismos". Mesmo quem compreende cautelosamente os diálogos em Nietzsche como "conversação transposta por meio do aforismo"[43], acaba escamoteando a tensão existente entre aforismo, diálogo e conversação. Essa tensão, porém, é precisamente o pressuposto para experimentar com as fronteiras dos gêneros literários – tal como acontece no âmbito do diálogo em *O andarilho e sua sombra*. Tais experimentos, contudo, não aparecem apenas como um jogo artístico

[41] Axel Pichler salientou que esta afirmação tão citada é seguida imediatamente por um diálogo – a saber, a versão preliminar de A 494 – no caderno de trabalho de Nietzsche (N V 6, p. 59) – e que, portanto, é razoável relacionar ambos. (Cf. N V 6, p. 59 em: http://www.nietzschesource.org/facsimiles/DFGA/N-V-6,59; ver também KGW V/3, p. 272). Para interpretação dessa passage cf. Pichler 2014, p. 122, nota 316. Pode-se concluir que Nietzsche não está aqui questionando seus aforismos de modo geral, mas põe em questão de forma autodepreciativa a designação de tais diálogos como aforismos.

[42] Carta a Ernst Schmeitzner, BVN-1879,897, 27 de outubro de 1879, Nr. 897, KGB II 5, p. 458.

[43] Müller 2005, p. 228.

colocados sobre incertezas, mas tentam muito mais fornecer uma adequada forma de expressão de linguagem e do ceticismo do conhecimento de Nietzsche. A investigação mais detalhada dos diálogos internos em *O andarilho e sua sombra* poderá alicerçar melhor essa leitura.

6. Os diálogos internos

As leituras dos diálogos inseridos em *O andarilho e sua sombra* são preparadas não apenas no âmbito do diálogo, mas também imediatamente nas primeiras páginas por meio de um 'aforismo'. Nietzsche esboça um modelo alternativo para a condução dos diálogos antiplatônicos, caracteristicamente na forma de uma reprodução indireta das conversações de Epicuro. Nietzsche remete a técnica e a tática de conversação de Epicuro à sua "maravilhosa percepção"

> de que não é absolutamente necessário resolver as questões teóricas derradeiras e extremas para tranquilizar o coração. Assim, bastava-lhe dizer, àqueles angustiados pelo "temor dos deuses": "Se existem deuses, eles não se ocupam de nós" – em vez de debater, esterilmente e a distância, a questão derradeira de existirem ou não deuses. Tal posição é muito mais conveniente e poderosa: dá-se ao outro alguns passos de vantagem, tornando-o assim mais disposto a escutar e considerar. Mas, tão logo ele se põe a demonstrar o contrário – que os deuses se ocupam de nós –, em que labirintos e espinheiros não deve cair o pobre, inteiramente por sua conta, sem astúcia do interlocutor, que deve apenas ter humanidade e sutileza bastantes para ocultar sua compaixão ante esse espetáculo! Por fim, o outro é tomado de asco, o mais forte argumento contra toda tese, asco de sua própria afirmação: [...] Em outros casos, especialmente quando uma hipótese meio física, meio moral ensombreceu o ânimo, ele não a refutou, porém admitiu que bem podia ser assim: mas havia *ainda uma segunda hipótese* para explicar o mesmo fenômeno; talvez as coisas pudessem ocorrer de outro modo. A *pluralidade* de hipóteses [...] basta ainda hoje (AS 7)

Obviamente, Nietzsche reúne e explica neste ponto muito dos aspectos que caracterizam também suas próprias encenações de diálogos. A forma mais simples, numa alusão a Epicuro, poderia ser resumida da seguinte maneira: "primeiro, dado que seja assim, não nos diz respeito; segundo, pode ser assim, mas também pode ser de outro modo" (AS 7)

Dois diálogos internos de *O andarilho e sua sombra* parecem ser aqui exemplos particularmente interessantes de diálogos, que parecem anular a distorção causada pela escrita, na medida em que eles desdobram a lógica do diálogo. Eles têm de ser lidos tanto sob o signo da exposição do problema formulado no âmbito do diálogo, quanto também conforme o modelo de Epicuro.

6.1 Dialogia parabólica

> *Os prisioneiros*: Uma manhã, os prisioneiros entraram no pátio onde trabalhavam; o guardião estava ausente. Alguns se puseram imediatamente a trabalhar, como era do seu feitio; outros nada fizeram, olhando desafiadoramente ao seu redor. Então um deles avançou e disse: "trabalhem o quanto quiserem ou não façam anda: não importa. Seus planos secretos vieram à luz, o guardião os espiou ultimamente e vai enunciar um tremendo juízo sobre vocês nos próximos dias. Vocês o conhecem, ele é duro e rancoroso. Mas prestem atenção: até agora vocês se enganaram a meu respeito; eu não sou o que pareço, mas muito mais: sou filho do guardião e posso tudo com ele. Posso salvá-los, quero salvá-los; mas, vejam bem, apenas aqueles entre vocês que *acreditam* que sou o filho do guardião; os demais colherão os frutos da sua descrença." "Ora", falou, após um instante de silêncio, um prisioneiro mais velho, "que diferença lhe faz se acreditamos ou não em você? Se é realmente o filho do guardião e consegue tudo o que diz, interceda por todos nós: seria uma grande bondade sua. Mas deixe de lado a conversa de crer ou não crer!" "Além disso", gritou um homem mais jovem, "eu não acredito nele: é somente uma coisa que ele pôs na cabeça. Aposto que em oito dias estaremos neste mesmo lugar, e o guardião não sabe de *nada*." "E, se sabia, não sabe mais", disse o último dos prisioneiros, que acabava de entrar no pátio; "o guardião morreu agora, de repente." – "Olá!", gritaram vários ao mesmo tempo, "olá! Senhor filho, senhor filho, como fica a herança? Será que somos agora *seus* prisioneiros?" – "Eu lhes disse", replicou suavemente aquele que interpelavam, "vou libertar todos os que creem em mim, tão certo como meu pai ainda vive." – Os prisioneiros não riram, mas deram com os ombros e o deixaram ali parado (AS 84).

Essa parábola foi interpretada como paródia da pregação do Novo Testamento[44], ou ainda interpretada com vistas à alegoria de Pascal dos prisioneiros colocados em fila e condenados à morte[45] – portanto, interpretada partindo de elementos específicos. A alegoria de Pascal possui, no entanto, uma outra estrutura e de modo algum é enigmática, mas uma simples alegoria sobre a situação da vida humana: somos como os prisioneiros condenados à morte. Mesmo que nos comprometamos a ler "*Os prisioneiros*" de Nietzsche como simples parábola, resultaria daí uma outra interpretação: o guardião estaria para Deus, assim como o prisioneiro – que exige a crença em sua origem divina e promete redenção –, para Cristo. A posição do problema se deslocaria, pois ela não afeta a morte inevitável, mas diz respeito à crença ou descrença dos prisioneiros. Uma parábola colocada dessa maneira não se resolve no sentido de que o indivíduo estaria livre, simplesmente porque não acredita mais, pois mesmo os prisioneiros céticos permanecem presos, sem que saibam por que foram condenados. Mesmo a pergunta se o guardião ainda está vivo permanece em aberto, visto que sua morte é apenas um rumor.

Ainda mais interessante, por isso, parece ser esse diálogo interpretado segundo o modelo epicurista do aforismo 7 de *O andarilho e sua sombra*. A partir desse aspecto, nota-se que os prisioneiros procedem analogamente à tática epicurista: primeiro, a pergunta ontológica – se um dos prisioneiros de fato é filho do guardião (1) – é deixada em segundo plano, e só se questiona se alguém acredita nisso, algo que não é efetivamente importante para a situação. A partir daí o suposto filho é impelido a insistir e, com isso, acaba imediatamente criando problemas, visto que os prisioneiros começam, sucessivamente, a formular novas hipóteses alternativas: o guardião de nada sabe (2), o guardião está morto (3) e, se ele está morto, o filho seria efetivamente seu sucessor (4)? O padrão pretendido no aforismo 7 de *O andarilho e sua sombra* claramente retorna nesse diálogo: "primeiro, dado que seja assim, não nos

[44] Hödl 2009, pp. 394–400, em conformidade com Biser 1962, p. 54, que criticou essa parábola do ponto de vista estético.

[45] Brusotti 1997, p. 386; Vivarelli 1998, p. 116. Cf. Blaise Pascal 1973, p. 96, parágrafo 199: "Imagine-se certo número de homens presos e todos condenados à morte, sendo uns degolados diariamente diante dos outros e os que sobram vendo sua própria condição na de seus semelhantes e se contemplando uns aos outros com tristeza e sem esperança, à espera de sua vez. Eis a imagem da condição dos homens."

diz respeito; segundo, pode ser assim, mas também pode ser de outro modo" (AS 7)

O diálogo solapa a si mesmo; posições não são trocadas, mas são uma após a outra colocadas em xeque, de modo que no fim restam apenas as gesticulações do "dar de ombro". As perguntas permanecem em aberto e o parabolismo não é solucionável. Esse parabolismo atua semelhante ao procedimento nos textos de Kafka[46], que compartilha com Nietzsche o pressuposto de que a linguagem não tem mais condições de fornecer orientação segura, visto que não se pode mais acreditar em nenhuma instância garantidora de sentido.

A relação entre exotérico e esotérico é invertida por Nietzsche, comparativamente à tradição platônica: os diálogos publicados são esotéricos, ou seja, trata-se de diálogos para todos e para ninguém, diálogos que uma vez sejam colocados na forma escrita, então já não possuem mais chave alguma.[47] A escritura de conversações é um ato de dissimulação, diálogos *e* aforismos são formas diversas de conversações ocultas.[48]

6.2 O diálogo de atenuação cética: (apático) πραΰτης

O diálogo mais interessante em *O andarilho e sua sombra* desenvolve-se entre o representante da antiga escola cética da Antiguidade – o filósofo grego Pirro de Élida – e um velho. Trata-se da única aparição de Pirro em um escrito publicado pelo próprio Nietzsche, e aqui ele é explicado

[46] Cf. o texto *Conversa com o homem que rezava* em Kafka 2002, p. 389, como na seguinte passagem: "Estou feliz por não ter entendido o que vocês disseram. – Ao ficar feliz com isso, vocês mostram que o entenderam". Cf. também a parábola de Kafka *Viele beklagten sich* (Muito queixavam-se) em idem, p. 531s.

[47] Cf. Wittgenstein 1977, p. 23: Pois se um livro é escrito apenas para poucos, isso será demonstrado pelo fato de que apenas alguns o entendem. O livro deve causar automaticamente a separação entre aqueles que o entendem e aqueles que não o entendem [...]. Não faz sentido dizer a alguém algo que ele não entende, mesmo que se acrescente que ele não pode entendê-lo [...]. Se você não quiser que certas pessoas entrem em uma sala, ponha um cadeado na porta para o qual elas não tenham chave. Mas é inútil falar com elas sobre isso, a menos que VOCÊ queira que elas admirem a sala do lado de fora. A coisa decente a fazer é por um cadeado na porta, de tal modo que só o percebam aqueles que forem capazes de abri-lo". Cf. sobre isso Slezàk 1993, p. 42s.

[48] Cf. AS 71: "*Estilo da cautela.* — A: Mas, se *todos* soubessem isto, seria prejudicial para *a maioria.* Você mesmo chama essas opiniões de perigosas para os que se acham em perigo, e as expressa publicamente? B: Eu escrevo de modo que nem o populacho, nem os *populi*, nem os partidos de toda espécie de queiram ler. Logo, essas opiniões jamais se tornarão públicas. A: Mas como escreve você então? B: De maneita nem útil nem agradável — para o trio mencionado."

de forma aparentemente crítica como "Fanático da desconfiança" (AS 213).[49] O diálogo foi redigido por vezes de modo desinteressante[50], os comentários limitam-se predominantemente ao conteúdo, e indicam que esse Pirro do diálogo não tem nada a ver com o Pirro histórico que aparece em um apontamento póstumo tardio, bem como relativamente encoberto em *O anticristo*, e aparecendo por fim em *Ecce homo*.[51]

Porém, a crítica é colocada na boca do velho, cujos discursos Pirro obedece sempre com elegância, na medida em que sempre retira deles as bases. O fanatismo de Pirro suprime-se a si mesmo, pois ele se revela aqui como um fanático da sinceridade que constantemente acusa a si mesmo de insinceridade e, simultaneamente, exige dos outros que acreditem nele, pelo fato de que não há nada nele para se acreditar. Na conversação com o velho ele se utiliza da técnica de a tudo conceder, a fim de retirar de ambos as bases comuns que, nesse caso, consiste justamente em pôr em dúvida a própria linguagem:

> *O fanático da desconfiança e sua garantia.* — O velho: Você quer lançar-se à tremenda tarefa de instruir os homens na grandeza? Onde está sua garantia? — Pirro: Aqui está ela: eu quero advertir os homens quanto a mim mesmo, quero expor publicamente todos os defeitos de minha natureza e desnudar ante todos os olhos minhas precipitações, contradições e tolices. Não me escutem, eu lhes direi, até que eu tenha me tornado igual ao menor entre vocês, e seja ainda menor que ele; revoltem-se contra a verdade tanto quanto puderem, por nojo daquele que a defende. Serei seu sedutor e fraudador, se ainda notarem o melhor brilho de respeitabilidade e dignidade em mim. — O velho: Você fala demais; não consegue suportar esse fardo. — Pirro: Então direi também isso aos homens, que sou fraco demais e não consigo manter o que prometo. Quanto maior minha indignidade, tanto mais desconfiarão eles da verdade, quando ela passar por minha boca. — O velho: Então você quer ser o mestre da desconfiança em relação à verdade? — Pirro: Da desconfiança tal como ela nunca existiu no mundo, da desconfiança de tudo e todos. É a única via para a verdade. O olho direito não pode confiar no esquerdo, e a luz terá de se chamar trevas por algum tempo: este é o caminho que vocês têm de seguir. Não creiam que ele os

[49] Cf. Brusotti 1997, p. 631; Bertino 2007, p. 128.

[50] Cf. Brobjer 2001, p. 22, sobre *O andarilho e sua sombra* 123: "deveras desinteressante e de pouca relevância" – em oposição a isso cf. Müller 2005, p. 180, nota 433.

[51] Sommer 2007, p. 261.

conduza a árvores frutíferas e belos prados. Nele acharão pequenos grãos duros – são as verdades: ao longo de décadas terão que engolir punhados de mentiras para não morrer de fome, embora saibam que são mentiras. Mas aqueles grãos serão semeados e sepultados, e talvez, talvez tenha o dia da colheita: ninguém pode prometê-lo ao menor que seja um fanático. — O velho: Amigo! Amigo! Também suas palavras são as de um fanático! — Pirro: Tem razão! Quero desconfiar de todas as palavras. — O velho: Então você terá que manter silêncio. — Pirro: Direi aos homens que tenho de silenciar e que eles devem desconfiar de meu silêncio. — O velho: Você recua de seu empreendimento, portanto? — Pirro: Pelo contrário – você acaba de me indicar a porta por onde devo ir. — O velho: Não sei: ainda nos entendemos completamente? — Pirro: Provavelmente não. — O velho: Desde que você se entenda completamente! — Pirro se volta e ri. — O velho: Oh amigo! Silenciar e sorrir – é essa agora toda a sua filosofia? — Pirro: Não seria a pior (AS 213).

A pesquisa crítica já registrou que esse diálogo teria sido composto segundo o modelo do assim denominado "diálogo de mortos" de Fontenelle e Lukian (sem que sua estrutura fosse descrita).[52] Os diálogos de mortos de Fontenelle, entretanto, possuem condição e forma bem diferentes: aparecem sempre como personagens ficcionais ou historicamente identificáveis, os diálogos são geralmente irônicos e zombeteiros, mas também compostos sob o espírito de um Iluminismo inicial que corresponde às tentativas de mediação de conhecimento. Os interlocutores compreendem suas respectivas posições, a conversa geralmente termina com alguma concepção amplamente justificada ou culmina em uma sentença ou aforismo que encerra a polêmica. As mútuas conversas caracterizam uma clara condução de pensamento orientado a um objetivo, em cujo desenvolvimento a morte acaba atuando como poder moderador, na medida em que ela auxilia a superar as posições pessoais em favor de uma verdade definitiva. No aforismo 213 que lemos não apenas está ausente essa lógica de conversação, como essa lógica também está estruturalmente impossibilitada – a não ser que se atribua como meta do diálogo a sedução do efeito destrutivo do pirronismo; mesmo isso, porém, acaba em nada. No final, Pirro afasta-se ainda silenciando e sorrindo: permanece um gesto que interrompe qualquer continuação

[52] Idem, p. 260: "Em estrutura, o diálogo de Nietzsche se assemelha ao *Dialogues des morts* de Fontenelle, mencionado em AS 214, e ao seu modelo os *Dialogues of the Dead* de Lukian".

da conversa. Os Diálogos de Platão são "famosos por aquilo que as pessoas, na constelação interpessoal e cronológica, são investidas de autenticidade, e mesmo que assim não seja, pelo menos poderia ser que assim o fosse."[53] O contraste com o diálogo de Nietzsche fica ainda mais evidenciado: não se oferece nenhum retrato da vida de Pirro, bem como se impede qualquer acesso a uma autenticidade historicamente garantida. No lugar do Agon[54] e da Erística, em Nietzsche prevalece um amistoso *dialetizar* (*dialegesthai*). Pirro se recusa a responsabilizar-se pelo que se segue das suas palavras e, ao invés disso, assume as objeções contra suas posições. Dessa forma, ele tenta desautorizar a si mesmo até o ponto em que possa dizer qualquer coisa, sem que alguém acredite em alguma coisa do que ele diz. A desconfiança de Pirro é sem garantia, sua condução do diálogo, porém, é uma práxis filosófica!

Por isso podemos concordar que o Pirro histórico não exerce nenhum papel de exemplo para esse ator de mesmo nome nesse diálogo; o interessante, contudo, é que a característica de Pirro nos apontamentos póstumos indica todos os traços e concordância com a sedutora autodesautorização do falante no diálogo. Assim, Pirro aparece em diversas anotações tardias como contra-imagem dos espíritos livres.[55] Particularmente interessante também é uma longa anotação a propósito do "*sábio* cansaço de Pirro". Ali, o "cansaço" desconfiaria da "ciência e do espírito", tentando de tal modo se "dissimular, ao ponto que sua sabedoria não possa mais se distinguir; dar a ela um manto de pobreza e de mendicância; realizar as funções mais baixas: ir ao mercado para vender leite de porca". O novo ideal é informado: "Simples: indescritivelmente paciente, despreocupado, suave. Apático (ἀπάθεια), mas ainda assim manso (πραΰτης). [...] Superar a contradição; nenhum combate;

[53] Müller 2005, p. 185.

[54] Ver o que Nietzsche diz sobre a fascinação por Sócrates no *Crepúsculos dos ídolos* (O problema de Sócrates 8) "Uma razão é que ele descobriu uma nova espécie de *ágon*, da qual foi o primeiro mestre de esgrima nos círculos aristocráticos de Atenas. Ele fascinou ao mexer com o instinto agonal dos gregos — trouxe uma variante para a luta entre homens jovens e adolescentes". Cf. sobre isso Müller 2005, p. 204.

[55] Nietzsche elogia Pirro, por exemplo, como "o homem mais brando e paciente que já viveu entre os gregos, um budista embora grego" (NF-1888,14[162], KSA 13, p. 347). Ele entende que "só resta uma figura original naqueles que virão: um retardatário, mas necessariamente o último... o niilista *Pirro*,..." (NF-1888,14[100], KSA 13, p. 278). "Clímax *Pirro* [...] sinal de que todas as principais forças da vida estão esgotadas" (NF-1888,14[87], KSA 13, p. 265).

nenhuma vontade de distinção: negar os instintos gregos. [...] Doçura; clareza; indiferença; nenhuma virtude que precise de gestos." A "autossuperação última" de Pirro (NF-1888,14[99], KSA 13, p. 277) ultrapassa e muito a autossuperação dos espíritos livres e os esforços de Zaratustra, especialmente porque ela está livre de qualquer aproximação com a vaidade, não serve a nenhuma missão e distante de qualquer forma de felicidade ou sabedoria[56], ou ainda, odiando aquela forma de teatralidade filosófica.[57] Como contra-ideal, a Pirro se relaciona a estratégia de intencionalmente "tornar pequeno e baixo tudo aquilo que ama a filosofia, escolhendo, para isso, os nomes mais habituais, mesmo sendo os mais desprezados" (NF-1888,14[99], KSA 13, p. 277; NF-1888,14[99], KSA 13, p. 277)

Valeria a pena também interpretar *Ecce homo* a partir desse panorama, visto que Nietzsche celebra aqui, de alguma maneira, essa maneira de autodesnudamento, possivelmente com o objetivo de converter a si mesmo em algo digno de descrença, ao ponto de que ninguém mais atribua 'verdade' às próprias palavras.[58] Pelo menos as anotações póstumas sugerem que não se deveria ler o diálogo de Pirro como crítica ao fanatismo, mas deveria ser lido como elogio e exemplo da apatia (πραΰτης). Com o diálogo nietzscheano de Pirro não encontramos apenas o ceticismo pirrônico, mas um radical ceticismo do conhecimento, diante do qual Platão havia evitado com a ética – isso segundo a opinião do jovem Nietzsche –; nesse diálogo, porém, também encontramos uma possível forma de exposição literária, na medida em que essa exposição converte, como seu próprio princípio estrutural, a notória figura de argumentação da contestação do cético.

Em *O andarilho e sua sombra* Nietzsche leva às últimas consequências seu experimento com a forma do diálogo. Por meio do cruzamento complexo de âmbitos de diálogo com diálogos internos, são fornecidos exemplos da possibilidade de autossupressão das formas do diálogo. Aquele ideal, a saber, restituir a vivacidade da fala, ainda é formulado, mas sem a tentativa de implementar nos próprios diálogos.

[56] Cf. NF-1888,14[99], KSA 13, p. 278; NF-1888,14[191], KSA 13, p. 378.

[57] Cf. NF-1888,14[129], KSA 13, p. 311.

[58] Desta forma, também se poderia contrariar a leitura mais recente que acusa Nietzsche de fazer em *Ecce homo* fortes reivindicações de verdade. Cf. Leiter 2002, p. 11, e a crítica desse ponto em Dellinger 2012 pp. 166–169.

Em seu lugar, aparece um jogo artístico com a forma do diálogo, que experimenta com novas possibilidades autorreferenciais, autoparódicas e autodestrutivas que, depois da morte de Deus, podem ser capazes de elaborar um pensamento cético por meio de uma adequada exposição literária. A elaboração dos diálogos, com isso, une-se a outras maneiras de Nietzsche para experimentar com formas. Depois de *O andarilho e sua sombra* Nietzsche parece ver esse procedimento como estimulante não apenas para o diálogo, mas também como resultado positivo de autorreferencialidade performativa. Em *Aurora*, *A gaia ciência* e *Genealogia da moral* Nietzsche praticamente escreve só curtos e pontuais diálogos-interlúdios.

7. A διαλέγεσθαι (*dialégesthai*) de Zaratustra

Assim falou Zaratustra também é um caso especial no que diz respeito aos diálogos de Nietzsche, embora também aqui a relação entre fala e conversação escrita seja central. Schlaffer considera, por exemplo, que *Zaratustra* consiste – como o título sugere – quase exclusivamente de dizeres.[59] No entanto, é equivocada a concepção geral de que não haveria no *Zaratustra* praticamente nenhum diálogo, mas sim apenas monólogos ou discursos endereçados aos outros, visto que também há muita conversação no *Zaratustra*. No entanto, essas conversações são especiais porque estão integradas em uma trama que as estrutura. Além disso, um narrador nos informa em um lugar oculto que tirou as conversas de Zaratustra de "livros de história" (Za 4, *A Última Ceia*, KSA 4, p. 355) – o leitor é ocasionalmente abordado diretamente. No entanto, um capítulo é explicitamente designado como a "conversa com os reis" (Za 4, *Conversa com os reis*, KSA 4, p. 304), bem como a "conversa de Zaratustra com o cão de fogo" é recontada (Za 4, *Dos grandes acontecimentos*, KSA 2, p. 168ss). Há também muitos interlúdios conversacionais menores, como a conversa de Zaratustra com o santo, o equilibrista, o bufão e o velho no Prólogo, que não atingem nenhum domínio determinante da estrutura. Isso vale também para os pequenos diálogos intercalados no primeiro livro com a anciã, a cobra e as conversas travadas na segunda

[59] Schlaffer 2007, p. 87.

parte com o discípulo (Za 2, *Dos poetas*, *O adivinho*), a vida (Za 2, *Da superação de si mesmo*), o fogo e o cachorro (Za 2, *Dos grandes acontecimentos*), o corcunda (Za 2, *Da Redenção*) e o anão (Za 3, *Da visão e enigma*).

Percebe-se, no entanto, que no terceiro e no quarto livros há uma longa série de encontros entre Zaratustra e vários interlocutores, a cada um dos quais é dedicado um capítulo separado, que é dominado pelo diálogo e mais ou menos estruturado. Por exemplo, com os tolos espumantes (Za 3, *Do passar além*), os animais (Za 3, *O convalescente*), com o adivinho (Za 4, *O grito de socorro*), os reis, os conscienciosos do espírito (Za 4, *A sanguessuga*), o feiticeiro (Za 4, *O feiticeiro*), o velho papa (Za 4, *Aposentado*), o mais feio dos homens, o mendigo voluntário, a sombra. Os diálogos culminam no simpósio do último capítulo da quarta parte, que é interrompido por discursos e canções, em que o diálogo se despede no coro de muitas vozes (Za 4, *A Saudação*, *A Última Ceia*, *Da ciência*, *Entre as Filhas do Deserto*, *A festa do asno*, *O canto ébrio*). Todas essas conversas requerem uma análise comparativa cuidadosa. Deve-se apenas indicar aqui que uma dificuldade surge das identidades de papéis em alternância. Pois os vários personagens também assumem posições de Zaratustra e as parodiam; além disso, um narrador intervém repetidas vezes e entra em diálogo com o leitor. Enquanto nos primeiros encontros breves disputas levam Zaratustra a longas reflexões monológicas, nos últimos capítulos as conversações são muito mais importantes. Apenas o primeiro livro corresponde à característica geral de que *Zaratustra* seria amplamente livre de diálogos.

Em comparação com os diálogos dos outros escritos de Nietzsche, porém, os diálogos no *Zaratustra* mostram diferenças marcantes, pois são principalmente agonísticos e ao mesmo tempo assimétricos; eles têm um vencedor e um resultado positivo ou negativo; muitas vezes há atos de violência e humilhação nas disputas; Zaratustra quer ter razão, por exemplo, contra o cão de fogo ("Tu te irritas, cão de fogo: então estou certo em relação a ti! [...] Envergonhado, meteu o rabo entre as pernas, e disse 'au, au!' com voz abatida". Za 2, *Dos grandes acontecimentos*, KSA 4, p. 170). Os diálogos de Zaratustra também são menos enigmáticos do que aqueles em outros escritos. Eles não são subvertidos imanentemente, mas são compensados pela construção narrativa e pelos atos de fala. O diálogo não domina a forma de apresentação, mas é principalmente subordinada à ação. No entanto, a distribuição alternada de posições e atos de fala entre diferentes personagens mantém o ceticismo fundamental em relação à função comunicativa das conversas[60]; o choque performativo da credibilidade da instância oradora também é encenado em uma variedade de formas. Os *insights* adquiridos ao longo do caminho acabam por se perder no coro polifônico de vozes que os parodiam, de modo que nenhuma posição se mantém. Falta uma ética em torno da qual os falantes se orientam; a orientação ética dos diálogos é bastante impedida pelo alcance das ações e decorrer de pensamento.

8. Uma pequena filosofia da conversação

Essas primeiras reflexões sobre os diálogos de Nietzsche, por fim, são confrontadas com algumas de suas reflexões sobre a conversação, pois parece que frequentemente elas abordam precisamente aquelas táticas de conversação que dão aos diálogos de Nietzsche sua estrutura peculiar. Assim, há – também dentro de *O andarilho e sua sombra* – referências explícitas a "Como o pensador utiliza uma conversa" (AS 241). Eles são lidos como um guia de leitura para os diálogos adjacentes.

> As pessoas não sabem utilizar uma conversa, no entanto; aplicam demasiada atenção ao que querem dizer e responder, enquanto o verdadeiro *ouvinte* se contenta, muitas vezes, em responder de modo provisório e dizer alguma coisa como paga de cortesia, enquanto, com sua fina memória, guarda tudo o que o outro falou, juntamente com o tom e os gestos de *como* ele falou. – Na conversa habitual, cada um acredita ser aquele que a conduz, como dois navios que andam um ao lado de outro e aqui e ali se tocam, ambos na crença de que o outro navio o segue ou até mesmo é rebocado (AS 241).

Assim, nas "conversas habituais", reina o autoengano e o engano, orientamo-nos para o jogo de perguntas e respostas, para o que está sendo falado – e presumimos que a conversa está sendo conduzida. Um "pensador" desempenhará apenas um papel superficial, ao mesmo tempo

[60] Cf. contra isso Bennholdt-Thomsen 1974, p. 133.

em que se absterá completamente de si mesmo, a fim de se concentrar na análise do como falar e no estudo dos gestos.

Outro caso é a conversa pedagógica. Nietzsche é ambivalente sobre a condução irônica das conversas de um professor que está enganando seus alunos, porque seu objetivo seria a

> humilhação, a vergonha, mas do tipo saudável que faz despertar bons propósitos, e que inspira respeito e gratidão [...]. O irônico se faz de ignorante, e tão bem que os discípulos que com ele dialogam são enganados e ficam arrojados ao crer que têm um conhecimento melhor, expondo-se de todas as maneiras; eles perdem o cuidado e se mostram como são, – até que, num dado momento, a luz que sustentavam ante o rosto do mestre manda de volta os raios sobre eles, de modo bem humilhante (HH I 372).

Se a ironia, porém, não é utilizada como um "instrumento pedagógico" (HH I 372), então é um mau hábito destruidor de caráter, um sentimento vulgar de superioridade de vanglória.

Tal conversação leva a consequências negativas. Os toscos se tornam malévolos porque não sabem lidar com objeções (cf. HH II OS 39). No caso dos inteligentes, por outro lado – tal como Nietzsche escreveu a Lou em sua pequena teoria estilística, que foi adaptada ao destinatário em um diálogo – "não seria educado e sábio antecipar as objeções mais fáceis do leitor. É muito amável e muito inteligente deixar que o próprio leitor expresse a quintessência última de nossa sabedoria" (NF-1882,1[109], KSA 10, p. 39). Em *Opiniões e sentenças diversas*, então, diz que

> Certamente há leitores enérgicos e sensatos que podem levantar aqui uma boa objeção. Em consideração aos indivíduos toscos e malévolos, no entanto, diremos mais uma vez que aqui, como em muitas outras passagens este livro, o autor se acha atento à objeção, e que nele há coisas para ler que não estão exatamente escritas (HH II 175).

Nem todas as objeções, portanto, são iguais: é importante provocar, suprimir ou levantar objeções dependendo da situação da conversa. Alguns interlocutores tornam-se agressivos quando os sobrecarregamos com objeções, os inteligentes às vezes ficam ofendidos quando são antecipados. Mas também pode acontecer que algumas coisas não sejam ditas diretamente, mas ocultadas por trás de objeções irrelevantes.

> As objeções à maneira de consolar de Sêneca — como se ele quisesse evocá-las? Ele não gostaria de pronunciar a palavra que procurava; pensava que essa tristeza não era mais decente (em nenhum sentido) para uma mulher daquela categoria – o que ele então aconselhava? Aquilo sobre o qual ele meditou toda a sua vida, que é o pensamento sempre presente em seus escritos, embora não haja uma palavra sobre isso – o suicídio. Só com esta palavra as objeções desaparecem; e essa nobre alma deve encontrá-lo por si mesmo! (Carta a Ida Overbeck, BVN-1880,28, 24 de maio de 1880, nº 28, KGB III 1, p. 19s.)

A tarefa hermenêutica que daí resulta para os "leitores inteligentes" de Nietzsche, não é deixarem-se provocar por objeções que os desviam da busca do pensamento não dito. Eles têm de prestar atenção não no conteúdo do discurso, mas na forma como ele é pronunciado, bem como à

> *Tática no conversar.* – Depois de conversar com alguém, estamos na melhor das relações com o interlocutor se tivemos oportunidade de lhe mostrar nosso espírito e nossa amabilidade em todo seu brilho. Homens espertos, que querem dispor alguém a seu favor, recorrem a isso na conversa, dando à pessoa ótimas oportunidades para um bom gracejo e coisas assim. Pode-se imaginar uma divertida conversa entre dois espertalhões que querem dispor favoravelmente um ao outro, e por isso lançam as melhores oportunidades para lá e para cá, sem que nenhum deles as aproveite: de modo que a conversa transcorre geralmente sem espírito e sem amabilidade, pois cada um deixou para o outro a oportunidade de ser espirituoso e amável (HH I 369).

Haveria muitas variações sobre como deixar a outra pessoa avançar ou triunfar na conversa, mas algumas delas são antes um signo de desprezo:

> *Diálogo* – O diálogo é a conversa perfeita, porque tudoo que uma pessoa diz recebe sua cor definida, seu tom, seu gesto de acompanhamento, *em estrita referência* àquele com quem fala, ou seja, tal

> como sucede na troca epistolar, em que a mesma pessoa tem dez maneiras de exprimir sua alma, conforme escreva a este ou àquele indivíduo. No diálogo há uma única refração do pensamento: ela é produzida pelo interlocutor, como o espelho no qual desejamos ver nossos pensamentos refletidos do modo mais belo possível. Mas como se dá com dois, três ou mais interlocutores? Então a conversa perde necessariamente em finura individualizadora, as várias referências se cruzam e se anulam; a locução que agrada a um não satisfaz a índole de outro. Por isso o indivíduo é forçado, lidando com muitos, a se recolher em si mesmo, a apresentar os fatos como são, mas tira dos assuntos o lúdico ar de humanidade que faz da conversa uma das coisas mais agradáveis do mundo (HH I 374).

A carta é aqui aceita como a única forma de comunicação dialógica escrita; ela é esotérica se for adaptada apenas a um destinatário. Ao mesmo tempo, o escritor é obrigado a dominar uma variedade de estilos, a fim de poder responder individualmente a personagens muito diferentes. Contudo, assim que um texto é endereçado a vários destinatários ao mesmo tempo, a variedade, a liberdade e a beleza de se comunicar entre si acabam. Com essa reflexão, Nietzsche parece subestimar as possibilidades da escrita aforismática, uma vez que são justamente os valores, nuances e sutilezas individuais que mudam o tom ao espalhar uma comunicação para muitas leituras possíveis – tal como um pianista em uma grande sala de concertos deve tocar de tal maneira que até os ouvintes nas fileiras de trás possam ouvir algo. Isso muda o jogo, acima de tudo: limita drasticamente as possibilidades de nuances, especialmente com os tons finos e suaves. O "lúdico ar de humanidade" (HH I 374) que envolve os objetos da conversa – não é uma formulação surpreendente? – encanta apenas a conversa entre duas pessoas. O que é necessário para o diálogo, então, seria uma escrita cautelosa, suave e polida – e não de fortes convicções. Querer-se-ia estar certo "porque se achava que tinha que estar certo". Por isso, "não foi o conflito de opiniões que tornou a história tão violenta, mas o conflito da fé nas opiniões, ou seja, as convicções" (HH I 630).

Ainda que o diálogo não deva ser subordinado à ética, a maneira como o diálogo é conduzido tem implicações éticas. A estética e a ética do diálogo estão entrelaçadas. Assim, essas variedades tradicionais de diálogo, que procuram se apresentar como certos, teriam trazido desastre e violência ao mundo em nome de supostas verdades. É precisamente a "sutil neutralidade" que torna os filósofos demasiados "rígidos para objeções e panos vermelhos, entontece, animaliza, embrutece" quando é preciso "atuar como defensores da verdade na terra". Nietzsche, portanto, lembra aos filósofos que "não pode ter importância" se eles em particular estão com a "razão", mas sim de "pequenos pontos de interrogação" que eles colocam depois das suas "palavras de ordem e doutrinas favoritas". Assim é que ele os chama: "Melhor se afastarem! Fujam para se esconder! E usem máscaras e sutileza, para serem confundidos com outros!" (ABM 25)

"Não queremos apenas ser compreendidos ao escrever, mas igualmente *não* ser compreendidos" (GC 381), é uma fórmula bem conhecida de Nietzsche. Seus diálogos também seguem essa anti-hermenêutica no espírito do esoterismo humano. Talvez a observação mais surpreendente e reveladora de Nietzsche sobre a função das conversações literário-filosóficas possa ser encontrada em uma carta a Heinrich Köselitz de 31 de maio de 1878. Nela, Nietzsche relembra as experiências de leitura com Paul Rée.

> Na verdade, só experimentei o mesmo clima de prazer produtivo uma vez por meio de um livro, por meio das conversações de Eckermann; já tinham sido escritos cadernos inteiros de reflexões. Isso é precisamente o melhor que esperava — o aumento da produtividade dos outros e o "aumento a independência do mundo" (como disse J. Burckhardt) (Carta a Heinrich Köselitz, BVN-1878,723, 31 de maio de 1878, nº 723, KGB II 5, p. 329).

Essa passagem é ocasionalmente citada[61], mas sempre se ignorou que é a forma literária da conversação que possibilita tais efeitos libertadores. As questões, pois, permanecem sem resposta, a propósito como uma filosofia do diálogo em Nietzsche poderia ser desenvolvida em detalhes e como, à luz disso, seria determinada a relação entre seus diálogos explícitos e os muitos "diálogos interiores" nos quais, por exemplo, o andarilho solitário conversa consigo mesmo. Para esclarecer tais questões, porém, seria necessário um livro à parte.

[61] Heller 1972, p. 50.

9. Conclusão: o diálogo de Nietzsche entre monólogo e polifonia

Recapitulemos o arsenal anteriormente examinado das formas dialógicas de Nietzsche, as designações de certas linhas de desenvolvimento, ou melhor, as fases em sua atitude em relação ao diálogo que se tornam aparentes. A crítica da juventude e unilateral do diálogo platônico parece ter bloqueado uma compreensão mais complexa das possibilidades autorreflexivas do diálogo em geral. Na sua tentativa de se diferenciar de Platão e desenvolver suas próprias formas de diálogo, Nietzsche não foi muito longe no que diz respeito ao diálogo independente.

Ele tenta escrever, primeiramente em IE, seu próprio diálogo mais longo por meio de uma conversação recontada em uma conferência, mas o experimento formal falha. Depois disso, parece já não ter confiança em si mesmo para colocar uma conversa animada em forma escrita como alternativa ao diálogo platônico; ao invés disso, prefere abordar e demonstrar justamente o fracasso de tais tentativas. Ao abrir mão do ideal anterior, Nietzsche obviamente ganhou liberdades artísticas: em 1880, com *O andarilho e sua sombra*, fez a tentativa mais complexa de jogar com as possibilidades formais de diálogo, entrelaçando diálogos interiores e de enquadramento, bem como construido cenas individuais. Em *Aurora, A gaia ciência* e *Para genealogia da moral*, ele reduz o diálogo a uma pequena forma que não sugere mais nenhuma *mímesis* da realidade. Agora ele despersonaliza e tipologiza ainda mais os personagens, concentra-se em situações individuais e inconcretas, bem como esquematiza a autorreferência performativa; diálogos elaborados só podem ser encontrados como inserções dependentes no *Zaratustra* ou em *Ditirambos de Dioniso*. A preferência por diálogos curtos e pontuais que prevaleceu nos escritos posteriores de Nietzsche pode possivelmente ser explicada pelo fato de que, nessa época, ele permitia cada vez mais que a reflexividade e o potencial de subversão de suas formas autoescolhidas se tornassem uma temática efetiva. Em contraste com o tratamento que Nietzsche confere a outras formas literárias, como o aforismo, a narrativa ou o poema, cujo potencial ele sabe explorar muito bem ao sobrecarregar os respectivos padrões formais, no diálogo, em geral, ele se contenta com o enfraquecimento autorreferencial da situação de comunicação.

Assim, sua pequena filosofia da conversação acaba por não encontrar uma contrapartida literária e independente satisfatória, nem mesmo em *Zaratustra*; talvez fosse mais provável encontrá-la em sua poesia. Porém, Nietzsche consegue conquistar novas possibilidades formais do diálogo que apontam para as práticas de escrita da modernidade literária, por exemplo, quando ele encena diálogos paradoxais que demonstram a impossibilidade de se comunicar em um diálogo, compõe diálogos anti-agonais em que os falantes não são adversários, mas parceiros atenciosos um com o outro, ou permite que o diálogo amadureça em uma nova forma de apresentação do ceticismo ético e epistemológico, contrapondo-se, com um modelo alternativo de conversação estética, à ideologia muitas vezes dada como certa das teorias da intersubjetividade de hoje, segundo a qual a fala é fundamentalmente voltada para a comunicação e compreensão. Nesse diálogo, não se fala para se mostrar, se afirmar ou se fazer entender, mas para insinuar e ocultar, deixando ainda em aberto e em suspenso muito por se dizer.

Se consideramos mais uma vez a modelagem do diálogo em Nietzsche, no contexto dos seus discursos com os leitores, então estes aparecem – tal como seus aforismos em geral – não como provocações e declarações de guerra, mas sim como sedutoras tentativas a diálogos íntimos, para os quais é preciso ser capaz de se engajar e se conduzir. O espanto e a distância irônica seriam reações apropriadas. Nietzsche explica que não é "de modo algum necessário, nem sequer desejável, [...] tomar partido em relação a si mesmo: ao contrário, uma dose de curiosidade como a que se tem diante de uma planta estrangeira, com uma resistência irônica, pareceu-me ser uma atitude incomparavelmente mais inteligente em relação a mim mesmo" (Carta a Carl Fuchs, BVN-1888,1075)

Enquanto um Sócrates em uma conversação, muitas vezes leva seus oponentes a becos sem saída, ou às vezes até os ridiculariza, nos diálogos de Nietzsche os falantes se esforçam para não atrair o interlocutor para armadilhas, mas sim para labirintos. Esta é a diferença decisiva, especialmente porque os desorientados têm a sensação de serem valorizados mesmo quando não entendem, e de serem acolhidos, mas não presos, em uma relação estética de jogo/lúdica. Por último, mas não menos importante, isso pode ressoar na encantadora resposta de Dioniso ao "Lamento de Ariadne": "Tens orelhas pequenas, tens minhas orelhas: / enfia nelas uma palavra prudente! – / Não é preciso antes se odiar, para se amar? *Eu sou teu labirinto*..." (DD, *O lamento de Ariadne*).

Referências

BAUER, Gerhard. *Zur Poetik des Dialogs.* Darmstadt: Wissenschaftliche Buchgesellschaft, 1969.

BENNHOLDT-THOMSEN, Anke. *Nietzsches 'Also sprach Zarathustra' als literarisches Phänomen.* Frankfurt am Main: Athenäum, 1974.

BERTINO, Andrea. Nietzsche und die hellenistische Philosophie. Der Übermensch und der Weise. *Nietzsche-Studien*, v. 36, 2007, pp. 95–130.

BIEBUYCK, Benjamin; HEMELSOET, Koenraad; PRAET, Danny. Metamorphosen der Verzweiflung. Philosophie des Erzählens in Nietzsches 'Ueber die Zukunft unserer Bildungsanstalten'. In: DUHAMEL, Roland; VAN GEMERT, Guillaume (Eds.). *Nur Narr? Nur Dichter?* Über die Beziehungen von Literatur und Philosophie. Würzburg: Königshausen & Neumann, 2008. pp. 229–263.

BISER, Eugen. *Gott ist tot.* Nietzsches Destruktion des christlichen Bewußtseins. München: Kösel, 1962. 54 p.

BORN, Marcus. Vorbemerkungen zur Lektüre von Aphorismen. *Nietzsche-Forschung*, v. 19, 2012, pp. 297–306.

BROBJER, Thomas H. Nietzsche's Disinterest and Ambivalence toward the Greek Sophists. *International Studies in Philosophie*, v. 33, n. 3, 2001, pp. 5–23.

BROBJER, Thomas. Nietzsche's Relation to the Greek Sophists. *Nietzsche-Studien*, v. 34, 2005, pp. 256–277.

BRUSOTTI, Marco. *Die Leidenschaft der Erkenntnis.* Philosophie und ästhetische Lebensgestaltung bei Nietzsche von Morgenröthe bis

Also sprach Zarathustra. Monographien und Text zur Nietzsche-Forschung, v. 37. Berlin/New York: de Gruyter, 1997.

DE LAS CASES, Emmanuel. *Denkwürdigkeiten von Sanct-Helena*, oder Tagebuch, in welchem alles, was Napoleon in einem Zeitraum von achtzehn Monaten gesprochen und getan hat, Tag für Tag aufgezeichnet ist. Von dem Grafen von Las Cases. Aus dem Französischen übersetzt. Stuttgart/Tübingen: Cotta, 1823-1826.

DELLINGER, Jacob. ‚Sanitizing' Nietzsche? Bemerkungen zur Tendenz eines ‚naturalistischen' Nietzsche-Bildes. In: RESCHKE, Renate / BRUSOTTI, Marco (Eds.). *Einige werden posthum geboren.* Friedrich Nietzsches Wirkungen. (Nietzsche Heute, v. 4), Berlin/Boston, 2012, pp. 159–171.

ENDRES, Martin. Eigentlich enteignet. Macht und Ohnmacht in Nietzsches dialogischem Schreiben. In: Christian Benne & Enrico Müller (Eds.), *Ohnmacht des Subjekts – Macht der Persönlichkeit* (Beiträge zu Friedrich Nietzsche, 18). Basel, 2014, pp. 195–204.

FONTENELLE, Bernard Le Bovier de. *Gespräche von Mehr als einer Welt zwischen einem Frauenzimmer und einem Gelehrten.* Nach der neuesten französischen Auflage übersetzt, auch mit Figuren und Anmerckungen [sic] erläutert von Joh. Chr. Gottscheden Prof. und Collegiat. zu Leipzig, und der Königl. Preuß. Soc. der Wissensch. Mitgliede. Andre Auflage. Mit einer neuen Zugabe vermehret. Leipzig, 1730.

FRIEDLÄNDER, Paul. *Platon.* v. 1. Berlin: Erich Schmidt, 1928.

GIURIATO, Davide; ZANETTI, Sandro. Von der Löwenklaue zu den Gänsefüßchen. Zur neuen Edition von Nietzsches handschriftlichem Nachlaß ab Frühjahr 1885. *Text. Kritische Beiträge*, v. 8, pp. 89–105, 2003.

HELLER, Peter. *Von den ersten und letzten Dingen.* Studien und Kommentar zu einer Aphorismenreihe von Friedrich Nietzsche. *Monographien und Texte zur Nietzscheforschung*, v. 1. Berlin: de Gruyter, 1972.

HIRZEL, Rudolf. Der Dialog: Ein literarhistorischer Versuch. 2 Teile. Leipzig: Teubner, 1895.

HÖDL, Hans-Gerald. *Der letzte Jünger des Philosophen Dionysos.* Studien zur systematischen Bedeutung von Nietzsches Selbstthematisierungen im Kontext seiner Religionskritik. Monographien und Texte zur Nietzsche-Forschung, v. 54. Berlin: de Gruyter, 2009. pp. 394–400.

HÖSLE, Vittorio. *Der philosophische Dialog*: Eine Poetik und Hermeneutik. München: C.H. Beck, 2006. pp. 79–124.

KAFKA, Franz. *Kritische Ausgabe*. Drucke zu Lebzeiten. Frankfurt: Fischer, 2002.

KAFKA, Franz. *Kritische Ausgabe*. Nachgelassene Schriften und Fragmente II. Frankfurt: Fischer, 2002.

LANDOR, Walter Savage. *Männer und Frauen des Wortes und der Tat, im Gespräch zusammengeführt*. Auswahl und Übersetzung durch Eugen Oswald. Stuttgart: Hallberger, 1878.

LEITER, Brian. *Nietzsche on Morality*. London: Routledge, 2002.

MÜLLER, Enrico. Alogia und die Formen des Unbewussten: Euripides – Sokrates – Nietzsche. In: GEORG, Jutta; ZITTEL, Claus (Eds.). *Nietzsches Philosophie des Unbewussten*. Nietzsche Heute, v. 3. Berlin/Boston: de Gruyter, 2012.

MÜLLER, Enrico. *Die Griechen im Denken Nietzsches*. Monographien und Text zur Nietzsche-Forschung, v. 50. Berlin/Boston: de Gruyter, 2005.

NEHAMAS, Alexander. Who are "The Philosophers of the Future?" A Reading of Beyond Good and Evil. In: SOLOMON, Robert C.; HIGGINS, Kathleen M. (Eds.). *Reading Nietzsche*. New York/Oxford: Oxford University Press, 1988. pp. 46–67.

PASCAL, Blaise. *Pensamentos*. Coleção Os pensadores, v. XVI. Tradução de Sérgio Milliet. São Paulo: Abril cultural, 1973.

PICHLER, Axel. *Philosophie als Text*. Zur Darstellungsform der "Götzendämmerung" (Monographien und Text zur Nietzsche-Forschung, v. 67). Berlin/Boston: de Gruyter, 2014.

SCHANK, Gerd. Dionysos und Ariadne im Gespräch. Subjektauflösung und Mehrstimmigkeit in Nietzsches Philosophie. *TIJDSCHRIFT VOOR FILOSOFIE*, v. 53, n. 3, pp. 489–519, 1991.

SCHLAFFER, Heinz. *Das entfesselte Wort*. Nietzsches Stil und die Folgen. München: Fink, 2007.

SCHMIDT-MILLARD, Torsten. *Nietzsches Basler Vorträge "Über die Zukunft unserer Bildungsanstalten"*. Die Aporie der Bildungstheorie des "Genius" und ihre Überwindung in den "Unzeitgemäßen Betrachtungen". Leipzig: VEB Verlag Enzyklopädie, 1982.

SCHNEIDER, Jörg. Nietzsches Basler Vorträge "Ueber die Zukunft unserer Bildungsanstalten" im Lichte seiner Lektüre pädagogischer Schriften. *Nietzsche-Studien*, v. 21, 1992, pp. 308–325.

SLEZÁK, Thomas A. *Platon lesen*. Stuttgart: Philipp Reclam Jun., 1993.

SNELL, Bruno. Der Beginn des literarischen Dialogs. *Antike und Abendland*, v. 22, 1976, pp. 137–139.

SOMMER, Andreas Urs. Schlaffer, Heinz. Das entfesselte Wort. Nietzsches Stil und die Folgen. *Arbitrium*. Zeitschrift für Rezensionen zur germanistischen Literaturwissenschaft, n. 26, pp. 98–103, 2008.

SOMMER, Andreas Urs. Nihilism and Skepticism in Nietzsche. In: PEARSON, Keith Ansell (Ed.). *A Companion to Nietzsche*. Oxford: Blackwell Publishing, 2007. pp. 250–269.

STEGMAIER, Werner. Ideologisierung – Entideologisierung. Zur Analyse von Nietzsches Stil und Schreibmoral. *Nietzsche-Studien*, v. 37, pp. 343–349, 2008.

STEGMAIER, Werner. *Nietzsches Befreiung der Philosophie*. Kontextuelle Interpretation des V. Buchs der Fröhlichen Wissenschaft. Berlin: de Gruyter, 2012.

SZLEZÁK, Thomas Alexander. Abbild der lebendigen Rede. Was ist und was will ein platonischer Dialog? *Museum Helveticum*, v. 66, n. 2, pp. 65–83, 2009.

VAN TONGEREN, Paul. Das Maß für Ehrlichkeit und Maskierung. Nietzsche über Freundschaft. In: SCHANK, Gerd; VAN TONGEREN, Paul. *Freunde und Gegner*. Nietzsches Schreibmoral in seinen Briefen und seine philosophische ‚Kriegs-Praxis'. Würzburg: Königshausen & Neumann, 1999. pp. 75–86.

VAN TONGEREN, Paul. *Reinterpreting Modern Culture*: An Introduction to Friedrich Nietzsche's Philosophy. West Lafayette, IN: Purdue University Press, 2000.

VIVARELLI, Vivetta. Nietzsche und die Masken des freien Geistes. *Nietzsche in der Diskussion*, 5. Würzburg: Königshausen & Neumann, 1998.

WITTGENSTEIN, Ludwig. *Vermischte Bemerkungen*. Frankfurt am Main: Suhrkamp, 1977.

VII. "Conversas com Dioniso". Jogos lúdicos de Nietzsche[1]

para onde olho, leio palavras e acenos de palavras, mas não sei onde começa a frase que soluciona o enigma de todos esses acenos, e me transformo em um torcicolo de tanto procurar se devem ser lidas a partir daqui ou de lá.
(AS 126)[2]

1. O aparecimento de Dioniso

"Conversas com Dioniso", o título pode parecer estranho para alguns, dada a concepção comum do filosofar de Nietzsche como a personificação de um pensamento monomaníaco-monológico, de um discurso solitário.[3] Nietzsche é também considerado geralmente como escritor aforismático, o que é todavia uma visão deveras parcial, pois o aforismo como forma literária não é de modo algum predominante em seus escritos, uma vez que ao seu lado muitos outros gêneros e modos de escrita são utilizados em grandes proporções, dentre eles o ensaio, a polêmica, a carta, o poema, ou ainda a narrativa labiríntica que é *Assim falou Zaratustra*. Contudo, Nietzsche lança mão também de uma das clássicas formas de apresentação da filosofia: os diálogos.

Nietzsche chegou inclusive a escrever uma quantidade expressiva de diálogos, muitos deles ocultos nos fragmentos póstumos, embora também possam ser encontrados a todo momento na obra publicada, na medida em que nos tornamos atentos a eles.

[1] Capítulo traduzido por Antonio Edmilson Paschoal.

[2] A expressão torcicolo, que segundo Nietzsche, no título do aforismo, é "interessante, mas não é bonito", corresponde a um pássaro "da família dos picídeos (*Jynx torquila*), encontrado na Europa e na Ásia, capaz de torcer bastante o pescoço" (cf. nota 123 da tradução de Paulo César de Souza) (N.T.).

[3] Cf., p. ex., Tongeren 1999 p. 81s.

Em um estudo recente, ocupei-me com o tema do diálogo enquanto forma de se fazer filosofia em Nietzsche.[4] Notei então que, dentre os diálogos de Nietzsche, há um complexo temático especial que compreende aproximadamente doze "textos" aqui denominados como "Conversas com Dioniso",[5] os quais merecem uma análise exclusiva a ser empreendida neste artigo.

Os pequenos diálogos cênicos são em parte muito estranhos. Eles se encontram especialmente na forma de esboço (*Entwürfe*) nos fragmentos póstumos e possuem de dois a três participantes. Falam Dioniso, Ariadne e um eu-textual, eventualmente Teseu é mencionado, embora nunca chegue a tomar a palavra. Os diálogos aparecem entre os anos de 1885 e 1888 e, portanto, fazem parte da obra tardia de Nietzsche, supondo que as anotações de um autor de 41 anos possam ser descritas dessa maneira. Os diálogos póstumos, predominantemente jocosos, são em parte acompanhados de introduções, os diálogos de Dioniso publicados são quase sempre entremeados como interlúdios em lugares inesperados.

Sem dúvida, a mais conhecida é a pequena e deveras misteriosa cena que conclui os *Ditirambos de Dioniso* intitulada "Lamento de Ariadne", também possível de ser tomada como uma espécie de diálogo.[6] O texto do lamento (*Klage*), já foi apresentado como uma canção de lamento (*Jammer-Lied*) do velho feiticeiro em *Assim falou Zaratustra*[7] – também lá a canção não ficou sem resposta, pois Zaratustra em seguida fustigou o queixoso. Em *Assim falou Zaratustra*, o cantor é um homem, nos *Ditirambos de Dioniso* o eu lírico muda de gênero, fato que já chamou a atenção de Karl Reinhardt.[8] Evidentemente, é inadequado atribuir identidades fixas às figuras de Nietzsche.

Como pretendo concentrar-me na situação de diálogo, não vou aprofundar-me na queixa em si, que não é apenas uma queixa, mas também uma acusação;[9] ela contém versos de tremenda dureza – como o pedido de Ariadne ao seu deus-carrasco:

[4] Cf. Capítulo VI desse livro.

[5] Ver a respeito, em especial, Schank 1991.

[6] Cf. Schilling, p. 394.

[7] Cf. ZA 4, *O feiticeiro*, 1, com algumas variações que foram registradas por Müller 1993.

[8] Reinhardt 1960, p. 313.

[9] Para a classificação histórico-literária do poema de Nietzsche, conferir Flashar 2010/2011, pp. 508–510.

Golpeie mais fundo!
Golpeie mais uma vez!
Perfure, parta esse coração! (DD, *Lamento de Ariadne*, KSA 6, p. 398)

Aqui ressoam talvez os mais terríveis versos de toda a história do teatro dramático grego; aquele grito agressivo: "golpeie mais uma vez",[10] com o qual a solitária Elektra de Sófocles incita impiedosamente seu irmão a matar a mãe.

Mas o que acontece em resposta à queixa extraordinariamente amarga de Ariadne? – a canção do feiticeiro era demais para Zaratustra, ele não pôde mais se conter "tomou sua vara e bateu com todas as forças no lamuriento" (Za 4, *O feiticeiro*, 2) – totalmente diferente do que se tem aqui, quando Dioniso se torna "visível em uma beleza de esmeralda" e fala à Ariadne:

Você tem orelhas pequenas, você tem as minhas orelhas:
coloca nelas uma palavra sábia! –
Não se deve primeiramente odiar, para depois se poder amar? –
Eu sou teu labirinto... (DD, *Lamento de Ariadne*, KSA 6, p. 401).

Esses versos são de uma beleza encantadora e, ao mesmo tempo, profundamente enigmáticos. Eu nunca quis seguir as interpretações que viram neles uma paródia, uma farsa ou um ensinamento.[11] O que acontece aqui é antes de tudo uma reação – Ariadne recebe uma resposta de uma maneira muito peculiar.

Antes de podermos caracterizar essa resposta com mais detalhes, precisamos nos familiarizar com o conjunto das conversas de Dioniso. Iremos nos deparar com rastros mais antigos na obra de Nietzsche, que apontam para direções bem diferentes; eles devem ser seguidos pacientemente, pois levam a uma nova compreensão nesse Intrincado conjunto textual.

[10] Sófocles. Elektra V. 1416. Esses são talvez os únicos versos que Hofmannsthal, em sua Elektra, toma literalmente de Sófocles. Essa interpretação depende, contudo, da adesão do intérprete à correção de "Trief" para "Triff", que Groddeck contesta com importantes razões. Cf. Groddeck 1991, p. 181, nota 19.

[11] Idem, p. 207s. Schilling (2017, p. 385) afirma que essas "palavras de Dioniso só podem ser lidas como meio irônicas sob o auspício de sua aparência teatral".

2. Assim falou Dioniso

Olhemos em primeiro lugar uma anotação do início do verão de 1885, que esboça o mais longo dos diálogos com Dioniso. Esse diálogo é de suma importância para a figura de Dioniso de Nietzsche posterior a *O nascimento da Tragédia*, pois, na sua abertura, um narrador enuncia alegremente que irá "contar aos [seus] amigos, o que eu entendo acerca da filosofia de Dioniso" – "que também os deuses filosofam" (NF-1885,34[181], KSA 11, p. 481s.).[12] Especialmente Dioniso filosofaria – e uma amostra disso seria o diálogo que o deus teria tido com ele em uma franqueza desavergonhada:

> Era primavera, e toda a madeira ~~ali~~ estava ~~com~~ {em} seiva nova: caminhava pelo bosque e pensava {~~muitas vezes~~} sobre uma brincadeira de criança quando cortei uma madeira e fiz uma pequena flauta, sem saber direito o que fazia. Mas, tão logo eu a levei à boca e soprei, o deus apareceu diante de mim {,} {um deus que eu já conheço há muito tempo.}
>
> [D:] Então, tu, apanhador de ratos,[13] o que estás a fazer aí? Tu, meio jesuíta, meio músico –, quase um alemão!
>
> Admirei-me que o deus tenha tentado me lisonjear dessa maneira: e decidi-me ficar atento com ele.
>
> [D:] Os alemães, ~~de~~ {para} cujos antepassados ninguém sabia descobrir ~~o~~ espírito e ~~as boas~~ disposições ou algum apetite para a *argute loqui*. ~~Eu~~ fiz{eram} ~~tudo~~ {tudo, por milhares de anos}, para torná-los estúpidos, deixei-os suando nas camas, dei a eles bolinhos para

[12] Andreas Urs Sommer (2016, p. 805) demonstra em seu Nietzsches-Kommentar a BM que a fala sobre os deuses filósofos é uma "contrafação direta de uma famosa passagem do Banquete de Platão (203e-204a)", a qual, "na tradução de Franz Susemihl, utilizada por Nietzsche, diz: 'Nenhum deus filosofa ou deseja tornar-se sábio, pois eles já o são, ao passo que, mesmo que alguém seja sábio, de outro modo, ele filosofa' (Platão 1855, 347 [...]). Ao modo como Nietzsche o apresenta, Dioniso não é de forma alguma um deus no padrão metafísico tradicional, que teria abandonado toda propensão à busca e ao esforço por perfeição. Antes, ele aparece como um deus amante [...], perscrutador, com traços (sobre) humanos, ao qual falta a vergonha [...]. N. retoma em parte a ideia dos deuses que filosofam em AC 39, cf. NK KSA 6 212, 30.".

[13] O termo *Rattenfänger*, literalmente um "apanhador de ratos", é uma forma pejorativa de referir-se a um flautista como um "encantador". No decorrer do texto, os dois termos, "apanhador de ratos" e "encantador" serão utilizados para traduzir essa expressão, conforme o contexto. (N.T.)

devorar, convidei-os a beber até cair, fiz deles tipos caseiros e eruditos, introduzi neles os sentimentos patéticos de uma alma serviçal. [Eu:] Tu me pareces estar com a intenção {má}, de aniquilar a h.? Talvez, respondeu o deus; mas desde que disso provenha algo para mim.
– O que então? perguntei {curioso}. –
Quem então? é o que deverias perguntar. Assim me falou Dioniso. [Segue o projeto de um título]: "Dioniso. Ensaio de um modo divino de filosofar" (NF-1885,34[181], KSA 11, p. 481s. / KGW IX 1, N VII 1, p.67s.; cf. também KGW IX 5, W I 8, p.225).

Como em vários diálogos platônicos, por exemplo, no *Fedro*, existe primeiramente uma curta introdução em forma de narrativa, que esboça um cenário de lazer em uma paisagem primaveril. O Eu-narrador relata como ele esculpiu descuidadamente um apito e sem tomar consciência começou a assobiar com ele. Seu apito era sem dúvida uma flauta, pois provavelmente o seu tom atraiu o seu velho conhecido Dioniso, que jocosamente o toma por um encantador. A flauta é, como Nietzsche bem sabia,[14] um atributo de Dioniso, que, em *As Traquínias* de Sófocles, serve como instrumento para o êxtase dionisíaco.[15] Mas aqui não é a música, porém, o assobio (*Pfiff*) e a esperteza (*Pfiffigkeit*) que fazem o deus aparecer.

Contudo, aquele Eu não confia no discurso de Dioniso, considera o discurso uma adulação, toma cuidado com ele e se disfarça, portando-se como se fosse ingênuo. A troca de palavras que se segue é conduzida por Dioniso de um modo inesperado, primeiramente na medida em que revela repentinamente sua tentativa de conduzir os homens, diga-se, os alemães à ignorância. Em seguida, ele responde de forma vaga ou com uma outra pergunta enigmática, que não é satisfatória para aquele que inquiriu e que rouba o significado de sua pergunta inicial. Outras questões permanecem sem resposta: o que ou quem deve provir de algum lugar, após o pior ter sido colocado em movimento? "Assim falou Dioniso" – Isso é uma amostra do modo dionisíaco de filosofar?

[14] Cf. "que a música foi despojada de seu caráter afirmativo e transfigurador do mundo, – que ela é uma música da décadence e não mais da flauta de Dioniso... supondo, porém, que se sinta de tal maneira o objeto da música como o seu *próprio* objeto, como a história do seu *próprio* sofrimento, então se tomará esse escrito como cheio de consideração e sobremaneira suave."(EH, *O caso Wagner*, 1). Cf. sobre o significado da flauta de Dioniso para Nietzsche: Baeumer 1977, pp. 146–149.

[15] Sófocles. As Traquínias, V. 216–220.

Como, portanto, filosofam os deuses? Fazendo piadas bobas e com isso tramando coisas ruins? Em todo caso, não, mas anunciando uma sabedoria trágica[16] ou ensinando os outros e levando a compreensão a um ponto mais elevado, assim como faz Sócrates, a isso podemos nos apegar inicialmente.

A introdução desse diálogo póstumo pode ser lido retrospectivamente como um primeiro rascunho para o posterior prefácio de *Humano, demasiado humano*.[17] A partir desse e de outros materiais, foi composto o pequeno e belo ensaio de *Além de Bem e Mal* 295 sobre o "gênio do coração",[18] que no início aborda o tema do encantador. Dessa vez, no entanto, como se observa facilmente, os papéis são invertidos. Não o Eu-narrador, mas Dioniso é o sedutor, o encantador e sofisticado colocador de armadilhas: ele é "aquele grande deus ambíguo e tentador" e como tal, um deus que filosofa. O narrador compartilha, desse modo, "com meia voz [...] algo secreto, novo, estranho, maravilhoso, misterioso" como amostra do filosofar dionisíaco aos iniciados:

---

[16] O horror niilista do conhecimento trágico, que se tem com a visão dionisíaca do fundamento original da humanidade, não apenas atinge a cada um de seus membros, mas destrói suas consciências – esse horror cede lugar, na Conversa com Dioniso, ao jogo da flauta: Sedução em vez de aniquilação, o sereno Dioniso não é aqui o deus do sofrimento, em seu nome não é proclamada qualquer sabedoria trágica. Sobre o quadro trágico de Dioniso, conferir Müller 2002.

[17] "{Assim} ~~eu quero, contudo~~ {quero} {~~Por fim, quero hoje aos meus amigos~~}, como um homem ocioso, que não tem nada melhor a fazer, contar por fim aos meus amigos o que eu penso sobre a filosofia de Dioniso: ~~e teria pensado:~~ que também os deuses filosofem me parece ~~não~~ ser {uma} {ideia devota e} ~~in~~digna de louvor, com a qual {também} o mais ~~devoto~~{crente} pode contentar-se. Talvez, conforme o gosto dos meus amigos, eu vá longe demais na franqueza da minha exposição{~~ções e~~}: eu ~~mesmo sou, sozinho comigo mesmo~~ {esse deus mesmo foi, contudo, em conversa comigo}, {muito} mais longe e {eu} teria, caso eu ~~quisesse~~ {pudesse} ~~me~~ {lhe} atribuir nomes de pompa belos e hipócritas, muitos louvor{es} a fazer, oriundos de minha {coragem, de minha} honestidade, veracidade, honestidade "amor à verdade" {e afins}. Porém, {com} de todas essas belas quinquilharias e pompa ~~que eu lanço para ele~~, {um tal deus não tem nada mais para fazer}, as quais ~~seriam necessárias para ele~~ {devem ser usadas – para aquilo que para mim não é necessário} – para mim é suficiente ~~uma ou~~ {na minha justificação, são suficientes} duas palavras, as quais na Alemanha não são {de fato} facilmente traduzidas "para o alemão": *gai saber*. / Guarde isso porém para ti e para os teus semelhantes: eu não tenho nenhum motivo para cobrir minha "nudez" basta, essa é uma forma totalmente despudorada de divindade" (NF-1885,34[181], KSA 11, p. 481 s. / KGW IX 1, N VII 1, p.67 s. e 70).

[18] Sobre ABM 295 ver os comentários adicionais em Sommer 2016, pp. 804–807; Müller 2005, p. 209s; Tongeren 1989, p. 243s.; Thönges 1993; Figal 2008; Kaufmann, 1982, p. 478. Uma análise fina do estilo é oferecida por Sonderegger 1973.

> O gênio do coração, tal como o possui aquele grande oculto, o deus-tentador e encantador nato das consciências, cuja voz sabe descer até o submundo de cada alma, o qual não diz uma palavra e não lança um olhar em que não haja uma consideração e marca de sedução, de cuja maestria pertence o saber parecer [...] Já o fato de que Dioniso ser um filosofo, e de que, portanto, também os deuses filosofam, me parece uma novidade que não é inofensiva e que talvez, justamente entre os filósofos despertaria suspeita – [...] Talvez, também, na franqueza de minha exposição eu deva ir mais longe do que seria agradável aos hábitos severos de vossos ouvidos? Seguramente o deus em questão foi além, muito além, com tais diálogos, e estava sempre muitos passos na minha frente... [...] "Guarde isso, ele teria dito, para você e para os teus semelhantes, e para todo aquele que o necessite! Eu – não tenho motivo algum para cobrir minha nudez!" – Uma suposição: a essa espécie de divindade e filósofo talvez falte pudor? (ABM 295)

Após esse diálogo fictício, que o Eu apenas imagina para si mesmo, é relatada uma conversa que supostamente teria de fato ocorrido e na qual Ariadne aparece repentinamente como ouvinte; ela é introduzida de um modo bem despretensioso e entre parênteses:

> Assim, disse ele uma vez: "sob certas circunstâncias, eu amo o homem – e com isso ele fez alusão a Ariadne, que estava presente –: o homem é para mim um animal agradável, valente, inventivo, que não tem igual na terra, em todo labirinto ele é capaz de se achar. Sou bom para com ele: eu penso sempre a respeito de como posso fazer para levá-lo adiante e torná-lo mais forte, mais malvado e mais profundo do que ele é".
> – "Mais forte, mais malvado e mais profundo?" perguntei espantado. "Sim, disse ele mais uma vez, mais forte, mais malvado e mais profundo; e também mais bonito" – e com isso o deus-tentador sorriu com seu sorriso alciônico, como se tivesse dito uma gentileza encantadora. Observa-se aqui ao mesmo tempo: a essa divindade não falta apenas pudor –; e no geral existem bons motivos para se supor que em algumas coisas os deuses poderiam aprender conosco. Nós homens somos – mais humanos..." (Ibid.)

Agora pelo menos a pergunta sobre quem ou o que iria provir de algum lugar encontraria um sentido: deve provir do labirinto! Enquanto no primeiro diálogo os homens teriam sido levados a se tornarem mais estúpidos e a perecer, aqui eles são tornados "mais fortes, mais profundos e mais malvados: e também mais bonitos". Nos labirintos eles encontram seus caminhos – eles utilizam de forma astuta o fio de Ariadne – então, como se poderia ainda aumentar as suas habilidades? Talvez retirando deles o fio? Dioniso que aqui de forma acentuadamente apolínea "sabe parecer", fala em todo caso em cativantes adivinhações, que não se deixam desvendar facilmente, e possivelmente já demonstra com seu discurso uma outra forma de confusão labiríntica.[19] Além disso, sua forma de falar se caracteriza como encantadora e ao mesmo tempo desavergonhada, mas, então, o Eu-narrador retira a surpreendente conclusão, que todos os deuses poderiam aprender com os homens, pois os homens seriam mais humanos. Seria a própria vergonha que o deus deve aprender? Ou isso seria uma finta irônica do narrador? Pois a nudez desavergonhada do deus poderia ser justamente uma máscara.[20]

O *encantamento* é usado por Nietzsche muito frequentemente como um motivo,[21] vicariamente Sócrates (GC 340), então Wagner e por fim ele mesmo é declarado como o encantador. Nos diálogos analisados aqui, Dioniso e um Eu-textual são designados como encantadores. Nesse sentido, como encantamento indica, inicialmente, apenas um ato de sedução – uma sedução feita com música ou, como se tem aqui – com trejeitos e palavras encantadoras, mas acima de tudo ambíguas. A presunção do Eu narrador ao final não se baseia propriamente em "boas razões", pois a um deus ambíguo como Dioniso não se pode ensinar.

Em uma anotação adjacente do mesmo material preparatório, o raciocínio é conduzido adiante: na antiguidade o homem seria, no "arrebatamento de sua moral, mais forte, mais malvado e mais profundo", deste modo, a sedução exercida pela antiguidade seria "a mais fina e imperceptível de todas as seduções" (NF-1885,34[176], KSA 11, p. 480)

[19] A pequena cena, portanto, representa o aparecimento de Dioniso não como uma irrupção súbita do orgiástico inebriante no mundo dos ordenamentos racionais, mas, desde o início, como um emaranhado jogo de perguntas e respostas. Para uma interpretação oposta da epifania de Dioniso, consultar Bohrer 2015, pp. 135–240.

[20] Cf. "tudo o que é profundo ama a máscara: as coisas mais profundas chegam a ter um ódio à imagem e ao que é similar. Não deveria ser o *oposto*, o disfarce adequado, para se manifestar o pudor de um deus? Uma pergunta digna de ser feita" (ABM 40).

[21] Veja a respeito, Born 2010, p. 229s; Sommer 2012, p. 220s.

e justamente essa maneira de pensar – esclarece Nietzsche um pouco mais adiante – ele denomina por conta "própria, como a filosofia de Dioniso" (cf. também NF-1885,40[50], KSA 11, p. 653 s. / KGW IX 1, N VII 1, p.70). Mas como pode a filosofia de Dioniso conduzir sub-repticiamente a uma antiga moral? Certamente não por meio da doutrina dessa moral nem da invocação de uma sabedoria trágica. Uma outra e mais refinada arte da sedução deve se desdobrar de sua magia.

3. O fio de Ariadne

Retomemos o tema do presumível diálogo de ensino em uma longa anotação que é dedicado à fisiologia do processo de consciência, e por conta disso desenrola o fio condutor do corpo. No meio da anotação aparece novamente Ariadne e ao fim também Teseu e o labirinto:[22]

> Seguindo o fio condutor do corpo, como foi dito, aprendemos que nossa vida só é possível mediante jogo conjunto de diversas inteligências muito diferente{s} entre si e, portanto, apenas por meio de um constante e multifacetado obedecer e comandar – dito em termos morais: por meio do inesgotável exercício de muitas virtudes. ~~Mas, por que alguém deveria~~ {E como alguém poderia cessar} de {se} expressar moralmente!" – – Tagarela desse modo eu me entreguei desenfreadamente aos meus impulsos didáticos, pois estava contente de ter alguém que suportasse me ouvir. Porém, justamente nesse momento, Ariadne não suportou mais – a história aconteceu na minha primeira estadia em Naxos –: "mas, meu senhor, disse ela, eles {o senhor} falam um alemão porco!" "Alemão, eu respondi despreocupado, simplesmente alemão!. Deixe os porcos fora disso, minha deusa! Você subestima a dificuldade de dizer coisas delicadas em alemão!" – "Coisas delicadas! exclamou Ariadne horrorizada: mas isso era apenas positivismo! Filosofia de tromba! Miscelânea {de conceitos} e porcarias de uma centena de filosofias! Para onde isso quer levar!" – e ela brincava impacientemente com seu conhecido fio, que uma vez guiou o seu Teseu por dentre o labirinto. {– então ficou claro que a formação filosófica de Ariadne remontava há dois milênios.} (NF-1885,37[4], KSA 11, p. 578 s. / KGW IX 4, W I 6, p.25, 27; cf. também KGW IX 1, N VII 2, p.52).

[22] Sobre o complexo móbil-labiríntico e sua posição na tradição mitológica, ver Roos, 1940; Hocke 1968; Kern 1982; Harries 1999; Dietzsch 2001.

O Eu-textual encontra-se em Naxos, ele se funde com Dioniso, mas, ao mesmo tempo, se encontra no presente. Ele falha ao tentar ensinar e Ariadne passa a protestar de forma explícita. Esse diálogo não é enigmático, mas em língua alemã e claro em sua crítica, portanto, rudemente direto.[23] A reação de Ariadne é semelhante àquela de Zaratustra, quando não mais suportou ouvir o feiticeiro e se tornou grosseiro.

Mas, por que Ariadne teria retrocedido 2000 anos em sua formação filosófica? Aparentemente porque ela acredita segurar em suas mãos os fios que conduzem para fora dos labirintos. O fio condutor do corpo, contudo, não é apenas um, mas um emaranhado de fios, nos quais muitas forças puxam ao mesmo tempo e, dentre elas, a que menos retesa é a consciência. Ariadne, contudo, ainda acredita nas cadeias causais simples.

Neste ponto, o diálogo termina, contudo, algumas páginas adiante, nesse mesmo caderno de trabalho, o registro seguinte toma novamente o fio de Ariadne e continua a tecê-lo, porém, agora, em um movimento inesperado e decisivo:

> Em livros de aforismos como os meus, por entre e por trás de curtos aforismos encontram-se altamente proibidas coisas e cadeias de pensamento; muitas das quais podem ser problemáticas até para Édipo e sua Esfinge. Tratados, porém, eu não escrevo; eles são para asnos e leitores de revistas. Tampouco discursos. Eu, como jovem, dirigi minhas {"}considerações extemporâneas{"} a jovens, aos quais falei de minhas vivências {e votos}, para ~~seduzi-los aos meus votos {para o meu "inefável"}~~ {atrai-los para o meu labirinto ~~oculto.~~} [...] hoje – talvez eu não pudesse mais fazer isso. Quem ~~esteve de tal modo sozinho consigo mesmo~~ como eu {~~muitos~~ dia{s} e noite{s}, ~~na penumbra~~, e ano após ano, teve uma disputa íntima e um diálogo duro com sua alma, quem em sua caverna – que pode ser um labirinto ou uma mina de ouro – tornou-se um urso das cavernas ou um caçador de tesouros} [...] (NF-1885,37[5], KSA 11, p. 579 / KGW IX 4, W I 6, p.35 e 34; cf. também KGW IX 4, W I 6, p.32).[24]

[23] Pelo menos à primeira vista, em função da crítica à filosofia alemã, também o "eu" poderia ser ridicularizado como porta voz de Lange. Cf. a anotação "porco-alemão! Perdão! Jornal-alemão! Lá <eu> li Friedrich Albert *Lange* [...]. Para que então estudar latim e grego nas escolas alemãs: se nunca se aprende o ter asco frente a uma tal miscelânea tão suja" (NF-1885,34[99], KSA 11, p. 453 s.)

[24] Sobre a gênese textual dessa anotação, que resulta em BM 289, e sobre a interpretação do seu processo de escrita, conferir Pichler 2014, pp. 65-77.

O labirinto aponta por um lado para a arquitetura do espírito[25] e, por outro, para as conexões de pensamento ocultas por trás dos aqui denominados aforismos, que formam uma rede intrincada, na qual o leitor precisa ser atraído para ali ser capturado. Num caderno de anotações do ano de 1885 Nietzsche afirma na primeira página:

> Eu esbocei algumas tentativas nada inofensivas de atrair pessoas ao meu redor, às quais eu poderia falar sobre coisas peculiares como essas: todos os meus escritos foram até agora {~~com grande desejo~~} redes lançadas: eu desejava {assim} capturar pessoas com almas profundas, ricas e desse modo, alegres. Devo confessá-lo? Até agora não encontrei nenhum. (NF-1885,34[256], KSA 11, p. 507 s. / KGW IX 1, N VII 1, p.1).

Nietzsche descreve suas próprias composições textuais como tentadoras e cativantes redes e labirintos.[26] Nesse caso o fio pode estar relacionado tanto com aquele que conduz para fora do labirinto, quanto com o próprio labirinto, na medida em que é tecido como uma rede. Contudo, com seu modo de escrever e tecer seus textos, Nietzsche não quer conduzir para fora de labirintos, mas sim para dentro deles – e é o modo como o espectro formado por aforismos, diálogos, sentenças e pequenos ensaios é composto que determina a captura. Nenhum fio de Ariadne indica a saída, antes, "multiplica mil vezes" os perigos do caminhar pelo labirinto, como é dito em outros lugares,[27] e nele espreita

[25] Cf. "Nos escritos de um eremita escuta-se sempre também algo do eco do deserto, algo do sussurro e do olhar tímido próprio à solidão; em suas palavras mais fortes, até mesmo no seu grito ressoa uma espécie nova e perigosa de silêncio, de ocultamento. Quem através dos anos e por dias e noites sentou-se sozinho com sua alma num íntimo diálogo e disputa, quem em sua caverna – que pode ser um labirinto, mas também uma mina de ouro – tornou-se urso de caverna ou caçador ou guardião de tesouros e dragão: suas ideias acabam mesmas ganhando um tom crepuscular, um cheiro tanto de profundidade quanto de mofo, algo incomunicável e repugnante, cujo sopro frio atinge quem passa." (ABM 289).

[26] Cf. Groddeck (2017 p. 329): "A verdade nos ditirambos, '*a ideia de Dioniso*', é labiríntica nos Ditirambos de Dioniso. O labirinto, contudo, é no geral também a metáfora para a obra de Nietzsche". Sobre o caráter metafórico do labirinto, conferir Sommer 2013, p. 689. Para a ideia do labirinto como metáfora da arquitetura da alma, conferir Vidler 1999.

[27] Cf. "É uma coisa para bem poucos, ser independente: é um privilégio dos fortes. E quem procura sê-lo, mesmo que com todo o direito a isso, mas sem ter a *obrigação* disso, demonstra com isso que é, provavelmente, não apenas forte, mas ousado ao extremo. Ele entra num labirinto, multiplica mil vezes os perigos que a vida em si já traz consigo; dentre os quais um dos maiores é que ninguém pode ver como e onde ele se extravia, se isola e é despedaçado por algum Minotauro das cavernas da consciência. Supondo que

o Minotauro. O terror labiríntico se transforma em prazer labiríntico, o que consiste, porém, na alegria no perigo:

> – Nós somos demasiado felizes, demasiado virtuosos para não achar uma leve tentação em tornarmo-nos filósofos: isto é, imoralistas e aventureiros... Nós temos uma curiosidade particular pelo labirinto, nos esforçamos para conhecer o Senhor Minotauro, de quem se contam coisas perigosas: o que se apresenta a nós em seu caminho *para cima*, em sua corda, que conduz *para fora*? que conduz para a felicidade e para a virtude? que nos leva a *vocês*, eu temo isso... *Vocês* querem *nos* salvar com suas cordas? – E nós, nós lhe pedimos encarecidamente, usem-nas para se enforcar! ... (NF-1888,23[3], KSA 13, p. 602).[28]

Os aventureiros do espírito abdicam das cordas salvadoras, o barbante é substituído pela corda do carrasco,[29] que aqui se presta aos salvadores, e com a qual mais tarde – "*[o] conhecedor de si mesmo! ... [o] carrasco de si mesmo*! ..." – o conhecedor enforca a si mesmo. (DD, *Entre animais de rapina*, KSA 6, p. 392) Revelador nesse sentido é um discurso perpassado

esse homem pereça desse modo, isso ocorre tão longe da compreensão dos homens, que eles não o notam e nem se compadecem: – e ele não pode mais voltar! não pode retornar sequer para a compaixão dos homens! – –" (ABM 29). Cf. também, "Ah, esse velho saqueador! Ele nos rouba os jovens, ele rouba até mesmo nossas mulheres e as arrasta para a sua caverna... Ah, esse velho Minotauro! Quanto já nos custou! A cada ano são levadas caravanas das mais belas moças e rapazes para o seu labirinto, para que ele os devore, – a cada ano a Europa inteira entoa: 'para Creta! para Creta!'..." (CW, *Pós-escrito*, KSA 6, p. 45, cf. também KGW IX 5, W I 8, p.181). Sobre o complexo conjunto de temas envolvendo o Minotauro em Nietzsche, conferir, Benne 2009.

[28] Esse caderno ainda não foi transcrito na KGW IX. Cf., portanto, o texto preparatório: "O fato de sermos por natureza demasiadamente felizes, demasiadamente virtuosos, meus senhores vendilhões, não nos impede de encontrarmos uma pequena tentação de nos tornarmos filósofos: isto é, imoralistas e aventureiros ~~do espírito~~. Nós temos uma curiosidade {própria} para o labirinto {nós queremos entrar} nós ~~queremos~~ {esforçamo-nos para isso}, {de} conhecer o senhor Minotauro: o que nos importa o barbante ~~de vocês~~, que nos conduz para fora – para a felicidade e para a virtude? ... Vocês querem nos salvar, – e nós {assim} ~~nos~~ parece {isso}, queremos nos ~~perder~~ {arruinar}? ... E ~~talvez~~ não apenas a nós mesmos!..." (NF-1888,23[3], KSA 13, p. 602 / KGW IX 8, W II 5, p. 124).

[29] Cf. o texto preliminar: "Nós temos uma curiosidade própria pelo labirinto, nós queremos entrar nele, nos esforçamos para conhecermos o senhor Minotauro: o que ~~significa para nós~~ {nos importa} ~~o barbante de vocês~~ {corda} {~~de sabedoria~~}, que conduz para fora – para 'felicidade' e para 'virtude'? Vocês querem {com isso nos} salvar {E não apenas a nós} – e nós, assim {isso} parece, nós ~~queremos {nos} perder~~... {preferiríamos vê-los enforcados nela} {Que importa a nós a corda, que conduz novamente para fora – nós pedimos encarecidamente a vocês, que se enforquem nela"} (NF-1888,23[3], KSA 13, p. 602 / KGW IX 10, W II 8, p.10 s.)

por conversas com Dioniso em um capítulo de *Zaratustra* intitulado "Da visão e do enigma", que mal disfarça a zombaria em relação aos fios de Ariadne.[30]

> A vós, intrépidos exploradores, tentadores, e quem quer que tenha se lançado com velas astutas em mares terríveis, – / a vós ébrios de enigmas, amantes do crepúsculo, cujas almas são atraídas com flautas a todo abismo traiçoeiro: – que não quereis se apegar a um fio com mão covarde; e, onde podeis *adivinhar*, detestais *deduzir* – / apenas a vós relato o enigma que eu *vi*, – a visão do mais solitário. (Za 3, *Da visão e do enigma*, 1).[31]

Tentação para os tentadores:[32] as flautas atraem os tentadores inadvertidos e ébrios por enigmas para a voragem da loucura, onde novos enigmas os aguardam.[33]

Vamos deixar claro: o objetivo não é a fuga do labirinto com a ajuda de uma linha orientadora; a linha de Ariadne torna-se antes em uma corda de carrasco. É para isso que atraem as aventuras, as quais o labirinto (dos próprios textos) promete:

> eu procuro minha glória em ser mestre em [toda] arte de sedução, [eu chego a pensar,] a minha maior ambição seria atrair para mim suábios e outras vacas no intuito de persuadi-los. O que, 'porém', *estraga* sobretudo aqueles leitores acostumados aos meus escritos, é a minha coragem: em toda parte há perigo, 'não se é amigo da bela Ariadne sem motivo', para o labirinto há uma curiosidade própria, – a oportunidade de conhecer o senhor Minotauro não será de modo algum recusada... (KSA 14, p. 484).[34]

---

30 O que já foi identificado por Roos 1940, p. 131.

31 Para a interpretação dessa passagem e igualmente para a problemática do enigma em Nietzsche, conferir Groddeck 1994, p. 312.

32 O importante tema da tentação por meio da escrita foi aprofundada de um modo fundamental por Greiner 1972. Sobre o tema do labirinto, conferir nas pr. 110–121.

33 Sobre o "adivinhar" como uma aventura da leitura, conferir Brodbeck 1990, p. 158s. Brodbeck remete ao importante ponto de referência de EH: "Quando tento formar a imagem de um leitor perfeito, resulta sempre num monstro de coração e curiosidade, que além disso é também maleável, astuto, cuidadoso, um aventureiro e descobridor nato. Enfim: não saberia dizer melhor a quem no fundo me dirijo, do que Zaratustra, quando *disse: a quem* somente ele contará o seu enigma?" (EH, *Por que escrevo tão bons livros*, 3).

34 Cf. a respeito a interpretação de Dietzsch 2001, p. 300: "Esse é precisamente o sim à situação labiríntica do homem, ele que quase sempre chama em vão por sua própria e inatingível

Seus "leitores predeterminados" e "de direito" deveriam por isso mesmo serem notados por uma "predileção da força por perguntas para as quais ninguém hoje tem coragem; pela coragem para o *proibido*; pela predeterminação para o labirinto" (AC, *Prefácio*). Concluímos que não se trata simplesmente de uma ameaça, mas também de uma promessa, se ouvimos o diálogo que se segue entre Dioniso e Ariadne:[35] "'Oh Ariadne, você mesma é o labirinto: não se pode sair de você' ... 'Dioniso, você me lisonjeia, você é divino' ... " (NF-1887,10[95], KSA 12, p. 510 / KGW IX 6, W II 2, p.72). Dioniso e Ariadne se adulam e invertem as posições: Dioniso aparece para Ariadne como um Labirinto sem saída. Ariadne toma porém essa saudação como um elogio, ao qual ela de pronto retribui.

Em outra passagem é dito, no entanto, que quem procura Ariadne seria ele mesmo um labirinto: "Um homem labiríntico nunca procura a verdade, porém, sempre e apenas a sua Ariadne – independentemente do que ele nos diga" (NF-1882/83,4[55], KSA 10, p. 125) Ou ainda: "se quiséssemos e ousássemos fazer uma arquitetura de acordo com o *nosso* tipo de alma [...] – o labirinto teria então de ser o nosso modelo!" (A 169) Labirintos de almas e outros labirintos se procuram mutuamente – labirinto encontra labirinto! Nietzsche considera a estrutura labiríntica da alma como um signo do homem moderno, para o qual, como não conta mais com a ajuda de Ariadne, o perder-se se tornou uma segunda natureza:

> ~~Nós padecemos~~: Nós estamos doentes de labirinto, {sabemos disso:} somos devorados por toda espécie de Minotauro. Explicação conceitual do homem moderno: ~~aquele que nenhuma Ariadne possui~~, aquele que não sabe sair nem entrar [...]
> ~~Do que padecemos mais profundamente, meus irmãos?~~ – {Nós sofremos} {Mas nós o arriscamos, nós sofremos} De labirinto {nós todos, nós ~~modernos novos e mais novos~~} Nós somos ~~doentes de labirinto~~ {e devorados pelo seu Minotauro.}

---

contraparte, a qual, mesmo em sua indeterminação, é corroída pelo anseio por Ariadne ..."

[35] Consequentemente Nietzsche elogia o "instinto epicurista (de um amigo misterioso –), que não quer que o caráter enigmático das coisas passe desapercebido" (NF-1885/86,2[162], KSA 12, p. 144). Diferentemente do cético, para quem o enigma afinal é apenas um consolo: "[‘] Também o que é desconhecido tem o seu encanto, também a esfinge é uma Circe, também a Circe foi uma filósofa.' – Portanto, o cético se consola" (ABM 208, KSA 5, p. 138).

Definição de homem moderno: algo que não sabe sair, nem entrar Nossa mãe é uma humanidade perdida: nós temos o labirinto ainda em nossos instintos (KGW IX 8, W II 5, p.145).

4. Ariadne/Aranha

As circunstâncias se alteram novamente no próximo exemplo. Nietzsche traçou um plano para um "livro perfeito", que ele queria terminar com uma peça satírica.[36] Nessa peça, um diálogo se desenrolaria a partir do seguinte esboço:

> Peça satírica ao final
>
> Mesclar: diálogos curtos entre Teseu {Dioniso} e Ariadne.
> – Teseu se torna ridículo, disse Ariadne, ~~ele~~ {Teseu} se torna virtuoso –
> Ciúme de Teseu pelo sonho de Ariadne.
> o herói admirando a si mesmo, tornando-se ridículo, | Lamento de Ariadne
> Dioniso sem ciúmes: "Como poderia um Teseu amar isso que eu amo {em ti}?" ... Último ato. Casamento de Dioniso e de Ariadne.
> "não se tem ciúmes quando se é um deus: {disse Dion.} a menos que seja de outros deuses".
> Ariadne, disse Dioniso, tu és um labirinto: ~~e em~~ Teseu se perdeu em ti {ele não tem mais nenhum fio}; de que serve {a ele} ~~agora~~ {agora}, que ele não tenha sido devorado pelo Minotauro? O que o devora ~~agora~~ {de agora em diante} é pior do que um Minotauro." {Tu me lisonjeias,} ~~Dioniso~~, respondeu Ariadne, {porém, estou cansada de minha compaixão} em mim todos os heróis devem perecer: ~~é necessário ser {tornar-se} um deus para que eu possa amar, mas eu não quero compadecer-me quando amo~~ Este é o meu último amor por Teseu: "eu o estou fazendo perecer (NF-1887,9[115], KSA 12, p. 401 / KGW IX 6, W II 1, p.52 s.).

"Você é um labirinto" diz Dioniso a Ariadne, labirinto no qual não ele, mas Teseu teria se perdido. O que agora devoraria Teseu, seria pior

[36] O jovem Nietzsche já havia planejado um drama sobre Empédocles no qual Ariadne, Teseu e Dioniso deveriam aparecer. Cf. NF-1870/71,8[37], KSA 7, p. 236 s. Cf. a respeito, Söring 1990, pp. 196-198.

do que o Minotauro. Novamente Ariadne se sente lisonjeada, ela confessa que teria sido ela quem levou Teseu a perecer. Nesse momento Ariadne não é apenas o labirinto, ela assume até mesmo a posição do Minotauro.

Novamente nos deparamos com um impressionante contexto, que dá suporte às minhas considerações sobre a estrutura labiríntica da tessitura dos textos de Nietzsche: Ariadne é notoriamente ligada ao seu fio e se nós imaginarmos, como se afigura o fio desenrolado, serpenteando-se pelos corredores do labirinto, então, em nossa mente, ele se entrelaçará como uma teia na forma do próprio labirinto. O estudioso de literatura, John Hillis Miller, já havia notado, em 1976, que o traçado do fio de Ariadne seguia o do labirinto. O fio que supera o labirinto, reproduz, ao mesmo tempo, os corredores em uma segunda rede tão complicada quanto a primeira.[37]

Já Virgílio referiu-se ao labirinto dos Dédalos como um "caminho na forma de uma teia da aranha, feito de paredes plenas de escuridão e ludibriantes enganos",[38] e a referência à arte de tecelagem da aranha nos faz deparar com outra característica importante: O labirinto era considerado na antiguidade como obra de arte![39] O criador do labirinto de Creta foi um dos artistas mais famosos da antiguidade, Dédalos, pai de Ícaro, um escultor e arquiteto. Até o nome dele é programático: Δαίδαλος provém de *daidallein*, que significa "trabalhar artisticamente". Em sua *Metamorfose*, Ovídio salienta especialmente o caráter artístico do labirinto:

> Dédalos constrói a obra, na arte é o mestre mais famoso.
> E ele orna sua câmara com sinais enganosos; Os olhos,

[37] Cf. Miller 1977; Körner 1983, p. 38, 54–56, 88s, assim como, em continuidade: Miller 1992; Peyré 1998.

[38] "[U]t quondam Creta fertur Labyrinthus in alta / parietibus textum caecis iter ancipitemque / mille viis habuisse dolum, qua signa sequendi / frangeret indeprensus et inremeabilis error"; "[...] o labirinto na parte elevada de Creta, antes dos tempos, / como um caminho na forma de teia de aranha feito de paredes cheias de escuridão e enganos ardilosos, com / mil caminhos, de acordo com a lenda [...] onde os sinais / subtraem o resultado e levam à confusão e aos erros recorrentes" (Aeneis 2002, V. 588–591).

[39] Cf. também o verbete 'Labyrinthos' na *Paulys Real-Encyclopädie der Classischen Altertumswissenschaft* (1924, pp. 312-326) e no *Ausführliches Lexikon der griechischen und römischen Mythologie* (Roscher 1993, v. 2, pp. 1778–1783).

> Leva-os pelas curvas dos caminhos enrolados e tortuosos, ele engana.[40]

Sob o signo da arte, somos encorajados a seguir adiante com a comparação entre o labirinto e a rede formada pelo fio de Ariadne: Ariadne muda a posição e a função, ela se torna uma artista tecelã. De fato, por vezes já foi estabelecida uma ligação entre *Arachne*, a aranha, e Ariadne em termos etimológicos – de al forma que, por exemplo, quando em *Troilo e Créssida*, de Shakespeare, Ariadne e *Arachne* se fundem em uma palavra-valise. Isso acontece quando, no quinto ato, Troilo fica sabendo da infidelidade de Créssida e de sua falsidade e mergulha numa desorientação labiríntica, da qual nenhum fio resgata. Ele fala para Ulisses:

> – Onde a razão / indigna-se e não aniquila, onde a perda / arrasta toda razão sem revolta; assim era Créssida e não era! [...] E, no entanto, a larga fissura a ser penetrada não permite o menor acesso / sequer por um ponto, fino como o fio da Arianha."[41]

Visto desse modo, Ariadne é convertida em colocadora de armadilhas, em aranha, ela ocupa a posição do terrível Minotauro, o devorador de homens.

Uma outra sequência do mito de Teseu parece significativa nesse quadro, pois coloca as metáforas da dança de Nietzsche ("Meu estilo é uma *dança*; um jogo de simetrias de todos os tipos e um pular e zombar", Carta a Erwin Rohde, BVN-1884,490)[42] em surpreendente relação com

[40] E segue: "Tal como o Menderes toca na Frígia em ondas brilhantes e / flui para frente e para trás em um deslizar hesitante, / no movimento de encontrar a si mesmo, vê sempre sua própria água / movimentando-se ora para a fonte ora para o mar aberto, suas / marés se movem sem sentido, assim o mestre preenche com erros / todas as inúmeras passagens" (Naso 1988, Livro VIII, V. 158ss).

[41] Troilo e Créssida (Matter (org.) 1979, v. 6., V.2.146-152). Tradução corrigida por CZ. Cf. "This she? no, this is Diomed's Cressida: / [...] / This is not she. O madness of discourse, / That cause sets up with and against itself! / Bi-fold authority! where reason can revolt / Without perdition, and loss assume all reason / Without revolt: this is, and is not, Cressid. / [...] / Admits no orifex for a point as subtle / As Ariachne's broken woof to enter" (idem, V.2, pp. 146-152).

[42] Cf. a orientação de leitura em versos, com a qual Nietzsche no final de um esboço de um prefacio quer preparar os seus "ouvintes": "Jogo de pensamentos, uma das graças te guia: / Oh, como deleitas meus sentidos! – / Ai! O que eu vejo! Ela cai / A Máscara e o véu

a sedutora teia de labirintos de seus aforismos: Plutarco relata que após o seu resgate em Delos, Teseu teria executado uma dança (*Reigentanz*) que teria se desenvolvido "imitando as voltas e becos sem saída do labirinto com todos os seus entrelaçamentos em um ritmo próprio".[43] A dança foi chamada de dança do grou. Teseu, portanto, dança o traçado do labirinto, Ariadne o tece, em ambos os casos, trata-se de mímica.[44]

Como já foi observado, há ainda outro motivo que possui uma posição central nas conversas de Dioniso – *o ouvido*:

> "Oh Dioniso, divino, por que me puxas as orelhas?" perguntou Ariadne ao seu amante filósofo, em um daqueles conhecidos diálogos em Naxos. "Eu identifico uma espécie de humor nas tuas orelhas Ariadne: por que elas não são mais compridas?" (GD, *Incursões de um extemporâneo* 19; cf. também o FP-1885,37[4], KSA 11, p. 578 s.)

Muito já se especulou sobre os ouvidos, uma especulação que toma em consideração,[45] por exemplo, as orelhas[46] do asno, as orelhas enormes sobre uma haste em *Assim falou Zaratustra*, ou as pequenas orelhas de Nietzsche – "a *terceira* orelha", que pode ouvir nuances (ABM 246), ou ainda o labirinto como o nome para a parte do ouvido interno.[47] Independentemente das possibilidades de interpretação direta, tentarei compreender, na sequência, o ouvido a partir de sua função no diálogo. Contudo, antes, vamos recapitular brevemente o caráter polissêmico da questão: o labirinto é uma obra de arte que engana, uma teia tentadora,

da guia / e à frente da dança / avança a espantosa necessidade" (NF-1877,25[2], KSA 8, p. 485).

[43] Uma dança sinuosa em seus meandros foi chamada na mitologia grega de dança dos grous (geronos) (Körner 1983, p. 56).

[44] Cf., nesse sentido, Körner, idem, pp. 45–62, especialmente a p. 55 e Vöhler 2007, pp. 33–35. Vöhler traduz dos Scholien [comentários, inscrições à margem do texto ou entre as suas linhas] à Ilíada de Homero: "Após a sua vitória [sobre o Minotauro], Teseu saiu do labirinto juntamente com os jovens rapazes e moças e fez uma dança para os deuses, ao modo de um círculo, com todos ligados entre si e refazendo os movimentos realizados nos caminhos para o interior e para o exterior do labirinto. Dédalos deu sugestões a eles para a execução da dança" (idem, p. 35) Na Ilíada, Homero faz menção a uma dança chóros "semelhante àquela que Dédalos, anteriormente na povoada Cnossos, concebeu artisticamente a encantadora Ariadne" (Ilíada XVIII, 590 s. Trad. por J. H. Voss).

[45] Cf. nesse sentido, Roos 1940, p. 131, cf. também Schank 1991.

[46] O termo alemão "Ohren" pode ser traduzido tanto por "ouvidos" quanto por "orelhas". Nestas passagens a opção por uma ou outra tradução segue o contexto (N.T.).

[47] Cf. Renzi 1997.

um caminho ardiloso do horror e da sedução, ele pode designar uma edificação, a arquitetura da alma, do espírito de Ariadne ou de Dioniso ou de um eu não especificado, mas, também, ao canal auditivo[48] e, além disso, à estrutura enigmática de um texto, que resulta do encadeamento de 'aforismos' singulares.

Neste ponto dispomos de fios suficientes para criar nossa própria rede, com a qual talvez possamos capturar nosso enigmático diálogo inicial a partir de uma perspectiva não óbvia. Retomemos para isso ao aparecimento de Dioniso.

5. No labirinto das palavras

> *Dioniso*:
> Seja sábia, Ariadne! ...
> Você tem orelhas pequenas, você tem as minhas orelhas:
> coloque nelas uma palavra sábia! –
> Não é necessário primeiro odiar a si mesmo, para depois poder se amar? ...
> *Eu sou o teu labirinto*... (DD, *Lamento de Ariadne*, KSA 6, p. 401)

Esse discurso causou dor de cabeça a muitos intérpretes, muitas palavras sábias e outras menos sábias foram colocadas em muitos ouvidos, e com isso vários deles se perderam em alguns labirintos. Como todos sabem, não existem caminhos diretos que atravessam um labirinto, contudo, muitos intérpretes pensaram que poderiam penetrar de imediato na caverna oculta no interior do labirinto sem serem devorados pelo Minotauro que ali os esperava – e ofereceram a esperada e previsível paleta de interpretações:[49] com o aparecimento de Dioniso no

[48] Cf. "Tenho ainda ouvidos? Eu sou apenas ouvidos e nada além disso? [...] Então, de repente, como que vindo do nada, aparece diante do portão desse labirinto infernal, [...] – um grande veleiro, deslizando silencioso como um fantasma. [...] Não se encontra nesse lugar calmo minha própria felicidade, o meu eu mais feliz, o meu segundo e eternizado eu mesmo? Não estando morto e contudo, não mais vivendo? Como um ser intermediário fantasmagórico, tranquilo, que olha, desliza e flutua? Igual a um navio de velas brancas que corre sobre o mar escuro, como uma imensa borboleta?! Sim! A correr *sobre* a existência! É isso! Seria isso! – –" (GC 60); cf. a respeito: Oehm 1993, p. 119s. Sobre o labirinto em Nietzsche, conferir também: Heftrich 1962, p. 158.

[49] Uma visão geral é fornecida por Hödl 2009, cap. 5, item 6: Zarathustra, Ariadne und Dionysos, pp. 574-593.

"lamento de Ariadne" Nietzsche estaria encenando o "delírio de sua apoteose",[50] ou Dioniso simbolizaria o caráter inescapável do eterno retorno, Ariadne abraçaria isso nele, tornando-se assim, afirmadora – o sofrimento de Ariadne não teria sido em vão,[51] o deus apareceria para resgatá-la, e a superação do labirinto levaria ao nascimento do herói,[52] ou, como outros acreditam, à superação da diferença de gênero[53] ou ainda à redenção por meio da transformação linguística do material lexical em um discurso poético.[54] Mas existem também leituras negativas. De acordo com elas, o labirinto representa a morte,[55] é eternamente intransponível[56] ou significa a divisão do eu.[57] Tais interpretações foram contestadas, contra elas se tem a ideia de que a vida em si seria o labirinto, que a sabedoria dionisíaca dispõe, devendo-se aceita-la em seu caráter enigmático e abissal, pertenceria à identidade humana, portanto, configurar-se como um labirinto.[58] Karl Heinz Bohrer por sua vez avalia, em seu livro, com um título interessante nesse sentido, *Das Erscheinen des Dionysos* [O aparecimento de Dioniso], que seria o caso aqui de

---

[50] Carlsson, 1972, p. 181 s.

[51] Higgins 1985 acredita que Ariadne corresponderia à ideia de Anima no sentido de C.G. Jung e representaria ao mesmo tempo Cosima e Lou.

[52] Del Caro 1988, p. 138s e 154s.

[53] A diferença de gêneros é o pressuposto para espanto de Reinhardt, mencionado anteriormente, sobre a mudança de papel entre o feiticeiro e Ariadne. Aos olhos de Gerd Schank (1991, p. 506), ao contrário, as "vozes do texto, Dioniso e Ariadne [...] se fundem em uma unidade dupla, e nela (neles) Nietzsche está presente de um modo irresoluto. A diferença sexual é suspensa em uma unidade oscilante." Deleuze, por outro lado, entende que Dioniso, através de Ariadne, experimenta uma segunda afirmação que é necessária para ele, a dupla afirmação do devir e do ser. Cf. Deleuze 1991, pp. 201–204.

[54] Cf. König 2017. De um modo similar cf: Olzien 1941, pp. 140-143.

[55] Cf. Jaspers 1936, p. 201: "Ariadne, o labirinto, o Minotauro, Teseu e Dioniso, todo esse reino mítico é sempre listado por Nietzsche em uma ambiguidade enigmática, quando ele quer indicar o segredo último da verdade: que a verdade é a morte [...]."

[56] Para Heselhaus (1962, p. 25), o discurso de Dioniso não significa que o labirinto teria sido eliminado com a salvação de Teseu, ele continuaria "sempre lá, notadamente nele, em Dioniso."

[57] De acordo com Meuthen (1991, p. 153), o "lamento de Ariadne [...] remete ao dilema da perda labiríntica de um lugar próprio e, ligado a isso – à chocante perda da identidade. As músicas dos devotos de Dioniso giram em torno deste problema; elas cantam um deus, cuja essência consiste em rasgar o véu da individuação".

[58] Cf. a interpretação de Theo Meyer (1991, p. 437s), segundo a qual, Dioniso, após ter tomado Ariadne como esposa, "confronta-se com [vê ...] o labirinto novamente. Somente por meio de Dioniso consegue Ariadne alcançar sua verdadeira vivacidade e profundidade. Quem quiser achar seu caminho no labirinto, necessita da sabedoria. Dioniso diz: 'seja sábia Ariadne' [...] A sabedoria de Dioniso afirma que o homem deve não apenas odiar o labirinto, mas também amá-lo, [...] pois a vida mesma é um labirinto". Deve-se aceitá-la como tal, em seu caráter enigmático e abissal.

> motivos mitológicos (a sedução de Dioniso, o amor de Ariadne, o labirinto de Ariadne) traduzidos em signos espirituais: Ariadne é aquela em quem Dioniso mais confia, e por isso ele espera que ela compreenda a filosofia dionisíaca do mal e do belo, mesmo que com isso ele a sobrecarregue espiritualmente ("*Eu sou seu labirinto*").[59]

Claramente, essas interpretações passam todas às margens do labirinto. Nenhuma delas leva em conta que o labirinto não corresponde ao caos dionisíaco, pois nada é mais calculado, planejado e organizado do que um caminho deliberadamente feito para enganar. O labirinto artisticamente organizado é de certa forma apolíneo, ele apela à sabedoria. Se alguém se perde nele, não é porque está embriagado em um frenesi orgiástico, mas porque a construção foi projetada para tal. Estamos diante de um paradoxo: o labirinto é uma armadilha apolínea ('socrática'), para a qual Dioniso atrai – e um Dioniso, que diz ser o labirinto de Ariadne – um Dioniso labiríntico – seria um Dioniso de alma arquitetonicamente apolínea.[60]

O que não é surpreendente, na medida em que Nietzsche muda seu modo de compreender essa temática após o período de *O Nascimento da Tragédia.* O anterior proclamado antagonismo das forças na forma dionisíaca e apolínea é suspenso e levado a cabo no plano anteriormente reservado apenas a Apolo. A forma não corresponde apenas ao subjugar de energias centrífugas caóticas, nem é a cena da epifania dionisíaca na figura de arrombamentos do irracional, antes, as forças centrífugas frutificam em novas possibilidades artísticas no próprio plano da forma: trata-se de experiências com a forma. O desagregado não se estabelece mais como imediato ou preliminar, mas se tornou elemento da forma e do estilo. A forma apolínea, que outrora era expressão para a clareza e para a inteligibilidade da arte, se retira do campo da compreensão simples ao integrar as forças ativas dionisíacas. A forma e a ruptura da forma atuam em conjunto, a forma não é dissolvida, mas modela a autodecomposição, ela se torna labiríntica, autorreflexiva, opaca,

[59] Bohrer 2015, p. 212.

[60] Sobre a conexão entre a retórica do paradoxo e a metáfora do labirinto, conferir Villwock 1999.

enigmática, ela se converte em 'conteúdo de fato',[61] de tal modo que o próprio discurso sobre "forma" e "conteúdo" é superado ou levado ao absurdo, pois o dualismo não existe mais. Isso, porém, nos obriga a buscar o conhecimento de forma indireta, pois não se pode olhar em profundidade para um labirinto; é preciso alinhar o próprio modo de olhar a essa estrutura enigmática, para poder pensar em ângulos, e com isso integrar tempo e movimento, a conquista de pontos de viragem e o abandono de pontos fixos no processo do conhecimento:

> Nós amamos olhar o mundo com muitos olhos, inclusive com os olhos da esfinge; isso faz parte das coisas que causam os mais belos arrepios, pelas quais vale a pena Ɵ querer ser filósofo, que um objeto, visto de um canto, mostra-se totalmente diferente do que se poderia supor, tão logo se procure olhar com olhares retos e por caminhos retos (KGW IX 4, W 1 6, p.3).

6. *Aenigma* e *Griphos*

Tomemos então um caminho sinuoso, na medida em que experimentamos tomar como chave para o labirinto a maneira como os integrantes dos diálogos de Dioniso interagem entre si.

O que se sucederia se eles não buscassem o domínio de um sobre o outro, mas tentassem uma nova forma de relação filosófica ao modo de uma ligação afetuosa? Afinal Nietzsche designa, em EH, Ariadne como a "resposta" aos ditirambos de *Assim falou Zaratustra*, que expressavam uma "felicidade esmeralda" e tornavam perceptível o sofrimento de Dioniso (EH, *Assim falou Zaratustra*, 7). Nietzsche menciona aqui "A canção noturna" – que ele também cita: "É noite: nesse momento despertam todas as canções dos amantes. E também a minha alma é a canção de um amante". Então ele se pergunta: "Quem além de mim sabe o que é Ariadne! ... Ninguém teve até agora a solução para tais enigmas, duvido até que alguém tenha chegado a enxergar aqui um enigma" (EH, *Assim falou Zaratustra*, 8) Essas palavras foram tomadas como uma sugestão de Nietzsche, de que a referida passagem é enigmática, embora essa observação seria completamente desnecessária.

[61] Cf. a respeito Zittel 2017.

O mais sensato não seria, nesse momento, interpretar Nietzsche literalmente e entender o enigma *como* enigma? Isto porque, se avançamos nossa investigação para a espécie de enigma que poderia ser pensado aqui, aí sim nos deparamos com algo notável: Aparentemente, havia na antiguidade formas de enigma, que não constituíram nenhuma tradição na modernidade e que, portanto, praticamente não conhecemos, como é o caso, por exemplo, do *aenigma* e do *griphos*. De acordo com os léxicos pertinentes, a distinção entre esses termos não era muito nítida, o termo *aenigma*, em geral, poderia corresponder tanto a enigma quanto à "insinuação obscura e enigmática".[62] O termo γρίφος (*griphos*), em contrapartida, significa literalmente "rede de pesca" e, num sentido figurado, designa discursos obscuros, com os quais se tenta confundir alguém. O contrário de *griphos* seria o ἁπλοῦς λογος – o discurso simples. As duas concepções de enigma não têm muito em comum com a nossa compreensão atual de um enigma em seu formato autônomo.

Poucos autores escreveram sobre essa diferença, porém, um dentre eles teve significado imenso para Nietzsche, já que o filósofo absorveu dele algumas reflexões teórico-linguísticas que foram centrais para os seus escritos produzidos em torno de 1872, para as suas aulas sobre retorica e para o seu pequeno escrito VM: Gustav Gerber. Até agora, as pesquisas se concentraram quase exclusivamente no primeiro volume de sua obra *Die Sprache als Kunst* [A linguagem como arte], de 1871, que contém a Teoria da Metáfora de Gerber. No segundo volume, editado posteriormente, em 1873, encontra-se amplamente desenvolvida no decorrer do livro a explicação de Gerber,

[62] Cf. "O significado último resulta da proximidade etimológica com αἰνιττομαι (ainíttomai, significado obscuro, falar em enigmas, o que se relaciona com ό αἰνιγματίας, (ainigmatías) aquele que fala em enigmas, αἰνός (ainós) o provérbio velado, o enigma). Assim, o termo não pode ser tomado como um sinônimo de γρίφος (griphos) [rede], embora as principais diferenças entre ambos, tendo em vista o uso terminológico dos dois conceitos, não sejam encontradas dentre os autores antigos. Assim, ATHENAIOS (século III dC.), no décimo livro de seu Δειπνοσοφισταί (Deipnosophistai, Conversas à mesa), a fonte mais importante para a concepção antiga de enigma, toma em sua definição de <griphos>, frases de fato estranhas e enigmáticas tais como, ditos sombrios, gnomos e provérbios, o que mostra que o conceito de enigma, além de seu significado mais restrito, inclui também tudo o que é obscuro e oracular" (Historisches Wörterbuch der Rhetorik, v. 1, 1992, p. 187, verbete: "Aenigma").

> de que *griphus*, de acordo com o significado original da palavra e com o seu uso em competições de agudeza e de um conhecimento variado, designou perguntas feitas, no mais das vezes, para levar ao erro as pessoas de fina formação às quais eram dirigidas, e que eram retiradas do campo dos enigmas fonéticos e dos jogos de palavras. Por sua vez, a palavra '*aenigma*', mais antiga, era utilizada principalmente para designar os enigmas de significado e os enigmas alegóricos. Muitas perguntas, que os antigos chamavam de *grifos* ou *enigmas*, não consideraríamos de modo algum hoje como enigmas (*Rätsel*), como é o caso, por exemplo, de encontrar palavras com ou sem algumas sílabas específicas.[63]

A explicação de Gerber sobre *griphos* como uma questão ou discurso deliberadamente enganador, como a 'rede' na qual o oponente é pego,[64] parece altamente esclarecedora, até mesmo do modo como um fio de Ariadne se apresenta como a teia de Arachne. "Tecer um griphos" era uma figura de linguagem grega.[65] O jogo de perguntas e respostas, entendido como *griphos*, subverte as regras da comunicação simples; não se trata de um ato de querer persuadir ou ter razão, e tampouco oferece sentidos alegóricos à hermenêutica, mas encena uma competição de perspicácia, dirigida apenas às mentes mais sábias e cultas – a conversação agora parece mais um complicado ritual de dança.

De acordo com os estudos de Konrad Ohlert sobre *Rätsel und Gesellschaftsspielen der Griechen*, [Enigmas e jogos de salão dos gregos],[66] tem-se com o *griphos* o caráter envolvente da pergunta, que

> não procura de forma clara e direta por uma palavra específica, mas sim o sentido da pergunta é oculto por meio de locuções

[63] Gerber 1885 [1873], p. 490.

[64] Cf. "Τρίφος, rede de pesca, falas obscuras, com as quais se tenta capturar alguém" (idem, p. 489).

[65] Svenbro 2000, p. 70.

[66] Cf. Ohlert 1986. Sobre as pesquisas mais recentes sobre griphos, que se diferenciam em muito da ideia peculiar de griphos de Gerber, em parte por meio do jogo com a métrica, pelo uso de metáforas pouco claras ou da elaboração de um pretenso conhecimento, ver Monda 2012; Beta 2016, e os "Exkurs zum griphos" de Luz 2010, pp. 139–146. Luz define o griphos como "um desafio espiritual [...], que se move no domínio da formação literária, do pensamento filosófico e da sagacidade linguística" (Technopaignia, p. 146). Os estudos de Ohlert, Beta e Luz constituem um repositório para outras formas de enigmas, cujos possíveis significados para Nietzsche precisariam ser investigados.

enigmáticas, palavras ambíguas e transposições, de tal forma que ao questionado nem sempre se dá a saber o que se quer com a pergunta. – [...] Às vezes o *griphos* pode se encontrar na resposta, que é dada a uma pergunta debochada, ou deveras ingênua. Uma resposta se converte em *griphos* por meio de um notável jogo de palavras ou de alguma reviravolta surpreendente que enlaça aquele que pergunta em uma nova rede, por ele antes desconhecida.[67]

A resposta de Ulisses à pergunta de Polypem sobre o seu nome com a palavra Οὖτις (ou também: οὐδείς) que soa similar ao seu nome: "ἔτις ἐμοί γ'ὄνομα" ("Ninguém é meu nome") (Odisseia, 9. canção, verso 366) corresponde a um tal jogo de palavras. "É Ulisses quem faz o primeiro *griphos*."[68]

Quem atentar-se a esse ponto se lembrará: "ninguém" apresentou "até o momento a solução para tal enigma". Ulisses, o aventureiro astuto que escutava a sedutora canção das sereias sem tampar os ouvidos,[69] defendeu-se com um *griphos*. Ulisses tinha a solução em seu próprio nome. Ele mesmo é a solução.[70]

Com a resposta ambígua de Dioniso, parece não haver qualquer *aenigma*, mas um capcioso *griphos*.[71] Entendido como um aenigma, seriam possíveis interpretações alegóricas, Teseu pode corresponder a Wagner, Ariadne a Cosima, o labirinto pode simbolizar a morte,[72] etc. – não porém, ao se tratar de um *griphos*.

[67] Ohlert 1986, p. 180s e p. 199.

[68] Idem, p. 180, cf. também p. 194.

[69] Contra as seduções da metafísica, por outro lado, é necessário armar-se "com os olhos intrépidos de Édipo e com os ouvidos tapados de Ulisses, surdo para os meios de sedução dos velhos metafísicos apanhadores de pássaros" (ABM 230, KSA 5, p. 169).

[70] Peter Villwock me alertou que também na evocação de Dioniso esconde-se a "solução", pois um dos epítetos do deus era Lysios ou Lyaios (λυαιος), o solucionador, o que britador de preocupações. Cf., por exemplo, "Você no mais das vezes é Lyaeus / porque você pode liberar os sentidos e a compreensão / e encontrar a tranquilidade para as preocupações" (Opitz 1624, p. 144). Para Píndaro, "Lysios" significava mesmo o "solucionador da corda (!) do fardo mais pesado' (fr. 248). Cf. Lavecchia 2013, p. 73s. A partir desse ponto tem-se novas correlações possíveis com outros enigmas, que agora podem ser levados um pouco mais longe em suas soluções, por exemplo, com os versos de Zaratustra: "esse é, porém, o viticultor, que aguarda com sua podadeira de diamante, – / – o seu grande libertador, oh minha alma, o sem nome – – para o qual somente as canções futuras poderão achar um nome!" (Za 3, *Do grande anseio*, KSA 4, p. 280).

[71] Gerber 1885 [1873], p. 485s; Prantl 1855, p. 399s: "Griphos (grego, 'rede'), com os gregos, um enigma capcioso em discurso articulado ou desarticulado".

[72] Cf. sobre a história da interpretação biográfica: Salaquarda 1996; Reschke 2000, p. 191s. Interpretações biográficas são defendidas, por exemplo, por Pannwitz 1963; Podach

7. "Seja sábia, Ariadne"

Como Nietzsche descreve seus escritos como redes e, por vezes, liga essa metáfora também à pesca,[73] torna-se tentadora a ideia de buscar outros *griphoi*.[74]

Dioniso se revela em um relâmpago brilhante, para se esconder de imediato novamente em suas palavras sombrias. A suposta sabedoria trivial[75] "Não é necessário primeiro odiar a si mesmo, para depois poder se amar?..." (DD, *Lamento de Ariadne*, KSA 6, p. 401) no contexto do tema do labirinto, não deve ser considerada uma simples questão retórica, mas sim como parte do enigma – como uma armadilha. Por que alguém teria de odiar a si mesmo antes de se amar? Estão em questão aqui o amor e o ódio[76] a si mesmo ou o amar e odiar entre duas pessoas? Mesmo nessa questão paradoxal, portanto, esconde-se uma ambiguidade capciosa. Mais ainda: como mostrou Flashar, esconde-se também atrás dela uma insinuação de erudição, pois com essa pergunta "Nietzsche mostra que ele conhece Catullo (*odi et amo*) e com isso, naturalmente, também o seu lamento [de Ariadne]"[77] (*carmen* 64), em cujo fim Dioniso também aparece. Uma outra possibilidade de um duplo sentido encontra-se na referência ao ouvido no qual a palavra sábia deve ser colocada,

---

1982, p. 36s; Reinhardt 1960.

[73] O griphos especifica a rede como rede de pesca e deixa claro que por trás das metáforas frequentemente utilizadas por Nietzsche, oriundas do círculo do pescador, esconde-se mais do que apenas uma paródia em relação a Cristo, cf., por exemplo, "– A partir de então todos os meus escritos são anzóis; talvez eu entenda de pesca mais do que muitos? ... se nada foi *apanhado*, a culpa não é minha. *Faltavam peixes*..." (EH, *Além do bem e do mal* 1).

[74] Manifesta-se como um meta-griphos do próprio enigma o conhecido DD, *Entre as aves de rapina*, KSA 6, p. 392, que joga com três (dos quatro) significados de "solução" *(Lösung)*: "Agora – / entre dois nadas / encurvado, / um ponto de interrogação, / um enigma cansado – / um enigma para *aves de rapina* ... / elas já vão te "soltar" [lösen], / elas estão sedentas por teu "desenlace" [Lösung], / elas já planam em torno de ti, o enigma delas, / em torno de ti, enforcado! ..." Contudo, não apenas nos escritos de Nietzsche em geral, eles são também encontrados com facilidade em uma busca em outros textos, basta pensar nos textos enigmáticos de Kafka, como é o caso, por exemplo, de "Das parábolas".

[75] Cf. Groddeck 1991, p. 208.

[76] A passagem é lida de uma forma unilateral, como ódio a si mesmo, por Konrad Weeda (2017, p. 464): "Horácio e sua árvore caída: a possibilidade de uma filosofia lírica?".

[77] Flashar, 2010/2011, p. 508.

pois em questão pode se tratar tanto do ouvido de Ariadne quanto de Dioniso.[78]

Mas qual é a palavra sábia a ser colocada no ouvido? A palavra "labirinto" seria uma candidata promissora, pois, como exige um *griphos*, ela é capciosa e ambígua e é pronunciada por Dioniso, "o grande deus ambíguo e tentador".

"Seja sábia Ariadne" é o sinal, o convite para o *griphos* – que não exige qualquer resposta, mas requer "humor nos ouvidos".[79]

Wolfram Groddeck leu o verso: "Você tem orelhas pequenas" como

> uma instrução, ao que parece, para a pré-elaboração da "poesia de reflexão". Contudo, o "método de ensino" é bem especial: ele ensina sua aluna "Ariadne" por meio do ouvido: "somente por meio do ouvido" [IE] – [...] A ela, Ariadne, proverbialmente ligada ao fio que deve conduzir para fora do labirinto, é ensinado que o que escapa dela seria justamente esse "labirinto". Contudo, o seu labirinto é o próprio "ditirambo", que ela mesma produziu artisticamente e do qual ela não escapa.[80]

Mas ele também notou, o que escapou a alguns intérpretes, que "labirinto" também designa a parte interna do ouvido, na qual deve ser colocada a palavra sábia – esse seria, portanto, "o 'real' significado da 'metáfora do labirinto', com a qual se interpreta o sétimo ditirambo, [...] ou ainda, na qual toda interpretação se perde".[81]

[78] Deleuze (1991, p. 203), por exemplo, acha que é o ouvido de Dioniso: "Ariadne tem os ouvidos de Dioniso: [...] Ariadne coloca uma palavra sábia nos ouvidos de Dioniso. Ou seja, ao ser ouvida, a afirmação dionisíaca, ela se torna objeto de uma segunda afirmação, que Dioniso ouve".

[79] Essa é a diferença decisiva em relação a uma variação anterior do tema, na qual a relatividade do juízo estético ainda se encontrava em primeiro plano: "Eu lamento ter de dizer que ~~com o~~ {para o exigente} olho de um juiz superior, por exemplo, do meu misterioso convidado e ~~amigo~~ {interlocutor} Dioniso, o homem poderia ser, apesar de tudo, algo muito feio: mas o que importa isso ao H.!. Ele critica, por exemplo, o rosto humano, ele duvida que o nariz tenha sido pensado a partir de uma elevada regra de beleza. Ele puxa os homens por suas orelhas: ele encontra {n}às orelhas uma espécie de humor, porém nenhuma dignidade" (KGW IX 9, W II 7, p. 132). Cf. a respeito: Pichler 2014, p. 309s; Hödl 2009, p. 590.

[80] Groddeck 1991, p. 208 s.

[81] Idem, p. 209.

Talvez nem todo: "Eu sou o teu labirinto" significa assim também: eu sou o teu (ou todo) ouvido, eu escuto você – "você tem orelhas pequenas, você tem minhas orelhas" – você tem o meu ouvido! Ouvem-se mutuamente sem de imediato se entender, se identificar, sem se prender a características pessoais, um ouvir sem os ditames do entendimento, mas como alguém que permite ao outro permanecer em sua ambiguidade. A pergunta melancólica do poema de Veneza de Nietzsche sobre o jogo de cordas da alma: "Alguém a escuta?" (EH, *Por que eu sou tão inteligente* 7) – encontraria, então, uma resposta: alguém escuta, contudo, bem diferente do que se tem no método de ensino acromático que o jovem Nietzsche descreveu (no *Sobre o futuro de nossas Instituições de Ensino*), com o qual o conhecimento só é transmitido aos alunos cujos ouvidos não estão fechados. Não: o ouvido é a porta da poesia – é o labirinto para labirintos. A própria escrita de Nietzsche é tão poética quanto labiríntica – – quem quiser interpretar pode perder-se, para quem não o faz, o diálogo é um convite para uma dança labiríntica, uma conversa, não para dominar, elucidar e devorar um ao outro, mas uma sem fios condutores, de acordo com os quais os intérpretes desejosos tateiam no sentido de conceituar e acessar algo. Tais conversas são tentações bilaterais com segredos intrincados, seduções que se dão por camuflagens artisticamente construídas, que desafiam o outro em sua inteligência, mas não se submetem às regras de comunicação ou mesmo da argumentação.

8. Conversas agudas (*Scharfsinnige*)

"Devido aos enigmas dos pescadores, também o rei da canção, o Maimonide, acorreu para lá"
(Archias)

Se consideramos as conversas com Dioniso em seu conjunto, elas aparecem majoritariamente como variações de *griphoi*: os parceiros de diálogo se lisonjeiam mutuamente, um chama o outro de encantador, não entram em detalhes sobre a pergunta do outro, porém, apresentam uma pergunta em resposta a outra ou dão respostas obscuras. Eles atraem para o labirinto e são eles mesmos labirintos um para o outro, mas o fazem não para se destruírem mutuamente, mas para estimular a própria perspicácia. Certamente um labirinto pode ser também uma armadilha – caso não se faça a aproximação em relação a ele com inteligência. A reação de Zaratustra ao lamento do feiticeiro, que é caracterizada também em ZA 4 pelo narrador, com sua canção, como um caçador lançador de redes,[82] seria exemplo para uma resposta pouco inteligente. Zaratustra aqui claramente não se encontra à altura da filosofia jocosa de Dioniso.[83]

Contudo, os *griphoi* são ao mesmo tempo perigosos, pode-se perecer em suas redes. Nietzsche sabia no sentido mais profundo da ligação entre enigma e rede de pesca, como testemunha o seu comentário a uma lenda conhecida sobre a morte de Homero, o qual supostamente morreu em desespero porque não conseguiu resolver um *griphos*:

> Um pequeno desgosto foi o suficiente para, no fim, estragar a vida de Homero. Ele não conseguiu decifrar um enigma minúsculo e tolo que alguns jovens pescadores propuseram a ele! Sim, os pequenos enigmas são o perigo dos mais felizes! – (GC 302)[84]

[82] "Assim cantou o feiticeiro; e todos os que ali se encontravam caíram, sem perceber, como pássaros na rede de sua astuciosa e melancólica volúpia" (Za 4, *Da ciência*, KSA 4, p. 375). O "consciencioso do espírito", porém, "não foi apanhado" e transpassou o feiticeiro com o olhar: "você ensina e atrai de volta para as prisões, [...] do teu lamento ressoa um chamariz".

[83] O feiticeiro tenta elucidar Zaratustra sobre a inadequação de sua reação, dizendo abertamente que sua canção só queria colocá-lo à prova [*Probe*] de um modo lúdico – ele então claramente reconhece que Zaratustra teria compreendido isso, o que não parece de fato ser o caso. Na verdade, o feiticeiro utiliza a situação para desafiar Zaratustra novamente com um outro griphos, desta vez um jogo de palavras: ele o faz do bastão [*Knüppel*], com o qual foi espancado, um bordão [*Knüttel*], portanto, um verso: "– "Para, disse o velho e levantando-se de um salto, não bata mais, ó Zaratustra! Eu só fiz isso por brincadeira! Isso faz parte da minha arte; eu quis te colocar à prova [*Probe*], ao te dar essa amostra [*Probe*]! E, na verdade, você me compreendeu bem! Mas também você – me deu uma prova [*Probe*] nada pequena: você é *duro*, sábio Zaratustra! Duramente você me golpeia com tuas "verdades", teu bastão extrai de mim – *essa* verdade!" (Za 4, *O feiticeiro* 2, KSA 4, p. 317) Zaratustra leva muito tempo para responder, apenas ao final do discurso ele começa a falar com "amabilidade e malícia" e por fim consegue sair aus risos da situação. Esse discurso já foi interpretado por Groddeck como uma réplica por meio de um "bordão", cf. Groddeck 1991, p. 203, nota 83.

[84] O pequeno enigma dos jovens pescadores dizia: "tudo o que nós pegamos, nós jogamos fora; porém, o que não podemos pegar, carregamos sempre conosco". Heráclito, B 56. Carlo Gentili (2017, pp. 245-248) recentemente apontou essa fonte, sem abordar a temática do griphos. Nietzsche já havia em seu escrito O tratado florentino sobre Homero e Hesíodo ressaltado especialmente "o extraordinário exercício dos gregos em disputas e em falas enigmáticas de todo tipo" (KGW II 1, p. 334, cf. também, no mesmo texto, p. 337). No

O ponto oculto da anedota que Nietzsche alude nesse ponto, é que não eram apenas crianças, mas jovens pescadores que propuseram o enigma, o que, por um lado, revela de um modo autoreferencial o significado ambíguo de *griphos* como rede e enigma e, por outro, explica porque Homero é tentado a buscar a solução do quebra-cabeça no contexto da pesca, ignorando a resposta óbvia.[85]

Se é possível compreender as conversas de Dioniso como exemplos da forma enigmática dos *griphos*, então, há que se perguntar se, além disso, as peculiaridades estruturais de outras composições textuais labirínticas de Nietzsche podem ser interpretadas da mesma maneira. Devido a possível existência de outros *griphoi* pode-se, em todo caso, considerar sob outros aspectos as ponderações de que o próprio Nietzsche teria empregado a condução correta de conversas,[86] pois chama a atenção que elas em sua giram em torno da disputa no sentido agudo, o que confere aos 'diálogos de Dioniso' de Nietzsche o seu caráter peculiar.

"Diálogos" – como aqueles com Dioniso – ganham a preferência aos olhos de Nietzsche, pois neles não se depende do conteúdo (cf. HH I 374). O modo "como o pensador utiliza uma conversa" (AS 241), se revelaria muito mais em sua atenção ao *como* se fala. Por conseguinte, "pessoas inteligentes" desenvolveram uma "*tática na conversa*" e deram ao interlocutor "as melhores oportunidades para uma boa piada e coisas do gênero" (HH I 369). Para isso, existem muitas variantes, dependendo principalmente do fato de ser ou não uma conversa entre sábios, que se alegram com a sua perspicácia. Essa não é uma característica reveladora das conversações de Dioniso? E a passagem seguinte não poderia ser lida como uma descrição dos *griphos*?

> *Geralmente mal compreendido.* – Na conversa nota-se uma pessoa ocupada em preparar uma armadilha, na qual a outra cai, não por maldade, como se poderia pensar, mas pelo deleite com a própria *astúcia*: então, mais uma vez, outros preparam a piada, para que outrem a faça, ou fazem o *laço*, para que alguém produza o *nó*: não por

texto editado por ele próprio do Certame de Homero e Hesíodo encontra-se ainda, no final do relato da contenda entre Hesíodo e Homero, também lenda da morte de Homero na ilha de Ios, o que em Heráclito ficou faltando. Cf., sobre o pequeno enigma em relação ao Certame: Vogt 1959, p. 201, 204, 220.

[85] Cf. Svenbro 2000, pp. 68–71.

[86] Cf. Zittel 2016, pp. 107–110.

> benevolência, como se poderia pensar, mas por maldade e desdém dos intelectos grosseiros. (A 351, grifo nosso).[87]

A astúcia [*Pfiffigkeit*] – neste ponto entra novamente o apito [*Pfeife*] no jogo – o preparar armadilha para o outro por esperteza, o alegrar-se nessa disputa, a resposta de um enigma com outro enigma, o atar de laços e a arte de dissolver nós: esse é o objetivo. Não se trata de encontrar uma solução específica, ao tatear o próprio caminho com a ajuda de um fio condutor. Certamente não se trata de tomar o outro como criminoso e prendê-lo a certas afirmações. Antes, num sentido agudo, trata-se de relação entre a compreensão e o sentido artístico. Enquanto em tempos antigos o que agradava eram os pontos de astúcia e a solução de enigmas, mais tarde, o jogo de enigmas se refinou cada vez mais e deixou de dizer respeito à decodificação, e a agudeza passa a corresponder muito mais à violação de ordens:

> Se pensarmos nos rebentos iniciais do senso artístico e se nos perguntarmos pelas diferentes espécies de alegria que são produzidas pelos primeiros frutos da arte, por exemplo, nos povos selvagens, então encontramos em primeiramente a alegria de *entender* o que o outro *quer dizer*; a arte é ali uma espécie de enigma proposto que oferece, a quem o decifra, o prazer na própria rapidez e agudeza. [...] Apenas com uma certa saturação dessa última alegria nasce o sentimento, ainda mais refinado, de que também na quebra do que é simétrico e regrado pode haver prazer; quando, por exemplo, se incita a procurar razão na aparente não razão, com o que, então, revela-se uma espécie de enigma estético, um dos mais elevados gêneros da alegria estética primeiramente mencionada. – (HH II, OS 119)

É essa espécie de "solução estética de enigmas" que, dentre outros aspectos, faz os diálogos de Dioniso serem vistos como exemplares, do mesmo modo como estabelece exigências aos seus leitores. Aquele que presta atenção, se os jogos de palavras de Nietzsche, seus versos, frases, textos, individualmente ou em seu conjunto, apontam para ocultas

[87] Cf. Veja Athenaeus 10.69 / 448c: "O griphos é uma tarefa lúdica que é colocada para encontrar, pesquisando com o entendimento, a solução do que foi perguntado, que foi dito com o objetivo de obter honra ou punição" (Cit. para Luz, Technopaignia, p. 140, nota 5).

estruturas enigmáticas, para ele abrem-se caminhos de entrada para o labirinto do pensamento de Nietzsche. Saídas, porém, não.

Referências

BAEUMER, Max. Das moderne Phänomen des Dionysischen und seine "Entdeckung" durch Nietzsche. *Nietzsche-Studien*, v. 6, pp. 123–153, 1977.

BENNE, Christian. Den Minotaurus schreiben: autobiographische Tauromachien bei Leiris und Nietzsche. In: PORNSCHLEGEL, Clemens; STINGELIN, Martin (org.). *Nietzsche und Frankreich*. Berlin; New York: de Gruyter, 2009. pp. 175–192.

BETA, Simone. *Il labirinto della parola*. Enigmi, oracoli e sogni nella cultura antica. Turim: Einaudi, 2016.

BOHRER, Karl Heinz. *Das Erscheinen des Dionysos*. Berlim: Matthes & Seitz, 2015.

BORN, Marcus. Nietzsches Rattenfängerei. Die Aufgabe des Philosophen im Staat. In: SCHÖNHERR-MANN, Hans-Martin (org.). *Der Wille zur Macht und die "große Politik"*. Friedrich Nietzsches Staatsverständnis. Berlin: de Gruyter, 2010. pp. 213–232.

BRODBECK, Stefan. Nietzsche erraten. *Nietzsche-Studien*, v. 19, pp. 143–175, 1990.

CARLSSON, Anni. Endspiel auf Nietzsches Innenbühne. Zu Nietzsches Gedicht "Klage der Ariadne" aus den "Dionysosdithyramben". *Germanisch-Romanische Monatsschrift*, v. 52, pp. 180–185, 1972.

DEL CARO, Adrian. Symbolizing Philosophy. Ariadne and the Labyrinth. *Nietzsche-Studien*, v. 17, pp. 125–157, 1988.

DELEUZE, Gilles. *Nietzsche und die Philosophie*. Hamburg: Junius, 1991.

DIETZSCH, Steffen. Nietzsche und Ariadne. *Nietzscheforschung*, v. 8, pp. 291–306, 2001.

FIGAL, Günter. Nietzsches Dionysos. *Nietzsche-Studien*, v. 37, pp. 51–61, 2008.

FLASHAR, Hellmut. Die Klage der Ariadne. *Hyperboreus*, v. 16/17. pp. 501–512. 2010/2011.

GENTILI, Carlo. Das "gefährliche südlichere Eiland" aus FW 372. Quellen aus Heraklit 22 B 56 D.K. und Aristoteles Fr. 76 Rose. *Nietzsche Studien*, v. 46. pp. 245–248. 2017.

GREINER, Bernhard. *Friedrich Nietzsche*: Versuch und Versuchung in seinen Aphorismen. München: R. Piper, 1972.

GRODDECK, Wolfram. Die Wahrheit im Dithyrambus. Zu Nietzsches "Dionysos-Dithyramben". In: BENNE, Christian; ZITTEL, Claus (org.). *Nietzsches Lyrik*. Ein Kompendium. Stuttgart: J.B. Metzler, 2017. pp. 317–330.

GRODDECK, Wolfram. *Friedrich Nietzsche*: "Dionysos-Dithyramben". v. 2: Bedeutung und Entstehung von Nietzsches letztem Werk. Berlin; New York: de Gruyter, 1991.

GRODDECK, Wolfram. Vom Gesicht und Räthsel": Zarathustras physiognomische Metamorphose. In: GRODDECK, Wolfram; STADLER, Ulrich (org.). *Physiognomie und Pathognomie*: Zur literarischen Darstellung von Individualität. Festschrift für Karl Pestalozzi zum 65. Geburtstag. Berlin: de Gruyter, 1994. pp. 301–319.

HARRIES, Karsten. Nietzsche's Labyrinths: Variations on the Ancient Theme. In: KOSTKA, Alexandre; WOHLFARTH, Irving (org.). *Nietzsche and "An Architecture of Our Minds*. Los Angeles: University of California Press, 1999. pp. 35–52.

HEFTRICH, Eckhard. *Nietzsches Philosophie*. Identität von Welt und Nichts. Frankfurt am Main: Vittorio Klostermann, 1962.

HESELHAUS, Clemens. Dionysos-Dithyramben. In: HESELHAUS, Clemens. *Deutsche Lyrik der Moderne von Nietzsche bis Yvan Goll*. Die Rückkehr zur Bildlichkeit der Sprache. Düsseldorf: Claassen & Goverts, 1962.

HIGGINS, Kathleen. The Night Songs Answer. *International studies in philosophy*, v. 16, n. 2. pp. 33–50. 1985.

HOCKE, Gustav René. *Die Welt als Labyrinth*. Manier und Manie in der europäischen Kunst. Hamburg: Rowohlt, 1968.

HÖDL, Hans-Gerald. *Der letzte Jünger des Philosophen Dionysos*: Studien zur systematischen Bedeutung von Nietzsches Selbstthematisierungen im Kontext seiner Religionskritik. Berlin; New York: de Gruyter, 2009.

IBBEKEN, Claudia. Feuerzeichen aus der Einsamkeit. Nietzsches "Dionysos-Dithyramben". In: BENNE, Christian; ZITTEL, Claus (org.). *Nietzsches Lyrik*. Ein Kompendium. Stuttgart: J.B. Metzler, 2017. p. 376–390.

JASPERS, Karl. *Nietzsche*. Eine Einführung. Berlin: De Gruyter, 1936.

KAUFMANN, Walter. *Nietzsche*. Darmstadt: Wissenschaftliche Buchgesellschaft, 1982.

KERN, Hermann. *Labyrinthe*. Erscheinungsformen und Deutungen. 5000 Jahre Gegenwart eines Urbilds. München: Prestel, 1982.

KÖNIG, Christoph. Ich bin dein Labyrinth … ". Zur poetischen Klugheit in Nietzsches "Dionysos-Dithyramben. In: BENNE, Christian; ZITTEL, Claus (org.). *Nietzsches Lyrik*. Ein Kompendium. Stuttgart: J.B. Metzler, 2017. p. 331–349.

KÖRNER, Joseph Leo. *Die Suche nach dem Labyrinth*. Der Mythos von Dädalus und Ikarus. Frankfurt am Main: Insel Verlag, 1983.

LAVECCHIA, Salvatore. Becoming like Dionysos: Dithyramb and Dionysian Initiation. In: KOWALZIG, Barbara; WILSON, Peter (org.). *Dithyramb in Context*. Oxford: Oxford University Press, 2013. p. 59–75.

LUZ, Christine. *Technopaignia*: Formspiele in der griechischen Dichtung. Berlin: de Gruyter, 2010.

MEUTHEN, Erich. Vom Zerreißen der Larve und des Herzens. Nietzsches Lieder der "Höheren Menschen" und die "Dionysos-Dithyramben". *Nietzsche-Studien*, v. 20, p. 152–185, 1991.

MEYER, Theo. *Nietzsche*. Kunstauffassung und Lebensbegriff. Tübingen: Max Niemeyer, 1991.

MILLER, J. Hillis. Ariachne's broken woof. *The Georgia Review*, v. 31, n. 1, p. 44–60, 1977.

MILLER, J. Hillis. Ariadne's Thread. Repetition and the Narrative Line. *Critical Inquiry*, v. 3, p. 57–77, 1976.

MILLER, J. Hillis. *Ariadne's Thread. Story Lines*. New Haven; London: Yale University Press, 1992.

MONDA, Salvatore (org.). *Ainigma e griphos*: Gli antichi e l'oscurità della parola. Pisa: Edizioni della Normale, 2012.

MÜLLER, Daniel. *Wider die "Vernunft in der Sprache"*. Zum Verhältnis von Sprachkritik und Sprachpraxis im Schreiben Nietzsches. Tübingen: Niemeyer, 1993.

MÜLLER, Enrico. Aesthetische Lust" und "dionysische Weisheit. Nietzsches Deutung der griechischen Tragödie. *Nietzsche-Studien,* v. 31, p. 134–153, 2002.

MÜLLER, Enrico. *Die Griechen im Denken Nietzsches.* Berlin; New York: de Gruyter, 2005.

OEHM, Heidemarie. *Subjektivität und Gattungsform im Expressionismus.* München: Wilhelm Fink, 1993.

OHLERT, Konrad. *Rätsel und Gesellschaftsspiele der alten Griechen.* Berlin: Weidmann, 1886.

OHLERT, Konrad. *Rätsel und Rätselspiele der alten Griechen.* Berlin: Weidmann, 1912.

OLZIEN, Otto H. *Nietzsche und das Problem der dichterischen Sprache.* Berlin: Junker und Dünnhaupt, 1941.

OPITZ, Martin. *Teutsche Pöemata und: Aristarchvs Wieder die verachtung Teutscher Sprach.* Straßburg, 1624.

PANNWITZ, Rudolf. Nietzsches Dionysos-Dithyramben. *Antaios,* v. 4, p. 356–367, 1963.

PEYRÉ, Yves. Iris's "rich scarf" and "Ariachne's broken woof". Shakespeare's mythology in the twentieth century". In: BATE, Jonathan; LEVENSON, Jill L.; MEHL, Dieter (org.). *Shakespeare and the Twentieth Century.* Newark: University of Delaware Press, 1998. p. 280–293.

PICHLER, Axel. *Philosophie als Text.* Zur Darstellungsform der "Götzen-Dämmerung". Berlin; Boston: de Gruyter, 2014.

PODACH, Erich F. *Ein Blick in Notizbücher Nietzsches.* Ewige Wiederkunft. Wille zur Macht. Ariadne. Eine schaffensanalytische Studie. Heidelberg: Winter, 1963.

REINHARDT, Karl. Nietzsches Klage der Ariadne. In: BECKER, Carl (org.). *Vermächtnis der Antike.* Gesammelte Essays zur Philosophie und Geschichtsschreibung. Göttingen: Vandenhoeck & Ruprecht, 1960. p. 310–333.

RENZI, Luca. Das Ohr-Motiv als Metapher des Stils und der "Zugänglichkeit". Eine Lektüre der Aphorismen 246 und 247 von Nietzsches Jenseits von Gut und Böse. *Nietzsche-Studien,* v. 26, pp. 319–337, 1997.

RESCHKE, Renate. Ariadne. In: OTTMANN, Henning (org.). *Nietzsche-Handbuch.* Stuttgart: 2000. pp. 191–192.

ROOS, Carl. *Nietzsche und das Labyrinth*. Kopenhagen: Levin & Munksgaard, 1940.

SALAQUARDA, Jörg. Noch einmal "Ariadne". Die Rolle Cosima Wagners in Nietzsches literarischem Rollenspie. *Nietzsche-Studien*, v. 25, pp. 99–125, 1996.

SCHANK, Gerd. Dionysos und Ariadne im Gespräch: Subjektauflösung und Mehrstimmigkeit in Nietzsches Philosophie. *Tijdschrift voor Filosofie*, v. 53, n. 3, pp. 489–519, 1991.

SCHILLING, Erik. Dialogizität und Polyphonie in Klage der Ariadne. In: BENNE, Christian/ZITTEL, Claus (org.). *Nietzsches Lyrik*. Ein Kompendium. Stuttgart: J. B. Metzler, 2017. pp. 291–402.

SOMMER, Andreas Urs. *Kommentar zu Nietzsches "Der Antichrist", "Ecce homo", "Dionysos-Dithyramben", "Nietzsche contra Wagner"*. Berlin/ Boston: De Gruyter, 2013.

SOMMER, Andreas Urs. *Kommentar zu Nietzsches "Der Fall Wagner", "Die Götzendämmerung"*. Berlin/Boston: De Gruyter, 2012.

SOMMER, Andreas Urs. *Kommentar zu Nietzsches "Jenseits von Gut und Böse"*. Berlin/Boston: De Gruyter, 2016.

SONDEREGGER, Stefan. Friedrich Nietzsche und die Sprache. Eine sprachwissenschaftliche Skizze. *Nietzsche-Studien*, v. 2, pp. 1–30, 1973.

SÖRING, Jürgen. Nietzsches Empedokles-Plan. *Nietzsche-Studien*, v. 19, pp. 196–198, 1990.

SVENBRO, Jesper. *Ameisenwege*. Graz/Wien: Droschl, 2000.

THÖNGES, Bernd. *Das Genie des Herzens*: Über das Verhältnis von aphoristischem Stil und dionysischer Philosophie in Nietzsches Werken. Stuttgart: Metzler, 1993.

VAN TONGEREN, Paul. Das Maass für Ehrlichkeit und Maskierung. Nietzsche über Freundschaft. In: VAN TONGEREN, Paul & SCHANK, Gerd (org.). *Freunde und Gegner*. Nietzsches Schreibmoral in seinen Briefen und seine philosophische "Kriegs-Praxis". Würzburg: Königshausen & Neumann, 1999. pp. 75–86.

VAN TONGEREN, Paul. *Die Moral von Nietzsches Moralkritik*. Studie zu "Jenseits von Gut und Böse". Bonn: Bouvier, 1989.

VIDLER, Anthony. *The Mask and the Labyrinth: Nietzsche and the (Uncanny) Space of Decadence*. In: KOSTKA, Alexandre & WOHLFARTH,

Irving (org.). *Nietzsche and "An Architecture of Our Minds".* Los Angeles: Getty Research Institute, 1999. pp. 53–63.

VILLWOCK, Jörg. Die Geschichte als Labyrinth. Zonen des Paradoxen im Werk Friedrich Nietzsches. In: ROMAHN, Carolina & SCHIPER-HÖNICKE, Gerold (org.). *Das Paradoxe.* Literatur zwischen Logik und Rhetorik. Festschrift für R.-R. Wuthenow zum siebzigsten Geburtstag. Würzburg: Königshausen & Neumann, 1999. pp. 225–242.

VOGT, Ernst. *Die Schrift vom Wettkampf Homers und Hesiods. Rheinisches Museum*, v. 102, pp. 193–221, 1959.

VÖHLER, Martin. Labyrinth und Tanz im Theseusmythos. In: BRITTNACHER, Hans Richard; JANZ, Rolf-Peter (org.). *Labyrinth und Spiel.* Umdeutungen eines Mythos. Göttingen: Wallstein, 2007, pp. 19–35.

WEEDA, Konrad. Horaz und sein umgestürzter Baum: die Möglichkeit einer lyrischen Philosophie?. In: BENNE, Christian & ZITTEL, Claus (org.). *Nietzsches Lyrik.* Ein Kompendium. Stuttgart: Metzler, 2017. pp. 454–465.

ZITTEL, Claus. Der Dialog als philosophische Form bei Nietzsche. *Nietzsche-Studien*, v. 45, pp. 81–112, 2016.

ZITTEL, Claus. Zum Paradox der dionysischen Form: Nietzsche – Borchardt – Adorno. In: BENNE, Christian & BURDORF, Dieter (org.). *Rudolf Borchardt und Friedrich Nietzsche.* Schreiben und Denken im Zeichen der Philologie. Berlin: de Gruyter, 2017. pp. 153–190.

VIII. Adeus ao romantismo no poema *Um andarilho caminha pela noite*[1] de Friedrich Nietzsche[2]

[1876]
Es geht ein Wandrer durch die Nacht
Mit gutem Schritt;
Und krummes Thal und lange Höhn –
Er nimmt sie mit.

Die Nacht ist schön –
Er schreitet zu und steht nicht still,
Weiß nicht, wohin sein Weg noch will.
Da singt ein Vogel durch die Nacht. –
-"Ach Vogel, was hast Du gemacht?

Was hemmst Du meinen Sinn und Fuß
Und gießest süßen Herz-verdraß
Auf mich, daß ich nun stehen muß
Und lauschen muß,
Zu deuten Deinen Ton und Gruß?"

Der gute Vogel schweigt und spricht:
"Nein, Wandrer, nein! Dich grüß ich nicht
Mit dem Getön!
Ich singe, weil die Nacht so schön:
Doch Du sollst immer weiter gehn

Und nimmermehr mein Lied verstehn!
Geh nur von dann'
- Und klingt Dein Schritt von fern nur an,
Heb' ich mein Nachtlied wieder an,
So gut ich kann.

Leb wohl, Du armer Wandersmann!"

(Erste Fassung, NF-1876,17[31], KGB 5, p. 177)

Um andarilho caminha pela noite
A bom passo;
Vale sinuoso e vastas colinas –
Ele leva consigo.

A noite é bela –
Ele avança e não repousa,
Sem saber para onde o seu caminho o levará.
Então um pássaro canta pela noite. –
– "Oh pássaro, o que você fez?

Por que obstrui meus sentidos e meu pé
E derrama o doce dissabor do coração
Sobre mim, que agora preciso permanecer
E preciso escutar,
Para entender o seu som e sua saudação?"

O bom pássaro se cala e diz:
"Não, andarilho, não! Eu não o saúdo
Com esses sons!
Eu canto porque a noite é tão bela:
Mas você deve sempre prosseguir

E nunca mais compreender a minha canção!
Apenas vá embora –
E quando somente o seu passo soar de longe,
Retomarei o meu canto noturno,
O melhor que posso.

Adeus, seu pobre andarilho!"

(Primeira versão, NF-1876,17[31], KGB 5, p. 177)

[1] Título original do poema: *Es geht ein Wandrer durch die Nacht* (N.T.)
[2] Capítulo traduzido por Eduardo Nasser.

[1884] *Der Wanderer*

Es geht ein Wandrer durch die Nacht
Mit gutem Schritt;
Und krummes Thal und lange Höhn –
Er nimmt sie mit.
Die Nacht ist schön –
Er schreitet zu und steht nicht still,
Weiß nicht, wohin sein Weg noch will.

Da singt ein Vogel durch die Nacht:
"Ach Vogel, was hast du gemacht!
Was hemmst du meinen Sinn und Fuß
Und gießest süßen Herz-Verdruß
In's Ohr mir, daß ich stehen muß
Und lauschen muß – –
Was lockst du mich mit Ton und Gruß?" –

Der gute Vogel schweigt und spricht:
"Nein, Wandrer, nein! Dich lock' ich nicht
Mit dem Getön e
Ein Weibchen lock' ich von den Höhn
Was geht's dich an?

Allein ist mir die Nacht nicht schön.
Was geht's dich an? Denn du sollst gehn
Und nimmer, nimmer stille stehn!
Was stehst du noch?
Was that mein Flötenlied dir an,
Du Wandersmann?"

Der gute Vogel schwieg und sann:
"Was that mein Flötenlied ihm an?
Was steht er noch? –
Der arme, arme Wandersmann!"

(NF-1884,28[58], KSA 11, p. 322)

O andarilho

Um andarilho caminha pela noite
A bom passo;
Vale sinuoso e vastas colinas –
Ele leva consigo.
A noite é bela –
Ele avança e não repousa,
Sem saber para onde o seu caminho o levará.

Então um pássaro canta pela noite:
"Oh pássaro, o que você fez!
Por que obstrui meus sentidos e meu pé
E derrama doce dissabor do coração
No meu ouvido, que agora preciso permanecer
E preciso escutar – –
Por que me atrai com som e saudação?" –

O bom pássaro se cala e diz:
"Não, andarilho, não! Eu não o atraio
Com esses sons –
Das colinas, eu atraio uma mulher –
Que você tem com isso?

Por si mesma, a noite não é bela para mim.
Que você tem com isso? Porque você precisa prosseguir
E nunca, nunca repousar!
Por que você está ainda aí?
O que a música da minha flauta faz com você,
Seu andarilho?

O bom pássaro silencia e pondera:
"O que a música da minha flauta faz com ele?
Por que ele ainda permanece? –
O pobre, pobre andarilho!"

(NF-1884,28[58], KSA 11, p. 322)

1. Introdução

Entre os anos da lírica juvenil de Nietzsche, 1854-1869, e o período de produção lírica frutífera de 1882, quando vários novos poemas e esboços de poemas surgem novamente no contexto dos trabalhos preparatórios para os *Idílios de Messina* e *A gaia ciência*, desdobra-se uma fase intermediária de onze anos em que Nietzsche, comparativamente, faz uso esporádico da forma lírica.[3] Um dos poucos escritos líricos elaborados nessa fase é seu poema *Um andarilho caminha pela noite*, do ano de 1876. Esse poema não é muito conhecido e, até onde sei, raramente considerado pela pesquisa Nietzsche, com uma exceção, a interpretação de Jochen Hörisch que, porém, pouco se engaja com o poema mesmo e, portanto, pode ser desconsiderada.[4] Todavia, o poema do andarilho exibe uma gama de peculiaridades em termos de forma e motivos (*Motivik*), bem como uma grande densidade de referências aos temas centrais com os quais Nietzsche lidou na época, de modo que pode ser lido como um documento importante de uma nova autodeterminação poética e filosófica. A tese central da minha interpretação é que se trata da rejeição do mundo de Wagner e da própria filosofia dionisíaca de juventude.

Primeiro, comentarei a situação do texto do poema, do qual existem diferentes versões, e justificarei a minha escolha pela versão inicial. Em seguida, ofereço uma visão geral do contexto biográfico associado ao seu surgimento e discrimino as referências diretas. Numa aproximação subsequente ao poema, seus elementos métricos, linguísticos e motivacionais serão descritos, citações e alusões nomeadas e, na parte final, será dada uma interpretação filosoficamente orientada.

2. *Philologica*

Existem essencialmente duas versões principais do poema do andarilho de Nietzsche, cada uma com variações ligeiramente divergentes. Nietzsche escreveu a primeira versão em uma carta a Erwin Rohde, na noite de 17 / 18 de julho de 1876 (carta a Erwin Rohde, BVN-1876, KSB 5, p.176 s.), e depois a anota com pequenas alterações de pontuação em seu caderno (NF-1876,17[31], KSA 8, p.302); a segunda versão, com o título *O andarilho*, pertence ao chamado grupo de fragmentos 28

[3] Para esta divisão do trabalho lírico em três grupos, veja a explicação detalhada de Groddeck 1991, p. 174s.

[4] Hörisch 1982 (sobre isso, ver nota 15). Mencione-se ainda, por exemplo: Bertram 1918, p. 246; Köhler 1977, p. 29s; Pfotenhauer 1985, p. 151 e 172s. Um caso especial é a "interpretação" de Grundlehner 1986, uma vez que o autor supõe de maneira absurda que a versão final do poema do andarilho de 1884 é intercambiável com a anterior, podendo, assim, ser compreendida a partir do contexto da carta (p. 320).

do outono de 1884 (NF-1884,28[58], KSA 11, p. 322 s.),[5] que municia a obra lírica tardia de Nietzsche. Naquela época, Nietzsche estava planejando uma edição separada dos poemas, para a qual ele também usava e reelaborava poemas antigos. Nietzsche publicou uma parte desses poemas em suas obras dos anos de 1885-1887; muitos deles, incluindo o poema do andarilho, o mais antigo dos revisitados, ele deixa sem publicação. Ainda assim, essa versão é geralmente considerada a "definitiva"; Montinari a descreve como tal em seus comentários para a *Studienausgabe* (cf. KSA 14, p. 709); ela também será publicada por Jost Hermand em sua edição de poemas de Nietzsche.[6] Note-se, no entanto, que ao abster-se de publicá-la, Nietzsche jamais autorizou a versão final. Portanto, pode-se falar apenas de uma "última" versão em contraste com a versão anterior, que recebe ao menos uma tênue autorização quando enviada em carta. Ademais, a questão da versão final teria que ser respondida por meio de uma apreciação qualitativa das versões, cujo primado, a meu ver, merece ser concedido à anterior.[7]

Com essa descrição da situação do texto, coloca-se também um outro problema para a interpretação dos poemas do espólio: a questão acerca de seu isolamento. A visão de Wolfram Groddeck, de que os poemas publicados de Nietzsche "quase sem exceção possuem uma conexão calculada em termos de composição com a sua obra completa, da qual eles não podem ser isolados sem perder significado",[8] se aplica também a uma parte significativa das pilhas de poemas agrupadas do espólio poético e, sobretudo, aos poemas remanescentes inseridos em carta. Por conseguinte, irei agora às referências biográficas externas dadas pelo contexto do epistolário e examinarei qual material o poema do andarilho oferece em sua superfície para uma primeira interpretação.

[5] As etapas de revisões são apresentadas em KGW VII / 4, p.2: "Nachbericht zur siebenten Abteilung", p. 234s.

[6] Cf. a edição de Hermand dos poemas de Nietzsche (1964, 25); também Köhler 1977, p. 29, assim como Breuer 1981, p. 236.

[7] Pelas seguintes razões: primeiro, a versão anterior é mais lacônica, ao passo que a posterior, devido aos acréscimos, é mais prolixa e ordenada de maneira desigual em suas partes. Em segundo lugar, a versão inicial está em um contexto referencial de produção poética que marca uma nova e importante posição de Nietzsche, ao passo que, quando escreve a última versão, ele já havia deixado há muito para trás essa temática poética – tentava, provavelmente, transformá-la em uma simples paródia, determinando agora claramente o canto do pássaro como um chamado de acasalamento dirigido a uma fêmea.

[8] Groddeck 1991, p. 170, Cf. também p. 174.

3. *Biographica*

Os temas principais da correspondência com amigos nas semanas que antecederam a criação do poema do andarilho são constituídos por queixas sobre a solidão da vida enquanto acadêmico e considerações otimistas sobre o primeiro Festival de Bayreuth que acontece no outono, no qual Nietzsche e Rohde desejam participar juntos. Em 2 de julho de 1876, Rohde escreveu: "[...] quão fundamentalmente *solitários* estão os nossos sob essa 'atualidade' acadêmica, contra a qual um jovem solteiro precisa ralar muito mais do que quem pode se retirar em sua própria concha". Porém, algumas linhas depois ele anuncia que "cultivará uma *solidão* muito mais severa" no inverno. É aqui que Rohde lança mão de explanações tingidas de schopenhauerianismo sobre sua própria e infeliz dependência da "vontade"; Nietzsche, que "é muito mais feliz", dificilmente compreenderá o quão penoso para ele "ter de suportar a sua exigente metade mundana, tão profana e desejosa de *felicidade*". Finalmente, as descrições de Rohde sobre suas necessidades conduzem a um desejo de redenção, que ele espera obter através da música de Wagner: "– Oh amigo, como eu *anseio* por Bayreuth, o único lugar no mundo em que eu mesmo e meus sofrimentos, e ao mesmo tempo a filologia e todo o wagnerismo (*Wagnerei*), desvencilham-se dos ares mefíticos da academia e se pode imergir num mar de rosas!" (KGB II 6, p. 352 s.)

Duas semanas depois dessa carta peculiar, na qual os desejos de uma vida burguesa segura e de ser um discípulo de Dionísio coexistem admiravelmente bem, em 17 de julho de 1876, Rohde surpreendentemente envia um anúncio de noivado a Nietzsche, com a seguinte carta de acompanhamento:

> Não se espante, querido amigo! Eu não posso falar e explicar muito agora; eu gostaria, enfim, de ter encontrado a paz em uma jovem donzela, com o coração completamente dedicado a mim. – Quero começar a recitar para a minha noiva amanhã, partindo da sua quarta Consideração (que eu já sozinho mergulhei fundo). Ela ainda é muito jovem. Eu devo e quero educá-la, e sua devoção deverá facilitar as coisas para mim (KGB II 6, p. 366).

Nietzsche responde no dia seguinte:

> Que seja para o melhor, querido amigo, o que você me anuncia, para o verdadeiro melhor: isso eu lhe desejo de todo o coração. Então você quer construir seu ninho no ano da *salvação* em 1876, como o nosso Overbeck, e quero dizer, você não se perderá ao se tornar *mais feliz*. Sim, poderei pensar em você com mais calma: mesmo que talvez não deva segui-lo nesta etapa. Porque você tinha tanto a *necessidade* de uma *alma completamente confiável* e *a* encontrou e, com isso, encontrou a *si* mesmo num nível superior. Para mim é diferente, saibam ou não os céus. Para mim, nada disso parece tão necessário – exceto em dias raros –. Talvez eu tenha aí uma lacuna malevolente em mim. Meus desejos e necessidades são diferentes: mal sei como dizer e explicar. Nesta noite, ocorreu-me fazer um verso; não sou poeta, mas você vai me compreender".

Segue-se, então, o poema e depois as linhas que concluem a carta: "Então falou comigo, na noite após a chegada da sua carta. FN. Além das mais sinceras felicitações de minha irmã" (carta a Erwin Rohde, BVN-1876,542, KGB 5, p. 176 s.)

Com essas informações biográficas, pode-se compor rapidamente uma interpretação. Através da formulação: "então você quer construir seu ninho", Rohde é identificado com o pássaro, cujas evidências complementares podem ainda ser encontradas em cartas posteriores, como quando Nietzsche escreve a Rohde em 20 de maio de 1877: "Pensei em você por muito tempo quando escutei os pássaros cantando e gorjeando no verde mais luminoso, no ar mais forte das árvores florescentes. Ocorreu-me o que Rée disse de como era raro ver um casal tão belo como você e sua noiva, e acredito que vocês se tornarão cada vez mais belos" (carta a Erwin Rohde, BVN-1877,616, KGB 5, p. 239). A frase "mesmo que talvez não deva segui-lo nesta etapa" é provavelmente uma alusão velada à corte malograda feita por Nietzsche a Mathilde Trampedach, a quem ele havia apresentado uma proposta de casamento dois meses antes. Usando imagens que circundam as metáforas do andarilho, ele pede a sua mão: "Você se atreveria a ir comigo como alguém que se esforça muito calorosamente por libertação e melhoria? Em todas as trilhas da vida e do pensamento?" (carta a Mathilde Trampedach, BVN-1876,517, KGB 5, p.147). Assim, Nietzsche se vê como o andarilho inquieto e solitário, para quem o canto do pássaro suscita dissabores no coração, pois evoca o pressentimento doloroso da felicidade de um amor realizado, que a ele não está destinado a tomar parte. Até a versão posterior, na qual o pássaro canta: "Das colinas, eu atraio uma mulher", sujeita-se facilmente a essa leitura. Para Janz, o poema do andarilho é uma "visão poética" em que Nietzsche descreve sua posição sobre a questão do casamento; Ernst Bertram também quer identificar nele motivos similares aos do solteirão convicto (*Hagestolz*) stifteriano,[9] descrevendo o estado de humor da carta como "profundamente sério".[10]

Mas há várias indicações claras de um nível mais amplo de significado do poema. Antes de tudo, a carta de compromisso de Rohde conduz a uma pista. Como sabemos, Rohde disse a Nietzsche que estava prestes a ler para a sua noiva a *quarta Consideração extemporânea.* Deve ter sido surpreendente para ele encontrar neste escrito um paralelo preciso com o poema do andarilho. Diz na terceira seção sobre Wagner:

> Ele deve frequentemente sentir-se como um andarilho que caminha pela noite, com um fardo pesado e profundamente cansado e, ainda assim, freneticamente excitado; uma morte repentina apareceu diante de seus olhos, não como algo a ser temido, mas como um espectro atraente e encantador. Carga, caminho e noite, tudo de repente desaparece! – isso soava sedutor (WB, 3, KSA 1, p. 441; ver também v. 8, p. 216)

Para Rohde, o poema do andarilho contém obviamente uma mensagem oculta, na qual Nietzsche tematiza o seu relacionamento com Wagner

---

[9] Referência ao romance *Der Hagestolz* (1845), de Adalbert Stifter (N.T.).

[10] Janz 1978, v. 1, p. 762 e Bertram 1918, p. 246. Ambos, em seus modos imediatistas de leituras biográficas, não se preocupam em mostrar as referências aos textos das cartas. Nesse ponto, Janz faz um comentário equivocado no fim do poema: "[...] e Nietzsche prosseguiu: Rohde não recebeu uma carta dele por mais de um ano" – porque, além de se encontrarem em Bayreuth, Nietzsche lhe escreveu em 22 .09 e 30.12 de 1876 e 20.05 de 1877. – Uma mais recente variação da interpretação biográfica acerca do afastamento entre Rohde e Nietzsche encontra-se em Köhler 1989, p. 232s e Goch 1992, p. 150s, que leu o "outro desejo" de Nietzsche como homossexual: "O pássaro da floresta canta sobre o amor entre homem e mulher, e essa música não é feita para ele" (Goch, Idem.). Na minha opinião, o conteúdo da canção do pássaro na primeira versão, que tratamos aqui, não é tão inequívoco. É notável, no entanto, que o pássaro noturno seja declarado pássaro da *floresta* – infiltra-se de súbito, assim, uma referência a Wagner.

e suas visões. Neste poema, Nietzsche toma o lugar de Wagner e faz correções drásticas em sua posição até então preponderante, através da qual ele se distancia de Wagner. Isso deve ser mostrado a seguir.

Antes disso, porém, duas coisas precisam ser rapidamente assinaladas. Em primeiro lugar, na citação mencionada, as tribulações do andarilho não consistem apenas no desejo por uma esposa, como assegura explicitamente a segunda versão do poema, mas também está presente todo o inventário de redenção do romantismo tardio da noite / mulher / morte[11] ; o que pode igualmente ser atribuído ao canto do pássaro da versão inicial. Em segundo lugar, que a alternância de personalidade no paralelo indicado é uma prova impactante de validade da muitas vezes desconsiderada autocaracterização que Nietzsche, em *Ecce homo*, refere ao seu escrito *Richard Wagner em Bayreuth*, onde ele esclarece que: "[...] em todas as decisivas passagens psicológicas, só falo de mim – sem hesitação, pode-se ler meu nome ou a palavra 'Zaratustra' onde no texto aparece a palavra Wagner. [...] psicologicamente, todos os traços cruciais de minha própria natureza são inscritos nos de Wagner [...]" (EH 4, KSA 6, p. 314)

4. Métrica e rima

O primeiro distanciamento significativo é já atingido por meio da métrica e da rima, que eu primeiro descrevo e depois interpreto. O poema do andarilho é iâmbico, exceto pela licença tomada no verso da linha 16: "Não, andarilho, não! Eu não *o* saúdo". Trata-se, na maior parte, de um tetrâmetro iâmbico, ocasionalmente substituído pelo dímetro, por meio do qual as estrofes são articuladas de maneira mais relaxada (– a versão da carta contém duas estrofes, a posterior quatro estrofes). As quatro primeiras linhas do verso, além das linhas 16 e 17, como sugere a rima, também podem ser lidas como hexâmetros distribuídos em duas linhas.

As rimas cruzadas no início, depois as rimas emparelhadas ou monorrimos, definem o poema, com tetrâmetros rimados de modo

[11] Para a constelação dos motivos românticos de "Noite / Mãe / Morte", cf. o valioso ensaio de Kaiser 1980.

emparelhado sendo concebidos enquanto fortes "Knittelverse"[12] alternados-acentuados de oito sílabas.[13] Os versos são concluídos com uma sílaba, cadência completa, sem exceção.

As frases e os versos geralmente terminam juntos, i.e., o verso é relativamente dependente, adapta-se à sintaxe. Por meio dessa disposição, as linhas dos versos tornam-se bastante compreensíveis, sendo fácil e rápido de serem captadas pelo ouvido. Devem, assim, ser qualificadas como deveras "antidionisíacas", pois são determinadas pelas necessidades do entendimento (*Verstandes*): em vez do sentimento de unidade extático dionisíaco, a medida apolínea de estrita regularidade.

Devido à severidade na oscilação do iâmbico, que atinge uma alta velocidade nos versos de entrada, o passo destemido do caminhante através do vale e das colinas é implementado ritmicamente. Uma primeira breve irritação é colocada pela inesperada declaração do verso na linha 6, "A noite é bela –"; que surpreende, pois o andarilho até agora não estimou a natureza ("Ele a leva consigo"). Mas o tempo do ritmo é logo acelerado após a pequena interrupção, até o soar repentino do canto do pássaro. Agora, o ritmo do poema também começa a ser suspendido, realmente suspendido, o que Nietzsche alcança de forma particularmente engenhosa nas linhas 10-14, através da rima final repetida cinco vezes na vogal escura U, onde o movimento anterior é interrompido. Isso permanece até o final do poema. Depois da rima emparelhada, pela qual o pássaro retoma a conversa, seguem-se novamente dois monorrimos em cada uma de suas falas, com a mesma rima final repetida quatro e cinco vezes.

---

[12] *Knittelvers* designa um verso alemão praticado desde o século XV até o início do século XVII, usado em todas as formas líricas não cantadas, portanto, na poesia, na épica e no drama, e em tradução livre significa "verso rimado" (*Reimvers*). Por causa de sua alegada irregularidade, às vezes também era chamado de *Knüttelvers* que pode ser traduzido por "verso entremeado" (N.E.).

[13] Eu utilizo o termo "Knittelvers" de modo impreciso, i.e., em desacordo com o entendimento atual em que o *Knittelvers* confere alto grau de liberdade em termos métricos. É uma questão de avaliar se Nietzsche segue a leitura moderna ou se permanece preso a Heine ou Wagner, que erroneamente ainda alega que a persistente monotonia da métrica é uma característica do *Knittelvers* (Cf. Schöne 1994, p. 208s e p. 268). Para além desta questão terminológica, é somente importante para os meus propósitos apontar que o poema do andarilho, com a exceção mencionada acima, não autoriza nenhum tipo de liberdade rítmica. De qualquer modo, devo conceder que, ao ler, a impressão auditiva não é de uma lira monótona.

5. Proposta de interpretação

Ao contrário da impressão "profundamente séria" que Bertram teve desse poema, Nietzsche incorpora, com a forma de rima e verso descritos anteriormente, o tom irônico-paródico de rima e verso de Heine,[14] que ele também usa tardiamente com ainda mais frequência, como, por exemplo, em "*Brincadeira, astúcia e vingança*". O "Knittelvers", *na época* frequentemente tido por epítome do embaraço, designa o poema como uma paródia. Através do forte ritmo e da rima final, o andarilho de Nietzsche move-se desde o início, também em rota de colisão com a "poética" de Wagner, que rejeita qualquer limitação de expressão do afeto por coerção métrica e que, em particular, condena o iâmbico. Em *Oper und Drama*, ele faz a seguinte apreciação: "A fealdade desta métrica [...] é em e por si um insulto ao sentimento". Sabe-se que Wagner suspeita da rima final somente por suas origens romanas. Ele diz sobre ela: "Simplesmente por meio de um aprimoramento da fala da palavra para o verso rimado, o poeta nada pode alcançar senão um ouvinte indiferente, ávido por uma atenção infantilmente superficial que, para seu objeto, justamente a rima de palavras inexpressivas, não é capaz de estender-se para o interior".[15]

Essa poderia ser uma descrição muito útil do que ocorre no poema entre o pássaro e o andarilho, em cuja comunicação via "Knittelvers" e rima final não atinge um imediato entendimento "interno". Significativamente, no entanto, os acentos são colocados de outra forma, e a avaliação do que está acontecendo se precipita de maneira muito diferente pela simples razão do andarilho de Nietzsche seguir em frente sem ser capaz de se libertar dos constrangimentos do verso (*gebundener Rede*) por meio da música que, talvez, não possa mais ser a ele agraciada, como tento justificar abaixo. Para tanto, eu delinearei as diferentes referencias a Wagner, bem como à obra de juventude de Nietzsche, e caracterizarei a natureza da andança nietzschiana através de um breve exame do motivo do andarilho.

[14] Cf. Breuer 1981, p. 236.
[15] Richard Wagner, p. 106, p. 111.

Nietzsche parodia na forma de rima e verso proscrita por Wagner o idioma e motivo wagneriano mesmo. Várias expressões arcaicas do vocabulário de Wagner são incluídas – como, por exemplo: '*sann*', '*Getön*', '*geh nur von dann*' *ou especialmente:* '*süßen Herz-verdraß*'[16] –, e desmascaradas pelo verso em sua embaraçosa monotonia. Por exemplo, o alongamento imposto pela rima em '*–verdruß*', preza inteiramente o cômico.[17]

O diálogo entre o andarilho e o pássaro, e isso agora é crucial, refere-se, em particular, ao mesmo cenário do segundo ato do *Siegfried* de Wagner,[18] o qual "no ano da salvação", i.e., no ano do Festival de Bayreuth (1876), consta no programa com a sua estreia, mas que Rohde e Nietzsche já conhecem há muito tempo. Ali está Siegfried, que se

---

[16] Essa expressão faz evidente alusão ao quarteto Sachs-David-Eva-Stolzing, do terceiro movimento do *Meistersinger*, onde se diz: "uma melodia suave e nobre, é como consegui interpretá-la e acalmar a doce agrura do meu coração". A doce agrura do coração será aqui também superada *pela explanação* (*Deutung*), que domesticará os "impulsos naturais" de Stolzing, integrando-os à ordem burguesa. Nietzsche buscará um caminho para além da danosa alternativa de Wagner, na qual ordem coercitiva e anseio de dissolução se exigem.

[17] Este também é um procedimento que Heine aprecia utilizar em seus poemas para destruir o "humor". Devido à arquitetônica rigorosa, além das rimas "puras" do poema do andarilho, esse parece ser o caso aqui, ao invés do também possível procedimento "positivo", i.e., o livre manejo da rima final, como era de praxe, entre outros, em Goethe e nos românticos.

[18] Pfotenhauer 1985, p. 173 e Hörisch 1982 também veem essa relação. Pfotenhauer observa igualmente uma contrafação de Wagner no poema do andarilho, mas quer identificá-la no afastamento dos conceitos wagnerianos de culpa e injustiça. Contudo, ele também declara que "no poema de Nietzsche, a natureza ainda é utilizada como ocasião para projeções sentimentais". Hörisch, por seu turno, afirma que, com o seu poema, Nietzsche pode apenas inadequada e paradoxalmente anunciar o que a obra de Wagner executa musicalmente: a superação da linguagem. Essa leitura, que integra Nietzsche ao anti-iluminismo, que a Nietzsche atribui uma posição por ele mesmo infatigavelmente criticada, situa-se manifestamente num domínio para além da acessibilidade argumentativa. – A interpretação de Hörisch, isso deve ser notado mais adiante, é formulada de maneira tão geral que se encaixa em tudo e em nada; dificilmente leva em consideração o próprio poema, opera com categorias ideológicas suspeitas e, portanto, é mais um exercício de estilo pós-estruturalista de uso da linguagem. Para dar apenas uma ideia: "A universalização do significado e da compreensão inventada por volta de 1775 literalmente não deixa mais aqueles que instituíram essa universalização em paz; O *Wanderer* de Goethe e o *Lenz* de Büchner não conhecem mais nenhum este lado ou para além do simbólico. O andarilho de Nietzsche também é uma vítima tardia dessa universalização de regras criptogramaticais que possuem um pano de fundo histórico-social passível de ser reconstruído. Os procedimentos inovadores de socialização do núcleo familiar, que se estabelecem na segunda metade do século XVIII, removem as influências educacionais provindas da exterioridade de todo o corpo da criança, conferindo centralidade ao ouvido como abertura do corpo que não pode ser fechada. Assim, a semantização do inconsciente, que se constitui como discurso do outro, que não pode ser rechaçada por nenhum esfíncter, substitui a preparação pedagógica dos corpos obedientes "(idem., p. 220).

encanta pelo cantarolar do pássaro e que quer compreender a canção do pássaro da floresta. Primeiro para de falar e tenta imitar a canção com um pífano: "Se eu dispensar as palavras e imitar a sua melodia, eu estarei cantando igual à sua língua e seguramente compreenderei o que ele me diz." Ele tenta em vão fazer isso. Todavia, depois de matar o "animal adequado para falar", Fafner, ele consegue compreender a canção do pássaro, em claro contraste com o andarilho de Nietzsche.[19] Com seu canto, o pássaro aponta o caminho para a noiva Brünnhilde, que em Siegfried despertará o temor de se entregar e, ao mesmo tempo, desejo por ela:

> *A voz do pássaro da floresta*: Agora eu conheço / uma maravilhosa mulher para ti [...] *Siegfried*: Oh encantadora canção! / O mais doce suspiro! / Como queima essa visão / lancinando o meu peito! / Como ela violentamente arranca / e acende uma centelha em meu coração! / O que se lança tão abruptamente / pelo meu coração e sentidos? / Cante para mim, doce amigo! *O pássaro da floresta*: Alegre no sofrimento / eu canto de amor; / bem-aventurado e dolorido / eu teço minha canção: / somente os desejosos conhecem seu sentido!

6. Fundamentação filosófica

Esse caminho é claramente interditado para o andarilho de Nietzsche. Isso é ainda mais surpreendente na medida em que Nietzsche inseriu a cena do pássaro da floresta num argumento central de *O nascimento da tragédia*. Como se sabe, esse escrito se divide em duas partes que não são inteiramente compatíveis; a primeira apresenta a história do declínio da cultura grega, enquanto a segunda parte cria condições oportunas para que se manifeste a esperança de Nietzsche num renascimento do trágico através do drama musical de Wagner. A dificuldade em conectar essas partes reside no fato de Nietzsche descrever a destruição da cultura grega como um processo irreversível de dissolução do equilíbrio

[19] No terceiro ato, Wotan diz de forma reveladora a Siegfried: "Um passarinho tagarela muito; / mas nenhuma pessoa pode compreendê-lo" – pelo que Siegfried explica a ele que isso foi causado pelo sangue do Fafner assassinado, i.e., foram apenas os atos de heroísmo desumanos e a sede de sangue que tornaram isso possível.

originário das forças dionisíacas e apolíneas, o sustentáculo daquela cultura. Essa desintegração ocorre pelo fato do princípio apolíneo, enquanto socratismo, ser capaz de se elevar a um domínio faccioso, donde o princípio dionisíaco não ser mais domado, mas reprimido. Após a marcha triunfal do socratismo, que forma o novo alicerce da cultura alexandrina, o fundamento mítico originário se perde para sempre e as tentativas de retornar à originária fonte dionisíaca são apenas esforços reativos e compensatórios, com os quais o antigo instinto metafísico, agora em sua forma inferior, gradualmente "se perde em um pandemônio de mitos e superstições amontoados em toda parte" (NT 23, KSA 1, p.148; ver também, por exemplo, o fim de *O nascimento da tragédia*, 14). Num fragmento póstumo dessa época, Nietzsche descreve esse processo perspicazmente: "[...] o misticismo brota das ruínas da arte destruída" (NF-1870,6[12], KSA 7, p. 133).[20] O esforço realizado na segunda parte é, por essa razão, a tentativa de um retorno à pátria originária dionisíaca, algo que havia sido conceitualmente descartado. Nietzsche descreve a situação moderna da seguinte maneira:

"E agora o homem sem mito encontra-se eternamente faminto, sob todos os passados e, escavando e cavoucando, procura raízes". O presente é, portanto, primordialmente caracterizado pela "perda do mito, [...] a perda da pátria mítica, do ventre mítico" (NT 23, KSA 1, p. 146). Nietzsche depara com a dificuldade de balizar o drama musical de Wagner como uma genuína recuperação da origem em detrimento dos excessos da arte contemporânea da época, "degenerada em mero deleitamento" (NT 24, KSA 1, p. 159). Agora é justamente a cena do pássaro da floresta de *Siegfried* e a sua capacidade de compreender o canto que ele cita como critério e prova de que a pátria mítica ainda pode ser encontrada!

> E se o alemão hesitante olhar à sua volta em busca de um guia que o reconduza novamente à pátria há muito perdida [...] – então ele pode escutar atentamente ao chamado encantadoramente atraente do pássaro dionisíaco, que sobre ele se balança e que quer apontar-lhe o caminho para lá (NT 23, KSA 1, p. 149)

---

[20] Cf. a justificativa detalhada na parte 1 do meu estudo *Selbstaufhebungsfiguren bei Nietzsche* de 1995.

"Para nosso consolo", é dito algumas páginas depois que, embora o otimismo socrático tivesse prevalecido a longo prazo, "há sinais de que, apesar de tudo, o espírito alemão, resistente em sua gloriosa saúde, profundidade e força dionisíaca [...] repousa e sonha num abismo inacessível: abismo de onde se eleva até nós a canção dionisíaca. [...] Que ninguém acredite que o espírito alemão tenha perdido para sempre a sua pátria mítica, quando ainda continua compreendendo com tanta clareza o piar dos pássaros que fala daquela pátria" (NT 24, KSA 1, p. 153 s.). Essas passagens, que são sucedidas por uma referência direta a Siegfried, dão a chave para a interpretação do poema. Se o andarilho não consegue mais compreender o piar dos pássaros, isso é um sinal da perda irrecuperável do fundamento originário mítico, dionisíaco.

Essa descoberta é confirmada e mais bem precisada quando se examina mais de perto o motivo do andarilho nos escritos de juventude de Nietzsche.

7. Motivo do andarilho[21]

Já em seu *Demócrito* (1867), Nietzsche escreve: "O nosso esforço é uma andança no desconhecido, com a inquieta esperança de algum dia encontrar um destino para que se possa repousar".[22] Também posteriormente é possível encontrar numerosos usos da metáfora do andarilho. O importante para o contexto da nossa discussão é observar que o andarilho, na maior parte das vezes, é constrangido a vaguear devido à perda de laços míticos ou religiosos e que, por essa razão, se posiciona primordialmente como filósofo. Novamente, o contraste com a tonalidade grega fornece o pano de fundo para a caracterização:

> Outros povos possuem santos, os gregos sábios [...] Noutros tempos, o filósofo é um andarilho casual, solitário, num entorno hostil,

[21] Havia no jovem Nietzsche, ao mesmo tempo, dois grupos independentes de motivos do andarilho: por um lado, estava ligado ao motivo da amizade ("andar juntos") e, por outro lado, exprimia o filósofo solitário. Pelo que posso ver, o motivo da amizade foi finalmente adotado no poema do andarilho como uma conotação do andarilho! Portanto, apenas retraço aqui o "fio filosofal" predominante. Sobre a pré-história do motivo do andarilho na história da literatura, pode-se consultar o relevante trabalho de Kaisers 1977.

[22] Nietzsche, *Frühe Schriften*, 1994, v. 3, p. 336.

> que avança insidiosamente ou se impõe com os punhos cerrados [...]. Quanto vale a vida? A tarefa que o filósofo tem de realizar no âmbito de uma cultura efetiva e possuidora de uma grande unidade de estilo não se adivinha a partir de nossas condições e vivências, porque não temos uma tal cultura. Mas somente uma cultura como a grega [...] só ela pode [...] justificar a filosofia em geral, porque só ela sabe e pode demonstrar porque e como o filósofo *não* é um andarilho qualquer, acidental, que aparece espalhado aqui e ali. Há uma necessidade férrea que acorrenta o filósofo a uma cultura autêntica: mas como, se esta cultura não existe? Então o filósofo é um cometa imprevisível e, por isso, assustador e aterrorizante que, nos melhores casos, brilha como o astro-rei no sistema solar da cultura. Os gregos justificam o filósofo porque este, com eles, não é nenhum cometa (FT 1, KSA 1, p.808 s.)

No capítulo sobre Heráclito, no mesmo escrito, Nietzsche cunha a definição: "Avançar sozinho pela estrada faz parte da natureza do filósofo" (FT 8, KSA 1, p. 833), que também repete em *O pathos de verdade*: "Os cavaleiros mais ousados [...] devem ser buscados nos *filósofos*. Seu trabalho não aponta para um 'público', para a excitação das massas e para os aplausos de aclamação dos contemporâneos; avançar sozinho pela estrada faz parte do seu ser" (CP, *Sobre o phatos da verdade*, KSA 1, p.757). E, num esboço do prosseguimento de *Sobre verdade e mentira no sentido extramoral*, ele diz sucintamente: "O filósofo como uma anormalidade. Por isso, como um andarilho solitário" (KSA 14, p. 141) Também em *Schopenhauer como educador*, e com isso quero concluir essa seleção de passagens, diz-se correspondentemente: "frequentemente parece que um artista e, especialmente, um filósofo estaria *por acaso* no seu tempo, como um eremita ou um andarilho disperso e deixado para trás" (SE 7, KSA 1, p. 406).

O destacamento, o desapego dos valores tradicionais, o perambular solitário e a extemporaneidade, são todas características coadunáveis com o *espírito livre*[23] do Nietzsche tardio, cujo predecessor é o andarilho do jovem Nietzsche que, passo a passo, avança cada vez mais rumo ao centro do seu filosofar. Em retrospectiva, Nietzsche

[23] Cf. em particular o poema de Nietzsche *O espírito livre* (NF-1884,28[64], KSA 11, p. 329), no qual a "andança de inverno" do andarilho apátrida, agora acompanhada apenas pelo grasnar dos corvos, recebe sua forma mais amarga e pungente.

descreve sua transição para a filosofia do espírito livre no prefácio 3 de *Humano, demasiado humano*: "desperta uma ânsia de ir, a qualquer parte, a qualquer custo [...] um anseio incendiário, arbitrário, impetuosamente vulcânico de andança, estranhamento, esfriamento, desencantamento, congelamento, um ódio pelo amor [...]." Este livro termina reveladoramente com o "aforismo" *O andarilho*, no qual o espírito livre também é identificado com o filósofo e que começa com as seguintes palavras: "– Quem chegou de alguma forma à liberdade da razão não pode sentir-se senão como um andarilho sobre a Terra – embora não como um viajante *rumo* a um destino final: porque não existe tal coisa" (HH I 638, KSA 2, p. 362 s.).

Se prosseguindo agora *sub specie* do material desdobrado para um último acesso ao poema, é evidente, antes de tudo, que o andarilho é também designado como sem destino ("Sem saber para onde o seu caminho o levará.") e, com isso, pode ser visto como filósofo. Durante sua andança, ele escuta o canto do pássaro que o deixa paralisado. As palavras empoladas que ele usou para se dirigir ao pássaro desautorizam ver o seu temperamento enquanto um rasgo sentimental que o acomete. O desejo de união extática jamais pode ser realizado pelo filósofo andarilho, porque, *per definitionem*, ele é completamente determinado pelo saber da perda da conexão mítica. Uma tentação como a do canto do pássaro é, na verdade, expressão de fraqueza temporária do andarilho em querer elevar-se e "deleitar-se". O estranho pássaro também lhe dirige a correspondente advertência serena: "Mas *você* deve sempre prosseguir/ E nunca mais compreender a minha canção!".[24] Com a prodigiosa resposta do pássaro na linha 16: "Não, andarilho, não! Eu não *o* saúdo", que exprime o ponto de virada central do poema, algo que também é destacado

[24] No final dessa apresentação, Rüdiger Ziemann deu uma indicação que me parece muito plausível acerca do mito de Ahasverus das lendas cristãs. A fórmula da maldição mais conhecida de Cristo é: "Eu quero levantar e repousar, mas tu deves prosseguir". Essa relação é muito provável, pois Nietzsche também emprega o motivo de Ahasverus em *Assim falava Zaratustra* de maneira semelhante quando a "sombra" fala com Zaratustra : "Eu sou um andarilho que já há muito te segue os calcanhares: sempre a caminho, mas sem destino e também sem lar: de forma que pouco me falta para ser o eterno judeu, exceto pelo fato de que eu não sou eterno e nem judeu."(ZA 4, *A sombra*, KSA 4, p. 339) No poema do andarilho, Nietzsche pode ter adotado outra contraposição provocadora a uma das principais características de Wagner, o antissemitismo – que, como se sabe, era para ele algo extremamente repugnante –, ao ligar o motivo do andarilho com o "eterno judeu".

pela métrica – porque encontra-se na única linha em que as liberdades métricas ocorrem – as expectativas convencionais são frustradas; com o discurso deste pássaro, todo o mundo do romantismo tardio é despedaçado. Ele mesmo se anula.

Em resumo, pode-se sustentar o seguinte: Nietzsche realiza um duplo desprendimento neste poema. Por um lado, ele zomba de sua própria (e também de Rohde) esperança wagneriana, antes mesmo de suas experiências em Bayreuth, e se afasta do programa romântico de redenção de Wagner e de seus próprios primeiros escritos, reconhecendo a necessidade de ter como vã a esperança de um retorno à natureza após a perda dos mitos, restando somente as andanças. Em outras palavras: Nietzsche se dá conta de que uma redenção na arte é apenas uma ilusão que jamais poderá realmente lograr êxito. "Não sou poeta" – Nietzsche coloca essa frase antes de seu poema. Tenha-se em vista de que modo ele, em *O nascimento da tragédia*, caracterizou o poeta como músico e, portanto, como um artista dionisíaco que "se funde completamente com o Uno-Primordial, com sua dor e contradição" (NT 5, KSA 1, p. 43 s.), e contraponha isso ao irônico "*Knittelverse*" do poema do andarilho para, então, esclarecer o sentido dessa introdução. Torna-se claro que a controvérsia dos escritos de juventude, norteada por Wagner, que almeja determinar se o artista das palavras ou o artista sonoro ocupa o posto mais elevado, está sendo deslocada, pois o oponente do músico converte-se, neste momento, no filósofo que, ao contrário do poeta, conhece o caráter ilusório da arte. Nesse sentido, todos os poemas posteriores de Nietzsche são filosóficos, na medida em que estão sempre conscientes de seu caráter aparente, tema frequente desses poemas, muitas vezes na forma de autoparódia. É aqui que Nietzsche enxerga a diferença decisiva para com as sugestões de imediatidade de Wagner.

O outro desprendimento realiza-se contra a segurança de uma existência burguesa, como Rohde ansiara tão vivamente em sua carta. Esse componente do motivo do andarilho será mobilizado de forma debochada por Nietzsche na obra tardia, onde a metáfora, como se sabe, é extremamente proeminente. O andar e o caminhar simbolizam na maior parte das vezes o seu estilo de pensamento, que ele toma como contraposto à maneira burguesa do pensar sentado.

> [...] oh, com que rapidez adivinhamos como alguém chegou aos seus pensamentos, sentado, em frente ao tinteiro, com o estômago apertado, a cabeça inclinada sobre o papel: oh, com que rapidez também terminamos o seu livro! Pode-se apostar que as vísceras espremidas se revelam, assim como se revelam o ar, o teto, a estreiteza do cômodo (GC 366, KSA 3, p. 614)
> Não pertencemos àqueles que entre os livros, estimulados pelos livros, chegam aos pensamentos – nosso hábito é pensar ao ar livre, caminhando, pulando, escalando, dançando, de preferência nas montanhas solitárias ou perto do mar, onde até os caminhos tornam-se pensativos. Nossas primeiras questões a respeito do valor de um livro, homem, música são: ele pode caminhar? Mais ainda, ele pode dançar? (Idem)

Como último ponto importante, resta abordar a frase final da carta: "Então falou comigo, na noite após a chegada da sua carta", por meio da qual o diálogo no poema converte-se num solilóquio, como mais tarde entre o andarilho e sua sombra. Isso também é um sinal de solidão[25] e em muitos poemas tardios essa estrutura será determinante. Ela também está em eloquente contraste com o vindouro evento em Bayreuth, onde Wagner tentará controlar as massas.

A andança de Nietzsche é a do espírito e, enquanto tal, é igualmente uma jornada para o próprio interior: "E o que vier a mim como destino e como vivência, – haverá ali uma andança e uma escalada: afinal, vivencia-se somente a si mesmo" (Za 3, "O andarilho", KSA 4, p. 193).

Referências

BERTRAM, E. *Nietzsche*. Versuch einer Mythologie. Berlin: E. Rowohlt Verlag, 1918.

BREUER, D. *Deutsche Metrik und Versgeschichte*. Stuttgart: J. B. Metzler, 1981.

GOCH, K. *Nietzsche*. Über die Frauen. Frankfurt a.M.: Insel Verlag, 1992.

[25] Veja também o ensaio de Lämmert 1987, p. 47 e seguintes, particularmente p. 55.

GRODDECK, W. Gedichte und Sprüche. Überlegungen zur Problematik einer vollständigen, textkritischen Ausgabe von Nietzsches Gedichten. In: MARTENS, G.; WOESLER, W. (org.). *Edition als Wissenschaft*: Festschrift für Hans Zeller. Tübingen: Max Niemeyer Verlag, 1991. pp. 174–185.

GRUNDLEHNER, P. *The Poetry of Friedrich Nietzsche*. Oxford: Clarendon Press, 1986.

HÖRISCH, J. Deutschland 1875. Friedrich Nietzsche: 'Es geht ein Wandrer durch die Nacht'. In: LINDEMANN, K. (org.). *europalyrik*. 1775 – heute. Paderborn: Ferdinand Schöningh, 1982. pp. 219–225.

JANZ, C. P. *Friedrich Nietzsche*. V. 1. Munique: C. H. Beck, 1978.

KAISER, G. Mutter Nacht- Mutter Natur. In: KITTLER, F. (org.). *Die Austreibung des Geistes aus den Geisteswissenschaften*. Paderborn: Wilhelm Fink Verlag, 1980. pp. 87–141.

KAISERS, G. *Wandrer and Idylle*. Göttingen: Wallstein Verlag, 1977.

KÖHLER, J. *Die Fröhliche Wissenschaft. Versuch über die sprachliche Selbstkonstitution Nietzsches* (Diss.). Würzburg: Universität Würzburg, 1977. pp. 29–30.

KÖHLER, J. *Zarathustras Geheimnis*. Nördlingen: C. H. Beck, 1989.

LÄMMERT, E. Nietzsches Apotheose der Einsamkeit. *Nietzsche-Studien*, v. 16, 1987.

NIETZSCHE, F. *Gedichte*. HERMAND, J. (org.). Stuttgart: Reclam, 1964.

PFOTENHAUER, H. *Die Kunst als Physiologie*. Stuttgart: Klett-Cotta, 1985. pp. 151–172.

SCHÖNE, A. *Faust*. Kommentare. Frankfurt a.M.: Suhrkamp, 1994.

WAGNER, R. *Sämtliche Schriften und Dichtungen*. v. 4, 5. Aufl. Leipzig: Breitkopf & Härtel, s.d.

ZITTEL, C. *Selbstaufhebungsfiguren bei Nietzsche*. Würzburg: Königshausen & Neumann, 1995.

IX. "Em inóspitas zonas de ursos polares" Os versos finais de "*Do alto dos montes (Canção-epílogo)*"[1]

1.

Um final em *versos*. Para muitos intérpretes, com as linhas finais de *Além de bem e mal* ergue sua voz um eu lírico, não somente para muito além da civilização, para além de bem e mal, mas até mesmo para além do texto.[2] O poema "Do alto dos montes (Canção-epílogo)" foi celebrado anteriormente, e publicado separadamente repetidas vezes em antologias. A valoração atingiu ocasionalmente o ponto de elogio hínico, e fundou já a posição de Nietzsche como lírico: "Se Nietzsche tivesse nos presenteado somente com o *Zaratustra* e com a indizível e maravilhosa canção-epílogo a *Além de bem e mal,* 'Do alto dos montes", o mais maravilhoso que foi poetado em língua alemã desde o *Fausto* de Goethe, ele seria, além de todos os outros, nosso maior lírico".[3] A pesquisa, contudo, tentou reiteradas vezes interpretar o poema em separado da primeira impressão, de modo preponderantemente autobiográfico, considerando apenas que Nietzsche enviou uma versão anterior, numa carta de novembro de 1884 a Heinrich von Stein. (carta a Heinrich von Stein, BVN-1884,562, KSB 6, p. 565) com o título "*Einsiedlers Sehnsucht*" *(Anseio do eremita)*.[4]

[1] Capítulo traduzido por Clademir Luis Araldi.

[2] Na reprise da canção-epílogo, no poema de Nietzsche intitulado *Sils Maria*, consta o verso retrospectivo correspondente: "Aqui estou sentado, esperando, esperando, – por nada, pois, / para além de bem e mal ..." (GC, *Apêndice: Canções do príncipe Vogelfrei*, KSA 3, p. 649). Ao final desta conferência encontra-se uma reprodução da canção-epílogo, na elaboração da primeira edição. Agradeço a Marcus Andreas Born pelas inúmeras indicações úteis na elaboração deste texto.

[3] Goldschmidt 1899, p. 62, *apud* Krummel 1998 [1974], v. I, p. 548. Cf. outros testemunhos da recepção inicial em Pestalozzi 1970.

[4] Bertram 1918, p. 324 s; Jaspers 1936, pp. 61–64; Benn 1991 [1950], p. 209; Pestalozzi 1970, pp. 198–246. Pestalozzi referiu-se explicitamente à escrita da carta "Einsiedlers Sehnsucht",

Compartilhando o ponto de partida desses intérpretes, de que o poema enviado para impressão mais tarde por Nietzsche tem de ser interpretado tendo como pano de fundo a versão anterior enviada por carta (Carta a Heinrich von Stein, BVN-1884,562, KSB 6, p. 565) sustenta-se também que nada de decisivo tenha ocorrido através das modificações posteriores e do acréscimo de estrofes, de alterações no texto e nas linhas das frases, assim como a sua recolocação numa nova constelação, como se o mesmo poema tivesse apenas sido impresso de forma ampliada, com um novo título, no final de BM.[5] Isso é, contudo, como veremos, uma falsa pressuposição. Pode-se objetar a isso, primeiramente, que até mesmo o material semântico de cada verso foi revisado. Assim, o que antes era "das distâncias abissais da luz" tornou-se "às escuras distâncias do abismo" (estrofe 3); e, "uma criança agora pode colocar a seta nela" tornou-se "Perigosa é *a* seta, como nenhuma outra" (Estrofe 8). Além disso, surgiram as assim chamadas "camadas prévias" ou "versões" anteriores desse poema em um grupo de esboços de poemas e de anotações do outono de 1884,[6] que foram concebidos antes da carta a Stein, retirando os fundamentos da leitura bibliográfica. Nietzsche trabalhou, então, em alguns esboços desse agrupamento de poemas para suas publicações líricas dos anos 1885-1887, dentre elas também *Do alto dos montes (Canção-epílogo)*. Se estudarmos mais atentamente o material reunido no caderno de anotação, perceberemos que muitas linhas foram utilizadas tanto para *Do alto dos montes* como para outros poemas, especialmente para os cantos do Za 4, as *Canções do príncipe Vogelfrei*, de GC, os *Ditirambos de Dioniso* e para o complexo inteiro de motivos da "subida da montanha" no *Zaratustra.*[7] Do mesmo modo, o poema situa-se numa teia densa de relações com os livros publicados

---

contudo, trouxe muitas informações contextuais para as referências biográficas, e apresentou a mais importante interpretação até agora dessa poesia. Cf. também Montinari, 1991, p. 96s e Bernauer 1998, pp. 166–168.

[5] Cf. Bernauer 1998, p. 179.

[6] Cf. NF-1884,28, KSA 11, pp. 297–332.

[7] Cf., entre outros, "Quem sobe aos montes mais altos ri das tragédias do palco e da vida" (Za 1, *Do Ler e escrever*, KSA 4, p. 49), "Por isso espero aqui, astuto e zombeteiro nas altas montanhas" (Za 4, *A oferenda do mel*, KSA 4, p. 297), "Ó meus hóspedes, ó homens superiores [...] Não era por vós que eu esperava nesses montes" (Za 4, *A Saudação*, KSA 4, p. 350), "cada vez menos homens sobem comigo a montes cada vez mais altos" (Za 3, *De velhas e novas tábuas*, 19, KSA 4, p. 260), assim como os capítulos de *Zaratustra*: *O Andarilho*, *A Sombra* e *O Adivinho*.

logo antes do *Zaratustra,* assim como com o livro V da *Gaia ciência,* publicado posteriormente, com os DD e, naturalmente, com o próprio BM, que, no conjunto, deve ser lido como "uma espécie de comentário" ao *Zaratustra.*[8] Essa última instrução, contudo, não deve ser tomada demasiado literalmente, mas antes como indicação da teia intertextual densa, que entrelaça ambos os textos. Outras referências intertextuais conduzem a Montaigne, à *Dedicatória* do *Fausto I,* de Goethe, às cenas fantasmagóricas no gelo, no cume das Virgens, com os caçadores de camurças[9] (1. Ato, 2ª. Entrada, 2. Ato, 1. Entrada) e com as irmãs do Destino (2. Ato, 3 e 4. Entrada)[10] do *Manfred,* de Byron, ao *Filoctetes* de Sófocles e à Bíblia.

A interpretação biográfica ocorre de forma sucinta, no sentido de que Nietzsche, sofrendo na solidão, aspirando por um amigo e discípulo, teria enviado o poema a Heinrich von Stein, para atraí-lo a si. Stein, no entanto, o teria rejeitado e permanecido leal a Wagner. *O anseio do eremita* seria, assim, o documento de uma publicidade, a *canção-epílogo,* ao contrário, reagiria a uma rejeição.[11] As últimas estrofes, acrescentadas mais tarde, seriam o acerto de contas "definitivo com a vivência com Stein, nelas Zaratustra ocupou o lugar que Nietzsche intencionara para Heinrich von Stein".[12] Mas Zaratustra é um produto mental do filósofo, seu sósia, do ponto de vista biográfico".[13] Chega-se rapidamente, assim, ao diagnóstico, de que aqui ocorreria o auto-espelhamento de um autor narcisista. Então, todas as personagens literárias são "produtos mentais", mas nenhum sósia dos autores, o que vale também para a forma de *Zaratustra,* e do mesmo modo para o eu lírico de nosso poema, que é muito rapidamente identificado com o autor. Haja vista que já se falou muito acerca do papel exercido pelo tema da aparência, da ficção, da artificialidade da arte em Nietzsche, dever-se-ia excluir toda igualação ingênua entre biografia e poesia. Por que então essa fuga constante diante da arte por parte dos intérpretes de Nietzsche?

[8] Cf. carta a Reinhart von Seydlitz, BVN-1886,768, KSB 7, p. 270.

[9] A camurça é um caprineo (*Rupicapra rupicapra*) da família *bovidae,* encontrado nos Alpes e em outras montanhas da Europa e da Ásia.

[10] Cf. Hüser 2003, p. 192.

[11] Bernauer 1998, p. 156ss.

[12] Pestalozzi [1970], p. 241.

[13] Bernauer 1998, p. 180.

Talvez porque num primeiro momento a leitura biográfica parece apoiar-se facilmente no poema (conferir o fac-símile abaixo): num ponto de virada de sua vida, o eu lírico espera impacientemente, em altos montes, a chegada de seus amigos (estrofe 1). A natureza também parece prepará-la (estrofe 2) e prepara a mesa para ela nos montes (estrofe 3). Os amigos chegam, e encontram seu amigo de outrora mudado (estrofe 4). Entrementes, o eu tornou-se outro (estrofe 5), aprendeu a viver em outras regiões inabitáveis e desaprendeu o convívio com homens, tornando-se, com isso, um fantasma, que "caminha sobre geleiras" (estrofe 6). Os velhos amigos não podem permanecer nessa zona de morte, aqui ter-se-ia que ser "caçador e como que camurças" (estrofe 7). O eu lírico de início tão pleno de anseios e de expectativas imperceptivelmente se transmuta em um "caçador ruim", que perigosamente ameaça esticar seu arco, do qual os amigos anteriormente convocados seria melhor agora escapar (estrofe 8).[14] Os velhos amigos se afastam do eu que fala – ao menos em sua percepção – visto que seu coração agora se abre para novos amigos (estrofe 9). Ao mesmo tempo, abandona a recordação dos velhos amigos, os amigos são apenas fantasmas do passado (estrofes 10 e 11), ele reconhece que nesse tempo ele mesmo mudou e rejuvenesceu, enquanto os amigos envelheceram (estrofe 12). O poema culmina no suposto anúncio central: "Apenas aqueles que mudam permanecem aparentados a mim", que por vezes até era utilizado isoladamente como chave para a aceleração de

[14] Com base na chamada estrofe do caçador, pode-se apoiar a leitura biográfica em uma referência intertextual ao arco de Filoctetes, já que Nietzsche – a propósito, em uma carta a Heinrich von Stein (BVN-1884,562, KSB 6, p. 535) – fala do fato de que "apenas com o arco de Filoctetes pôde Troia ser conquistada" (Bernauer 1998, 171ss). Nietzsche volta-se à posição de Filoctetes, Wagner é Odisseu e Stein Neoptólemo. Na versão da carta, os versos diziam: "Um caçador ruim me tornei: vide quão íngreme / Tenso é meu arco! / Foi o mais forte que fez essa alçada — / Mas agora, ai! Uma criança pode colocar a flecha sobre ela: longe daqui! Para sua salvação! — (carta a Heinrich von Stein, BVN-1884,562, KSB 6, p. 565). A alusão ao arco, que outrora o mais forte (Hércules) estendia, e que agora as a criança põe as flechas de Neoptólemo, portanto, foi decisivamente alterada na versão de BM, pois agora falta a referência à criança. No conglomerado de níveis prévios há inúmeras formulações alternativas (NF-1884,28 [9, 20, 22]; KSA 11, p. 302, 305, 307), também em BM o motivo do arco está presente com frequência, mas sobretudo em DD, Entre aves de rapina, é de novo assumido e interpretado: "Solitário! Quem ousa / ser hóspede aqui, / ser teu hóspede?.../ [...] Oh Zaratustra, / crudelíssimo Nimrod! / Há pouco, caçador de Deus, / [...] a flecha do mal! / Agora – / caçado por ti mesmo, /" (DD, *Entre aves de rapina*, KSA 6, p. 389s.). Em Do alto dos montes (canção-epílogo), a referência a Filoctetes é no mínimo modulada; é mais plausível ver aqui uma alusão a Nimrod.

revoluções na arte da modernidade.[15] A 13ª estrofe retoma o início, mas a expectativa agora é para os *novos* amigos. Formalmente, o poema já está concluído com essa reprise. As estrofes que se seguem estão em um nível diferente, pois, desde o encontro "real" com amigos, no qual ocultam-se as esperanças de Nietzsche em uma ligação com Stein, que resulta apenas na ficção de uma relação ocorrida com o sósia "Zaratustra", emergente de uma cisão do eu. Com o espelhamento radical de si completa-se a ruptura definitiva com o passado.

De fato, a 14ª estrofe define-se claramente a partir das anteriores: "*Esta* canção acabou". Assim, uma nova canção parece estar surgindo agora, e como não foram anunciadas várias "canções-epílogos", somente esta seria a canção-epílogo, que se refere explicitamente à canção anterior, mas também conclui o livro inteiro. Começa uma brincadeira ardilosa com os enquadramentos, que mais tarde deixa para trás as interpretações biográficas inequívocas e revela novos enigmas: O poslúdio em versos, ou aqui uma canção-epílogo, corresponde ao "Prelúdio em rimas alemãs" (GC). Por que *canção*-epílogo, e não poslúdio? A transição do discurso para a canção mais adequada[16] é mostrada e implementada aqui?[17] Também isso é difícil de se concluir, como logo veremos.

2.

É necessário, por isso, analisar mais de perto o título, que apareceu na primeira impressão em uma página de título separada, na seguinte forma:

Aus hohen Bergen.

Nachgesang.

[15] Cf. Däubler 1988, p. 208.

[16] Cf. Dellinger 2012.

[17] Compare, por exemplo: "Mas, se não quiseres chorar, chorar totalmente tua purpúrea melancolia, terás então de cantar, ó minha alma!" (Za 3, *Do grande anseio*; KSA 4, p. 280).

Depois de uma página em branco, o poema começa sem um encabeçamento Apesar disso, devemos assumir, como é constantemente tido como evidente, que com aquele título são descritas as 15 estrofes seguintes como uma "canção epílogo" para BM?[18] Há obviamente uma leitura alternativa: ou todas as 15 estrofes são uma "canção-epílogo" para BM, intitulada "*Do alto dos montes*", ou são dois poemas. Várias edições e interpretações[19] afirmam com veemência o que a primeira impressão manteve em aberto. Isso vale até mesmo para a última variante, a saber, – "então o Um se tornou Dois" (estrofe 14), – que se trata de dois poemas.

Na primeira impressão, após BM 296, todo o texto foi marcado com três asteriscos, como concluído. Então seguiu a página do título, em que "Do alto dos montes (Canção-epílogo)"[20] – separado por um traço, destacado pelo tamanho da fonte – designa, ou um título com subtítulo, ou dois poemas de estatutos diferenciados. Que se compare esta página de título interna, por exemplo, com a do quarto capítulo: então, fica evidente que lá, um longo hífen encerra o título, enquanto em "Do alto dos montes" e em "Canção-epílogo" o hífen não assume essa posição possível, mas situa-se entre as linhas de título. No frontispício principal, por outro lado, não há hífen depois do subtítulo. De modo análogo aos outros nove subtítulos de BM, ocorreu a variante com dois pontos: "*Nachgesang: Aus hohen Bergen*", que, com evidência,

[18] Principalmente por Pestalozzi 2012, p. 19, e por Benne, 2013.

[19] Por exemplo, a Edição de Wuthenow (Nietzsche 1999, 137ss) dá o título de "'Aus hohen Bergen' Nachgesang (zu Jenseists von Gut und Böse')". Ele segue, com isso, a edição Musarion, retirando o ponto entre os títulos, e reduz "Nachgesang" a designação de gênero, através do qual todas as 15 estrofes do "Nachgesang" ("Canção-epílogo") são explicadas. Assim, faltam os asteriscos separadores depois da 13ª estrofe. A edição dos poemas de Nietzsche (1994) também suprime os asteriscos. Intérpretes de língua inglesa também propõem variações engenhosas, em obras que surgiram como comentários standard, por exemplo, esclarecendo a relação das linhas de título por meio de dois pontos: "From High Mountains: Aftersong" (Burnham 2007; Lampert 2001), "From High Mountains: Epode" [sic!] (Nietzsche 2003, Tanner / Hollingdale). Os últimos, com a justificativa surpreendente, de que "a forma normal de comunicação de Nietzsche era a prosa" (idem., p. 460,) propõem uma tradução em prosa do poema, enquanto outros imediatamente incorporam a leitura biográfica no título: "'From High Mountains': Nietzsche's [sic!] Aftersong" (Acampora / Ansell Pearson 2011, pp. 212–216). Compare também "Nietzsches Schicksalslied: Aus hohen Bergen. Nachgesang" (Meinhold 2004).

[20] Em outros trabalhos, o(a) leitor(a) possivelmente encontrará traduções alternativas desse título para o português. A palavra *Berg* ora é vertida por "montanha" ou "monte"; *Gesang* pode aparecer como "canto" ou "canção" (N.E.).

foi deliberadamente descartada. Por isso, esse título foi posto com um tipo de fonte diferente, e, assim, claramente retirado dos anúncios dos capítulos. No manuscrito submetido para impressão, Nietzsche havia expressamente anotado na margem: "*não* com as mesmas letras do primeiro capítulo, etc" (DM GSA 71/26, p. 105). Isso indica um desacoplamento parcial da última parte, que, portanto, não seria considerada como a décima e última parte de um prelúdio ou de um capítulo posterior, mas como apêndice independente. As relações das linhas do título também permanecem ambíguas, pois o poema começa na página seguinte sem título, e aparece agora com asteriscos ordenados na forma arqueada 3x3, mas depois de 13 estrofes é novamente interrompido ou finalizado por 3 asteriscos, até que 9 asteriscos concluam o formato composto de 15 estrofes.

Viertes Hauptstück:

Sprüche und Zwischenspiele.

Esse formato, simplesmente expurgado pela KSA, defende a unidade das 15 estrofes. Também o índice de conteúdo da primeira impressão separa a última parte, das partes anteriores, por uma linha em branco adicional; essa última parte teria de ser lida como um posfácio cantado. Entretanto, a estrutura interna sugere que os asteriscos enquadram uma parte independente do livro, que consiste em dois poemas. Aliás, o manuscrito define a cisão interna ainda mais claramente do que a primeira impressão, já que as duas últimas estrofes estão em uma folha separada, na qual Nietzsche traçou ainda uma longa linha divisória por meio de pontos acima da linha inicial (DM GSA 71/26,108).[21] Se tivéssemos, assim, dois poemas, ao menos três asteriscos separariam um poema do outro nos escritos de Nietzsche, por exemplo, na primeira impressão de *Idílios de Messina* (Nietzsche, 1882) e nas *Canções do Príncipe Vogelfrei*

[21] A primeira impressão também diverge do manuscrito, na medida que estabelece 5 pontos nas linhas 15, 40, 70 e 75, enquanto no manuscrito na linha 15 o ponto de interrogação é seguido por um traço, e nas linhas 40, 70, 75, respectivamente, por 6 pontos.

(Nietzsche, 1887). Aliás, esses asteriscos também foram suprimidos tacitamente na KSA. Para a leitura de que se trata de dois poemas, também fala em favor a gênese do texto, e que no poema-irmão *Sils Maria* há uma variação nas duas últimas estrofes: "*Sils-Maria.* // Aqui sentava eu, à espera – à espera de nada / Além do bem e do mal, ora fruindo / A luz, ora a sombra, tudo apenas brincadeira, / Tudo lago, tudo meio-dia e tempo sem meta. // Subtamente, amiga, o um se tornou dois! – / – E Zaratustra passou junto a mim..." (GC, *Apêndice: Canções do príncipe Vogelfrei,* KSA 3, p. 649). Eu não penso que uma decisão deveria ser tomada aqui, mas sim que várias possibilidades estariam em jogo, pois o que é encenado nessas últimas estrofes é um jogo com perspectivas e inversões.

3.

O termo "*Nachgesang*" ("Canção-epílogo"), no entanto, suscita também questões em nível semântico acerca do tipo de enquadramento: o subtítulo de BM declara ser todo o escrito um "Prelúdio para uma filosofia do futuro". Esse prelúdio – prelúdio musical ou "para o teatro" (como no *Fausto* I) – consiste em nove *peças* principais (Haupt*stücken*) sendo que a quarta delas anuncia 122 "máximas e interlúdios". A Canção-epílogo soa como a última parte deste prelúdio ou só começa depois dele? O prelúdio e o interlúdio realmente sugerem um poslúdio, mas, então, segue-se uma "Canção-epílogo". O que significa "Canção-epílogo" aqui? Afirmara-se, ocasionalmente, que ele aludia à forma de canção do epodo (grego: "*epodós*", Canção-epílogo),[22] mas os epodos antigos são compostos de modo completamente diferente. *Do alto dos montes (Canção-epílogo),* de Nietzsche, consiste em 15 estrofes de cinco linhas, num total de 75 versos, com rimas finais masculinas e femininas alternadas. O segundo verso de cada estrofe é abreviado com duas sílabas tônicas na metade, e recebe por isso uma cadência feminina adicional. As outras linhas consistem em um iambo de cinco sílabas, ou seja, num verso comum, em cujas cesuras médias o poema permite-se alguma liberdade.[23]

[22] Riedel 1996, p. 264.
[23] Cf. Meinhold 2004.

O esquema da rima é de rigor apolíneo: *abbaa*, uma rima abarcante com uma linha final duplicada, que dá a cada estrofe um peso maior e é decisivamente concluída – por isso não há nenhum enquadramento em iambo das estrofes. Essa forma de estrofe – especialmente com o segundo verso dividido em duas partes iguais – é rara, o *Handbuch für deutsche Strophenformen* (Frank, 1993) não a admite, nem consegui encontrar modelos antigos.[24]

O poema é dominado pelo discurso direto, quer dirigindo-se aos amigos, ou quando o eu lírico fala a si mesmo, muitas vezes na forma de questões retóricas, o que dificulta imaginar essa situação como uma canção. De fato, resta afirmar que as primeiras 13 estrofes são declaradas como "canções" na 14ª estrofe, mas isso é imediatamente omitido, com sua caracterização como "grito". A "canção-epílogo" poderia valer como obituário aos amigos que se tornaram fantasmas e, nessa medida, mortos, pois também o eu lírico vai como "espectro que caminha nas geleiras" (cf. estrofe 6) podendo valer possivelmente com seu próprio obituário.

"Canção-epílogo" pode significar o estilo performático (uma canção-epílogo que ressoa de altos montes), mas também denota um gênero ou forma vocal: "Do alto dos montes: Uma canção-epílogo".

Mas com essas opções, o escopo da significação ainda não está esgotado: Johann Heinrich Voß, no final de suas 66 *Odes e canções,* compôs uma *Canção-epílogo para os netos* (1802, p. 166) e, com isso, pôs em cena outra nuance de significação: uma canção-epílogo como uma canção para os descendentes, que não remete mais a um livro ou ao passado, mas para as gerações futuras, para novos amigos, sendo compatível com o "Prelúdio a uma filosofia do futuro". O dicionário Grimm, no entanto, define:

---

[24] A forma de estrofe abbaa caracteriza o famoso poema de Tieck, Melancholie, de seu romance niilista William Lovell, que apresenta motivos semelhantes, com o reino dos espíritos evocados, com o equilibrismo na zona montanhosa estéril, onde ele "não ousa seguir [...] nenhuma alegria. Aqui a "crueldade do destino" mantém o "arco [...] esticado", somente no final saúda a "primeira felicidade" no "olhar evanescente da morte" (Tieck 1828, v. 5, p. 13s). Isso, assim como o paralelo com a forma de estrofe rara e a alusão ao Manfred, de Byron, forma uma rede intertextual, que prepara uma interpretação resignada do poema de Nietzsche.

> Canção-epílogo, *m. canção final, epodos; canção, poema conforme um modelo:* (*Iphigenia,* de Goethe) é mais relacionado ao espírito grego do que qualquer obra recente, mas não é tanto uma tragédia antiga, quanto um reflexo da mesma, canção-epílogo (A. W. Schlegel *dram. Kunst* 2, 2, 405.)[25]

De acordo com essa informação, seria preciso até mesmo ler "canção-epílogo" como paródia ou imitação de uma "canção arcaica" trágica anterior. Nesse sentido, Herder desenvolveu a *canção-epílogo* como uma forma precária, com base nas canções de Ossian.[26] Entretanto, se uma "canção-epílogo" significa que alguém canta para outro – como a comunidade canta respondendo à canção do sacerdote – ou uma canção, ou ao menos designa uma canção após uma canção, então apenas as duas últimas estrofes poderiam ser concebidas como uma canção-epílogo para a canção anterior, ou todas as 15 estrofes responderiam a uma canção primeva.

4.

Outros significados entram em jogo por meio de referências inter e intratextuais, por exemplo, quando em *Assim falou Zaratustra* o canto do andarilho é chamado, de modo autoparódico, como "canção pós-refeição", "nozes de sobremesa", "salmo de sobremesa" (Za 4, *Entre as filhas do deserto*, KSA 4, p. 380), ou em BM, significativamente, como um prenúncio do *finale* no texto, ou de modo pejorativo (em BM 25), na encenação do filósofo que é vista como "– apenas uma sátira, apenas uma farsa final, apenas a contínua [...] prova de que a longa e autêntica tragédia acabou". Nesse contexto, inclui-se a reversão da tragédia em paródia, que Nietzsche reclama de novo no prefácio da GC, no que tange ao enquadramento de seu texto: "*'Incipit tragoedia'* – diz o final deste livro perigosamente inofensivo: tenham cautela! Alguma coisa sobremaneira ruim e maldosa se anuncia: *incipit parodia*, não há dúvida..." (GC, *Prólogo*, 1; KSA 3, p. 346). Se nos referirmos a BM 282, em que se fala de uma "náusea da

[25] Grimm 1854-1961, v. 13, 64.
[26] Cf. Singer 2006.

sobre-mesa", então ressoa uma canção-epílogo, ou após o próprio evento já ter terminado, sendo um acréscimo inconsequente, uma farsa, uma expressão de desengano e fastio, um burburinho ou um canto, ou, poder-se-ia argumentar que não se trata de um epílogo, um obituário, mas de uma canção, e, por isso, teria de ser valorada de forma diferente. Existem, contudo, muitas outras referências intertextuais, que fazem com que essa última possibilidade de interpretação pareça implausível.

Vamos reunir algumas delas: A que horas do dia o poema ocorre? Em uma versão anterior, chamada "Meio-dia do eremita", esse meio-dia se referia à "festiva, bela e grandiosa estação" do meio do ano, na qual os convidados dos deuses deveriam se preparar para uma festa, para acabar com a solidão do eremita sedento de amor (cf. NF-1884,28[26], KSA 11, p. 309). A invocação modificada "Ó meio-dia da vida" não só abarca os *topoi* clássicos de metade da vida como um tempo de mudança, de Dante a Hölderlin, mas também se refere diretamente à formulação da *"tarde"* dos "pensamentos escritos e pintados, para os quais apenas tenho cores", do texto final, nº 296, de BM. Em outra formulação anterior do poema, o tempo do evento até foi definido para o final da tarde ("O dia [foge] desaparece, a felicidade e a luz já amarelam / o meio-dia está distante", NF-1885,45[7], KSA 14, p. 375). Essa tarde inclina-se para a arte de um tempo tardio, em que um eu cansado só tenta pintar com um pincel colorido e perpetuar "o que começa a murchar e a perder seu aroma". Na estrofe 11 a expressão "Ó palavras murchas, que um dia cheiraram a rosas", obviamente retoma esse pensamento, e evoca a tarde da vida, desde a qual o meio-dia é invocado retrospectivamente. Isso lembra o brado de Zaratustra: "Ó tarde da minha vida! Um dia, também a *minha* felicidade desceu ao vale para buscar abrigo: então achou essas almas abertas e hospitaleiras" (Za 3, *Da bem-aventurança involuntária*, KSA 4, p. 203). Também alhures aparecem várias posições de *Zaratustra,* como visadas retrospectivas prenunciadoras a *Do alto dos montes,* por exemplo, antecipando o tom do lamento do início de BM 296: "Ah, já se encontra murcho e cinzento aquilo tudo que há pouco era verde e colorido nesse prado? E quanto mel de esperança levei daqui para minhas colmeias! [...] O fato de as folhas murcharem — que há nisso a lamentar? Deixa-as cair e partir, ó Zaratustra, e não lamentes!" (Za 3, *Dos apóstatas*, 1, KSA 4, p. 226s.)

Para aqueles leitores que estão familiarizados com o *Zaratustra*, o paralelo é óbvio. No entanto, o eu lírico de *Do alto dos montes,* evidentemente, não está preparado para aceitar o desalento e a inevitável veleidade do artista (cf. também GM III, 4; KSA 5, p. 344). Também é notório que todo o cenário de *Do alto dos montes* proceda a uma inversão das perspectivas assumidas na quarta parte do *Zaratustra,* pois também naquela passagem o protagonista espera na montanha e lança sua linha de pesca como um palhaço e pescador de homens, a fim de atrair convidados para si. Também o cenário do final da quarta parte do *Zaratustra* é composto como uma imagem invertida, quando Zaratustra acolhe hóspedes cansados (somente velhos) em sua caverna nas montanhas (Za 4, *O canto ébrio*; KSA 4, p. 395), celebra com eles à noite uma festa, durante a qual as antigas esperanças de Zaratustra se travestem e se despedem. A mudança de perspectivas marca uma diferença entre as posições do eu de *Do alto dos montes*, por um lado, e o final prosaico de BM, bem como a figura de Zaratustra, por outro lado, o que merece ser observado e interpretado.

5.

Como, por exemplo, se vincula a invocação da tarde dos pensamentos, com a qual se encerra BM, com o cenário do poema seguinte? Aqui é invocado, no início, pela manhã, o meio-dia da vida, enquanto as duas últimas estrofes transcorrem à tarde, pois descrevem em retrospectiva o que aconteceu "no meio-dia". O início do quinto livro da GC, que apareceu mais tarde, traz à baila, como possível interpretação, que a posição do falante é caracterizada como precária tanto temporal quanto espacialmente: "Mesmo nós, adivinhos natos, que espreitamos do alto dos montes, por assim dizer, colocados entre o hoje e o amanhã e estendidos na contradição entre o hoje e o amanhã" (GC 343, KSA 3, p. 574). A perspectiva espacial elevada aponta assim para um intervalo que o eu toma para si, durante o qual não é realmente compelido entre o presente e o futuro, mas somente espera. Isso, contudo, significaria que na canção-epílogo há uma despedida do passado, de modo que o Prelúdio a uma Filosofia do Futuro pudesse começar – e o lugar lógico dos versos estaria antes do texto de BM.

Entretanto, no *Epílogo* da GC, que apresenta como "posfácio" a contrapartida formal à "canção-epílogo", aquele que fala admite não poder manter essa posição, e observa "ao redor a mais maliciosa, vivaz e gnômica rizada: os próprios espíritos do meu libro caem sobre mim [...] 'Não estamos rodeados de uma clara manhã? [...] Quem nos cantará uma canção, uma canção matinal [...]?'" (GC 383, KSA 3, p. 637) É óbvio reconhecer aqui uma alusão retrospectiva à canção matinal de *Do alto dos montes,* que dessa perspectiva entoaram os espíritos, que chamaram o livro e não vão mais embora, para zombar do autor.

A irritação com as referências temporais se repete no plano espacial: Por que é chamado de "*aus*" e não de "*von*" ou "*auf hohen Bergen*" (em altos montes), e por que o plural? Groddeck já havia se deparado com o fato de que no verso "agarrai para mim, o pescador dos altos montes", de DD *O Sinal de Fogo*, no "plano linguístico [...] a forma plural da designação do lugar 'em altos montes' irrita, porque no poema, ao contrário, o lugar dos eventos é sempre nomeado no singular".[27] Além disso, Groddeck estranha a notável "maioria das abstrações: 'distância', altura, solidão".[28] Essas abstrações podem até ser encontradas no plural em *Do alto dos montes:* "Distâncias", "zonas", "geleiras" (estrofes 3 e 6). Então, por que está aqui a preposição "*aus*", que localiza a procedência de um canto aparentemente audível para todos e com o qual se consuma uma mudança dos pensamentos "pintados" para os pensamentos cantados? A referência direta à citação de Goethe em BM 286 ("'Aqui a visão se estende, o espírito se eleva' – Mas existem uma espécie contrária de homens, que também está nas alturas e cuja visão também está livre – mas que olha *para baixo*"), que Pestalozzi (2012) enfatizou, ligando o poema ao texto somente no plano visual. Isso ajuda a avançar um pouco, mas também a inversão do olhar, que ali (em BM) não se volta mais para o céu, como no *Fausto II,* mas se dirige para baixo, não é mais unívoco em *Do alto dos montes*, pois aqui o eu mora perto das estrelas e do abismo. Além disso, pode-se acrescentar outras partes paralelas do *Zaratustra,* que complicam mais a situação, pois Zaratustra sempre vagueia *por* altas montanhas, com uma única e, por isso, significativa exceção: n'*A oferenda do mel,* Zaratustra sobe de sua caverna, que deve estar em algum lugar,

[27] Groddeck 1991a, p. 142.
[28] Ibid.

na altitude média de uma montanha, ainda mais acima, então, no "cume", ele afirma, "aqui em cima posso falar mais livremente do que diante de cavernas de eremitas e domésticos animais de eremitas" (Za 4, *A offerenda do mel*, KSA 4, p. 296). Zaratustra faz então uma série de perguntas para si: "Alguma vez um homem pegou peixes em altas montanhas? E, ainda que seja uma tolice o que eu aqui desejo e faço: melhor isso do que tornar-me solene lá embaixo por esperar, e verde e amarelo — — alguém crispado e encolerizado por esperar, um sagrado temporal que uiva das montanhas, um impaciente que grita em direção aos vales: 'Escutai, ou eu vos açoito com o chicote de Deus!'" (Ibid., p. 297s.). A posição daquele que espera eternamente e grita "desde" (*"aus"*) as montanhas como "um sagrado temporal" é preterida aqui, e o discurso leva a uma visão do futuro, que esses versos parecem preparar: "Quem habita tão próximo / Às estrelas, a às escuras distâncias do abismo? / Meu reino – que reino se estendeu mais longe? / E o meu mel – quem o terá provado?..." (Estrofe 3), pois o Za 4 surgiu antes da publicação de BM:

> Pois um dia ele tem de vir, e não pode passar ao largo [...] Nosso grande *hazar*, nosso grande e distante reino dos homens, o reino de mil anos de Zaratustra — — Quão distante pode ser esse "distante"? Que me importa! Mas nem por isso é menos certo para mim —, com os dois pés me acho firme nesse chão, — num chão eterno, em dura pedra primeva, nessa altíssima, duríssima montanha primeva, à qual todos os ventos acorrem como a um divisor de climas, perguntando "Onde?", "De onde?" e "Para onde?". Ri aqui, ri, minha clara e sadia maldade! Lança para baixo, dos altos montes, teu cintilante riso de escárnio! Atrai, com tua centelha, os mais belos peixes humanos! (Za 4, *A oferenda do mel*, KSA 4, p. 298)

Na "canção-epílogo" (estrofe 15), o eu lírico assumiu a posição que Zaratustra escarnecera na "Oferenda do mel", quando estava situado na acima da caverna e, ocasionalmente, em um mirante mais elevado. Em frente à sua caverna, Zaratustra se lamenta; aqui ele espera por convidados e espera em vão pelo futuro. Os convidados vêm até ele na montanha, mas o desejado "grande meio-dia" não chega, e os convidados se despedem dos antigos sonhos de futuro de Zaratustra.[29] Em contrapo-

[29] Cf. Zittel 2011.

sição, o próprio Zaratustra, como "convidado dos convidados", deve incorporar esse futuro na *canção-epílogo.* O lugar lógico do eu da *canção--epílogo* é, portanto, também anterior a *Assim falou Zaratustra.* Expresso de outro modo: o eu lírico em *Do alto dos montes (canção-epílogo)* parece não estar nem na altura de Zaratustra nem naquela de BM, ao menos enquanto não se puder descobrir nele uma desagregação autorreflexiva *qua* paródia da própria perspectiva que caracteriza a quarta parte do *Zaratustra.*

6.

Se retomamos o poema, então ingressamos, assim, perturbados, sempre mais profundamente em uma sala de espelhos literária, na qual imagens, papéis e máscaras são quebradas e trocadas. Que se tome, então, a quinta linha (primeira estrofe): "Onde estão, amigos? Venham! É tempo! É tempo!", literalmente um grito que ressoara repetidamente no *Zaratustra.* Primeiramente, ele saiu da boca do Zaratustra voador (Za 2, *Dos grandes acontecimentos*, KSA 4, p. 167), e tornou-se o grito de um fantasma ("E por que o fantasma gritou 'É tempo! É mais que tempo'?", Ibid., p. 171), que, por último, foi emitido pelo oponente de Zaratustra, o adivinho (Za 4, *O grito de socorro*; KSA 4, p. 301); entrementes, Zaratustra foi advertido com esse grito, entre outros, pela "Sombra do Andarilho" (Za 3, *Da bem-aventurança involuntária*, KSA 4, p. 204s.). É ainda a sombra que diz a Zaratustra: (Za 4, *A sombra*; KSA 4, p. 339): "Contigo perambulei nos mundos mais distantes e frios, semelhante a um fantasma que voluntariamente anda pelos telhados invernais e pela neve". No *Zaratustra,* a sombra representa o arquiniilista; ela é também um fantasma, que passa por cima de geleiras e vice-versa.

Logo na segunda linha (primeira estrofe) encontra-se a próxima irritação: imagina-se um "jardim de verão" colorido e florido. Essa imagem representativa consegue transfigurar a árida paisagem de gelo, ou ela seria uma metáfora para o tempo florescente do meio da vida? Essa última alternativa é sugerida pelo escrito preparatório (NF-1885,45[7], KSA 14, p. 375), mas a outra referência também é possível, uma vez que a imposição, que acompanha a imagem seguinte, de uma geleira adornada com rosas, dissolve-se com uma análise mais atenta, pois rosas glaciais não são rosas, mas seixos cinzentos. Nas altas montanhas, mesmo no verão, o vapor de água não se precipita na superfície como orvalho, mas apenas como geada, devido ao resfriamento noturno, "formando as belas rosas glaciares".[30] A mesa livre preparada para os amigos "a grande altura", a suposta mesa dos deuses é, desde o início, mal coberta, o jardim de verão fica "em ermas zonas de ursos brancos" e acima das "escuras distâncias do abismo". É admissível que o idílio do jardim, que havia sido evocado para consolo, já estava desencantado como mero "palavrório" no *Zaratustra.* A imagem com a qual os animais buscam seduzir Zaratustra ("o mundo te espera como um jardim") é rejeitada por ele: "ali onde há palavrório, o mundo já me parece um jardim. [...] E, quando também o são quer canções, quer canções diferentes das do convalescente" (Za 3, *O Convalescente*, 2, KSA 4, p. 271s. e p. 275, tradução própria).

7.

Não posso traçar individualmente todos os temas (meio-dia, tempo, subida da montanha, geleira, altura, vista dos pássaros, amigo, fantasma, festa, espetáculo, urso polar, solidão, transmutação), mas destaco alguns para exemplificar o modo como se dá interação entre os elementos intertextuais. O complexo de temas mais denso é formado pelo conjunto de motivos: amizade, solidão e transmutação. Esses temas foram reiteradamente tratados em outros escritos de Nietzsche, inclusive em BM, de modo que também aqui reaparece uma estrutura de tensão, cujo núcleo pode ser revestido na questão, que nos versos finais de BM pode ser assegurada pela aspiração romântica de reconhecimento de seu próprio eu verdadeiro pelos amigos.[31] Ao contrário da figura de Zaratustra,

[30] Cf. Schaubach 1861, p. 99, cf. também von Salis-Marschlins 1988, p. 217.

[31] Ainda mais nítido no escrito preparatório: "Agora que o dia / ficou cansado do dia, e de todos os riachos da nostalgia / Suspirando por novo consolo, / todos os céus também, afixados em teias de aranhas douradas, / falam a todos os cansados: 'repouse agora', – / por que não descansas, tu, coração sombrio, / o que te leva a uma fuga maravilhosa a pé? [...] Oh, aquecei-me! Amai-me / dai-me mãos quentes / não vos assusteis com o meu gelo! / Por muito tempo fantasmal em geleiras – – -/ sacudido, agitado!" (NF-1884,28[9]; KSA 11, p. 301).

que logo abandona a esperança de ter companheiros, e depois apanha pessoas com malícia e astúcia, esse eu sofreu por estar afastado dos velhos amigos, tornou-se um fantasma em inóspitas zonas de urso polar, e os amigos tornaram-se "fantasmas de amigos". A referência a um breve texto de HH II, interpretado por Derrida (2002) e Coker (1998), é facilmente reconhecível:

> *Os amigos como fantasmas.* – Quando mudamos muito, nossos amigos que não mudaram se tornam fantasmas do nosso passado: sua voz nos chega vaga e horripilante — como se ouvíssemos a nós mesmos, porém mais jovens, mais duros e imaturos (OS 242; KSA 2, p. 487).

Assim, a interpretação do poema parecia consumada aos intérpretes. Entretanto, por que os amigos chamados aqui pelo Eu se transformariam, se esse mesmo Eu se transformou em fantasma e caminha por geleiras como um morto-vivo? Paradoxalmente, eles já se igualaram ao fantasma como "fantasmas de amigos". No prefácio posterior a HH, Nietzsche volta a falar desse tema, quando ele admite ter inventado para si "os 'espíritos livres', aos quais é dedicado este livro melancólico-brioso que tem o título de Humano, demasiado humano: não existem esses "espíritos livres", nunca existiram — mas naquele tempo, como disse, eu precisava deles como companhia, para manter a alma alegre em meio a muitos males (doença, solidão, exílio, acedia, inatividade): como valentes confrades fantasmas, com os quais proseamos e rimos, quando disso temos vontade, e que mandamos para o inferno, quando se tornam entediantes — uma compensação para os amigos que faltam." Nietzsche não quer com isso duvidar que no futuro "poderão existir tais espíritos livres [...], em carne e osso e palpáveis, e não apenas, como para mim, em forma de espectros e sombras de um eremita" (HH *Prólogo* 2; KSA 2, p. 15).

Aqui temos uma clara indicação de que não apenas os espíritos livres, mas também os convidados e os fantasmas de amigos são imaginados por um Eu solitário como um mero jogo de sombras e todos os versos finais dão a ideia de uma ilusão. O lugar apropriado em que a sombra declara que ela teria andado com Zaratustra "nos mundos mais distantes e frios, semelhante a um fantasma que voluntariamente anda pelos telhados invernais e pela neve" (Za 4, *A sombra*, KSA 4, p. 339), pode mais uma vez servir como prova. Não há lugar no gelo para os viventes, sombras e fantasmas vivem apenas metaforicamente, ou seja, a literatura dá-lhes vida, e sua existência se torna uma alegoria do texto em sua relação com a realidade. Chama a atenção também que todos os diálogos permaneçam dentro do mundo de representação do Eu lírico, ou seja, não apenas as duas últimas estrofes, mas toda a chegada e a recusa heroica dos convidados transcorre, assim, somente na imaginação do Eu, que, em última análise, permanece um fantasma cinzento, solitário e exangue[32] e que cria cenas para seu entretenimento e autoengano. Passa-se por alto, facilmente, numa primeira leitura, que a maioria dessas cenas do poema são construídas em forma de pergunta indireta e são, portanto, duplamente problemáticas. Assim, está suspensa toda a pretensa ação, como foi referida acima, pois o eu lírico apenas insinua o que bem poderia parecer para os amigos imaginários. Destaca-se ali o jogo com pontos de exclamação e de interrogação: enquanto na primeira estrofe, por exemplo, cinco pontos de exclamação dão ênfase à espera, já na linha 5 surge uma dúvida sobre os que estão por chegar, com o primeiro ponto de interrogação, que então se articula cada vez mais enfaticamente (estrofes 1 e 2) e, a partir da linha 12 (estrofe 3), desemboca numa cadeia de quinze frases interrogativas. O evento todo nas estrofes 3–6 não é definitivamente descrito no indicativo, em contraste com a versão da carta, em que a estrutura fraseal exigiu isso, por exemplo, na linha 26 (estrofe 6): "Procurei onde o vento sopra mais cortante?" O leitor deve constantemente duvidar se o eu "realmente" surgiu, subjugou, transmutou a si mesmo, se ele aprendeu a viver em zonas de urso polar, e até mesmo se ele é um fantasma sobre geleiras, devido aos pontos de interrogação não gramaticais. A 13ª estrofe, em contrapartida, insiste com seus 8 pontos de exclamação que os novos amigos são esperados, mas sobretudo enfatiza o retorno da situação de espera. Os

[32] Poder-se-ia comentar o contraste entre as cores vivas, evocadas pelo aforismo final de BM, e o cinza no cinza dos versos finais, com as palavras de Zaratustra: "O amarelo profundo e o vermelho quente: é o que deseja o meu gosto — ele mistura sangue a todas as cores. Mas quem caia sua casa, esse revela uma alma caiada. Uns enamorados de múmias, outros, de fantasmas; e todos igualmente hostis à carne e ao sangue — oh, como repugnam ao meu gosto! Pois eu amo o sangue. E não quero viver e estar ali onde todo mundo cospe e escarra" (Za 3, *Do espírito de gravidade*, 2 KSA 4, p. 244).

três pontos, bem como os muitos travessões nos finais dos versos, no entanto, exigem o complemento do que ficou incompleto. Com a figura retórica da aposiopese – de modo mais destacado na linha 38 (estrofe 8), seguida de dois pontos " – – :", no nível de pontuação, a situação do eu solitário que anseia por companheiros é executada de modo gestual. O leitor tem que complementar aqui: Hércules! Este, contudo, deixou seu arco, juntamente com as flechas envenenadas pela bílis da Hydra, para seu companheiro Filoctetes, agradecendo por ajudá-lo com sua autocombustão, ateando fogo nas estacas arranjadas para isso. Aquele que agora segura o arco nas mãos finge ou imagina de antemão ter matado um "mais forte", e estar agora de posse de uma das flechas mais perigosas, causadoras de feridas incuráveis (estrofe 8). A alusão ao tema do assassinato de um amigo como culto de amor permanece não dita, e inobstante está presente na figura de linguagem.

8.

Esse vestígio ganha um perfil mais amplo quando nos confrontamos com o capítulo "Do amigo", do *Zaratustra,* e com o tema da máscara: "“'Sempre há um de mais comigo' — assim pensa o eremita. 'Sempre um vezes um — com o tempo, isso faz dois!' Eu e mim estamos sempre muito envolvidos numa conversa: como suportar isso, se não houver um amigo? [...] Nosso anseio por um amigo é nosso denunciante." (Za 1, *Do amigo*, KSA 4, p. 71), como consta aqui, o amigo salva do diálogo consigo mesmo, mas seria importuno abrir-se a um amigo: "Não queres usar nenhuma roupa diante do teu amigo?" (Ibid., p. 72). Melhor seria amar o inimigo no amigo e usar máscaras. Assim, as duas últimas estrofes da *canção-epílogo* inverteriam a ordem, revelando as carências do solitário, e sua fuga em fantasias desejantes e em autorreflexões, com a ajuda de sósias fictícios.[33]

[33] Em um esboço anterior para o drama "Édipo. Discursos do último filósofo para si mesmo. Um fragmento da história da posteridade" já é esboçada uma autoduplicação, encenada de modo semelhante, do eu solitário por fraqueza: "Eu me chamo o último filósofo, pois sou o último homem. Ninguém fala comigo mais do que eu mesmo, e minha voz chega a mim como a de um moribundo. Contigo, voz amada [...] eu me ocultei da solidão e minto para mim mesmo na multidão e no amor, pois meu coração [...] não suporta o tremor

Entretanto, "*O eremita fala novamente*", na *Gaia ciência:* "Mas existem outras formas e artimanhas de 'andar' com e entre as pessoas: como fantasma, por exemplo – algo bastante aconselhável, se queremos logo nos livrar delas e assustá-las" (GC 365, KSA 3, p. 613). O eu de *Do alto dos montes* procura levar em consideração esse conselho, na medida em que ele "caminha" como um fantasma. Mas parece melhor a Zaratustra fazer isso, o qual confessa estar desiludido e protege-se em "zonas de ursos polares", com gorro de urso polar: "Então lhes mostro apenas o gelo e o inverno sobre meus cumes — e não que minha montanha também se cinge de todos os cinturões de sol! Ouvem apenas minhas tempestades de inverno a silvar — e não que também viajo por mares quentes, como saudosos, pesados, cálidos ventos do sul. [...] Como poderiam suportar minha felicidade, se eu não a cobrisse de acidentes, apuros de inverno, gorros de urso-polar e capas de céu de neve? [...] — se eu mesmo não suspirasse e tremesse de frio diante deles..." (Za 3, *No monte das oliveiras*, KSA 4, p. 220s.). Nesta rede de significados está incluído também o célebre louvor da máscara de BM 40, que precede o jogo de máscaras dos poemas finais e, assim, deve ser também entendido como uma indicação de leitura para os versos finais:

"Tudo que é profundo ama a máscara: [...]. Esse homem oculto, que instintivamente usa a fala para calar e guardar, e é incansável em esquivar-se à comunicação, *deseja* e solicita que uma máscara ande em seu lugar, nos corações e nas mentes dos amigos" (KSA 5, p. 57s.)[34]

Por que o eu lírico dos versos finais não se contenta em enganar os amigos com máscaras (como o bufão Zaratustra com malícia e astúcia) ou "lhes conceder [...] um espaço e uma margem onde possam dar livre curso à incompreensão" (BM 27, KSA 5, p. 46)? Em BM 278, o andarilho em busca de restabelecimento em um lugar hospitaleiro recebe, para isso, "Mais uma máscara! Uma segunda máscara!" (KSA 5, p. 229). Será que o eu transmutado usa uma nova máscara ou a filosofia da máscara de Nietzsche contradiz sua afirmação de que os amigos devem reconhecê-lo e acompanhá-lo em suas transformações, pois com isso seria afirmado que há um eu autêntico por trás da máscara?

da solidão mais solitária e me obriga a falar como se eu fosse dois" (NF-1872,19[131], KSA 7, p. 460s.).

[34] cf. também BM 290, KSA 5, p. 234: "Todo pensador profundo tem mais receio de ser compreendido que de ser mal compreendido."

Em BM 230 (KSA 5, p. 168), a transmutação é explicitamente recomendada como uma estratégia de mascaramento: "o espírito frui a astúcia e diversidade de suas máscaras, frui também o sentimento de sua certeza – justamente por suas artes de Proteu ele é bem protegido e escondido!"[35]

Em oposição a isso atua a "crueldade da consciência e do gosto intelectuais, que todo pensador valente reconhecerá em si, desde que tenha endurecido e aguçado longamente o seu olhar para si mesmo, como deve, e esteja habituado a disciplina rigorosa e palavras rigorosas" (Idem). Visto desse ponto, o eu pulsante de *Do alto dos montes* estaria, em sua transmutação, no campo do autoengano. De modo correspondente, consta na sequência: "Mas nós, eremitas e marmotas, há muito nos persuadimos, no fundo segredo de uma consciência eremita, que também essa digna pompa verbal é parte do velho enfeite-mentira [...] e que também sob uma cor e uma pintura tão lisonjeiras deve ser reconhecido, uma vez mais, o terrível texto básico *homo natura*" (Ibid., p.169).

9.

O Eu de *Do alto dos montes (canção-epílogo)* parece cada vez mais questionável, à luz da problemática da máscara. Por que ele anseia por convidados? Montaigne, em cuja tradição Nietzsche situa BM (cf. BM 208), afirma no final de seus célebres *Ensaios,* acerca da solidão, que os solitários não devem especular sobre ouvintes e espectadores:

> É covarde ambição querer auferir glória e renome da ociosidade e da solidão; fazei como os animais que apagam suas pegadas à entrada de seu covil. Não vos deveis esforçar para que o mundo fale de vós; só vos deveis preocupar com o que dizeis a vós mesmos. Recolhei-vos em vós, mas antes preparai-vos para vos receber. Pois seria loucura confiardes em vós se não sabeis governar-vos (Montaigne 1998, p. 128[36]).

[35] cf. também NF-1885,35[68]; KSA 11, p. 540.

[36] Tradução de Sérgio Milliet. In: Montaigne, Michel de. Ensaios. Col. Os Pensadores. São Paulo: Abril Cultural, 1972, p. 124.

À luz dessa citação, aparece desacreditado o espetáculo esmaecido, que o solitário cantor de *Do alto dos montes* organiza para atrair convidados. É significativo, desse modo, como as duas estrofes finais iluminam o ocorrido. É mencionado, no início, a canção anterior, "O grito doce da saudade / morreu na boca" (estrofe 14); segue, então, um verso enigmático, que fica sem comentário: "Um mago (*Zauberer*) foi seu autor". Quem é o mago e o que ele fez? Ele sufocou a canção, o grito? Ele é o "amigo do meio-dia"? Nós (ou os amigos?) não devemos perguntar 'quem é -' (idem). O "não!" anterior poderia rejeitar as sugestões anteriores do "mago, amigo do meio-dia" ou enviar o convite para nós ou para os amigos, mas não perguntar. Mas a pergunta permanece ali, possíveis respostas são arroladas, máscaras são trocadas. Agora faltam os pontos de interrogação, em vez disso, há travessões e três pontos. Não devemos perguntar, mas temos de adivinhar, não sabemos a quem é dirigido ou quem sufocou a canção. Da mesma forma, o "Agora celebramos" da última estrofe deixa em aberto, se foi o "nós" ou o "eu" e o seu novo convidado, Zaratustra, quem começou a comemorar a "Festa das Festas". Quando os velhos amigos se despedem e os novos são esperados, que tipo de amigo, então, é o mago, o "amigo do meio-dia" e o "amigo da hora certa"? Ou o "Amigo Zaratustra" assume esse papel?[37] O velho feiticeiro (*Zauberer*) é aquele que entoa o "Canto da melancolia" no *Zaratustra,* "oculta seus anseios sob mil máscaras", e reconhece que é, em seu dilaceramento, "Só louco, só poeta" (Za 4, *O canto da melancolia*, 3). "Assim cantou o feiticeiro" (Za 4, *Da ciência*), consta na sequência desse hino de autodilaceramento, na destituição de Zaratustra, que quase sempre apenas fala.[38] O feiticeiro é, portanto, um adversário da figura de Zaratustra. Ele também é quem canta no *Zaratustra* a canção

---

[37] Cf. Acerca disso, o escrito preparatório descartado, em que a saudade do amigo Zaratustra é mais nítida: "Aqui estou sentado, esperando, esperando – por nada, pois / Tu Zaratustra, tu não me abandonas, / Amigo Zaratustra // O que me arrebatou / Tu permaneces fiel a mim [amigo e consciência superior], à minha consciência superior / Tu eras minha felicidade e outono // Fique, amigo Z., não me abandone! O que me arrebatou, tu [-] saber de mim? / [Tu permaneces fiel a mim, minha consciência superior!] E não percebes como eu carrego fardo e dever? / [Fique, amigo Zaratustra, não me deixe] / O dia já está findando, felicidade e luz já estão amarelando… / Agora eu fico quieto e maduro na luz do outono / [Agora eu fico quieto à luz do sol do outono] / Igual a um fruto, que com um sopro cai da árvore" (KSA 14, p. 376)

[38] São exceções: Za 2, *O canto noturno*, Za 2, *O canto da dança*, Za 2, *O canto dos sepulcros*, Za 3, *No monte das oliveiras*.

"Quem me aquece, quem me ama / Dai-me mãos quentes", que remonta aos mesmos escritos preparatórios de *Do alto dos montes,* e que assim só encena (!) o "o poeta e feiticeiro que afinal volta contra si mesmo seu espírito, o homem transformado" (Za 4, *O feiticeiro*, 2, KSA 4, p. 318), e por isso ele leva uma surra, a qual lamenta "daquela forma". É o "Eu" transformado e, do mesmo modo, lamuriante de *Do alto dos montes* também encenado por um "mau feiticeiro", ou seja, por um ator, falsificador e mentiroso (Ibid., p. 317)? "Um mago foi seu autor!" O fato de que os personagens aqui realmente atuam como máscaras enganadoras, e podem ser substituídos conforme a necessidade, é bem ilustrado por um verso, o qual mostra que tudo é apenas um espetáculo no palco dos pensamentos: "rasgou-se a horrível cortina" (estrofe 14).

A cortina rasgou-se como o véu da Maia ou como a máscara do feiticeiro. Entretanto, essa imagem alude claramente à cena em que Cristo morre na cruz com um grito (!), e então a cortina do templo se rasgou, a terra tremeu e uma nova ordem começou: "Mas Jesus gritou novamente alto e faleceu. E eis que o véu no templo se rasgou em dois pedaços de cima a baixo. E a terra tremeu, e as rochas fenderam-se, e os túmulos se abriram, e os corpos de muitos santos, que ali dormiam, ressuscitaram. Após saírem de seus sepulcros, entraram na Cidade Santa, depois da ressurreição de Jesus, e apareceram para muitas pessoas" (Mateus 27:51; cf. Marcos 15:38). Lucas descreve o acontecimento ainda mais dramaticamente: "Era quase à hora sexta, e havia uma escuridão em toda a Terra até a nona hora. O sol escureceu-se e o véu do templo rasgou-se ao meio" (Lucas 23:44).[39] Um fim de mundo, a imagem antiga de Deus sucumbe, o templo está agora aberto e exposto a todos os ventos, uma nova ordem poderia vir. No entanto, a cortina subindo alude também à cortina do teatro, que se divide em dois e permite que um espetáculo encenado seja visto em dois atos. Todo o teatro apocalíptico acerca de deuses antigos e novos é apenas teatro, uma peça teatral com sombras e fantasmas, um jogo de sombras no palco das ideias. Não temos mais nada, porque não existe um Além da aparência. Em

[39] Comentário de Lutero: "Aqui volta-se para si / e se torna um novo ser etc. (Lutero 1974 [1545], p. 2027). Cf. também a peça de Goethe sobre a cortina que se rasga (aqui no sentido de "abrir-se"): "A cortina foi rasgada e abriu-se completamente, e o velho rei da Dinamarca ficou na sala, com toda a sua armadura. "Eu sou o espírito de teu pai", disse a imagem" (Goethe 1988, 459s).

outro escrito preparatório, isso ainda é expresso ainda mais claramente: "Daquilo que perdi, eu desisto livremente: Agora eu quero saber [Tu ficas comigo] Somente tu ficas comigo, minha consciência superior, amigo Zaratustra [tu não me abandonas] – sim, tu não me abandonas! - - - - - O que te ofereço, Zaratustra? Certamente [Ao amigo] é o melhor para ti! Primeiramente, um espetáculo, a ti, o mais mimado dos convidados! E já está começando – olha! A cortina se fendeu: É o casamento da Luz com as Trevas" (KSA 14, p. 376).

Como uma outra ligação intertextual com um texto de estrutura proeminente, que reforça minha leitura, pode ser introduzida a já mencionada *Dedicatória* ao *Fausto I*.[40] Tanto a *Dedicatória* sem destinatário quanto as partes introdutórias seguintes *Prelúdio ao teatro* e *Prólogo no céu* são anunciadas na primeira impressão em títulos de páginas separadas, o que enfatiza sua independência. Somente depois nos deparamos com o frontispício: *Tragédia. Primeira Parte.* Através dessa divisão, a tragédia é claramente explicada como uma peça na peça teatral. Às correspondências na quebra teatral da ilusão no plano formal, juntam-se figuras retóricas e estilísticas semelhantes e uma temática relacionada, pois aqui também um anseio fútil para a restauração da felicidade vivida anteriormente se reverte na criação de um novo mundo poético. Nas estampas da *Dedicatória* vinculadas autorreflexivamente a todo o poema do *Fausto*, fala um eu lírico com figuras condensadas, com os quais esteve ligado, no passado, em "Amor e Amizade", mas agora se sente estranho em relação a eles, e que agora aparecem na recordação apenas como sombras. Falta ainda público para as novas canções: "Já não escutarão meus cânticos seguintes, / As almas para as quais cantei os primeiros; / Dispersa está a amistosa multidão, / Desvanecidos, ah! os primeiros ecos. / Meu cântico soa para a multidão desconhecida". O eu lírico se afasta lamuriante daquelas figuras antigas de sua obra, às quais outrora seus cantos versavam, mas que não serão mais cantados no futuro para uma "multidão" indeterminada. A lembrança dos amigos entrementes falecidos ou dispersos conduz o Eu para longe da realidade, para o reino da ficção, ele é possuído por um "anseio [que acreditava estar superado] / àquele reino dos espíritos silencioso e sério", seu coração torna-se terno. A realidade imaginativa-poética toma o lugar das relações supostamente

[40] Goethe 1809, V. 1-32.

reais; o jogo pode, assim, começar: "O que eu possuo, eu vejo como que à distância, / E o que desapareceu torna-se em realidades para mim."

10.

Do alto dos montes é um minidrama, uma peça teatral, concebida para entreter com quimeras uma figura imaginária na *canção-epílogo*. Os versos finais mostram o caráter ficcional da obra e, ao mesmo tempo, revelam as condições subjacentes à ficção. No final dessa *canção-epílogo* e, desse modo, no final de BM, a cortina se rasga e escancara as necessidades a que constrangem as autoencenações do filósofo que escreveu esse livro. Vem à luz agora a amarga autoironia, que estava oculta no discurso da "farsa posfácio", na qual "também os reclusos à força, os Spinozas e Giordano Brunos – acabam sempre se transformando, ainda que sob a mascarada mais espiritual, e também sem que eles mesmos saibam, em refinados vingativos e envenenadores" (BM 25, KSA 5, p. 43). Caso alguém olhar por trás da máscara do filósofo solitário, que se sacrifica pela verdade, então viria à tona "o ator e agitador que nele se esconde", e também que ele seria compreendido com "uma curiosidade artística", como "degenerados em 'mártires', em histriões do palco e da tribuna" (*idem*). O filósofo como mártir da verdade é, com seu grito, uma paródia de Cristo; cantando, ele tenta espantar seus medos. O grito e a canção são sufocados nas últimas estrofes e seu cantor revela-se um choramingueiro e mímico, em uma farsa autossubversiva de canção-epílogo, que sucede o final da "verdadeira tragédia", após a qual nenhuma posição "verdadeira" pode ser tomada; os papéis clássicos, contudo, são ainda parodiados, enquanto *Crepúsculo dos ídolos, Anticristo* e *Ecce homo.* Isso vale também para todos os cantos e canções-epílogos: "*Essa* canção acabou" (estrofe 14). Não apenas a canção anterior, ou a velha canção da morte dos deuses, mas *esta* canção precisamente põe um fim a si mesma. "Mas requer mais coragem dar fim do que fazer um novo verso: todos os médicos e poetas sabem disso (Za 3, *De velhas e novas tábuas*, 17, KSA 4, p. 259). BM *termina* em versos.

* * *

Oh Lebens Mittag! Feierliche Zeit!
Oh Sommergarten!
Unruhig Glück im Stehn und Spähn und Warten: —
Der Freunde harr' ich, Tag und Nacht bereit,
Wo bleibt ihr Freunde? Kommt! 's ist Zeit! 's ist Zeit!

War's nicht für euch, dass sich des Gletschers Grau
Heut schmückt mit Rosen?
Euch sucht der Bach, sehnsüchtig drängen, stossen
Sich Wind und Wolke höher heut in's Blau,
Nach euch zu spähn aus fernster Vogel-Schau.

Im Höchsten ward für euch mein Tisch gedeckt: —
Wer wohnt den Sternen
So nahe, wer des Abgrunds grausten Fernen?
Mein Reich — welch Reich hat weiter sich gereckt?
Und meinen Honig — wer hat ihn geschmeckt?.....

— Da seid ihr, Freunde! — Weh, doch ich bin's nicht,
Zu dem ihr wolltet?
Ihr zögert, staunt — ach, dass ihr lieber grolltet!
Ich — bin's nicht mehr? Vertauscht Hand, Schritt, Gesicht?
Und was ich bin, euch Freunden — bin ich's nicht?

Ein Andrer ward ich? Und mir selber fremd?
Mir selbst entsprungen?
Ein Ringer, der zu oft sich selbst bezwungen?
Zu oft sich gegen eigne Kraft gestemmt,
Durch eignen Sieg verwundet und gehemmt?

Ich suchte, wo der Wind am schärfsten weht?
Ich lernte wohnen,
Wo Niemand wohnt, in öden Eisbär-Zonen,
Verlernte Mensch und Gott, Fluch und Gebet?
Ward zum Gespenst, das über Gletscher geht?

— Ihr alten Freunde! Seht! Nun blickt ihr bleich,
Voll Lieb' und Grausen!
Nein, geht! Zürnt nicht! Hier — könntet ihr nicht hausen:
Hier zwischen fernstem Eis- und Felsenreich —
Hier muss man Jäger sein und gemsengleich.

Ein schlimmer Jäger ward ich! — Seht, wie steil
Gespannt mein Bogen!
Der Stärkste war's, der solchen Zug gezogen — —:
Doch wehe nun! Gefährlich ist der Pfeil,
Wie kein Pfeil, — fort von hier! Zu eurem Heil! .....

Ihr wendet euch? — Oh Herz, du trugst genung,
Stark blieb dein Hoffen:
Halt neuen Freunden deine Thüren offen!
Die alten lass! Lass die Erinnerung!
Warst einst du jung, jetzt — bist du besser jung!

Was je uns knüpfte, Einer Hoffnung Band, —
Wer liest die Zeichen,
Die Liebe einst hineinschrieb, noch, die bleichen?
Dem Pergament vergleich ich's, das die Hand
Zu fassen scheut, — ihm gleich verbräunt, verbrannt

Nicht Freunde mehr, das sind — wie nenn' ich's doch? —
Nur Freunds-Gespenster!
Das klopft mir wohl noch Nachts an Herz und Fenster,
Das sieht mich an und spricht: „wir waren's doch?" —
— Oh welkes Wort, das einst wie Rosen roch!

Oh Jugend-Sehnen, das sich missverstand!
Die ich ersehnte,
Die ich mir selbst verwandt-verwandelt wähnte,
Dass alt sie wurden, hat sie weggebannt:
Nur wer sich wandelt, bleibt mit mir verwandt.

Oh Lebens Mittag! Zweite Jugendzeit!
Oh Sommergarten!
Unruhig Glück im Stehn und Spähn und Warten!
Der Freunde harr' ich, Tag und Nacht bereit,
Der neuen Freunde! Kommt! 's ist Zeit! 's ist Zeit!

* * *

Dies Lied ist aus, — der Sehnsucht süsser Schrei
Erstarb im Munde:
Ein Zaubrer that's, der Freund zur rechten Stunde,
Der Mittags-Freund — nein! fragt nicht, wer es sei —
Um Mittag war's, da wurde Eins zu Zwei .....

Nun feiern wir, vereinten Siegs gewiss,
Das Fest der Feste:
Freund Zarathustra kam, der Gast der Gäste!
Nun lacht die Welt, der grause Vorhang riss,
Die Hochzeit kam für Licht und Finsterniss .....

* * * * * *

* * *

*
* *
* *
* * * *

Ó meio-dia da vida! Tempo festivo!
Ó jardim do verão!
Inquieta ventura em se deter, atentar e esperar: –
Pelos amigos aguardo, dia e noite disposto,
Onde estão, amigos> Venham! É tempo! É tempo!

Não foi para vocês que o cinza da geleira
Se enfeitou hoje de rosas?
É a vocês que o riacho procura, e ansiosamente afluem
E se batem ventos e nuvens, mais alto no azul,
Para observá-los a distância, como pássaros na espreita.

A grande altura lhes preparei minha mesa: –
Quem habita tão próximo
Às estrelas, e às escuras distâncias do abismo?
Meu reino – que reino se estendeu mais longe?
E o meu mel – quem o terá provado?

– *Aí estão vocês*, amigos! – Como, não é *a mim*
Que estão a buscar?
Vocês hesitam, surpresos – oh, melhor seria se tivessem rancor!
Eu – não sou mais eu? Mudaram a mão, o rosto, o passo?
E *o que* sou, amigos – não sou para vocês?

Terei me tornado outro? A mim mesmo estranho?
De mim mesmo evadido?
Um lutador que a si mesmo subjugou demasiadas vezes?
Que demasiadas vezes se opôs à própria força?
Ferido e detido pela própria vitória?

Procurei onde o vento sopra mais cortante?
Aprendi a viver
Onde ninguém vive, em ermas zonas de ursos brancos,
Desaprendi Deus e Homem, oração e maldição?
Tornei-me um espectro que caminha nas geleiras?

– Velhos amigos! Vejam! Agora parecem pálidos,
Cheios de amor e de horror!
Não, partam! Não se aborreçam! Aqui – não poderiam habitar:
Aqui, neste longínquo reino de pedras e gelo –
Aqui é preciso ser como caçador e igual à cabra montesa.

Um *mau* caçador me tornei! – Vejam como
Está tenso o meu arco!
O mais forte é aquele que logrou essa tensão – –:
Mas agora, cuidado! Perigosa é a seta,
Como *nenhuma* outra, – fora daqui! Para o bem de vocês!...

Já se vão? – Ó coração, suportaste bastante,
Forte permaneceu tua esperança:
Mantém abertas para *novos* amigos as tuas portas!
Deixa os velhos! Deixa a recordação
Se outrora foste jovem, agora – és ainda mais jovem!

O que uma vez nos ligou, o laço da mesma esperança, –
Quem lê ainda os sinais,
Empalidecidos, que há tempos o amor ali inscreveu?
Eu o comparo a um pergaminho que a mão
hesita em segurar, – como ele enegrecido, e consumido.

Não são amigos, são – como chamá-los? –
Somente fantasmas de amigos!
Eles ainda batem, à noite, em meu coração e minha janela,
Olham para mim e dizem: "mas *éramos* amigos!" –
– Ó palavras murchas, que um dia cheiraram a rosas!

Ó anelo da juventude, que não se compreendia!
Aqueles por quem eu ansiava,
Que julgava como eu transformados, comigo aparentados
O fato de *envelhecerem* os afastou de mim:
Somente quem muda pertence ao meu mundo.

Ó meio-dia da vida! Segunda juventude!
Ó jardim do verão!
Inquieta ventura em se deter, atentar e esperar!
Pelos amigos aguardo, dia e noite disposto,
Pelos *novos* amigos! Venham! É tempo! É tempo!

* *
*

Este canto acabou, – o grito doce da saudade
Morreu na boca:
Um mago foi seu autor, o amigo da hora certa,
O amigo do meio-dia – não! não perguntem quem é ele –
Aconteceu no meio-dia, quando Um se tornou Dois...

Agora celebramos, seguros da vitória comum,
A festa das festas:
O amigo *Zaratustra* chegou, o hóspede dos hóspedes!
Agora o mundo ri, rasgou-se a horrível cortina,
Chegou o casamento entre a Luz e as Trevas...

* *
* * * *
* *
*

Referências

ANSELL-PEARSON, Keith; ACAMPORA, Christa Davis. *Nietzsche's Beyond Good and Evil*: A Reader's Guide. London/New York: Continuum, 2011.

BENJAMIN, Walter. Kurze Schatten. In: BENJAMIN, Walter. *Schriften* IV-1. Frankfurt: Suhrkamp, 1972.

BENN, Gottfried. Nietzsche – nach 50 Jahren. In: BENN, Gottfried. *Sämtliche Werke*. Stuttgart: Klett-Cotta, 1991 [1950]. pp. 198–208.

BENNE, Christian. ihr meine geschriebenen und gemalten Gedanken!": Synästhetische Lektüre von Jenseits von Gut und Böse 296. In: BORN, Marcus Andreas; PICHLER, Axel (eds.). *Texturen des Denkens*. Nietzsches Inszenierung der Philosophie in "Jenseits von Gut und Böse. Berlin: De Gruyter, 2013. pp. 305–322.

BERNAUER, Markus. *Heinrich von Stein*. Berlin: Akademie Verlag, 1998.

BERTRAM, Ernst. *Nietzsche* – Versuch einer Mythologie. Berlin: Ernst Rowohlt Verlag, 1918.

BURNHAM, Douglas. *Reading Nietzsche*. An Analysis of "Beyond Good and Evil". Stocksfield: Acumen, 2007.

COKER, John C. Spectres of Friends and Friendship: A Reading of "From High Mountains. Aftersong"". *Journal of Nietzsche Studies, v. 16, 1998. pp. 1–32.*

DÄUBLER, Theodor. "Alexander Archipenko. In: DÄUBLER, Theodor. *Im Kampf um die moderne Kunst und andere Schriften*. Darmstadt: Wissenschaftliche Buchgesellschaft, 1988 [1920].

DELLINGER, Jakob. Erträumt, ersungen und erdichtet? Zur Irritation des Motivs der affirmativen Erlösung" in "Also sprach Zarathustra". *Nietzscheforschung*, v. 18, 2011. pp. 155–166.

DERRIDA, Jacques. *Politik der Freundschaft*. Frankfurt am Main: Suhrkamp, 2002.

FRANK, Horst J. *Handbuch der deutschen Strophenformen*. Tübingen: Niemeyer, 1993.

GOETHE, Johann Wolfgang von. *Wilhelm Meisters Lehrjahre.* Sämtliche Werke. v. 5. Münchner Ausgabe. Munich: Deutscher Taschenbuch, 1988.

GOETHE, Johann Wolfgang von. *Faust.* Eine Tragödie. Tübingen, 1808.

GOLDSCHMIDT, Kurt Walter. Friedrich Nietzsche als Lyriker. *MBI*, v. 25, n. 4, 1899.

GRIMM, Jacob e GRIMM, Wilhelm. *Deutsches Wörterbuch.* 16 Bde. in 32 Teilbänden. Leipzig: Hirzel, 1854-1961. ND München: Deutscher Taschenbuch, 1971.

GRODDECK, Wolfram. *Friedrich Nietzsche*, "Dionysos-Dithyramben. Bedeutung und Entstehung von Nietzsches letztem Werk. Berlin: de Gruyter, 1991a.

GRODDECK, Wolfram. Gedichte und Sprüche. Überlegungen zur Problematik einer vollständigen, textkritischen Ausgabe von Nietzsches Gedichten. In: MARTENS, Gunter; WOESLER, Winfried. (org.). *Edition als Wissenschaft.* Festschrift für Hans Zeller. Beihefte zu Editio, v. 2, 169-180, 1991b.

HENNE, Helmut. *Sprachliche Spur der Moderne in Gedichten um 1900*: Nietzsche, Holz, George, Rilke, Morgenstern. Berlin: de Gruyter, 2010.

HÜSER, Andreas. *Wo selbst die Wege nachdenklich werden.* Friedrich Nietzsche und der Berg. Zürich: Pendo, 2003.

JASPERS, Karl. *Nietzsche.* Einführung in das Verständnis seines Philosophierens. Berlin: Springer, 1936.

KLEIN, Johannes. *Die Dichtungen Nietzsches.* München: Beck, 1935.

KRUMMEL, Richard Frank. *Nietzsche und der deutsche Geist.* Ausbreitung und Wirkung des Nietzscheschen Werkes im deutschen Sprachraum bis zum Ende des Zweiten Weltkrieges. Ein Schrifttumsverzeichnis der Jahre 1867-1945. 4 volumes. Berlin/New York: de Gruyter, 1998-2006.

LÄMMERT, Eberhard. Nietzsches Apotheose der Einsamkeit. *Nietzsche-Studien*, v. 16, 1987, pp. 47–69.

LAMPERT, Laurence. *Nietzsche's Task*: An Interpretation of Beyond Good and Evil. New Haven/London: Yale University Press, 2001.

LUTHER, Martin. *Die gantze Heilige Schrifft/Deudsch 1545/Auffs new zugericht.* München: v. 2, 1974 [1945].

MONTAIGNE, Michel de. *Essais*. Tradução de Hans Stilett. Frankfurt am Main: Insel Verlag, 1998.

MONTINARI, Mazzino. *Friedrich Nietzsche*: eine Einführung. Berlin / New York: de Gruyter, 1999.

NIETZSCHE, Friedrich. Idyllen aus Messina. *Internationale Monatsschrift*, v. 1, n. 5, 1882, pp. 269–275.

NIETZSCHE, Friedrich. *Jenseits von Gut und Böse*. Leipzig: C. G. Naumann, 1886.

NIETZSCHE, Friedrich. *Die fröhliche Wissenschaft ("la gaya scienza")*. Neue Ausgabe mit einem Anhange: "Lieder des Prinzen Vogelfrei". Leipzig: E. W. Fritzsch, 1887.

NIETZSCHE, Friedrich. *Gedichte*. Edição de Ralph Kray und Karl Riha. Frankfurt: Insel Verlag, 1994.

NIETZSCHE, Friedrich. *Beyond Good and Evil*: Prelude to a Philosophy of the Future. Tradução de Reginald J. Hollingdale. London: Penguin Books, 2003.

PESTALOZZI, Karl. *Die Entstehung des lyrischen Ich*: Studien zum Motiv der Erhebung in der Lyrik. Berlin: Duncker & Humblot, 1970.

PESTALOZZI, Karl. Hier ist die Aussicht frei, der Geist erhoben. Nietzsche liest Goethe. *Nietzsche-Studien*, v. 41, 2012, pp. 17–42.

RIEDEL, Manfred. *Freilichtgedanken*. Nietzsches dichterische Welterfahrung. Stuttgart: Klett-Cotta, 1998.

SCHAUBACH, Ernst Adolf. *Die deutschen Alpen*. Für Einheimische und Fremde geschildert. Jena: Verlag von Friedrich Mauke, 1861.

SALIS-MARSCHLINS, Meta von. *Die unerwünschte Weiblichkeit. Autobiographie*, Gedichte, Feministische Schriften. Edição de Doris Stump. Thalwil/Zürich: Schwarzer Nachtschatten, 1988.

SINGER, Rüdiger. *Nachgesang*": Ein Konzept Herders, entwickelt an Ossian, der popular ballad und der frühen Kunstballade. Würzburg: Königshausen & Neumann, 2006.

TIECK, Ludwig. *Schriften*. Berlin: G. Reimer, 1828.

VOß, Johann Heinrich. *Sämtliche Gedichte*. Sechster Teil: Oden und Lieder. Königsberg: Gebrüder Bornträger, 1802.

WUTHENOW, Ralph-Rainer. Epigramm, Idylle und Dithyrambus. Zu Nietzsches Gedichten. In: SADER, Jörg; WÖRNER, Anette (org.). *Überschreitungen*. Dialoge zwischen Literatur- und

Theaterwissenschaft, Architektur und Bildender Kunst. Festschrift für Leonhard M. Fiedler zum 60. Geburtstag. Würzburg: Königshausen & Neumann, 2002.

WUTHENOW, Ralph-Rainer. *Nietzsche als Leser.* Drei Essays. Hamburg: Felix Meiner Verlag, 1994.

ZITTEL, Claus. *Das ästhetische Kalkül von Friedrich Nietzsches "Also sprach Zarathustra.* 2. ed. Würzburg: Königshausen & Neumann, 2011.

X. A superação da intuição no jogo da metáfora: a semântica relacional de Nietzsche[1]

As palavras são as sedutoras dos filósofos, elas se debatem na rede da linguagem[2]

1.

Ao investigar o pensamento de Nietzsche sobre a metáfora, pode-se assumir ao menos três diferentes pontos de vista. Em primeiro lugar, é possível analisar a "gênese" lógica da metáfora e do conceito, com isso, essa relação é considerada num sentido, por assim dizer, vertical. Em segundo lugar, considera-se o papel desempenhado tanto pela relação (horizontal) metáfora-metáfora, quanto por aquela conceito-conceito. Em terceiro lugar, pode-se avaliar a gênese da metáfora e do conceito sob uma perspectiva teórico-cultural.

Via de regra, o entendimento de Nietzsche sobre a metáfora é tratado pela literatura apenas nesse primeiro sentido, o qual costuma-se basear em grande parte no escrito póstumo de juventude *Sobre verdade e mentira* (VM).[3] Na maioria dos casos, no que diz respeito à linguagem,

[1] O presente capítulo baseia-se num capítulo de minha tese: *Das ästhetische Kalkül von Friedrich Nietzsches 'Also sprach Zarathustra'*, onde investiguei concretamente as constelações metafóricas individuais em *Zaratustra* e explicitei os seus procedimentos estéticos com a ajuda de uma reconstrução das reflexões de Nietzsche sobre o conceito de relação. Nas páginas seguintes, retomo algumas das ideias centrais do capítulo sobre metáforas deste trabalho, a fim de confrontá-las agora com modelos alternativos da filosofia analítica da linguagem. [Capítulo traduzido por Benjamin Brum Neto].

[2] NF-1875,6[39], KSA 8, p. 113.

[3] Ocasionalmente, porém, há tentativas de desvalorizar as primeiras reflexões de Nietzsche sobre a linguagem, em favor de seus teoremas posteriores. Cf. Biebuyck 1994, p. 122: "Estou convencido de que, em comparação com as muito discutidas, mas modestas fantasias filológicas do jovem Nietzsche, podem ser identificadas e comprovadas transformações

o ponto principal destacado pelos intérpretes da concepção inicial de Nietzsche é a crítica à linguagem conceitual como restritiva e repressiva, distinguindo-se em relação ao discurso metafórico, o qual abarca o fenômeno mais "original". Às rígidas ordens conceituais, Nietzsche opõe as metáforas, que seriam mais "vivas", "individuais", "verdadeiras" ou mesmo "originais".

O que incomoda nessas leituras é o fato de que, a partir desses escritos iniciais, atesta-se que Nietzsche, por um lado, leva a cabo uma ruptura radical com as ideias do *Nascimento da Tragédia*,[4] mas por outro, interpreta a relação entre metáfora e conceito justamente de acordo com essas ideias. Pois as qualidades mencionadas atribuídas à metáfora seriam – de acordo com a linguagem do *Nascimento da tragédia* – qualidades dionisíacas, embora o termo "apolíneo" tivesse de ser aqui mencionado.

Em relação a isso tenho dois pontos de discordância. Em primeiro lugar, entendo o escrito *Sobre verdade e mentira* como completamente pertencente à fase inicial da metafísica do artista em sua concepção; em segundo lugar, penso que sob o ponto de vista desse escrito, emerge uma avaliação completamente diferente da noção de metáfora, a saber, de caráter apolíneo. Essa tese é eminentemente decisiva, pois a partir dela resulta uma apreciação fundamentalmente diferente da qualidade do caráter intuitivo (*Anschaulichkeitsqualität*) da metáfora e com isso uma outra avaliação do status e da função da metáfora na filosofia de Nietzsche.

(1) Começo com o ponto indiscutível: a crítica nietzschiana do conceito: "A desconsideração do individual e efetivo nos dá o

verdadeiramente espetaculares nos escritos mais maduros, por exemplo, no que se refere ao aumento da complexidade e da incorporação de novos pensamentos". Isso foi prontamente contrariado por Hödl 1997, p. 15, que cita a autoavaliação de Nietzsche e o juízo geral da pesquisa (que, no entanto, podem ser rejeitados como meros argumentos de autoridade), mas, além disso, mostra que, reconstruídos "sistematicamente", os primeiros pensamentos de Nietzsche são bastantes complexos e viáveis. A provocação de Biebuyck, contudo, é útil na medida em que chama a atenção para o fato de que, com demasiada frequência, apenas os primeiros textos são levados em consideração e são igualadas à teoria da linguagem de Nietzsche como um todo. Decisivo é, no entanto, perceber as diferenças entre suas posições iniciais e posteriores. Tendo em conta essas diferenças, a seguir eu abordo a crítica linguística inicial, sem com isso reivindicar uma interpretação abrangente do jovem Nietzsche. Uma visão geral informativa sobre as diferentes abordagens interpretativas de VM é oferecida no livro de Hödl acima mencionado.

[4] Cf. Idem, p. 17.

conceito, assim como nos dá também a forma, enquanto a natureza não conhece formas nem conceitos, portanto também não conhece espécies, mas somente um X, para nós inacessível e indefinível." (VM 1, KSA 1, p. 880).[5]

O que eu gostaria de destacar a respeito desta conhecida passagem é que aqui – diferentemente de suas compreensões posteriores – Nietzsche prescinde das abstrações dos conceitos em prol de um ideal metafísico de uma vivência primordial individualizada:

> Pensemos ainda, em particular, na formação dos conceitos. Toda palavra torna-se logo conceito justamente quando não deve servir, como recordação, para a vivência primitiva, completamente individualizada e única à qual deve seu surgimento, mas ao mesmo tempo tem de convir a um sem-número de casos, mais ou menos semelhantes, isto é, tomados rigorosamente, nunca iguais, portanto, a casos claramente desiguais. Todo conceito nasce por igualação do não-igual (Idem).

Posteriormente, Nietzsche banirá para o reino fabuloso do "mundo de trás" (*Hinterwelt*) a concepção de que existam quaisquer vivências primordiais, retendo, contudo, a crítica do conceito. No primeiro Nietzsche há ainda a suposição de uma referência possível à realidade, mais precisamente por meio da metáfora. Contudo, isso não é possibilitado pela metáfora, pois ela teria qualidades de expressão primárias (*Ausdrucksqualitäten*). Sua função consiste muito mais na imitação da realidade, enquanto o conceito – um patamar de ilusão mais distante da realidade – trabalha em sua estrutura conceitual" por meio do "assim chamado conhecimento", "aquele enorme columbário dos conceitos, cemitério das intuições" (VM 2, KSA 1, p. 886). A relação entre metáfora imitativa e conceito se apresenta inicialmente como um processo de mortificação sucessivo: "nisto, o *imitar* é o oposto do *conhecer*, pois o conhecer não quer fazer valer qualquer transmissão, mas quer captar a impressão sem metáforas e sem consequências. Para este fim ele é petrificado: a impressão é capturada e delimitada por conceitos.

[5] Para as citações de *Sobre verdade e mentira em sentido extramoral* neste artigo foi utilizada a tradução de Rubens Torres Filho de: NIETZSCHE, F. W. *Sobre verdade e mentira no sentido extramoral* (Obras incompletas). Tradução e notas de Rubens Rodrigues Torres filho. São Paulo: Abril Cultural, 1983 (N.T.).

Depois morta, esfolada e como conceito mumificada e preservada" (NF-1872,19[228], KSA 7, p. 490).

O ponto decisivo nesse processo de petrificação é que a metáfora não desempenha apenas um papel sacrificial, mas que é primeiramente por meio dela que esse fatídico desenvolvimento se torna possível. Um conceito nada mais é do que uma metáfora fixa que obtém a aparência de verdade por meio da habituação: "as verdades são ilusões, das quais se esqueceu que o são, metáforas que se tornaram gastas e sem força sensível, moedas que perderam sua efígie e agora só entram em consideração como metal, não mais como moedas." (VM 1, KSA 1, p. 880s). A metáfora é a fase preliminar ao conceito, possui portanto, assim como o conceito mesmo, primariamente uma função cognitiva. Com ela, a realidade deve ser *dominada*: "que poder compele à imitação?" pergunta Nietzsche e responde: "A apropriação de uma impressão exterior através de metáforas." (NF-1872,19[227], KSA 7, p. 490). "No filósofo, as atividades prosseguem através de metáfora. A aspiração ao domínio *uniforme*" (NF-1872,19[174], KSA 7, p. 473).

(2) *A metáfora alcança isso em razão de seu caráter relacional*. A metáfora fornece a primeira igualação do não-igual: "*Metáfora* significa tratar como *igual* algo que em certo ponto se conheceu como *semelhante*" (NF-1872,19[249], KSA 7, p. 498). A metáfora toma parte na formação do conceito de modo elementar, ela atua como "primeira força [...] um igualar do não-igual, logo, é efeito da fantasia. Nisso baseia-se a existência de conceitos, formas, etc." (NF-1873,29[8], KSA 7, p. 625). A fantasia estabelece as relações entre coisas distantes. Nietzsche a define como a "rápida visão de similaridade (*schnelle Ähnlichkeitsschauen*)" (NF-1872,19[75], KSA 7, p. 444). Contudo: "o semelhante não é uma graduação do igual: é, antes, algo completamente diferente do igual" (NF-1881,11[166], KSA 9, p. 505).[6] Conceitos são por isso apenas "metáforas usuais" (NF-1872,19[228], KSA 7, p. 491) .[7] Quando uma metáfora é gravada na

[6] Cf. Em *Zaratustra* "Entre aqueles que são mais semelhantes, a aparência mente do modo mais belo; pois o menor abismo é o mais difícil de transpor" (Za, 3, *O convalescente*, 2, KSA 4, p. 272).

[7] O texto de VM é ambíguo sobre esta questão. Lê-se primeiro: "Enquanto cada metáfora intuitiva é individual e sem igual e, por isso, sabe escapar a toda rubricação, o grande edifício dos conceitos ostenta a regularidade rígida de um columbário romano e respira na lógica aquele rigor e frieza, que são da própria matemática. Quem é bafejado por es frieza difícil? mente acreditará que até mesmo o conceito, ósseo e octogonal como um dado e tão fácil de deslocar quanto este, é somente o *resíduo de uma metáfora*, e que a

memória ela se torna um conceito: "um símbolo *memorizado* é sempre um conceito: apreende-se aquilo que se pode identificar e distinguir" (NF-1869,3[15], KSA, 7, p. 64). Conceitos e metáforas são assim diferenciados um do outro não de modo qualitativo, mas apenas gradual.[8] O conceito é apenas uma subespécie temporária e bem-sucedida da metáfora.

Com efeito, não se deve contar com o poder redentor da metáfora poética. A metáfora, por sua vez, procede de modo conceitual no sentido de que ela iguala coisas semelhantes. Em seguida – num próximo passo – as relações por ela estabelecidas são codificadas, o que faz com que a linguagem se torne ainda mais independente em relação à "realidade".[9] Nas palavras de Nietzsche, ocorre um deslocamento, uma metonímia,[10] que passa da real relação de designação entre palavra e objeto para relações signo-signo.

Assim, o princípio básico válido para a intuição é: tão logo nos encontramos no âmbito da linguagem, afastamo-nos da suposta verdadeira "realidade". E isso também vale, por conseguinte, para a poesia e respectivamente para a metáfora poética.[11] Pelo tornar-se linguístico através da metáfora a intuição ingressa na rede de relações como imagem e a relação vertical com a realidade é reprimida por meio das relações horizontais no jogo de referências das metáforas e dos conceitos. A metáfora 'transporta' o sensorial para o não-sensorial.[12] No

---

ilusão da transposição artificial de um estímulo nervoso em ima? gens, se não é a mãe, é pelo menos a avó de todo e qualquer conceito" (VM, KSA 1, p. 882). Aqui poder-se-ia argumentar que Nietzsche teria de fato postulado uma estrita oposição entre intuição individual e conceito geral. No entanto, logo em seguida corrige-se que a metáfora, por sua vez, prepara e possibilita a formação do conceito: "Disso se segue, por certo, que aquela formação artística de metáforas, que, em nós, dá início a toda sensação, já pressupõe tais formas, e, portanto, realiza-se nelas; somente a partir da firme persistência dessas formas primordiais torna-se possível esclarecer como pôde, assim como outrora, ser novamente erigido um edifício de conceitos feito com as próprias metáforas. Tal edifício é, pois, uma imitação das relações de tempo, espaço e números sobre o solo das metáforas" (VM, KSA 1, p. 886).

8 Cf. VD 4, KSA 1, p. 575s., em especial 576.

9 Explicitei em outro lugar esse processo como autosuperação da linguagem. Cf. Claus 1995, 74ss.

10 Cf. por exemplo: "As *abstrações* são *metonímias*, isto é, confusão de causas e efeitos. Agora, porém, cada conceito é uma metonímia e o conhecimento se dá conceitualmente" (NF-1872,19[204], KSA 7, p. 481s.).

11 Ignora-se frequentemente que, para o jovem Nietzsche, *exclusivamente* a música pode adequadamente exprimir o "dionisíaco", e não a poesia.

12 Cf. sobre isso o ensaio de Manfred Franks (1993), cujo título é análogo ao meu: "Die Aufhebung der Anschauung im Spiel der Metapher".

Nietzsche tardio, a referência à 'realidade' é totalmente ausente e para ele há então apenas o operar metafórico ou conceitual nas relações horizontais.

A poesia sempre apenas *simula* uma relação de verdade:

> O poeta *parece* abrir constantemente novas ou melhores portas para o conhecimento da natureza e das coisas humanas: antes de se entender que o que aqui acena de forma tão entusiasmada é um fogo-fátuo, algo mais já está a enganar os sentidos. As comparações, as metáforas do poeta, não são de forma alguma propostas por ele como tal, mas como identidades novas, até agora inauditas, em virtude das quais um reino de conhecimento parece abrir-se [...]: em matéria de conhecimento, os poetas estão sempre equivocados (NF-1880,3[108], KSA 9, p. 77s.).

(3) Também segundo a perspectiva teórico-cultural, Nietzsche mostra que, em geral, o desgaste e o esvaziamento das metáforas já progrediu tão longa e irremediavelmente, que *nenhuma* poesia é mais capaz de mostrar um caminho para fora do calabouço da linguagem:

> Por um lado, ela [a música] mantém uma relação com a linguagem, tal como uma linguagem universal e anterior à palavra em respeito a toda linguagem roubada, enfraquecida, retórica e poética: a doença comum de todos os falantes, a incapacidade de realmente entenderem-se uns aos outros: se a poesia agora compõe para todos, a linguagem agora pensa para todos, são escravos dela e ninguém tem individualidade nesta imensa compulsão. É preciso, uma vez elevado pela música, sentir-se tão distante, que em tudo aquilo que é dito e que é escrito percebe-se a mesma típica coisa: então, parecerá que toda educação individual é *impossível*, pois essa procura basear-se na palavra; e isso agora conduz todos aos velhos caminhos (1875,12[24], KSA 8, p. 260.).

De forma bastante geral, Nietzsche estabelece:

> Em relação à música, toda comunicação por palavras é de natureza obscena; a palavra dilui e emburrece; a palavra despersonaliza: a palavra torna o incomum comum (NF-1887,10[60], KSA 12, p. 493.).

2.

A verdadeira provocação da compreensão nietzschiana sobre a metáfora para a filosofia – que por isso insiste em preferir ignorá-la – diz respeito ao fato de que ela explica o conceito a partir da metáfora, enquanto teorias convencionais e analíticas da linguagem (mas também hermenêuticas) procedem de forma contrária e consideram a metáfora como um desvio negativo ou positivo do conceito.[13] Ao tomar a metáfora como não-científica – por não ser criticável objetivamente – exige-se, se possível, sua exclusão do discurso (com a "possibilidade de objetificação" pode-se entender aqui apenas uma resistência mínima da relação entre conceito e/ou metáfora). Mesmo confiando nela para de algum modo enriquecer o discurso conceitual, este permanece, no entanto, pressuposto como ponto de partida incontestável. Suspende-se a proibição da metáfora e introduz-se o preceito da tradução.

Ao inverter-se o ponto de vista, as demarcações até agora tornam-se visivelmente mais fluidas. Agora não se pode mais diferenciar, como da maneira habitual, entre conceito e metáfora, ou ainda entre sentido "metafórico" e "literal" da metáfora. O conceito é apenas uma ilusão fixa e mostra-se também 'literalmente' como um 'conceito' problemático assim como o 'metafórico'.[14] Perde-se o fundamento estável.

[13] A princípio deve-se notar que até agora praticamente nenhuma confrontação da filosofia analítica e o pensamento Nietzsche foi realizada, mesmo ela sendo urgentemente necessária. Quando isso ocorrer, no entanto, parece inevitável ter sempre que se ajustar a atitude com a qual a posição autoconsciente de padrões lógicos supostamente superiores encara Nietzsche, para de forma condescendente verificar o que ele "já" ou "ainda não" teria visto. Uma tal cátedra de filosofia que evita riscos (isto é, autorreflexão crítica) rejeita a perspectiva de Nietzsche e o faz contestar as suas próprias premissas. Uma discussão justa deve, no entanto, ser conduzida com reciprocidade. Por isso, neste trabalho, eu acentuo a posição de Nietzsche em relação a possíveis perspectivas de crítica de posições analíticas. Deve-se citar um ensaio de Foot (1997) que é exemplar desse lamentável manuseio de Nietzsche:. Foot conclui que "nós, filósofos analíticos, não devemos voltar nossas costas a Nietzsche" (idem, p. 142). Ela não pode, contudo, o levar a sério filosoficamente. As suas "especulações psicológicas" seriam infundadas e o seu ataque à moralidade não seria convincente; ele teria tentado "elaborar uma teoria que abrangesse tudo a partir de simples observações psicológicas", "que então já não pode ser refutada por fatos concebíveis" (idem.). Então, por que ler Nietzsche? A resposta de Foot é sintomática: "algo permaneceria oculto aos filósofos analíticos caso eles não estudassem um filósofo tão ousado e original como Nietzsche, mesmo que apenas por causa de sua capacidade de expandir nossa imaginação filosófica" (idem, p. 142s).

[14] Cf. sobre isso: Kurz 1993, p. 11.

Pode-se dizer que as consequências desse ponto não foram suficientemente apreendidas mesmo, por exemplo, no minucioso estudo de Tebartz-van Elst sobre a estética da metáfora em Nietzsche.[15] Embora a valência cognitiva e a dimensão retórica da metáfora tenham sido nele salientadas, as conclusões daí resultantes não são levadas em consideração. O caráter relacional da metáfora é posto de lado por Tebartz-van Elst em favor de uma consideração pontual de sua gênese. É notório que ela não analise o texto metafórico em si – ela menciona *Zaratustra* apenas de passagem, isso ao relatar o resultado negativo de que, segundo a teoria da metáfora blackiana,[16] não se trataria de um discurso metafórico. Max Black é um daqueles filósofos analíticos que estão bem-dispostos com a metáfora. De acordo com ele, haveria que se decidir para cada palavra entre um sentido literal e um sentido metafórico, sendo que a "parte literal" atuaria como "moldura" para a metáfora, e a metáfora, por sua vez, funcionaria como "foco" para o resto da frase. A cooperação entre conceito e metáfora na frase é explicada como uma interação dinâmico-produtiva. Tebartz-van Elst conclui então que "o simbolismo do escrito de Nietzsche *Assim falou Zaratustra* não seria um caso de metáfora, pois nele não seria possível diferenciar dentre as formas apresentadas de foco e moldura."[17]

Esse entendimento não deve, no entanto, ser constatado simplesmente en passant; a compreensão de que *Zaratustra* não se submete à teoria da metáfora de Black deveria implicar em consequências para a teoria. O *Zaratustra* – sobretudo como obra literária – é composto de relações metáfora-metáfora e desse modo necessita de uma adequada descrição teórica. À diferença da posição radical de Nietzsche, as teorias da metáfora ora delineadas permanecem ainda orientadas pela negação da linguagem conceitual. Tebartz-van Elst, por exemplo, primeiro, toma a linguagem conceitual como ponto de partida para chegar à metáfora; segundo, ignora a dimensão relacional da metáfora; terceiro, assume a referencialidade como critério e; quarto, insiste na desintegração ou na flexibilização da ordem lógica como a principal função da metáfora, que permanece intacta. O "sentido metafórico" deve, então, emergir dos "destroços do sentido literal"[18]

---

[15] Tebartz-van Elst 1994. Cf. também minha resenha desse texto (Zittel 1996).

[16] Cf. Black 1983, pp. 55–79 "Die Metapher" e na mesma obra o capítulo "Mehr über die Metapher" nas páginas 285-315.

[17] Idem, p. 145.

[18] Idem, p. 147.

e formar a base de uma nova e diferente ordem lógica.[19] Sem levar em conta a teoria da cultura de Nietzsche como problemática da verdade, Tebart-van Elst esboça sua teoria da metáfora realmente como uma doutrina da salvação. Ela acredita que bastaria agora simplesmente relembrar a esquecida base metafórica para que ela se torne "o lugar da emancipação e da liberação da moderna razão", "o cenário genuíno das aspirações de verdade humanas".[20]

3.

O que acontece agora quando: A) invertemos a perspectiva e buscamos compreender os conceitos a partir da metáfora? B) procedemos de modo não pontual, mas sim investigamos a ligação entre as relações de metáforas de um lado e as relações de conceitos e/ou metáforas-conceitos de outro? Para poder responder a essas perguntas eu precisaria abordar mais detalhadamente do que posso fazer aqui as interessantes reflexões de Nietzsche sobre a noção de relação.[21] Devido à sua importância como pano de fundo, é preciso que as mencionemos mesmo que rapidamente: segundo Nietzsche, após o colapso das interpretações metafísicas do mundo, a concepção unificada do mundo outrora sustentada externamente desintegra-se em uma multiplicidade de projetos de mundo conectados perspectivamente, cada um dos quais composto por redes de relações atados segundo fins pragmáticos. Do ponto de vista de Nietzsche, objetos, palavras, conceitos ou frases nunca são isoladamente reconhecíveis, uma vez que seriam completamente constituídos de forma relacional. As relações proporcionam interdependências

[19] Também Stierle (1996, p. 224) afirma um "antagonismo indissolúvel entre retórica e poesia", atribuindo as referências sintáticas e relacionais à retórica, e afirmando que a metáfora poética pode ser definida apenas por seu caráter de evento irrepetível (idem, pp. 226–229). De forma semelhante, referindo-se também a Ricoeur e Blumemberg, o caráter intuitivo da metáfora também é enfatizado por Lobsien 1988, pp. 66–69. Ele situa a metáfora onde a "relação dos signos uns com os outros passa a uma transcendência do discurso em direção à realidade" (idem, 66). Contrário a isso, Wilfred Menninghaus (1980, pp. 133–165) insiste acertadamente e com veemência na contextualidade da metáfora poética. Lá encontra-se também uma clara crítica à ideia de Blumemberg de uma "metáfora absoluta".

[20] Tebartz-van Elst 1994, p 212.

[21] Cf. sobre isso Zittel 2000, parte II.

que não podem mais ser negligenciadas. Não há uma realidade por detrás das relações a qual se poderia referir, mas apenas referências internas. Nietzsche defende, por assim dizer, uma semântica relacional. Aos olhos de Nietzsche, o mundo já não é interpretável a partir dos tradicionais dualismos como essência-aparência, interno-externo etc., mas como um mundo de relações a ser compreendido no interior do qual os diferentes pontos de vista dispostos horizontalmente criam uma tessitura agonístico-dinâmica. É importante destacar que o contexto geral, isto é, a interação conflituosa das perspectivas, reduz o alcance e o poder da perspectiva individual. Disso decorre que Nietzsche não defende um perspectivismo subjetivista radical. Relacionalismo não significa relativismo.

Apenas para comprovarmos essa bastante breve exposição por meio de algumas citações relevantes: Nietzsche define conceito da seguinte forma: "conceitos são relações, e não abstrações" (NF-1872,23[43] KSA 7, p. 558).

Nietzsche atribui esse caráter relacional não apenas aos conceitos, mas à linguagem como um todo, em seu trabalho inicial ainda em relação a um mundo real, ao qual, no entanto, não há referência direta via linguagem.

> As palavras são apenas símbolos para as relações das coisas entre si e conosco, e em parte alguma tocam a verdade absoluta; e mesmo a palavra 'ser' indica apenas a relação mais geral que liga todas as coisas (...) Através de palavras e conceitos nós não chegaremos jamais a penetrar a muralha das relações, em direção a qualquer fabuloso fundamento originário das coisas... (FT, 11, KSA 1, p. 846).

Em seus últimos textos ele pensa as relações sem qualquer suporte externo: o mundo "não existe como mundo 'em si', ele é essencialmente mundo-relação: ele tem, em certas circunstâncias, de cada ponto, *diferentes rostos*" (NF-1888,14[93], KSA 13, p. 271.). Não há de forma alguma "ser em si", esses são apenas ficcionais: "as relações constituem os seres em primeiro lugar" (NF-1888,14[122], KSA 13, p. 303).

Nietzsche afirma, primeiro, que por detrás das relações não subjaz uma verdadeira realidade, mas que as relações constituem permanentemente nossa realidade; segundo, que isso ocorre sempre de modo perspectivista e; terceiro, para complementar o raciocínio, que muitos discursos apesar de tudo não podem prescindir da ficção de uma realidade verdadeira, razão pela qual eles necessitam de um constante processo de dissimulação (da perspectiva de Nietzsche, tanto o discurso moral quando o científico, mas não o estético).

As últimas observações nos conduzem imediatamente à questão dos pontos de comparação e diferença entre a compreensão da noção de relação em Nietzsche e a teoria holística de Quine. A respeito disso, gostaria de observar que a concepção de Nietzsche de uma tessitura agonístico-dinâmica de relações permite que perspectivas diferentes e conflituosas entre si sejam ao mesmo tempo válidas, sem com isso ter de compará-las, mediá-las ou sintetizá-las. De modo contrário a isso, esperam-se de posições holísticas ligações de forte coerência e convergência. Nietzsche defende, caso se queira falar com metáforas caras à filosofia, um conceito de verdade não teoricamente coeso, mas contextualista. Verdade é apenas aquilo que é válido como verdadeiro no foco da constelação de perspectivas atualmente dominante. Essa "verdade", porém, também se aplica a esta situação; ela é determinada em relação às perspectivas dominantes e não completamente relativista.

Assim equipado, retomo agora o problema da diferença apenas gradual da metáfora e do conceito. De acordo com Nietzsche, há diferentes tipos de ligação entre signos, os quais conduzem respectivamente a distintos mundos e redes de signos ou metáforas. Nenhum desses mundos metafóricos possui diante de outro uma posição privilegiada no que diz respeito a qualquer "verdade" ou "realidade", cada um podendo ser, na melhor das hipóteses, menos comum do que o outro. Cito novamente um póstumo do jovem Nietzsche:

> Mas agora não há expressões 'verdadeiras' e *nem conhecimento verdadeiro sem metáfora*. Mas a ilusão disso continua, quer dizer, a *crença* numa *verdade* da impressão sensorial. As metáforas mais comuns, as usuais, valem agora como verdades e como medida para as mais raras. A única diferença que prevalece aqui é aquela entre hábito e novidade, frequência e raridade. O *conhecimento* é apenas um trabalhar das metáforas mais populares, ou seja, uma imitação não mais percebida como imitação. É claro, portanto, que não pode penetrar

> no reino da verdade. O pathos do impulso à verdade pressupõe a observação de que os diferentes *mundos metafóricos* estão em desacordo entre si e lutam, p. ex., o sonho, a mentira, etc., e a concepção usual comum: uma delas sendo a mais rara, a outra a mais frequente. Então o costume luta contra a exceção, a regularidade contra o inabitual. (NF-1872,19[228], KSA 7, p.491)

Dissonâncias surgem quando os distintos mundos metafóricos interferem uns com os outros e assim compelem à indecidível questão a respeito de qual seria o verdadeiro.

Embora a questão da verdade também não possa ser resolvida no pluralismo de mundos metafóricos em Nietzsche, é pelo menos possível descrever as diferenças entre redes metafóricas e conceituais de acordo com o modo de ligação, mesmo não havendo separação absoluta entre elas. Aqui temos duas possibilidades: descrição (a) funcional e (b) tipológica.

(a) A proposta mais radical de uma diferenciação pragmática foi feita provavelmente por Davidson:[22] não metafórico é tudo aquilo que pode ser traduzido, sem que com isso surjam enunciados sem sentido ou falsos. O resto é metafórico. Mesmo que tenha sido feita da perspectiva do conceito, essa proposta não desvaloriza de forma alguma a metáfora; afirma-se apenas que essa tem uma função diferente dos conceitos habituais. Mas tanto quanto sei, Davidson infelizmente nada diz sobre o que configuraria essa função da metáfora.

(b) Para poder fazer isso seria preciso levar em consideração as diferentes formas e efeitos de cada um dos modos de ligação. Fica claro então que, enquanto a metáfora apresenta, em interação com outras formas 'poiéticas', uma multiplicidade de possibilidades de referência a nível semântico e sintático, os conceitos concebem apenas construtos relativamente rígidos para constituírem sua 'realidade'. À diferença das rígidas e comprometidas armações conceituais, as obras de arte organizam-se, segundo Nietzsche, como livres arranjos de constelações de metáforas, passíveis de condensar-se flexivelmente em contextos sempre novos e rigorosos, nos quais as metáforas podem se interpretar mutuamente como um "mosaico de palavras, em que cada

[22] Cf. os capítulos "Radikale Interpretation" e "Was Metaphern bedeuten" da obra de Davidson 1986, pp. 183–203 e 343-371, respectivamente.

palavra, como som, como lugar, como conceito irradia sua força para a direita, para a esquerda e sobre o conjunto". (CI, *O que devo aos antigos*, 1, KSA 6, p. 155.)

Acredito que não se comete grande injustiça aos representantes da teoria analítica das metáforas quando se constata, de forma geral, que eles não estão necessariamente acostumados a tratar de tais formas de relação como elas notoriamente aparecem nas obras de arte.

Contudo, uma vez que se reconhece que, tanto conceitos quando metáforas, nada mais são do que elementos da rede da linguagem, não há razões em princípio para dar prioridade a uma ou outra forma. Mas em razão das possibilidades heterogêneas de ligação, presentes exemplarmente nas obras de arte, é possível compreender as redes de metáfora como tessituras mais amplas, ricas e diferenciadas. As relações, que normalmente se tornam objeto de análise filosófica, aparecem apenas como casos especiais limitados quando consideradas a partir da perspectiva da rede metafórica.

Para ser o mais claro possível aqui: as relações de valência semântica não se limitam aos tipos de relações possíveis entre conceitos.

A ideia central do holismo na filosofia analítica[23] é que o conteúdo de um conceito deriva de suas relações com seus semelhantes, isto é, outros conceitos, embora ainda se efetive uma diferenciação interna: 1. Relações entre enunciados são denominadas inferências, podendo possuir caráter arbitrário. Em suma: transita-se de um enunciado ao outro (se – então), e não se pensa de início em uma restrição ('lógica') das transições possíveis. 2. Se conceitos são elementos do enunciado, as relações entre eles podem então, de um lado, ser de tipo sintático (tal como a relação entre um nome e um predicado), de outro, ser mediadas por relações entre enunciados. Este holismo da linguagem tem sido fundamentado de diferentes formas: em Davidson, trata-se de um princípio metodológico da interpretação; no último Wittgenstein, deve a sua existência à percepção de que não se deve reduzir conceitos a expressões elementares correspondentes a algum tipo dado sensorial, mas que se deve abordar a linguagem "em ação"; isto é, procura-se os

[23] Gostaria de agradecer muito a Alexander Becker pelas úteis explicações sobre as posições analíticas, bem como pela sua discussão crítica sobre as minhas considerações. Contudo, ele não tem responsabilidade nas conclusões que extraí dessas explicações e das opiniões às quais permaneci adepto de forma inabalável.

conceitos em seus contextos de utilização, nos quais estão sempre em interação com muitos outros conceitos.

No entanto, mesmo com uma ampla compreensão das relações conceituais, ainda fica evidente que grande parte das relações linguísticas permanecem omitidas. Eu gostaria de tentar resumir isso por meio da posição muito de Robert Brandom. Em seu livro *Making it explicit*[24] – espero tê-lo compreendido corretamente –, Brandom procura fundamentar um perspectivismo dinâmico incorporado em uma rede relacional, no qual a objetividade é constituída como resultado da confrontação de perspectivas que se avaliam mutuamente.[25] Brandom reconstrói essa perspectiva com base em sua própria concepção de semântica inferencial.[26] Porém, no que diz respeito à questão da relação entre arte e filosofia, Nietzsche objetaria que isso se deve, em última análise, a preconceitos científicos, quando restringimos as diferentes formas pelas quais o significado relacional é constituído pela inferência e permanecemos orientados pelas tradicionais ligações de conceitos. Brandom não é capaz de captar as relações de metáfora na medida em que, em suas valências expressivas semânticas, elas não são apenas inferenciais, mas também constelativas. Uma vez admitida a constituição relacional do significado, a restrição de referências possíveis somente a inferências já não pode, a meu ver, ser legitimada teoricamente, mesmo diante do fato de que isso proporcionaria às ciências um modelo ainda manejável que, ao contrário da arte, não viola as normas gerais de comunicação.

Para trazer um exemplo concreto após esse excurso pela estéril discussão teórica: onde quer que se abra o *Zaratustra*, se encontrará sempre apenas metáforas, que por sua vez não são evidentes, mas sim se encontram em densos contextos referenciais. Dificilmente há uma linha em que não se aluda a vários textos literários e filosóficos ou topoi e que não esteja ligada no interior do texto por meio de repetições, conotações, comparações, analogias contrafactuais, etc., de múltiplos modos a

[24] Brandom 1994. Uma leitura diferente é oferecida pela resenha de Schellenberg 1998. Em estrita oposição ao meu esboço de interpretação, Habermas (1999) reconstrói a linha argumentativa de Brandom diante da folha crítica de um conceito de linguagem orientado para o entendimento.

[25] Brandom 1994, Cap. 8, 495-613, em especial 584s.

[26] Idem, Cap. 2, 67s.

outros motivos, imagens e pensamentos. Para ilustrar isso não é preciso adentrar a interpretação do texto; basta selecionar uma metáfora, por exemplo, a metáfora do sol no início do prefácio: "e um dia ele se levantou com a aurora, foi para diante do sol e assim lhe falou: 'ó grande astro! Que seria de tua felicidade, se não tivesses aqueles que iluminas?". (Za, *Prólogo de Zaratustra*, 1, KSA 4, p. 11.) O sentido dessa passagem não reside agora simplesmente como significado, mas só surge através das múltiplas conexões que são abertas com a imagem de entrada, dentre as quais nomeio apenas algumas: primeiro, a metáfora do sol se refere às ideias de Platão, à cena da emergência do sol diante da caverna, em especial à parábola da caverna da *República*; em segundo lugar, há conexões internas tanto formais quanto materiais, por exemplo, a dupla repetição quase literal das palavras de Zaratustra no começo e no fim do último capítulo da quarta parte; terceiro, se faz referência a todas as outras metáforas com o tema 'sol' na continuação do texto, assim como a suas metáforas contextuais, como, por exemplo, a do grande meio-dia; quarto, aos demais momentos do dia, que estruturam no texto o curso das ações e suas respectivas conotações semânticas; quinto, há com o ciclo solar uma referência ao eterno retorno; sexto, a figura de Zaratustra é diretamente identificada com o sol; sétimo, haveria de se procurar passagens onde há paralelos rítmicos ou fonéticos (etc).

Vê-se de imediato quais esforços de interpretação são necessários caso se queira decompor as referências e assim por sua vez confrontá-las umas com as outras. De todo modo, está claro que a metáfora não pode ser interpretada apenas segundo sua posição na frase, pois elas estabelecem suas ligações com outras metáforas de forma independente. Ademais, os diferentes contextos de relação não precisam estar em consonância entre si, mas podem relativizar-se e contrapor-se mutuamente. O conceito de inferência não dá conta de apreender essa tessitura dinâmica de referências presentes em diferentes níveis, simultâneas, multifacetadas, diretas e indiretas, afirmativas e contraditórias.

A propósito disso, é irrefletido afirmar que Nietzsche emprega em *Zaratustra* uma linguagem simbólica, uma vez que os símbolos se referem de fato a certos significados reais e com isso pertencem ainda a uma concepção dualista ou, nas palavras de Nietzsche, metafísica da linguagem.

Tendo em vista as reflexões de Nietzsche sobre a relacionalidade das metáforas, assim como sua práxis estética concreta, seria de se questionar a possibilidade de fundamentar uma teoria do significado com base nessas relações estéticas altamente complexas.

4.

Obras de arte entendidas como estruturas relacionais exigem uma abordagem correspondente. Quando tudo se conecta com tudo e pode ser percorrido de diferentes formas em diferentes direções, uma interpretação isoladora está fora de questão. Mais importante do que a palavra individual é o reconhecimento das conexões.[27] Vale para *Zaratustra* exatamente o que Nietzsche afirmou com base no cálculo de composição estética do *Anel* de Wagner: "O Anel dos Nibelungos é um extraordinário *sistema de pensamento sem a forma conceitual do pensamento*" (NF-1875,11[18], KSA, 8, p. 203). Esta concepção da obra de arte – extremamente próxima à formulação da visão estética de Adorno – requer uma outra forma de pensar. Caso se queira compreender a lógica não conceitual das imagens,[28] é preciso seguir as relações horizontais ou até produzi-las. Nietzsche chama isso de um *pensar em processos*:

[27] Cf. "o mito não encontra de maneira alguma a sua objetivação adequada na palavra falada. A articulação das cenas e as imagens perspícuas revelam uma sabedoria mais profunda do que aquela que o próprio poeta pode apreender em palavras e conceitos: o mesmo se observa em Shakespeare, cujo Hamlet, por exemplo, em um sentido semelhante, fala mais superficialmente do que age, de modo que não é a partir das palavras, porém da visão e da revisão aprofundadas do conjunto que se deve inferir aquela doutrina do Hamlet antes mencionada" (NT, *Prefácio para Richard*, 17, KSA 1, p. 109s.).

[28] Com a suposição de um 'pensamento em imagens', Nietzsche opera também no contexto de sua explicação psicofisiológica da consciência. Ele se refere a um pensamento inconsciente: abaixo do patamar da consciência, as imagens já estão conectadas, os conceitos não têm influência sobre essa ligação, ou qualquer poder de disposição, mas, inversamente, a respectiva cadeia de imagens determina o que mais tarde se torna um conceito. Os conceitos apenas selecionam algumas das conexões já criadas e através delas são concebidas cadeias mais fixas e praticáveis. Cf. "Também o moral não tem outra fonte senão o intelecto, mas a cadeia de imagens tem aqui um efeito diferente dos casos do artista ou do pensador: ela estimula à *ação* (NF-1872,19[93], KSA 7, p. 450). "O pensamento inconsciente tem que se realizar sem conceitos, ou seja, *com intuições* [...] Esse pensamento em imagens não é de saída de natureza estritamente lógica, mas sim mais ou menos lógica. O filósofo tenta então estabelecer um pensamento de conceitos no lugar do pensamento em imagens. Os instintos também parecem ser um tal pensamento em imagens, que se torna em última instância estímulo e motivo " (NF-1872,19[107], KSA, 7, p.454). "É

> *pensar em processos visíveis e tangíveis*, não em pensamentos, é o *verdadeiramente poético*: isso se mostra no mito; ele não se baseia no pensamento como normalmente se diz, mas é ele mesmo um pensar, mas não em conceitos, eu me refiro a uma imagem de mundo, que não se converte em palavras, mas em processos [...] Os pensamentos expressos pelos heróis das poesias não são os pensamentos do poeta enquanto poeta: ele pensa em processos, a sequência das cenas, e o que acontece é o seu pensar. Apenas os muitos meio-poetas suscitam confusão a respeito: isto é, os artistas que não são bem poetas. (NF-1875,11[18], KSA 8, p. 203)[29]

O conceito nietzschiano de pensamento em processo concretiza e confirma o que acima foi elaborado sobre a superação da intuição no jogo da relação apolínea.[30]

---

preciso já se ter no pensamento aquilo que se procura pela fantasia – só então a reflexão pode julgá-lo. Ela faz isso medindo-o com cadeias normais e frequentemente testadas. O que é efetivamente 'lógico' no pensamento em imagens? A pessoa sóbria tem pouca e precisa pouco da fantasia. Essa criação de formas por meio das quais ocorre a memória é, em todo caso, algo artístico: essa forma se destaca e por meio disso se fortalece. Pensar é um pôr em destaque. No cérebro há muito mais sequências de imagens do que se é usado para pensar: o intelecto escolhe rapidamente imagens semelhantes: o escolhido produz novamente uma série de imagens: rapidamente, contudo, ele escolhe um deles novamente e assim por diante. O pensamento consciente é apenas um destacar seletivo das representações. É um longo caminho até a abstração" (NF-1872,19[78], KSA 7, p. 445).

[29] Cf. também WB 9, KSA 1, p. 485.

[30] Adorno (1973, 145s, versão em português por Artur Morão 1993, pp. 113–114) também critica sistematicamente a unilateralidade do *dogma do caráter intuitivo* da obra de arte, traçando seu núcleo ideológico e insistindo contra ele no cálculo constitutivo relacional: "A compreensão da espiritualização crescente da arte, em virtude do desdobramento do seu conceito, não menos do que da sua posição perante a sociedade, colide com um dogma que pervade toda a estética burguesa, o do seu caráter intuitivo; (...) Enquanto que a arte relegara, há muito, o ideal da satisfação para as velharias, a sua teoria não queria renunciar ao conceito de intuição, memorial do hedonismo estético ancestral; porém, desde há longa data que toda a obra de arte, mesmo a mais antiga, exige o trabalho da contemplação, que a doutrina da intuição gostaria de dispensar. O avanço da mediação intelectual na estrutura da obra de arte, onde essa mediação deve, em certa medida, realizar o que outrora faziam as formas existentes, restringe este imediato sensível, cuja substância constituía o caráter puramente intuitivo das obras de arte. Nele se entrincheira, porém, a consciência burguesa, porque sente que só essa intuição reflete a ausência de fraturas e a densidade das obras que, em seguida, mesmo por qualquer desvio que seja, é de novo creditada à realidade a que respondem as obras (...) Enquanto que a norma do caráter intuitivo acentua a oposição ao pensamento discursivo, ela suprime a mediação não-conceitual, o não-sensível na estrutura sensível, que, ao constituir esta estrutura, também sempre a destrói e a subtrai à intuição, na qual ela aparece. A norma do caráter intuitivo, que nega

O quão longe essas visões estão de muitos intérpretes de Nietzsche é destacado por dois proeminentes autores em seus prefácios. Assim argumenta Josef Simon em seu posfácio a *Zaratustra*, consentindo com o posfácio de Colli: "Linguagem é a conexão sensorial de aparências. Em vez desta aparência, aparece em todo lugar em *Zaratustra* uma 'imediaticidade dionisíaca'. Ela rompe e fragmenta a aparência das conexões lógicas."[31] Colli afirma o seguinte (e Simon cita em concordância): "Em *Zaratustra* 'não há uma única ideia que signifique ou que se oponha a outra ideia, pois suas raízes atingem diretamente a imediaticidade, onde não há nada que possa ser destruído.'"[32]

Desta forma, a poesia é reduzida às suas qualidades expressivas e se põe de lado a riqueza de referências, os processos organizadores e constituidores de sentido e o cálculo compositivo do texto. Nietzsche soube descrever tais compreensões filosóficas da poesia, as quais conhecem apenas a alternativa entre a plana racionalidade intelectual e a imediaticidade dionisíaca que a transgride: "... pois o homem teórico entende do propriamente poético, tanto quanto um surdo entende de música, isto é, ambos enxergam um movimento que lhes parece desprovido de sentido. [...] enquanto estamos sob o encanto do poeta, pensamos com ele, como se fôssemos somente um ser que sente; as deduções que fazemos consistem em articular acontecimentos visíveis, portanto causalidades factuais, não lógicas" (WB 9, KSA 1, p. 485).

Referências

ADORNO, Theodor W. *Teoria estética.* Trad. De Artur Morão. Lisboa: Edições 70, 1993.

BIEBUYCK, Benjamin. Eine Gleichniss- und Zeichensprache, mit der sich vieles verschweigen lässt. Figurations- und Metapherntheorie des späten Nietzsche. In: DUHAMEL, Roland; OGER, Eric (org.). *Die Kunst der Sprache und die Sprache der Kunst.* Würzburg: Königshausen & Neumann, 1994. pp. 121–151.

o elemento implicitamente categorial das obras, reifica a própria intuição em algo de opaco".

[31] Simon 1994, p. 355.

[32] Idem 356, e Giorgio Colli, em: KSA 4, p. 415.

BLACK, Max. Die Metapher", in: HAVERKAMP, Anselm (org.). Theorie der Metapher. Darmstadt: Wissenschaftliche Buchgesellschaft, 1983. pp. 55–79. BRANDOM, Robert B. *Making It Explicit*. Cambridge, Mass.: Harvard University Press, 1994.

CELAN, Paul. *Magie der Form*. Frankfurt a.M.: Suhrkamp Verlag, 1980.

DAVIDSON, Donald. "Radikale Interpretation", in: DAVIDSON, Donald. *Wahrheit und Interpretation*. Frankfurt a.M.: Suhrkamp Verlag, 1986. pp. 183–203.

FOOT, Philippa. "Nietzsches Immoralismus. In: FOOT, Philippa. *Die Wirklichkeit des Guten*. Moralphilosophische Aufsätze. Frankfurt a.M.: Suhrkamp Verlag, 1997. pp. 128–142.

FRANK, Manfred. Die Aufhebung der Anschauung im Spiel der Metapher. In: FRANK, Manfred. *Das Sagbare und das Unsagbare*. Studien zur deutsch-französischen Hermeneutik und Texttheorie. erw. Neuausg. Frankfurt a.M.: Suhrkamp Verlag, 1993.

HABERMAS, Jürgen. "Von Kant zu Hegel. Zu Robert Brandoms Sprachpragmatik", in: HABERMAS, Jürgen. *Wahrheit und Rechtfertigung*. Philosophische Aufsätze. Frankfurt a.M.: Suhrkamp Verlag, 1999. pp. 138–185.

HÖDL, Hans Gerald. *Nietzsches frühe Sprachkritik*. Lektüren zu "Über Wahrheit und Lüge im aussermoralischen Sinne" (1873). Wien: Passagen Verlag, 1997.

KURZ, Gerhard. *Metapher, Allegorie, Symbol*. Göttingen: Vandenhoeck & Ruprecht, 1993.

SCHELLENBERG, Susanna. "Robert B. Brandom, Making It Explicit" (resenha). *Philosophischer Literaturanzeiger*, v. 51, n. 2, pp. 187–195, 1998.

SIMON, Josef. "Nachwort", in: NIETZSCHE, Friedrich. *Also sprach Zaratustra*. Stuttgart: Philipp Reclam Jun., 1994.

STIERLE, Karl-Heinz. Ästhetische Rationalität. Kuntwerk und Werkbegriff. München: Wilhelm Fink Verlag, 1996.

TEBARTZ-VAN ELST, Anne. *Ästhetik der Metapher*. Zum Streit zwischen Philosophie und Rhetorik bei Friedrich Nietzsche. Freiburg: Rombach Verlag, 1994.

ZITTEL, Claus. "Anne Tebartz-van Elst, Ästhetik der Metapher. Zum Streit zwischen Philosophie und Rhetorik bei Friedrich Nietzsche" (resenha). *Nietzscheforschung*, v. 3, 1996. pp. 346–352.

ZITTEL, Claus. *Das ästhetische Kalkül von Friedrich Nietzsches "Also sprach Zarathustra"*. Würzburg: Königshausen & Neumann, 2000.

ZITTEL, Claus. *Selbstaufhebungsfiguren bei Nietzsche*. Würzburg: Königshausen & Neumann, 1995.

XI. O *Heine como poeta lírico* de Gustav Theodor Fechner e a imagem de Heine de Nietzsche: "*um fio elétrico*"[1]

1. A gaia ciência de Fechner

"Na história da vida acadêmica alemã, Fechner não tem precedentes", este foi o veredito de Gert Mattenklott[2] algumas décadas atrás. De fato, o físico, filósofo da natureza, psicólogo, teólogo místico, poeta e satirista Gustav Theodor Fechner (1801-1887) não se encaixava em nenhuma das rubricas em uso no cenário científico do século XIX. Pelo contrário, Fechner fundou, com a psicofísica e a estética experimental, novas abordagens metodológicas que conectavam campos até então separados.[3] Ele tratava temas absurdos com rigor científico, e questões científicas com leveza estética. Deste modo, surgiu uma variedade peculiar de escritos satíricos. Logo seu primeiro escrito, de 1821, trazia o título característico *Prova de que a lua é feita de iodo*.[4] Em 1825, Fechner dá sequência com uma *Anatomia comparativa dos anjos*.[5] Ele publica à mesma época tanto livros de enigmas, como escritos diversos sobre química orgânica, eletroquímica e galvanismo, todos frutos de um fértil trabalho experimental. No entanto, prefere usar esses métodos ironicamente contra si mesmo, por exemplo, quando demonstra com eles que voos de bruxas

[1] Por sugestões e críticas, agradeço a Axel Pichler e aos participantes de meu colóquio em Stuttgart. [Capítulo traduzido por José Nicolau Julião].

[2] Mattenklott 2003, p. 7. Cf. também, do mesmo autor, Posfácio do livro *Gustav Theodor Fechner, Das unendliche Leben, Matthes und Seitz* (1984, pp. 169-190); Lasswitz, 1896.

[3] Cf. ainda Heidelberger 1993; Thiel 1982.

[4] Fechner, *Beweis daß der Mond aus Jodine bestehe*, 1821.

[5] Fechner (Dr. Mises), *Vergleichende Anatomie der Engel*, 1825.

existem.[6] Em 1848, escreve *Nanna*, seu primeiro livro sobre a alma das plantas, e uma década mais tarde um de seus principais trabalhos, *Zend-Avesta*, outro estudo de filosofia da natureza, no qual ele argumenta que, não apenas as plantas, mas também os astros seriam dotados de alma.[7] Do ponto de vista das ciências naturais exatas de seu tempo, ensaiou transformar a antiga religião naturalista dos Zend-Avesta em um sistema panteísta. Nesses anos, ele intensificou seu trabalho experimental no campo da psicofísica e publicou a obra fundadora dessa disciplina.[8]

Em todas as suas cores iridescentes é característico dos textos de Fechner que seu prazer especulativo seja sempre inflamado por material empírico, levando em consideração a situação particular do conhecedor.[9] Mesmo seus esboços de um sistema metafísico para a alma da planta permanecem sempre ostensivamente hipotéticos[10] e cada um deles discute contra-argumentos às vezes até o ponto de uma autoparódia metodológica.[11] Portanto, não é de se admirar que tenha sido Fechner quem inventou o conceito de "princípio do prazer".[12]

Em 1875, ele reúne sob o pseudônimo de Dr. Mises uma seleção de seus escritos satírico-científicos. São ensaios de uma gaia ciência que, de certo modo, prefiguram Nietzsche: um diálogo entre um filósofo e a sua sombra,[13] pensamentos não exatamente sobre o eterno retorno do mesmo, mas sobre a inversão do tempo[14] e, espe-

[6] Fechner, *Es gibt Hexerei*, 1875.

[7] Fechner, *Nanna oder über das Seelenleben der Pflanzen,* 1848. Idem, *Zend-Avesta oder über die Dinge des Himmels und des Jenseits. Vom Standpunkt der Naturbetrachtung*, 1851.

[8] Fechner, *Elemente der Psychophysik*, 1860.

[9] Cf. idem, pp. 4-8.

[10] Fechner, *Zend-Avesta*, Vorwort. Parte III, 1851, P. IV.

[11] Cf. em especial o prefácio da 2ª edição de *Zend-Avesta* (1901, p. XI): "Eu mesmo estou longe de considerar as observações e conclusões desse escrito como absolutamente seguras. [...] Sim, às vezes, olhando para trás e afetado por sua contradição com o que válido por toda parte, pergunto-me: se não é tudo apenas um jogo mental? [...] não tens antes provado, parodiando, que a sombra também está viva; por outro lado, não seria também a vivacidade que comprova agora que se trata de um jogo de sombras?".

[12] Fechner, *Über das Lustprinzip des Handelns*, 1848, pp. 1-30 e pp. 163-194. Ver sobre isso Hermann 1925; Nitzschke 2012.

[13] Fechner, *Der Schatten ist lebendig*, 1875.

[14] Fechner, *Der Raum hat vier Dimensionen,* 1875, pp. 254–276: "Antes de tudo, gostaria de salientar que quase todos os movimentos da natureza vão e voltam. O pêndulo oscila ao longo do tempo, a corda vibra, o éter na luz vibra; o homem também corre indo e voltando; sim, cada perna balança para frente e para trás. Por conseguinte, parece mais do que provável, desde o início, que o movimento do mundo, também a partir de um certo tempo, se

cialmente, a reimpressão de um ensaio mais antigo do ano de 1835: *Heinrich Heine como lírico.*[15]

Fechner é considerado como precursor de uma filosofia do perspectivismo psicológico. Pietro Gori enfatizou a significância de Fechner para a filosofia da consciência de Nietzsche se utilizando da fórmula "psicologia sem alma, filosofia sem eu".[16] A proximidade com Nietzsche resulta também da remoção da nítida fronteira entre natureza orgânica e inorgânica.[17]

Como observou a pesquisa, Nietzsche havia se familiarizado com as ideias de Fechner, devido à sua presença no mesmo ambiente acadêmico em Leipzig, durante os seus anos de estudo, assim como pelo livro sobre o materialismo de Friedrich Albert Lange.[18] Até agora, no entanto, não havia sido notado que o volume contendo os pequenos escritos de Fechner é uma fonte direta, pois Nietzsche o tinha em sua biblioteca e o ensaio sobre Heine nele incluído trás traços claros de leitura.[19] Quem o lê, fica com a impressão de que possui semelhanças surpreendentes com alguns dos princípios estéticos da filosofia madura de Nietzsche, em particular, com o exame indireto de Heine por Nietzsche no contexto de sua teoria lírica. Mesmo no caso de passagens mais longas do ensaio

---

torne novamente retrógrado, de modo a que tudo o que já aconteceu volte a acontecer na direção oposta; pois, caso contrário, seria preciso censurar a natureza por seguir apenas em uma direção unilateral, enquanto há duas disponíveis a ela. Toda roda que rola para frente pode rolar para trás também, e é estranho, porque sempre falamos sobre a roda do tempo, que nunca pensamos sobre esse movimento para trás. Agora, supondo que tal movimento começasse a partir de um certo ponto no tempo, é óbvio que todas as sepulturas se abrirão e todos os homens que alguma vez morreram ressuscitarão, e mesmo que os ossos de um homem estejam espalhados por todo o lado, voltarão a juntar-se para formar um corpo vivo; todos ficarão mais jovens de dia para dia; não haverá mais envelhecimento, mas toda a vida consistirá em rejuvenescimento; finalmente cada um voltará ao ventre de sua mãe e o mesmo acontecerá com a mãe, e assim cada par de genitores recolherá seus filhos e netos, e assim os judeus retornarão devidamente ao ventre de Abraão até que todas as semeaduras da humanidade encontrem-se novamente em Adão e Eva como se estivessem em dois sacos e serão trazidos de volta ao paraíso; então Eva se arrastará de volta para Adão e se transformará em uma de suas costelas, mas Adão será levado por Deus e assentado em um monte de terra; após então, Deus ocupará toda a Terra, o mar, o sol e as estrelas em sua unidade".

[15] Fechner, *Heinrich Heine als Lyriker*, 1835.

[16] Gori 2015.

[17] Cf. Mittasch 1952, pp. 58-78.

[18] Lange 1875; Cf. Stack 1983, p. 224; Emden 2008, p. 60s.

[19] Fechner, *Kleine Schriften*, 1875, v. 8, p. 560. O comentário de Campioni (2003, p. 399) no anuário da biblioteca de Nietzsche apenas observou sublinhados no ensaio de Heine e anotou: "Os sublinhados a lápis parecem ter sido apagados". Há também uma sequência na p. 387, ou seja, no próximo documento.

de Fechner, poder-se-ia supor Nietzsche como o autor se essas fossem apresentadas sem contexto. Gostaria de argumentar que as imagens de Heine, tanto de Fechner quanto de Nietzsche, correspondem esteticamente umas às outras, e que a recepção de Heine por parte de Nietzsche foi parcialmente preparada por Fechner.[20] Passagens isoladas que soam de forma semelhante não são nunca suficientes para a defesa de uma correspondência estética, contudo, várias linhas de pensamento compõe conjuntamente uma rede densa e coerente que, embora não chegue a provar nada, permite conexões plausíveis (entre os dois autores).

2. O "Baal da poesia"

As opiniões de Fechner sobre Heine não são fáceis de entender, uma vez que ele as esconde principalmente por trás de uma argumentação indireta e, deste modo, supostas censuras acabam se revelando como elogios ocultos. Assim argumenta Fechner em aparente consentimento com juízos correntes sobre a poesia, para então apontar Heine como uma exceção. Se lê o tempo todo: "Heine, por sua vez, ...". Porém, devido ao estilo pouco convencional de Fechner, não se identifica à primeira vista se Heine estaria sendo elogiado ou censurado. Ajuda aqui o fato de que Fechner, no início de seu escrito, declara-se expressamente contra a poética do pensamento, juízo que serve como fio condutor para leituras posteriores. Ele esclarece inicialmente que

> a poesia poderia, de fato, fazer crescer aquilo que o entendimento cortaria e tolheria, fazer ver o que ele definiria, fazer crer e sentir o que ele demonstraria e pregaria e, além de tudo isso, a poesia criaria e daria forma a coisas, sobre as quais o entendimento nada sabe. Para que então entendimento em um poema?[21]

---

[20] Semelhanças entre Heine e Nietzsche eram frequentemente consideradas, mas Fechner não era visto como um elo da ponte. Cf., por ex., Lichtenberger 1905; 1935 [1948]; Coutinho 1938; Kaufmann 1950[1982]; Floyd 1969; Spencer 1972, este em alemão publicado em 1977; Sternberger 1972, pp. 159-161, 301-308 e 390-395; Gilman 1976, especialmente p. 57ss; Grimm 1986 e 1985, esp. p. 212ss; Duncan 1990; Friedl 1990; Del Caro 1994; Monteiro 2000; Winkelnkemper 2006; Wortmann 2011; Vivarelli 2011.

[21] Fechner, *Heinrich Heine als Lyriker*, 1835, p. 366.

Entretanto, tampouco seria uma tarefa simples livrar-se do entendimento, pois embora ele careça a Heine, estaria sempre a intrometer-se na composição de outros poetas:

> Suas canções se assemelham assim a belos e verdes bosques, nos quais, todavia, trombamos volta e meia com peças de lenha seca, que surgem do corte intelectual de galhos cultivados poeticamente. Isso pois o velho entendimento quer sempre se aquecer moralmente e cozinhar uma sopa filosófica.[22]

Percebemos imediatamente o estilo de Fechner, que em sua desenvolta vivacidade imita Heine, sem parodiá-lo, mas antes simpatizando com ele. Os objetivos ocultos da crítica de Fechner à poesia lírica, carregada de pensamento ou intelectualmente regulada, são os de: defender o ideal de uma poesia desregrada e puramente musical e prestar homenagem, também, a uma poesia que escape de qualquer instrumentalização ou estrutura racional que lhe seja estranha. Fechner habilmente expõe seus argumentos ardis: se o espírito e a fantasia de Heine fossem serenos, filosoficamente sólidos ou moralmente bons, "Heine teria que ser considerado como algo mais do que um mero Baal da poesia".[23] Entretanto, este "não seria o caso", constata Fechner, a partir do qual o leitor deveria tirar suas conclusões: consequentemente, Heine é precisamente o satânico "Baal da poesia". Mas pode-se dizer, segundo Fechner, "deixe para a polícia ou para o Deus amado, puni-lo, aqui e acolá, por suas piadas malfazejas, e usá-lo, naquilo que ele pode oferecer de bom e belo".[24] O escárnio de Fechner àqueles que chamam a polícia imediatamente se algo perturba a ordem, torna-se mordaz quando ele se dirige aos críticos que "preferem assumir a função de policiar" e que não se importam, em ver o lado positivo de uma pessoa, mas apenas em "trazê-la de qualquer maneira para a estaca".[25] Quem geralmente não censura os poemas de Heine, mas os aborda sem preconceitos, reconhecerá que dentre eles estão aqueles que,

---

[22] Idem, p. 367.
[23] Idem, p. 372.
[24] Idem.
[25] Idem.

Tomados isoladamente, são tão puros e angelicais que não merecem outra censura, a não ser a de que vêm precisamente de Heine, e que, com certeza, a sua companhia não é consistentemente a mais piedosa. Eles crescem como lírios brancos em meio a daturas e escopólias, e o mesmo solo quente que cozeu o veneno tóxico nessas últimas, ao mesmo tempo, fez crescer os lírios e preparou neles a mais maravilhosa fragrância.[26]

3. Louvor à selva

O veneno tóxico e a fragrância mais maravilhosa fluem de plantas que se alimentam do mesmo solo. A mentalidade policialesca quer aqui ceifar, para ela, o que cresce "entre ervas daninhas é também erva daninha e se corta com a mesma foice".[27] Tal separação, entre ervas daninhas e ervas, não faz sentido aos olhos de Fechner, pois, para ele o homem é "uma totalidade"; ele já havia eloquentemente descrito a coletânea de poesias de Heine em períodos artísticos e, ao mesmo tempo, as caracterizado de uma maneira vívida como verdadeiras florestas virgens poéticas.

Mas isso nunca ocorre a Heine. Ele nunca desfecha o machado ou a faca em uma planta poética para usá-la com um propósito diferente daquele para o qual foi cultivada, e assim cresce, floresce, canta e assobia como se fosse uma selva fertilizada com bom adubo, cheia de novilhas, palmeiras, aves do paraíso, cobras e sapos. Ervas daninhas e parasitas são mais preponderantes na natureza do que as boas ervas e criaturas benéficas, são, contudo, ervas daninhas poéticas, parasitas poéticos e também as boas ervas são mais aromáticas, as palmeiras mais guapas e exuberantes, os animais mais corajosos e intrépidos, do que se tudo isso estivesse cativo e fosse criado de acordo com princípios compreensíveis, na base da tesoura e dentro do estábulo.[28]

Mas o que se deve compreender a partir do aventuroso, venenoso, danoso e verminoso cenário de Fechner? Na pesquisa sobre Heine parece

[26] Idem, p. 372ss.
[27] Idem, p. 373.
[28] Idem, p. 367.

rapidamente ter decretado que Fechner trabalha tal como a injuriada força policial, uma vez que seus escritos seriam antes de tudo uma crítica a Heine. Por exemplo, Gerhard Höhn repreende Fechner por ter "vociferado [...] contra 'as ervas daninhas e os vermes poéticos'".[29] Renate Müller-Buck também insiste que a passagem acima citada rebaixaria Heine tal como uma praga.[30] Considerações dessa espécie impedem que o escrito de Fechner seja tratado mais de perto e quase ninguém sequer quis lê-lo como um documento de recepção positiva.[31] Neste sentido, as primeiras reações do ano de 1835 foram por vezes ambíguas. Campe e Wolff haviam chamado à atenção de Heine para a análise de Fechner, ambos a consideravam crítica, entretanto Campe relatou a Heine que ela seria "negativa, agressiva, mas ele é justo" e a apreciação possui "intenções honestas".[32]

Será que interpreto a passagem sobre as ervas daninhas com muita benevolência, porque olho para Fechner através dos óculos espessos de Nietzsche? Quanto mais leio as linhas de Fechner, mais seguro fico de

---

[29] Höhn, p. 114ss. Cf. também Behal 1980, pp. 316 e 328.

[30] Após minha conferência na Universität Stuttgart, em outubro, 2018.

[31] O retrato Heine de Fechner não foi incluído em *Heine in Deutschland. Dokumente seiner Rezeption* 1834-1956 organizado por Karl Theodor Kleinknecht em 1976 e foi deixado de lado por Goltschnigg, Steinecke e Schmidt 2006. Também é negligenciado na reconstrução da história da interpretação por Kuttenkeuler 1972. Lasswitz (1896, p. 36), por outro lado, atestou o "talento literário notável" de Fechner, baseado em seus "ensaios extremamente característicos" sobre Rückert e Heine.

[32] "Um de nossos satíricos mais destacados, que escreveu *Stapelia Mixta*, *Anatomia dos anjos*, *A Cólera*; – este último livro obteve um sucesso sem precedentes, – Dr. Mises [O Dr. Mises se chama, na verdade, Fechner; O seu métier é a química e, neste domínio, ele muito contribuiu. Ele traduziu e escreveu sobre a química e a física de Jean-Baptiste Biot e de outros; *Belletres* é o seu passatempo preferível, raramente atua neste domínio, mas quando atua é sempre com prazer.]: em Leipzig, uma longa apreciação de vossa relevância como poeta lírico foi publicada no número 4 da folha de entretenimento da Brockhaus. Ela é negativa, agressiva, mas ele é justo; pois vos coloca acima de Schiller e Göthe. Suas intenções são honestas" (Julius Campe, carta para Heinrich Heine, de 9 julho de 1935, presente em *Heinrich Heine, Säkularausgabe. Werke, Briefwechsel, Lebenszeugnisse*, organizado pela Nationalen Forschungs- und Gedenkstätten der klassischen deutschen Literatur in Weimar (desde 1991 Klassik Stiftung Weimar) e o Centre National de la Recherche Scientifique in Paris, 1970ss, v. 24, p. 324, carta de n°. 243 – abreviado abaixo como: HSA); Cf. a carta de Oscar Ludwig Bernhard Wolff de 3 de agosto de 1835: "No caderno de entretenimento foi publicado um longo disparate sobre vós como poeta lírico. Um chove, não molha, e ainda por cima sobre a sua maneira. É feito julgamento depreciativo sobre vós em imagens. – o autor é Dr. Mises, autor de *Stapelia mixta*, cujo nome verdadeiro é Fechner, professor em Leipzig, uma musa pedante Leipzigiana. Sabichão como todos esses jovens" (Oscar Ludwig Bernhard Wolff, carta para Heinrich Heine, HSA, v. 24, p. 327, carta de n° 246).

que as aves do paraíso e os parasitas poéticos são justamente ervas daninhas 'poéticas', parasitas 'poéticos' que se multiplicam esplendidamente sem restrições e que o satírico espírito livre de Fechner, que mais tarde dedicará toda a sua filosofia à alma da planta, na verdade amava a selva.

Algum tempo depois, o próprio Heine descreveu a sua poesia como uma erva daninha, possivelmente até adotando a caracterização de Fechner. No prefácio francês à última edição francesa de "*Imagens de viagem*", ele explicou que, em retrospecto, achou difícil "podar" com golpes de machado os "excessos" juvenis de sua edição anterior;

> Com grande angústia penso nas muitas passagens insensatas e sem Deus, nas ervas daninhas venenosas que proliferam no livro – para as erradicar, seria necessário arrancar toda a floresta espiritual em que estão enraizadas, e oh! tais florestas impressas não são tão facilmente cortadas como um carvalho comum. Eles devem permanecer para sempre monumentos florescentes de nossos erros, e os jovens podem andar neles à noite e jogar os seus jogos com as assombrosas dríades sátiros e outros brutos pagãos da luxúria![33]

Mas não somente nas metáforas tão semelhantes às de Fechner dessa autodescrição, mas também nos próprios poemas, encontram-se evidências de uma avaliação amigável das supostas ervas daninhas, que espíritos utilitariamente ocupados, por outro lado, querem abater:

> Epílogo
> Como os caules de trigo no campo,
> Assim crescem e balançam no espírito humano
> Os pensamentos.
> Porém os pensamentos ternos de amor
> São como engraçadas flores vermelhas e azuis,
> que florescem dentre o trigo.
> Flores vermelhas e azuis!
> O ceifeiro rabugento lhes rejeita como algo inútil,
> Mangual de madeira lhes malha com desprezo,
> Até o andarilho que nada possui,
> que os seus olhos se deleitam e refrescam ao ver,
> Balança a cabeça

[33] Heine, *Prefácio à última edição de* Reisebilder (1856), 1973ss, v. 6, p. 354 (abreviado como: DHA).

e chama-os de belas ervas daninhas.
Mas a jovem camponesa,
Que enrola grinaldas,
Lhes admira e lhes colhe,
E adorna convosco os lindos cachos,
E assim enfeitada, apressa-se para a a dança,
Onde flautas e violinos soam adoravelmente,
Ou para a faia silenciosa,
Onde a voz dos amores soa ainda mais adorável
Do que flautas e violinos.[34]

Para o pensamento ordinário, os pensamentos de amor aparecem perturbadores, tal como as flores coloridas em campo de grãos são percebidas como ervas daninhas perturbadoras, as quais os amantes, por sua vez, tecem em grinaldas – em o *Epílogo*, elas se tornam cifras do *livro de canções* como um florilégio.

4. A selva de Nietzsche

Seja como for, é contestável que Nietzsche tenha adotado julgamentos negativos sobre Heine a partir do que tenha lido em Fechner, tendo outrossim obtido material para uma imagem positiva. Não sabemos, entretanto, quando Nietzsche leu este texto. Em seu exemplar de uso, algumas partes estão sublinhadas; no final, há um ponto de exclamação e aparentemente havia ainda mais sublinhados, que – não sabemos por quem – foram apagados posteriormente. Não há notas marginais pejorativas que às vezes ocorrem em Nietzsche, como por ex., "Asno!". Nietzsche não pareceu interessado no segundo ensaio de Fechner sobre Friedrich Rückert,[35] que antecede imediatamente, no mesmo volume, o sobre Heine. Este documento é pouco produtivo para uma pesquisa de influência filológica. Por outro lado, as correspondências estéticas ganham contornos mais nítidos, quando as polêmicas da época são esquecidas.

A tarefa paradoxal de cultivar a selva como selva, em vez de suprimir a natureza externa e interna, Nietzsche se vê comprometido com

[34] Heine, *Buch der Lieder* (1827), 1827, p. 371.
[35] Fechner, *Friedrich Rückert*, 1875.

o seu escrito sobre tragédia.[36] Em analogia, no campo da poesia, ele pretende não apenas entender a forma como um grilhão apolíneo, que tenta a força violeta dionisíaca da natureza novamente resolver, mas também reconhecer a força dionisíaca selvagem como um princípio que molda a forma. É crucial aqui que Nietzsche não ofereça formas alternativas abstratas de entendimento e dissolução anárquica, mas diferencie entre estruturas criadas pela razão e aquelas que emergem, por assim dizer, da natureza caótica, mas que mesmo assim ganham forma: "Provavelmente o grande homem e a grande obra cresçam somente na liberdade da selva."[37]

Em Aurora (1881), ele tocou as diferentes versões de cultivar a selva, sendo a última opção aquela que ele obviamente prefere:

> Pode-se lidar com os próprios impulsos como um jardineiro, e, o que poucos sabem, cultivar os gérmens da ira, da compaixão, da ruminação, da vaidade, de maneira tão fecunda e proveitosa como uma bela fruta numa latada. Pode-se fazer isso com o bom ou o mau gosto de um jardineiro, e como que ao estilo francês, inglês, holandês ou chinês; pode-se também deixar a natureza agir e apenas providenciar aqui e ali um pouco de ornamentação e limpeza, pode-se, enfim, sem qualquer saber e reflexão, deixar as plantas crescerem com suas vantagens e empecilhos naturais e lutarem entre si até o fim – pode-se mesmo ter alegria com esta selva, e querer justamente essa alegria, ainda que traga também aflição. Tudo isso temos liberdade para fazer; mas quantos sabem que temos essa liberdade? Em sua maioria, as pessoas não *crêem* em si mesmas como em *fatos inteiramente consumados*? Grandes filósofos não imprimiram sua chancela a esse preconceito, com a doutrina da imutabilidade do caráter? (A 560, KSA 3, p. 326)

Vimos que Nietzsche também não recomenda empunhar o machado, pois tal furor caracteriza bem os defensores do pensamento utilitarista. Em vez disso, dois anos depois, ele elogiou a selva criativa desencadeada como o berço da poesia e o símbolo de uma vida artisticamente produtiva:[38]

---

[36] Sobre as mudanças no conceito de forma em Nietzsche, cf. Zittel 2017.

[37] NF-1877,25[1], KSA 8, p. 481.

[38] Naturalmente, se pode aplicar aqui também a palavra de Zaratustra muito citada, de que se deve ter "caos" em si mesmo e ser capaz de dar à luz uma "estrela que dança" (Za 1,

> *Da origem da poesia.* [...] Supondo que em todas as épocas venerou-se a utilidade como a divindade suprema, de onde teria vindo a poesia? [...] A bela e selvagem irracionalidade da poesia refuta-os, a vocês, utilitaristas! [...] as encantações e fórmulas mágicas parecem constituir a forma primeva da poesia (GC 84, KSA 3, p. 439 ss.).

O fato de tais passagens terem a ver com Fechner e Heine é discretamente indicado pela apreciação da "canção mágica (*Zauberlieds*)". Gradualmente, contudo, as ligações tornam-se cada vez mais aparentes quando se olha para a pré-história destas reflexões, que remontam ao tempo do *Nascimento da tragédia.* Lá, como contrapartida à rejeição de Fechner à poesia lírica em conformidade com o entendimento, encontram-se críticas a padrões abstratos no campo da arte.

> Nós falamos de poesia de maneira tão abstrata porque todos nós tendemos a ser maus poetas. Basicamente, o fenômeno estético é simples; se se tem apenas a faculdade de ver incessantemente um jogo vivo de viver continuamente rodeado de hostes de espíritos, é-se poeta; se a gente sente apenas o impulso de metamorfosear-se e passar a falar de dentro de outros corpos e almas, é-se dramaturgo (NT, *Prefácio para Richard Wagner*, KSA 1, p. 60).

No contexto das *Considerações extemporâneas*, esses pensamentos confluem em uma crítica geral do disseminado hábito de abstrair, por exemplo, quando, em seus escritos históricos com referência a Grillparzer, ele nega aos alemães a capacidade de sentir diretamente por causa do pensamento histórico (HV 4, KSA 1, p. 277). Em um esboço dessa passagem, Nietzsche cita Heine como prova do ditado de Grillparzer de que não se pode mais ter nenhuma sensação real no tempo presente:

> Nós sentimos com abstração, diz Grillparzer. Nós mal sabemos mais como o sentimento se expressa entre os nossos contemporâneos; nós o deixamos dar saltos que ele não consegue dar mais hoje. Shakespeare estragou todos nós modernos – Quem acreditará na verdade do sentimento de um Heine! Creio que tão pouco de um E. von Hartmann. Mas eles se reportam com uma tendência irônica,

Prólogo de Zaratustra, 5).

> à maneira dos grandes poetas e dos grandes filósofos: em que eles basicamente têm uma direção satírica e ridicularizam os seus contemporâneos, os quais se deixam enganar em filosofia e poesia lírica e, portanto, olham seriamente com seus olhos curiosos para encontrarem imediatamente a passagem histórica em que esses novos gênios dão lugar: Goethe e Heine, Schopenhauer e Hartmann (NF-1873,29[65], KSA 7, p. 657ss.).

Aqui Nietzsche parece criticar a atitude ironicamente fragmentada de Heine como abstrata, enquanto mais tarde, se sabe que ele diferencia entre artistas que, como Wagner, fingem dizer a verdade e aqueles que reconhecem a impossibilidade de se poder ainda falar a verdade nos tempos modernos. Uma poesia honesta seria apenas aquela que se declara não verdadeira, e essa ideia é mais claramente articulada em Nietzsche no discurso do poeta-tolo que "consciente e voluntariamente" tem que mentir, mas que no entanto saudosamente vai "farejando em cada floresta virgem".[39]

Deve-se evitar na comparação com Heine, atribuir a Nietzsche uma posição estética consistente em todas as fases com base em citações isoladas; trata-se sempre de pôr em questão o contexto histórico e factual de uma passagem. No entanto, não se deve esquecer também que, em 1868, o jovem Nietzsche não escondeu seu gosto pelas imagens de viagens de Heine e, em 1872, em O *nascimento da tragédia* (NT 1, KSA 1, p. 26) ele reavaliou – contra Platão – a questão da bela aparência e a declarou um pré-requisito para a arte.[40] A imagem que Nietzsche faz de Heine pode variar ostensivamente[41] e ter uma função diferente

---

[39] Cf. Za 4, *O canto da melancolia*, 3, KSA 4, p. 372: "Não! Hostil a essas estátuas da verdade/ em todo ermno mais em casa do que em templos/com petulância de felino/a saltar por toda janela/Zás! Para todo acaso/farejando em cada floresta virgem/farejando ansioso e anelante:/que corresses em florestas virgens/entre bestas de jubas coloridas/pecaminosamente sadio e belo e colorido corresses/com ávidos beiços/feliz-zombeteiro, feliz-infernal, feliz-sanguinolento/corresses rapinando, deslizando, *mentindo*...". Cf. também nos Ditirambos de Dioniso (1889), "Só louco! Só poeta!", KSA 6, p. 378. Cf., sobre a selva como uma "metáfora – autorreferencial – da linguagem ditirâmbica" em Nietzsche, Groddeck 1991, v1. 1, pp. 20-23.

[40] Cf. também Martens 1996, p. 251.

[41] Höhn 1997 defende veementemente Heine contra as críticas de Nietzsche da época das *Considerações extemporâneas* e reivindica decisivamente Heine como um antecessor de suas ideias centrais. Höhn tenta desnecessariamente aumentar a originalidade de Heine diminuindo a de Nietzsche. O retrato de Nietzsche é baseado em clichês e até passagens da "Vontade de poder" (idem, p. 143). É evidente o problema fundamental de que as

dependendo do contexto, mas não se pode confiar nessa mudança no contexto de uma polêmica contra David Friedrich Strauss. Ao longo de sua vida, Nietzsche esteve próximo de Heine em suas concepções artísticas, mesmo que por vezes ocultasse temporariamente essa proximidade.[42]

Portanto, não é surpresa quando Nietzsche finalmente acusa os alemães de se levarem muito a sério o que os levaria a suspeitar do humor de Heine:

> – Hoje, Heine é um criminoso na Alemanha por ter tido bom gosto – por ter *rido*: os próprios alemães estão ainda hoje se levando desesperadamente a sério (NF-1888,18[3], KSA 13, p. 533).

Não obstante, apesar do conhecimento da inevitável falsidade da poesia moderna, a eficácia do ritmo vivo permanece intacta na apoteose nietzschiana do estilo multifário como ideal estético. Seu consistente favoritismo da poesia essencialmente musical atesta sua afinidade fundamental pela arte do verso de Heine. Fechner também destaca esse fato quando interpreta Heine principalmente *como poeta lírico*. Nietzsche rejeita a ideia, no entanto, de que ainda é possível criar obras de arte orgânicas na modernidade e, aqui, especialmente no contexto da sua crítica à cultura moderna, as metáforas das ervas daninhas surgem tão esplendidamente quanto em Fechner:

> *Os poetas não são mais mestres.* [...] Se os grandes artistas de agora são, na maioria, desencadeadores da vontade e às vezes, justamente por isso, libertadores da vida, aqueles eram — domadores da vontade, metamorfoseadores de animais, criadores de homens e, sobretudo, escultores-remodeladores da vida: enquanto a glória dos de hoje pode estar em desatrelar, romper grilhões, demolir. — Os gregos

pesquisas de Heine e Nietzsche operam em âmbitos desconexos, provavelmente também porque os dois autores são apressadamente situados em campos politicamente opostos. Cf. a posição contrária defendida por Miething 2016.

[42] A atitude de Nietzsche em relação a Heine nesta fase é difícil de avaliar – ele ridiculariza David Friedrich Strauss, um seguidor de Heine, e ao mesmo tempo é fascinado por Richard Wagner, antissemita e desprezador de Heine. Sobre a autonegação temporária de Nietzsche durante os anos de Wagner, consulte: Montinari 1982, pp. 38-55. Para uma avaliação contínua da fluência de Heine sobre Nietzsche, consultar Politycki 1989, pp. 292-295.

> mais antigos exigiam do poeta que ele fosse um mestre dos adultos: mas como se envergonharia hoje um poeta, se lhe fosse exigido isso — ele, que não foi um bom mestre de si mesmo e, portanto, não se tornou ele mesmo um bom poema, não tinha uma bela estrutura, mas sim, no melhor dos casos, como que a modesta, atraente ruína de um templo, e ao mesmo tempo uma caverna de desejos, coberta de flores, sarças, ervas venenosas, habitada e visitada por cobras, vermes, aranhas e aves — um objeto para a triste reflexão sobre por que, agora, o que é mais nobre e precioso tem de crescer já como ruína, sem passado e futuro de perfeição? (HH II, 172, KSA 2, p. 452)

A crítica cultural de Nietzsche é ao mesmo tempo uma teoria da modernidade, na medida em que diagnostica novamente, mas agora sob diferentes auspícios, que nos dias de hoje os poetas já não são criadores, mas sim abrigam dentro de si mesmos a *menagerie* selvagem e as plantas venenosas que, segundo Fechner, descrevem metaforicamente a poesia de Heine. Analogamente, Nietzsche vê *A revolução na poesia* (HH I, 221, KSA 2, pp. 180–184) como uma soltura, que joga fora restrições métricas que ocorrem após a perda irrecuperável da tradição. Já no desenvolvimento da música, reconhece-se "como a pouco a pouco os laços são afrouxados até que finalmente pareçam completamente perdidos: essa aparência é o resultado mais elevado de um desenvolvimento necessário na arte". Essa liberação não teve tanto sucesso na poesia, Goethe a ensaiou, mas "mesmo os mais talentosos só podem experimentá-la continuamente quando o fio do desenvolvimento é partido".

> É certo que devido a essa liberação, desfrutamos por algum tempo da poesia de todos os povos, tudo o que cresceu em lugares recônditos, o primitivo, o selvagem, o belo estranho e o gigantesco-irregular, desde o canto popular até o "*grande bárbaro*" Shakespeare. [...] Mas por quanto tempo ainda? A maré transbordante de poesias de todos os estilos e de todos os povos *deverá*, pouco a pouco, atingir as partes do globo onde ainda seria possível um crescimento calmo e recolhido; todos os poetas *deverão* se tornar imitadores experimentais, copistas ousados, por maior que seja a sua força no início; e o público, enfim, que desaprendeu a ver no *sujeitamento* da força de expressão, no domínio e organização dos meios artísticos, o ato propriamente artístico, *deverá* cada vez mais apreciar a energia pela

> energia, e mesmo a cor pela cor, a ideia pela ideia, mesmo a inspiração pela inspiração (Idem, grifo nosso).

O que resta é uma arte que se preocupa apenas consigo mesma. Para Nietzsche, Voltaire e Goethe são os atores decisivos dessa revolução na poesia lírica, de acordo com eles é a arte

> tornada *ineficaz* em qualquer outro sentido que não o artístico; nada de temas e caracteres novos, mas sim os velhos e há muito habituais, numa sempre contínua reanimação e reformulação: isso é a arte, tal como depois Goethe a *compreendeu*, tal como os gregos e também os franceses a *praticaram* (Idem).

E quem não deveria pensar em Heine aqui, o qual levou esta revolução a termo?

Para Fechner, Heine faz exatamente isso. Fechner reconheceu essas consequências da poesia desencadeada tão claramente quanto Nietzsche e elogiou Heine, em particular, por se permitir toda a liberdade em termos de forma e por essas liberdades se estenderem ao conteúdo, liberando-se de qualquer tipo de crítica desrespeitosa. Isso é significativo, na medida em que, como Beithan cedo constatou, "Todos os historiadores e esteticistas da literatura alemã condenam de [maneira invariável] Heine pelo conteúdo frívolo de suas obras e, igualmente, lhe prestam homenagem por sua sofisticação na forma".[43]

Isso é o que Fechner justamente não faz, mas sem dúvida ele precede Nietzsche em ver a fronteira entre a forma e o conteúdo suspensa por uma representação vívida, e ao fazê-lo, permitindo também ao conteúdo todas as liberdades possibilitadas pela liberação da forma.

> A força e a vitalidade da poesia de Heine foram reconhecidas também por seus oponentes mais deliberados, que o acusaram, contudo, da nudez ultrajante e da falta de consideração com que ela, na consciência de que era poesia, não se importava com o que mais ela poderia ser e estendeu a liberdade poética, ou seja, estendeu a licença da forma ao conteúdo. Eles querem que a poesia seja algo que não seja poesia, que deva ter pelo menos um cérebro racional

[43] Beithan 1933, p. 189.

e um coração moral. E eles não estão errados. Na verdade, nada deve ser tão puro para si mesmo que não empreste pelo menos o germe ou o reflexo, ou o suporte ou a barreira de algo superior ou de outra coisa; mas as canções de Heine não cuidam de nada além de si mesmas; elas soam no mundo, despreocupadas com o que elas ressoam ou destoam.[44]

Alusão oculta de Fechner ao *Monólogo* de Novalis faz referência à apreciação romântica da forma estética, que se torna o verdadeiro conteúdo ou que, mais precisamente, suspende a oposição entre forma e conteúdo e precede o ditado de Nietzsche:

> Se é artista pelo preço de sentir como *conteúdo*, como 'a coisa mesma' o que todos os não-artistas chamam de '*forma*'. Com isso, pode-se dizer que se pertence a um mundo ao contrário: por enquanto, o *conteúdo* é visto como algo apenas formal – assim como nossa vida (NF-1887,11[3], KSA 13, p. 9).

A nudez ultrajante a qual Fechner atribui à poesia de Heine também lembra os esboços de Nietzsche para uma filosofia de Dionísio, na qual esse aparece em um diálogo jocoso como uma "divindade ultrajante" que não tem motivos para cobrir a "sua nudez". (NF-1885,34[181], KSA 11, p. 484)[45]

5. A quintessência da poesia: venenos saborosos, demônios perigosos, libertinagens encantadoras

No entanto, a alegria frívola de Heine é ambivalente, ela também tem seu lado perigoso. Escutemos primeiro a impressionante descrição de Fechner da sua poesia:

> mas permanece bela enquanto estiver por si só. 'Lá, ela senta-se com um pente de ouro e canta a sua canção, tem uma melodia maravilhosa e poderosa', e então ela atrai o ânimo para o

[44] Fechner, *Heinrich Heine als Lyriker*, 1835, p. 368.
[45] Cf. também, KGW 7, p. 67ss e 70. Ver ainda BM, KSA 5, p. 295.

> seu redemoinho mágico tanto que alguém preferiria prender-se ao mastro para não ser arrancado, mas é incapaz de o fortalecer e fortificar para nada mais que o mesmo frenesi em que ela própria se move. A poesia de Heine é em seu modo tão abstrata quanto é o entendimento para outros, é a quintessência de uma poesia, puramente destilada dos objetos; nada lenhoso, nada grumoso, nada gorduroso ou farinhento já a contaminou, a não ser algum veneno fino, volátil e saboroso. Se esta é tua única bebida, estás perdido de corpo e alma; não é o diabo malvado que lida com esses poemas, é o diabo mais perigoso que esconde os cascos em belas botinas de couro ornado em ouro, acena amigavelmente com a pena de galo e segura um bebê nos braços que sente apenas por um brilho estranho sente que nem tudo está bem aqui. Antes que lhes percebam, ele olha através dos arbustos novamente e, depois que ele é visto, passa-se a vê-lo em todos os lugares, mesmo onde ele não está. Mas anjos também brincam nos galhos da árvore, que ele parece guardar por prazer como passarinhos; belos castelos brilham nas ondas douradas e prateadas da noite, e vivem lá pescadores e pescadoras inocentes que nada sabem do mal, e ele anda por aí a dizer que, se eu os quero, eu os tenho.[46]

Diabrura perigosa: no redemoinho mágico de melodias sedutoras, preludia o bastante citado elogio de Nietzsche a Heine como poeta lírico ideal, elogio que também faz a conexão cativante entre a ironia divina de Heine e a sua arte da linguagem:

> Heinrich Heine me deu o conceito mais elevado de poesia lírica. Em vão procurei em todos os impérios de milênios uma música assim tão doce e apaixonada. Ele possuía aquela ironia divina, sem a qual não consigo imaginar a perfeição – aprecio o valor do humano, das raças pelo modo como sabem compreender necessariamente Deus, sem O separar do sátiro. – E como ele maneja o alemão! (EH, *Por que sou tão inteligente*, KSA 6, p. 286)

Fechner, seduzido pelo veneno da própria poesia, cria o jogo de palavras canção/desleixo (*Lied/Liederlichkeit*), transformando positivamente a ironia de Heine, cuja vivacidade e fogo por si só garantiriam que as canções mais desleixadas se tornem belas:

---

[46] Fechner, *Heinrich Heine als Lyriker*, 1835, p. 368.

> Assim, as canções de Heine podem ser prejudiciais na medida em que seduzem o ânimo, que até agora tem sido capaz de manter uma marcha regular e uma sólida dieta de sentimentos – e que, por isso, se viu bem – numa dissolução e desordem que mais tarde dará maus frutos, sem ter produzido frutos tão bonitos como alguns dos próprios cânticos de Heine fizeram. Seu fogo pode infectar outros, mas apenas os queima em cinzas, porque não estão em seu elemento como o espírito maligno e carregam apenas o combustível morto, mas não o acendedor vivo.[47]

Um jogo de palavras que se poderia conceber, mas é interessante como Nietzsche o usa:

> A última coisa que aconteceu foi a 'Aurora'; entretanto, a grande transformação foi A gaia ciência, que termina com barulhentas e desleixadas canções, sob o título *'Canções do príncipe Vogelfrei'*. – incluído, por ter sido forçado a mastigar silenciosamente todo o meu passado humano, constatei 1) que em quinze anos os queridos alemães ainda não fizeram uma única resenha mediocremente completa e séria, de qualquer um dos meus 12 livros 2) que só agora percebo esse fato, ou seja, eu provavelmente não recebi a devida atenção dos queridos alemães – em suma, que eu 'merecia' – 3) que não sei de ninguém que conheça os precedentes de toda essa literatura, sobre meu destino real muito estranho, ou que tenha deixado claro para mim que sabia algo; sou bem avançado em ironia e escárnio, consequentemente, tão longe agora não respondo mais 'cartas de admiradores', o que não é incomum – pois, sinto cheiro de confusão a quinhentos passos de distância. (Carta a Elisabeth Förster, BVN-1887,794)[48]

Estaria Nietzsche a inserir as canções do trovador provençal[49] de seu Príncipe Vogelfrei na tradição de Heine?

Essa suposição torna-se plausível, quando se percebe quão intimamente essa caracterização está entrelaçada com uma densa rede de alusões tecida em relação a Petrônio: o atalho é feito usando o conceito

[47] Fechner, *Heinrich Heine als Lyriker*, 1835, p. 370.
[48] Cf. também a carta a Heinrich Köselitz. BVN-1887,800.
[49] Cf. também Mancini 2009, pp. 119-123.

de libertinagem e que permite então aproximar tematicamente as imagens que Nietzsche e Fechner têm de Heine e a transferir a comparação de ambos para o âmbito do estilo. A corrente se estende passando por Heine até Aristófanes[50] e Petrônio, via Paris como a quintessência, aos andares da poesia até chegar nas diabruras artísticos.

> Com Offenbach e Heinrich Heine está a potência (*die Potenz*) da cultura europeia efetivamente suplantada; deste modo, as outras raças ainda não estão livres para ter espírito. Isso faz fronteira com Aristófanes, Petrônio, Hafis. – A mais antiga e mais recente cultura europeia é agora, sem dúvida, Paris; *L'esprit* de Paris é sua quintessência.
> É também o lado em que sou refinado e inteligente em assuntos de gosto, – um bom leitor, um bom ouvinte... Aqui também aprecio coisas que talvez exijam uma grande liberalidade na bondade mais do que uma inteligência mais refinada; por. ex., Petrônio, também Heinrich Heine (NF-1888,22[26], KSA 13, p. 596).

Essas reflexões tardias foram preparadas ligando o motivo de Petrônio aos de coragem e de ironia artística, que também distinguem Heine aos olhos de Nietzsche:

> Mas como poderia a língua alemã, mesmo na prosa de um Lessing, imitar o *tempo* de Maquiavel, que no seu *Príncipe* nos faz respirar o ar fino e seco de Florença, e só consegue expor o assunto mais sério num indomável *allegrissimo* – talvez com maliciosa (*boshaftes*) percepção artística do contraste que ousa: os pensamentos, difíceis, prolongados, duros, perigosos, e um *tempo* de galope e bom humor mais caprichoso. Quem arriscaria uma tradução alemã de Petrônio, que, mais que qualquer grande músico, foi o gênio do *presto*, em invenção, inspiração, palavras – que importam todos os pântanos de um mundo enfermo e ruim, mesmo do "mundo antigo", quando se

[50] Ferruccio Masini (1964, pp. 5-35) já havia traçado uma conexão partindo da designação de Heine como o Aristófanes alemão a Nietzsche, na medida em que reconheceu na escrita irônica de Heine um enfraquecimento da ontológica pretensão de verdade da poesia. Cf. também Heine, *Geständnisse* (1854), DHA, op. cit., v. 15, p. 56: "Oh! O escárnio de Deus pesa sobre mim. O grande criador do universo, o Aristófanes do Céu, queria mostrar de forma gritante ao pequeno e terreno, chamado de Aristófanes alemão, como os sarcasmos mais espirituosos desse último não passavam de pobres gracejos em comparação com os seus, e como eu devo ser miseravelmente inferior a ele em humor, em colossal divertimento".

> tem, como ele, os pés de vento, o sopro e o alento, o escárnio libertador de um vento que torna tudo saudável, ao fazer tudo correr! (BM 28, KSA 5, p. 47)

Fechner também caracteriza as canções de Heine – que fazem "correr" por sua libertinagem – como artísticas, e cujas piadas ruins não passam de brincadeiras e cuja aparência significa que nenhum ser aparece.

> Em suma, toda a proposta desses poemas é uma libertinagem de sensações, que, no entanto, são tocadas de forma tão amorosa e frívola, que delas nenhuma peruca está a salvo sobre a cabeça. Outros poetas, depois de ter apanhado um sentimento, estripam-no, dissecam-no e enchem o leitor com ele; mas Heine brinca com os sentimentos tal como o gato com o rato, deixa-os correr, cerca-os novamente e, finalmente, mata-os depois tê-los acariciado da maneira mais amigável, apenas por diversão e brincadeira, para então correr atrás de outro e fazê-lo com o mesmo prazer de acariciar e destruir. Algumas de suas canções me parecem aqueles demônios na imagem do inferno de Callot, a quem se vê atormentados por tortura e gritando terrivelmente, mas pode se ver que eles realmente não sentem dor e gritam apenas por diversão e para exibir que podem fazer melhor do que os pobres coitados, para quem o real tormento faz gritar. Por muito luminosa que seja a poesia que aparece nos poemas de Heine, não se deve querer apanhar nada por detrás dela. Da flor ela tem as cores mais refinadas e o aroma mais refrescante, do céu o raio de sol mais brilhante e a mais pura luz das estrelas, porém, não há por trás flor alguma, sol algum, estrela alguma, mas um ser fantástico, que é tudo isso por um momento e no momento seguinte é o oposto, na verdade o oposto já está sempre por detrás dele.[51]

Em correspondência a isso, talvez a confissão poetológica mais famosa de Nietzsche dê uma guinada surpreendente, que vem à tona se citamos também as majoritariamente ignoradas as passagens subsequentes, presentes em uma versão preliminar de EH e que foram posteriormente suprimidas por Nietzsche em *O crepúsculo dos ídolos* (1889) (CI, *O que devo aos antigos*, 1, KSA 6, p. 154ss.):

[51] Fechner, *Heinrich Heine al Lyriker*, 1835, p. 369s.

> Até hoje não reencontrei com outro poeta o arrebatamento artístico que uma ode de Horácio me proporcionou. Em algumas línguas, p. ex. em alemão, o que aqui foi alcançado não pode nem ser desejado. Aquele mosaico de palavras, em que cada palavra, como som, como lugar, como conceito, irradia sua força para a direita, para a esquerda e sobre o conjunto, aquele mínimo em extensão e número de signos, e o máximo que obtém na energia dos signos. [...] O que menos gostaria de esquecer é o encanto que reside no contraste entre esta forma granítica e 'a mais graciosa libertinagem'": – meu ouvido está encantado com essa contradição entre forma e sentido. A terceira impressão incompar<ável> que devo aos latinos, é Petrônio. Esse prestíssimo de exuberância em palavras, frase e salto de pensamento, esse refinamento na mistura do latim vulgar e do latim 'culto', esse bom humor irreprimível que não teme a nada e salta graciosamente sobre todo tipo de animalidade no mundo antigo, essa liberdade soberana diante da 'moral', diante da miséria virtuosa de 'belas almas' – eu não saberia nomear um livro que teria chegado perto de ter causado tal impressão em mim. Meu instinto pessoal me diz baixinho que o poeta é provençal: tem-se que ter o diabo no corpo para dar esses saltos. (NF-1888,24[1], grifo nosso)[52]

Aqui temos tudo lado a lado: a liberdade de movimento artístico está concretamente ligada à poesia provençal via Petrônio; a graça às diabruras amorais.

Em Nietzsche, o notável par de termos "leveza e graça" substitui a fórmula gêmea de Schiller "graça e dignidade". Ao ler David Friedrich Strauss, Nietzsche tinha sentido falta da graciosidade, como uma beleza em movimento, e do "leve recolhimento" de grandes autores, e por isso e atestou-lhe: "é precisamente a leveza e a graça que lhe faltam" (NF-1873,27[33], KSA 7, p. 597).

A mesma substituição de dignidade por leveza também pode ser encontrada, como é bem conhecido, no ensaio de Kleist *Teatro de marionetes* (1810), mas tanto quanto posso ver, apenas Fechner operou tal

[52] Cf. NF-1887,10[53], KSA 12, p. 482: "Somos mais ásperos, mais diretos, cheios de ironia contra sentimentos generosos, mesmo quando nós estamos sujeitos a eles. [...] Nossa posição sobre o conhecimento é mais natural: temos a *libertinage* do espírito com toda a inocência, odiamos maneiras patéticas e hieráticas, nos entregamos ao mais proibido, dificilmente reconheceríamos um interesse no *conhecimento* se tivéssemos de nos entediar no caminho para ele ".

substituição tendo Heine em vista. Heine aparece em Fechner como um poeta de espírito livre, e no seu encantador descaramento quase como o arquétipo do príncipe *Vogelfrei* de Nietzsche:

> O mesmo acontece com Heine, e é uma maravilhosa leveza e graça com a qual o pensamento realiza esse movimento em sua obra. Ligeiramente preso, não pressionado ou inibido por ornamentos e acessórios estranhos, confiando apenas em seu próprio poder demoníaco, ele caminha a passos largos. É muitas vezes um pensamento sem valor; mas o gesto livre e ousado com o qual ele sai e entra ou pula para frente, permite encontrar portas e portões abertos em ânimos (*Gemütern*), as quais o pensamento mais excelente, quando aparece grosseiramente embrulhado, ponderado ou a mexer em outros poemas, encontram firmemente fechados.[53]

6. Heine e Goethe contra Schiller

Outra notável semelhança entre Fechner e Nietzsche se mostra na comum tomada de posição por Goethe contra Schiller, especialmente no contexto da influência de suas poesias sobre a juventude. Para Fechner, a influência de Goethe por si só não é suficiente para suplantar Schiller. Como Nietzsche, Fechner também tem em mente as novas gerações de acadêmicos nas chamadas instituições de ensino quando alerta sobre a influência perniciosa de Schiller e recomenda Heine como antídoto. Como Nietzsche,[54] ele vê Heine como alguém que auxilia a impulsionar Goethe contra a preponderante veneração de Schiller na Alemanha:

> Eu creio, ou melhor, a experiência nos diz que Goethe ainda não é suficiente para suplantar a poesia lírica de Schiller; pois ela é muito serena, paciente e focada no objeto; mas a poesia lírica de Heine poderá fazê-lo, ao mostrar o poder da flecha ao caçador que deve guiá-la no futuro, não sobre o animal selvagem mas sobre o seu

[53] Fechner, *Heinrich Heine als Lyriker*, 1835, p. 380.

[54] Cf. sobre isso Müller-Buck 1986. A autora aborda também, entre outras, ambas as cartas de Nietzsche para F. Avenarius que foram publicadas em 1888 na revista "Der Kunstwart" (Internota do tradutor: *Der Kunstwart* foi uma revista fundada por Avenarius – que a editou até 1923 – em Dresden em 1887, depois transferida para Munique de 1894 a 1932).

> próprio coração. Só lentamente o jovem se converte de Schiller para Goethe.[55]

Eis o que Nietzsche chega ao ponto de escrever em um rascunho de uma carta para Ferdinand Avenarius, com a qual pretendia cancelar a sua assinatura na *Der Kunstwart*, devido às críticas a Heine nela publicada:

> os alemães devem mais a Lessing *e* Heine do que devem, p. ex., a Goethe – eles tiveram mais necessidade deles. Isso não diz nada contra Goethe (pelo contrário) – mas diz algo *contra* a mesquinharia e ingratidão que se espalha hoje com relação a Lessing e Heine. (20 de julho de 1888).[56]

Fechner elogia a influência da poesia lírica de Heine, que se mantém sem a moldura em gesso de museu, enquanto Schiller usa suas poesias para edificar templos artificiais:

> Mas a poesia de Heine toma o coração dos jovens desde o início, espeta, excita e pressiona cada fibra, e na doce contração espasmódica que daí surge sucumbem as esculturas e placas comemorativas esculpidas e talhadas por Schiller.
>
> A chamada poesia lírica de Schiller aparece como um panteão artisticamente construído, cheio de estátuas de deuses, às quais chega-se pela primeira vez cheio de fervorosa adoração, mas ao fim sai-se friamente porque não elas não sabem dizer nada de humano; na poesia lírica de Goethe, entra-se como sob um céu azul claro, sob o qual os protótipos humanos dessas estátuas de deuses caminham vivos [...]; este céu se eleva com calma, magnífica e resignadamente sobre o panteão de Schiller, e permite que os veneradores ali descansem até que se retirem por conta própria; mas a poesia lírica de Heine é como uma nuvem, meio dourada pelo sol, meio cintilante e negra, perseguida por tempestades uivantes, carregando ao mesmo tempo espectros e anjos que se juntaram sobre ela como náufragos, com os seus raios atingindo o panteão, obliterando as estátuas dos deuses e expulsando os veneradores, que creem, pelo menos por um momento, ver o aparecimento do divino na maravilha viva mas perniciosa da natureza. Isso passará, e então o céu azul claro ficará

[55] Fechner, *Heinrich Heine als Lyriker*, 1835, p. 375.
[56] Reschke 2006 e 2009; Martens 1996; Müller-Buck 1986.

sereno e paciencioso como antes e se verá linhagens e cânticos passarem por debaixo dele.[57]

Nietzsche semelhantemente também julga o perigo do poeta filósofo Schiller, cujas tentativas de escrever prosa científica involuntariamente parodiam a ciência:

> E aí estão seus ensaios — exemplos, em todo aspecto, de como não se deve abordar questões científicas de estética e moral, e um perigo para os jovens leitores, que, em sua admiração pelo poeta Schiller, não têm coragem de estimar pouco o ensaísta e pensador Schiller. — A tentação que tão facilmente e compreensivelmente acomete o artista, de penetrar a seara que é proibida justamente para ele e dizer algo no campo da ciência ... e precisamente isso é o engraçado nesses escritos de artistas, que neles, sem o querer, o artista faz o que é da sua profissão: parodiar as naturezas científicas e não artísticas. Pois outra atitude que não a paródica em relação à ciência ele não deveria ter, na medida em que é artista e apenas artista (HH II, 123, KSA 2, p. 605).

7. Poesia e Prosa

Também é digna de nota a apreciação de Fechner sobre a prosa de Heine semelhante à poesia lírica, porque o seu texto forma uma ponte entre duas observações centrais de Heine e Nietzsche – e mesmo que eu admita que Nietzsche terá retomado o texto de Heine diretamente, existe aqui, de qualquer modo, uma correspondência estética íntima entre os três. Ouçamos primeiro Fechner:

> Outros irão agora cantar sem, como Ele Deus, blasfemar contra a pessoa amada e si mesmos, mas poderão aprender com Heine como a prosa não deve atirar um manto, mesmo o mais belo, em torno de objetos e sentimentos, mas sim jogá-lo fora para que eles apareçam em sua própria vitalidade. Isso não foi possível aprender com Schiller.[58]

---

[57] Fechner, *Heinrich Heine als Lyriker*, 1835, p. 375ss.
[58] Fechner, *Heinrich Heine als Lyriker*, 1835, p. 374.

Isso parece ser um reflexo direto da observação de Heine que,

> para se escrever uma prosa perfeita, entre outras coisa é necessário um grande domínio das formas métricas. Sem tal destreza carece o escritor de prosa certo compasso, escapam a ele palavras acrescidas, expressões, cesura e torções que são permitidas apenas em discursos limitados, e surge então um tom desacertado, que fere apenas alguns poucos, porém muito finos ouvidos.[59]

Uma visão que Nietzsche diretamente adapta:

> *Prosa e poesia.* – Observa-se que os grandes mestres da prosa foram quase sempre poetas também [...] e, de fato, apenas em vista da poesia se escreve boa prosa! Pois esta é uma ininterrupta e amável guerra com a poesia todo o seu charme consiste em que a poesia é sempre evitada e contrariada, toda abstração quer ser expressa com voz zombeteira, digamos, como esperteza em relação a esta; toda secura e frieza deve impelir a suave deusa a um suave desespero; com frequência há aproximações, conciliações do momento, e logo um súbito recuo e gargalhada; com frequência é levantada a cortina e deixa-se entrar luz crua, no preciso instante em que a deusa está fruindo penumbra e as cores baças; com frequência lhe é tirada a palavra da boca e cantada numa melodia que faz cobrir os delicados ouvidos com delicadas mãos (GC 92, KSA 3, p. 447ss.).

8. A subjetividade de Heine

A princípio, Fechner também serviu ao clichê da fragmentaridade (*Zerrissenheit*)[60] e subjetividade de Heine, que, embora nesse meio tempo tenha ganho um tom pejorativo, mostra-se por sua vez com positiva

---

[59] Heine, *Ludwig Börne – Eine Denkschrift*, DHA, op. cit., v. 11, p. 13.

[60] "Nomeamos Heine de o Fragmentado (*Zerrissenen*), mais ou menos como nomeamos Karl ou Goethe, de o Grande; Se não me engano, Heine diz em algum lugar de si mesmo que a fenda (*Riß*) do mundo passou por seu coração. No entanto, essa fragmentaridade (*Zerrissenheit*) longe de o ter prejudicado aos olhos do público, ao contrário, viu-se nela veios de ouro tão belos nessas rachaduras e fendas que muitos imediatamente a fragmentaram (*zerrissen*) voluntariamente, alguns até trabalharam exaustivamente seus resíduos de rocha com muito esforço, para Heine fazer o mesmo, é claro, sem revelar nada do seu conteúdo" (Fechner, *Heinrich Heine als Lyriker*, 1835, p. 380ss).

em Heine, pois ele faria ver assim seu interior como um caleidoscópio em sempre novas refrações prismáticas e, dessa maneira, ofereceria à poesia lírica novas possibilidades de efeito. A subjetividade de Heine, por causa de sua fragmentaridade, teria um impacto direto no estilo,

> uma vez que basicamente nada além de si mesmo é objeto de suas canções; inclusive, por estranho que pareça, mesmo nas suas canções de amor ele não canta a pessoa amada, mas apenas a si próprio, e de todas as suas canções não se pode juntar uma imagem dela. Todos os poemas de Heine, mesmo aqueles diametralmente opostos uns aos outros, são como tantas aberturas através das quais se olham para eles de lados opostos, nunca para fora deles. Mas essa é precisamente a diferença entre Heine e outros poetas subjetivos, pois, como uma *camara obscura*, ele deixa o mundo e a vida aparecerem em compacidade e plenitude de cores na câmara escura de seu interior, enquanto outros apenas fazem do mundo inteiro apenas um tedioso reflexo de seus 'eus' eternamente iguais. [...] O tipo de subjetividade que se encontra em Heine é exatamente o que dá à poesia lírica seu poder. O objeto não deve se defender de sua junção com o sujeito; pois é precisamente a prosa fria que olha para o objeto em si, não como é em sua absorção e supressão nas individualidades vivas. O objeto deve emprestar forma e poder sensível ao sujeito e por isso receber dele ânimo, sentimento e sensação; assim a alma do poeta se torna a alma do poema e esta última um fenômeno vivo com um efeito vivo.[61]

O elogio de Fechner à "clareza e a riqueza de cores", com que Heine refracta prismaticamente seu mundo emocional subjetivo e assim o exibe de uma forma poliperspectiva, está perturbadoramente próximo do complexo central da estética de Nietzsche, com o qual ele reagrupa os motivos do virtuosismo artístico com sinais positivos em *Humano, demasiado humano*. Em *Além do bem e do mal*, ele descreve com admiração ambivalente os românticos tardios como "virtuosos de cima a baixo, com misteriosos acessos a tudo que seduz, atrai, compele, transtorna, inimigos natos da lógica e da linha reta, cobiçosos do que seja estranho, exótico, enorme, torto, contraditório..." (BM, 256, KSA 5, p. 203)

Estamos agora em um ponto em que os fios desenrolados voltam a se encontrar: o colorido como característica do irregular, estranho e

[61] Idem, p. 380ss.

desordenado remete à extensa cadeia de motivos do bufão, palhaço e tolo poeta:

> A influência de Hegel e Heine. Este último destrói a sensação de uma cor uniforme de estilo e adora a jaqueta do bufão com a mais colorida troca de cores. Suas ideias, suas imagens, suas observações, suas palavras não coincidem, mas como virtuoso ele dominou todos os estilos para que agora possa jogá-los uns sobre os outros (NF-1873,27[29], KSA 7, p. 595).

Esta cadeia de motivos então prepara a conexão posterior entre selva, estilo virtuoso e espírito livre – e neste resumo Heine é finalmente nomeado espírito livre:

> um terceiro H. Heine, para o capítulo '*espírito livre.*' – 1) Eu não quero 'glorificá-lo': uma palavra a favor dos espíritos vinculados. 2) a crueldade do intelecto: a prova a partir do prazer ('me faz feliz, logo é verdade') sublinhar aqui a vaidade no 'me' (NF-1885,2[66], KSA12, p. 90).

Visto a partir da caracterização fechneriana de Heine, o famoso autorretrato tardio de Nietzsche em *Ecce homo* aparece então como uma disfarçada máscara de Heine, na medida em que ele também atribui a si próprio, sob a insígnia de arte, a capacidade de comunicar uma ampla variedade de estados subjetivos por meio de um estilo vívido:

> Vou ao mesmo tempo dizer ainda uma palavra muito geral sobre a minha *arte do estilo*. Comunicar um estado, uma tensão interna do *pathos* mediante signos, e inclusive o ritmo de tais signos – eis o sentido de todo estilo; e considerando que a multiplicidade dos estados internos é extraordinária em mim, há em mim, portanto múltiplas possibilidades de estilo – a mais multifária arte do estilo em geral de que a humanidade uma vez dispôs. É bom todo o estilo que comunica realmente um estado interno, que não se engana acerca dos signos, a propósito do ritmo dos signos, acerca dos gestos – todas as leis do período são arte dos gestos. O meu instinto aqui é infalível (EH, *Por que escrevo tão bons livros*, 4, KSA 6, p. 304.).

9. Conclusão

Em um esboço de epílogo para *Humano, demasiado humano*, Nietzsche queria oferecer aos leitores uma saudação em verso depois de haver previamente esticado um arco de maneira autoparódica, que parece alcançar as profundezas da cripta de Heine:

> *Epílogo.* Eu saúdo a todos vós, meus leitores, que não olham deliberadamente para este livro com olhos falsos e atravessados, vós, que possam reconhecer nele mais do que um abrigo de tolo, no qual está pendurada, para adoração, uma imagem distorcida e grotesca da liberdade espiritual. Vós sabeis o que eu ofereci e como eu ofereci; o que eu pude e mais ainda o que eu queria, que era esticar um fio elétrico (*elektrisches Band*) ao longo de um século, de uma câmara mortuária à uma câmara de nascimento de novas liberdades do espírito. Que vós possais agora praticar uma bela retribuição por tudo de bom e de ruim que eu disse e fiz! Há aqueles dentre vós que devem recompensar os pequenos com os grandes e os pretendidos com os realizados: – O sentimento com que penso em cada um desses deve ser expresso aqui no final do livro como uma saudação rítmica:
> Desde que este livro cresceu em mim, me atormentam saudade e vergonha,
> até que essa planta floresça mais rica e bela para ti.
> Agora já sinto a fortuna em seguir o maior, quando ele se alegra com o rendimento dourado de suas próprias colheitas. (NF-1877,24[10], KSA 8, p. 480)[62]

Lembrando que é um 'fio elétrico' que conecta o espírito livre literário de Nietzsche com seus antecessores…

[62] Cf. também, NF-1876,15[10], KSA 8, p. 281: "no jogo elétrico das cores em Heine".

Referências

BEHAL, Michael. *Heinrich Heine*: Epoche, Werk, Wirkung. In: BRUMMACK, Jürgen (org.). C. H. Beck, München, 1980.

BEITHAN, Ingeborg. *Friedrich Nietzsche als Umwerter der deutschen Literatur*. Heidelberg: Winter, 1933.

BUTLER, Eliza Marian. *The Tyranny of Greece over Germany*. Toronto and Cambridge: Cambridge University Press, 1935.

CAMPIONI, Giuliano et al. *A biblioteca pessoal de Nietzsche*. Berlin: De Gruyter, 2003.

COUTINHO, Carl Arno. Nietzsche, Heine und das 19. Jahrhundert. *PMLA* (Publications of the Modern Language Association of America), v. 53, 1938, pp. 1126–1145.

DEL CARO, Adrian. Heine's Deutschland. Ein Wintermärchen reflected in Nietzsche. *Heine-Jahrbuch*, 1994, pp. 194–201.

DUNCAN, Linda. Heine and Nietzsche. 'Das Dionysische': Cultural Directive and Aesthetic Principle. *Nietzsche-Studien*, v. 19, 1990, pp. 336–345.

EMDEN, Christian. *Nietzsche and the Politics of History*. Cambridge: Cambridge University Press, 2008.

FECHNER, Gustav Theodor (Dr. Mises). *Kleine Schriften*. Leipzig: Breitkopf & Härtel, 1875.

FECHNER, Gustav Theodor (Dr. Mises). *Vergleichende Anatomie der Engel*. Eine Skizze. Leipzig: Baumgärtner, 1825.

FECHNER, Gustav Theodor. *Beweis daß der Mond aus Jodine bestehe*. Leipzig: Germanien, 1821.

FECHNER, Gustav Theodor. Der Raum hat vier Dimensionen. In FECHNER, Gustav Theodor (Dr. Mises). *Kleine Schriften*. Leipzig: Breitkopf & Härtel, 1875, pp. 254–276.

FECHNER, Gustav Theodor. Der Schatten ist lebendig. In FECHNER, Gustav Theodor (Dr. Mises). *Kleine Schriften*. Leipzig: Breitkopf & Härtel, 1875, pp. 245–254.

FECHNER, Gustav Theodor. *Elemente der Psychophysik*. 2 v. Leipzig: Leopold Voß, 1860.

FECHNER, Gustav Theodor. Es gibt Hexerei. In: FECHNER, Gustav Theodor (Dr. Mises). *Kleine Schriften*. Leipzig: Breitkopf & Härtel, 1875. pp. 277–310.

FECHNER, Gustav Theodor. Friedrich Rückert. In FECHNER, Gustav Theodor (Dr. Mises). *Kleine Schriften*. Leipzig: Breitkopf & Härtel, 1875, pp. 342–365.

FECHNER, Gustav Theodor. Heinrich Heine als Lyriker (1835). In FECHNER, Gustav Theodor (Dr. Mises). *Kleine Schriften*. Leipzig: Breitkopf & Härtel, 1875, pp. 366–382.

FECHNER, Gustav Theodor. *Nanna oder über das Seelenleben der Pflanzen*. Leipzig: Leopold Voß, 1848.

FECHNER, Gustav Theodor. Über das Lustprinzip des Handelns. *Fichtes Zeitschrift für Philosophie und phil. Kritik* – Neue Folge. v. 19, 1848, pp. 1–30, pp. 163–194.

FECHNER, Gustav Theodor. *Zend-Avesta oder über die Dinge des Himmels und des Jenseits*. Vom Standpunkt der Naturbetrachtung. 3 v. Leipzig: Leopold Voß, 1851.

FLOYD, Ronald J. *Heine and Nietzsche*: Parallel Studies in Paradox and Irony. PhD Diss., Washington, 1969.

FRIEDL, Herwig. Heinrich Heine und Friedrich Nietzsche. In: GÖSSMANN, Wilhelm; WINDFUHR, Manfred (org.). *Heinrich Heine im Spannungsfeld von Literatur und Wissenschaft*. Essen: Reimar Hobbing, 1990, pp. 195–214.

GILMAN, Sander L. *Nietzschean Parody*: An Introduction to Reading Nietzsche. Bonn: Bouvier Verlag Herbert Grundmann, 1976.

GOLTSCHNIGG, Dietmar; STEINECKE, Hartmut (org.). *Heinrich Heine und die Nachwelt*: Geschichte seiner Wirkung in den deutschsprachigen Ländern, v. 1. Berlin: Erich Schmidt, 2006.

GORI, Pietro. Psychology without a Soul. Philosophy without an I. 19th Century Psychophysics (Fechner, Lange, Mach). In: RYAN, Bartolomew; CONSTÂNCIO, João; BRANCO, Maria João Mayer (org.). *Nietzsche and the Problem of Subjectivity*. Berlin: De Gruyter, 2015. pp. 166–195.

GRIMM, Reinhold. Antiquity as echo and disguise: Nietzsche's Lied eines theokritischen Ziegenhirten, Heinrich Heine, and the Crucified Dionysus. *Nietzsche-Studien*, v. 14, 1985, pp. 201–249.

GRIMM, Reinhold. Heine und Nietzsche: Bemerkungen zu einem lyrischen Pastiche. In: HOSFELD, Rolf (org.). *Heinrich Heine und das neunzehnte Jahrhundert*. Berlin: Signaturen, 1986, pp. 98–107.

HÄFNER, Ralph. Die "berühmten dîners chez Magny": Zum Ort Heinrich Heines in Nietzsches imaginärer Gesellschaft der Klugen. In: HÄFNER, Ralph; KAUFMANN, Sebastian; SOMMER, Andreas Urs (eds.), *Nietzsches Literaturen*. Boston: De Gruyter, 2019. pp. 281–304.

HEIDELBERGER, Michael. *Die innere Seite der Natur*: Gustav Theodor Fechners wissenschaftlich-philosophische Weltauffassung. Frankfurt: Klostermann, 1993.

HEINE, Heinrich. *Buch der Lieder* (1827). Hamburg: Hoffmann und Campe, 1827.

HEINE, Heinrich. Prefácio à última edição de Reisebilder (1856). In: WINDFUHR, Manfred (org.). *Sämtliche Werke*: Historisch-kritische Gesamtausgabe der Werke. Hoffmann und Campe, Hamburg, 1973. v. 6, p. 354.

HEINE, Heinrich. *Säkularausgabe*: Werke, Briefwechsel, Lebenszeugnisse. Nationalen Forschungs- und Gedenkstätten der klassischen deutschen Literatur in Weimar e Centre National de la Recherche Scientifique in Paris (org.). Akademie-Verlag, Berlin, 1970.

HERMANN, Imre. Gustav Theodor Fechner. *Imago*, v.2, p.371-420, 1925.

HÖHN, Gerhard. 'Farceur' und 'Fanatiker des Ausdrucks': Nietzsche, ein verkappter Heineaner? *Heine-Jahrbuch*, v. 36, pp. 134–152, 1997.

HÖHN, Gerhard. *Heine-Handbuch*. J. B. Metzler, Stuttgart, 2004.

KAUFMANN, Walter. *Nietzsche*. Philosopher, Psychologist, Antichrist. Princeton University Press, 1950.

KLEINKNECHT, Karl Theodor (org.). *Heine in Deutschland*. Dokumente seiner Rezeption 1834-1956. DTV, Tübingen, 1976.

KUTTENKEULER, Wolfgang. *Heinrich Heine*: Theorie und Kritik der Literatur. Kohlhammer, Stuttgart, 1972.

LANGE, Friedrich Albert. *Geschichte des Materialismus und Kritik seiner Bedeutung in der Gegenwart* / 2: Geschichte des Materialismus seit Kant. Leipzig: Baedeker, 1875.

LASSWITZ, Curd. *Gustav Theodor Fechner*. Stuttgart: Frommans, 1896.

LICHTENBERGER, Henri. *Henri Heine penseur*. Paris: F. Alcan, 1905.

MANCINI, Mario. *Die fröhliche Wissenschaft der Trobadors*. Tradução de Leonie Schröder. Würzburg: Königshausen und Neumann, 2009.

MARTENS, Gunter. "Was wüßte deutsches Hornvieh mit den délicatesses einer solchen Natur anzufangen!" Nietzsche über Heinrich Heine. In: KOEBNER, Thomas; WEIGEL, Sigrid (org.). *Nachmärz*: Der Ursprung der ästhetischen Moderne in einer nachrevolutionären Konstellation. Westdeutscher Verlag, Opladen, 1996. pp. 246–255.

MASINI, Ferruccio. Il purgatorio ironico di Heine. In: MASINI, Ferruccio, *Itinerario sperimentale nella letteratura tedesca*. Parma: Studium parmense, 1970. pp. 41–71.

MASINI, Ferruccio. L'Aristofane tedesco nell'età delle rivoluzioni. In: HEINE, Heinrich. *Impressioni di viaggio*. Tradução, notas e comentários de Vanda Perretta. Milano: Club del Libro, 1964. pp. 5–35.

MATTENKLOTT, Gert. *Gustav Theodor Fechner*: Das unendliche Leben. Munich: Matthes und Seitz, 1984.

MATTENKLOTT, Gert. Gustav Theodor Fechner. Ein deutsches Gelehrtenleben. In: FIX, Ulla et al. (org.). *Fechner und die Folgen außerhalb der Naturwissenschaften*. Colóquio interdisciplinar no 200° aniversário de Gustav Theodor Fechner. Tübingen: Niemeyer, 2003. pp. 7–23.

MIETHING, Dominique F. *Anarchistische Deutungen der Philosophie Friedrich Nietzsches*. Deutschland, Großbritannien, USA (1890–1947). Baden-Baden: Nomos, 2016.

MITTASCH, Alwin. *Nietzsche als Naturphilosoph*. Stuttgart: Kröner, 1952. pp. 58–78.

MONTEIRO, Américo Enes. Nietzsches Heine-Lektüren: die Ambivalenz und Widersprüche seiner Beurteilung. *RPEG* (Revista portuguesa de estudos germanísticos), v. 28, 2000, pp. 319–330.

MONTINARI, Mazzino. Nietzsche und Wagner vor 100 Jahren. In: MONTINARI, Mazzino. *Nietzsche lesen*. Berlin: De Gruyter, 1982. pp. 38–55.

MÜLLER-BUCK, Renate. Heine oder Goethe? Zu Friedrich Nietzsches Auseinandersetzung mit der antisemitischen Literaturkritik des 'Kunstwart'. *Nietzsche-Studien*, v. 15, pp. 265–288, 1986.

NITZSCHKE, Bernd. Affektregulation und Begrenzung der Wünsche: 'Kulturarbeit etwa wie die Trockenlegung der Zuyderse'. Anmerkungen zu Freud und Fechner. In: BOOTHE, Brigitte; CREMONINI, Andreas; KOHLER, Georg. *Psychische Regulierung, kollektive Praxis und der Raum der Gründe.* Würzburg: Königshausen & Neumann, 2012. p.245-265.

POLITYCKI, Matthias. Neues Heinebild: Ausdruck fester oder fließender Wertungen? Dauer im Wechsel: – Die perspektivische Dialektik der Beurteilung Heines. In: POLITYCKI, Matthias. *Umwertung aller Werte?* Deutsche Literatur im Urteil Nietzsches. Berlin: De Gruyter, 1989. pp. 292–295.

RESCHKE, Renate. '… jene göttliche Bosheit'. Heinrich Heine aus der Sicht Friedrich Nietzsches. Zum 150. Todestag des Dichters. *Humboldt-Spektrum*, v. 2, pp. 34–39, 2006.

RESCHKE, Renate. Wie und warum Friedrich Nietzsche sich Heinrich Heine als Franzosen oder wie er sich Heine als Heine sah. In: PORNSCHLEGEL, Clemens; STINGELIN, Martin. *Nietzsche und Frankreich.* Berlin-New York: De Gruyter, 2009. pp. 63–90.

SPENCER, Hanna. *Dichter, Denker, Journalist.* Studien zum Werk Heinrich Heines. Peter Lang, Bern, 1977.

SPENCER, Hanna. Heine and Nietzsche. *Heine-Jahrbuch*, v. XI, 1972, pp. 150–152.

STACK, George J. *Lange und Nietzsche.* Berlin: De Gruyter, 1983.

STERNBERGER, Dolf. *Heinrich Heine und die Abschaffung der Sünde.* Claassen, Düsseldorf, 1972.

THIEL, Manfred. *Fechner, Emerson, Feuerbach.* Heidelberg: Elpis, 1982.

VIVARELLI, Vivetta. 'Heine und ich…'. Nietzsche, Heine e Théophile Gautier. In: CAMPIONI, Giuliano; PICA CIAMARRA, Leonardo; SEGALA, Marco (org.). *Goethe, Schopenhauer, Nietzsche.* Saggi in memoria di Sandro Barbera. Pisa: Edizioni ETS, 2011, pp. 675–681.

WINKELNKEMPER, Stefanie. Der Hass des 'Nazareners': Heinrich Heine antizipiert die Psychologie des Ressentiments. *Nietzscheforschung*, v. 13, Akademie, Berlin, 2006, pp. 211–218.

WORTMANN, Simon. '*… das Wort will Fleisch werden*': Körper-Inszenierungen bei Heinrich Heine und Friedrich Nietzsche (Heine-Studien). J. B. Metzler, Weimar, 2011.

ZITTEL, Claus. Zum Paradox der dionysischen Form: Nietzsche – Borchardt – Adorno. In: BENNE, Christian; BURDORF, Dieter (org.). *Rudolf Borchardt und Friedrich Nietzsche*: Schreiben und Denken im Zeichen der Philologie. Schriften der Borchardt-Gesellschaft, Quintus, Berlin, 2017. pp. 153–190.

pólen bold 90 gr/m2
tipologia garamond
impresso na primavera de 2024